高师院校教师教育通识类课程系列教材

学校教育学

主 编：李清臣
副主编：徐艳伟 李本同

X U E X I A O

J I A O Y U X U E

TEACHER
EDUCATION

北京师范大学出版集团
BEIJING NORMAL UNIVERSITY PUBLISHING GROUP
北京师范大学出版社

图书在版编目(CIP)数据

学校教育学 / 李清臣主编. —北京：北京师范大学出版社，2018.1
ISBN 978-7-303-22785-3

Ⅰ.①学… Ⅱ.①李… Ⅲ.①学校教育—教育学—资格考试—教材 Ⅳ.①G40

中国版本图书馆 CIP 数据核字(2017)第 216460 号

营 销 中 心 电 话　010-58805072　58807651
北师大出版社高等教育与学术著作分社　http://xueda.bnup.com

出版发行：北京师范大学出版社　www.bnup.com
北京市海淀区新街口外大街 19 号
邮政编码：100875

印　　刷：三河市兴达印务有限公司
经　　销：全国新华书店
开　　本：787 mm×1092 mm　1/16
印　　张：18.5
字　　数：388 千字
版　　次：2018 年 1 月第 1 版
印　　次：2018 年 1 月第 1 次印刷
定　　价：42.00 元

策划编辑：郭兴举　　　责任编辑：董洪伟　孟　浩
美术编辑：李向昕　　　装帧设计：焦　丽
责任校对：陈　民　　　责任印制：马　洁

高师院校教师教育通识类课程系列教材
编写委员会

序 言

FOREWORD

百年大计，教育为本；教育大计，教师为基。高等师范教育是培养教育领域一线师资的专业教育，培养和造就合格的专业化教师是其不可推卸的神圣职责。高等师范院校是未来教师成长和发展的摇篮，其教师教育通识类课程是教师职业成长的重要知识单元，有助于培养视野开阔、知识广博、人格完善、精神高尚、身心健全，能够享有美好生活且负起社会责任的公民，在帮助学生形成做人做事的态度和能力，培养“完整的人”或“博雅兼备之人”的过程中发挥着重要作用。学习教师教育通识类课程是提高师范教育专业化水平和教师职业专门化程度的有力支撑，是教师教育内在规律的要求，也是教师教育师范性的有效体现。然而，随着经济社会的快速发展和基础教育课程改革的深入进行，学校教育发生了巨大变化，社会对教师职业提出了新的要求，高等师范院校的人才培养方案也要随之进行供给侧结构性调整和修订。然而，目前在高等师范院校课程实施过程中，课程的设置和实施凸显出了一系列的结构性弊端和问题。以教师教育通识类课程为例，高等师范院校存在着课程内容陈旧落后，忽视科学教育新理念引领，过于注重理论知识传授而忽视综合能力培养，过于偏重专业技能训练而轻视职业素养养成及严重脱离中小学教育教学实际的“自说自话”等诸多弊端。其中较为突出的问题是教师培养过程存在实践教学层面的缺陷，如实践教学课程设置不足、实践教学形式单一、学生实践训练时间短且与实践基地密切合作的机制不健全等，使通识教育流于形式，使通识教育课程的重要作用难以体现和发挥。可以想象，这样的课程体系培养出来的师范生质量势必堪忧，如教育教学理念迟滞、教学研究能力和创新能力不足、教师基本职业素养和职业技能不完善。因此，亟须对高等师范院校原有的教师教育通识类课程进行全面、深入的改革，以帮助高等师范院校走出办学困境，使未来教师具有实际的教育教学能力和素养，满足为社会培养创新型人才的需要，以适应当前基础教育课程改革及其对教师职业素质提出的新要求。

由周口师范学院副校长马金岭教授主持的河南省教育厅教师教育课程改革项目“实践视域下的教师教育通识类课程体系构建研究”(课题编号：2014-JSJYZD-054)，就立足于高等师范院校优秀师范生培养的实际需要，突出强调师范生培养的职业导向性，针对目前高等师范院校教师教育通识类教材教育观念落后、内容脱离实际及实践特色缺失等问题，经过几年的努力探索和不断实践，最终开发和形成了一套“实践视域下的教师教育通识类课程系列教材”。

该系列教材打破了教师教育传统的教育学、心理学、教学法“老三门”的格局，围绕教师职业素养形成的内在要求，构建了以教育理念、方法与评价、青少年生理心理发展与教育、教育教学能力及教育教学修养为主线的知识体系，有力改变了过去教师教育通识类课程教育观念陈旧、内容脱离教学实际和中小学实践、过于理论化和学术化的局面，在内容上进行了拓展和补充，能很好地解决当前教师教育教学面临的问题，适合新形势下高等师范院校教师教育通识类课程改革的实际需要，有利于培养创新型优秀教师，是一套不可多得的实用性、操作性很强的系列教材。

本系列教材的编写力求以“面向现代化，面向世界，面向未来”为指导思想，切实反映我国当代社会经济、文化和科技发展的趋势，体现基础教育新课程改革的理念，紧密结合高等师范院校教师教育专业教学改革的发展趋势和实施素质教育的要求，注重提高师范生的综合能力，努力构建科学的教师教育通识类教材体系。

本系列教材是以基础教育课程改革的新思想、新理论为指导编写而成的。这套系列教材由周口师范学院长期从事教师教育工作的优秀教师组织编写，既充分反映了教师教育通识类课程教学与研究的最新进展和研究成果，又贴近我国一线中小学教师的教学实践，为高等师范院校的教师教育专业学生和在职教师的学习与提高提供了系统的通识类知识。因此，这套教材既可以作为高等师范院校师范专业的本科生通识教育教材，也可以作为在职教师的培训教材。

本系列教材是在高等师范院校教师教育通识类教材本质要求的基础之上，经过长期的实践和思考，力图凸显高等师范院校教师教育通识类教材特色的尝试创新之作，具有如下几个基本特点。

第一，基础性。本系列高等师范院校教材的编写力求凸显教师教育通识类教材的本质特点，为师范生的培养和发展奠定坚实的基础。在教材内容的选择上，本系列教材力求涵盖使学生成为一位合格教师必备的基础知识和基本技能，同时对所选的教材内容进行精简，注重把握和平衡教材内容的广度和深度，且在语言表述上力求平实、易懂，为学生的学习创造良好的条件，在引导学生掌握基础知识与基本技能的过程中培养学生教育教学的能力和素养。

第二，实用性。目前，教师教育通识类教材可谓五花八门、鱼龙混杂，部分教材观念落后、内容陈旧、难度过大，难以适应高等师范院校培养优质教师的需要。为此，本系列教材在编写中尽量契合高等师范院校和师范生的实际状况，尽量使教材内容符合高等师范院校办学的目标要求和学生的认知规律，力争使教材内容贴近学生的生活实际，充分调动学生参与课堂教学的积极性和能动性；在教材内容设计上，充分考虑教师的讲解和学生的参与程度，特别是在教材体系中突出如何把教师的讲解和学生的主体参与有效结合起来，适当增加教师教学实践操作的内容，适当减少教师讲解的内容，适当增加学生主体参与的教材内容，力争使教材内容与学生的实际生活经验紧密结合起来，在师生互动交流中实现教学相长，从而提高师范生人才培养的效率和质量。因此，实用性是本系列教材的最大特色。

第三，创新性。本系列教材打破了原有教师教育通识类教材的编写体系，根据教师职业成长的内在要求，经过长期调研和思考，重新梳理教师教育通识类课程的内容，力争构建一套新型的教师教育通识类课程体系。本系列教材力争使高等师范院校的师范生具有扎实的教育教学基本理论知识和素养，能够形成良好的心理素养，具备良好的教师职业素养，胜任中小学教学与研究工作，具备良好的语言表达能力和感受美、发现美、创造美的能力，能够适应新时期教育教学发展的需要。

前 言

PREFACE

教育是人类传承文明和知识、培养年青一代的根本途径。对于一个国家来说，教育兴则国家兴，教育强则国家强。2013 年 4 月，习近平同志在给清华大学的贺信中指出："教育决定着人类的今天，也决定着人类的未来。人类社会需要通过教育不断培养社会需要的人才，需要通过教育来传授已知、更新旧知、开掘新知、探索未知，从而使人们能够更好认识世界和改造世界、更好创造人类的美好未来。"教育学是一个值得一代又一代教育学人努力奉献探索的普通而又魅力十足的学科。教育学教材作为高等师范院校教材建设中一门很重要的教材，编写出版的版本数量较多，但其框架结构、内容体系重复度较高，新意不够。

本教材以《学校教育学》命名，打破原有常规教育学教材体系，以改革创新的精神和勇气，思考其框架体系，构建其具体内容。周口师范学院主管教学工作的副校长马金岭教授一直强调，高等师范教育一定要使我们培养的师范生具有先进的教育理念，紧跟时代发展和新课程改革的潮流；一定要让师范生掌握先进的教学方法和现代化的教学手段，培养他们主动学习的精神和意识；一定要让师范生掌握评价理论，学会如何评价学校，如何评价教师，如何评价学生。根据这一思路，我们把教育思想、教学方法与教育评价作为相对独立的三篇，构成本书的基本架构。《学校教育学》一书是我国教育学学科改革创新、形成独特个性的一个探索和有益尝试。本教材具有以下几个特点。

一是创新性。本教材打破原有教育学教材的编写体例，以教育思想、教学方法与教育评价三个主要问题为主线，系统介绍中外著名教育家的教育思想，全面概括中外教学方法的改革思路，重点阐释教育评价的基本理论，详细介绍学校评价、教师评价和学生评价的类型与方法。

二是实践性。本教材编写坚持理论与实践相结合的原则，在阐释教育理论的基础上，强调教育实践的应用。在第二篇教学方法各章中，引用了较多的典型案例，有很强的说服力和针对性。在编写第三篇教育评价各章时，充分考虑怎样评价、如何评价的问题，以期达到让师范生学有所用的目的。

三是时代性。本教材中的较多内容与当下教育改革密切相关，编写这些内容必须考虑教育改革与发展的实践，即紧跟时代步伐，体现时代特色。在编写教学方法和教育评价两篇时，我们既联系基础教育课程改革的政策与实践，又考虑国家教育体制机制改革与发展的情况，贴近政策，贴近实际，确保教材编写的政策性，体现其时代特征。

本教材可供高等师范院校师范类专业本、专科学生学习使用，也可作为教师资格证书考试用书和中小学教师、校长培训用书。本教材共包括上、中、下三篇十一章。上篇三章是教育思想篇，主要探讨的是古代、近代和现代教育思想；中篇四章是教学方法篇，主要探讨的是中小学常用的教学方法，以及当代教学方法改革等内容；下篇四章是教育评价篇，主要探讨的是学校评价、教师评价和学生评价等内容。

本教材由周口师范学院李清臣教授担任主编，各章(节)执笔人分别是：第一章由刘海生、刘红(第一节)，彭晓谱(第二节)撰写；第二章由彭晓谱(第一节)、黄宝权(第二节)撰写；第三章由岳定权撰写；第四章由吴艳玲撰写；第五章由王德才、吴艳玲撰写；第六章由张涛(第一、第二节)，吴艳玲(第三节)撰写；第七章由吴艳玲撰写；第八章、第九章由李本同撰写；第十章由李清臣、刘红撰写；第十一章由徐艳伟撰写。在具体编写过程中，第一篇由黄宝权负责协调、沟通；第二篇由吴艳玲负责协调、沟通；第三篇由徐艳伟负责协调、沟通。全书由李清臣负责统稿。在统稿过程中，徐艳伟、李本同做了大量工作。

在编写过程中，本书参考并引用了许多专家、学者的有关著作、论文和相关文献资料，大部分已在书中标注，但也可能有个别遗漏而未予标注。书稿即将付梓之时，在此致以深深的谢意！本书出版得到北京师范大学出版社郭兴举等编辑的大力支持，在出版过程中，他们付出了艰辛的劳动和辛勤的汗水，在此表示由衷的感谢！

限于本书编者的水平和视野，书中难免有疏漏和错误之处，我们十分真诚地期待教育理论和实践工作者的指正与批评，以便再版时修正。

编者

2017 年 5 月

目　录

CONTENTS

上篇　教育思想篇

中篇 教学方法篇

第四章 教学方法概述 103

CHAPTER 4

下篇 教育评价篇

上篇　教育思想篇

第一章　古代教育思想

学习目标	1. 了解中外古代教育思想产生的时代背景与理论基础。 2. 理解孔子、朱熹、苏格拉底、柏拉图、亚里士多德的教育思想的基本观点。 3. 能运用孔子、朱熹、苏格拉底、柏拉图、亚里士多德的教育思想理解分析当代学校教育的相关现象。

［本章提要］

中外古代产生了许多伟大的教育家，他们有着丰富的教育思想。孔子深刻认识到了教育在富国安民上的积极作用，整理形成了“六艺”教育内容，提出了“有教无类”“因材施教”“学思并重”等教育观点。朱熹认识到“大学”与“小学”的密切关系，对如何读书进行系统思考，形成著名的“朱子读书法”。苏格拉底在追求“普遍定义”的过程中，形成了西方具有开创性意义的“产婆术”教学方法。柏拉图在其理念论哲学思想的基础上，系统阐述了“哲学王”教育。亚里士多德对人的天性、习惯和理性三要素在人发展中的作用进行了深入思考，提出了德、智、体和谐发展的文雅教育。这些教育思想对后世教育观念的发展起到了奠基作用。

第一节　中国古代教育思想

中国古代经济的繁荣，带来了科教文化的繁荣，产生了许多伟大的教育家。孔子是世界公认的杰出思想家和教育家，首创私学，施行“有教无类”，扩大了教育对象的范围，促进了文化学术的下移。孔子诲人不倦的为师风范，为后人树立了光辉榜样。他总结出一些精辟的教育原则，如因材施教。朱熹是继孔子之后中国古代最有影响的、杰出的教育实践家和思想家之一，他的教育思想是汲取孔、孟等古代教育家的思想精粹并融合自己长期的教育实践经验，进行深刻的总结并加以理性思考而形成的理论结晶，其中许多真知灼见的主张和见解，是符合人类认识规律和教学规律的，对当今教育具有重要的现实指导意义。

一、中国古代教育思想概述

中国古代的教育思想绵延数千年之久。在这个历史长河中，曾出现了四次“百家争鸣”的高潮，推动了学术思想(包括教育思想)的发展。中国古代教育思想具有十分丰富的内涵，除了不同历史阶段和不同时代有不同教育思想之外，教育思想还有地区的差异(春秋战国时期曾出现过风貌迥异的区域文化教育——邹鲁、三晋、燕齐、荆楚文化教育)，对象的差异(上层的、官办的、贵族的教育与下层的、民间的教育)等。下面试以“百家争鸣”为历史线索，把古代教育思想发展划分为四个时期。①

(一)先秦时期的教育思想

先秦时期泛指公元前221年秦王朝建立以前的殷周、春秋战国时代，也是中国古代社会由奴隶制过渡到封建制的巨大变革时期，社会的政治、经济、文化、教育乃至自然科学等各方面都发生了很大的变化，不同阶级和阶层的思想家为了解决社会大变革中产生的各种问题，各抒己见，展开讨论，因而出现了所谓“百家争鸣”的学术繁荣。

在文化教育方面，先秦时期出现了新的格局，即学术下移和士阶层的崛起、官学的没落和私学的勃兴。发轫于孔墨两学派之辩的百家争鸣，也使教育思想进入了空前活跃的时期。道家和法家的教育思想也都有各自的特色。此外，还有阴阳家、名家、纵横家、杂家、农家、兵家、小说家等，对教育问题也多少论及，他们与儒家、墨家、法家、道家的教育思想相互辉映，构成了先秦时期丰富多样的教育思潮。先秦时期的教育思想是中华教育思想得以形成与发展的重要渊源。

(二)汉魏六朝时期的教育思想

汉魏六朝时期包括秦、汉、三国、两晋和南北朝等许多王朝，从公元前221年秦王朝建立，至589年南朝陈灭亡为止，绵延800多年。它大致可分为两个阶段：中国统一而强大的君主专制中央集权封建制度建立、形成和逐渐巩固的秦汉时期，中国历史上第二次大分裂、大混乱的六朝时期。在魏晋南北朝时期，出现了中国学术史上的第二次“百家争鸣”。魏晋玄学是魏晋时期以老庄思想为基础的一种特定的哲学思潮。玄学家大多是当时的“名士”，如何晏、王弼、嵇康、阮籍、向秀等人。玄学家虽然对于一般的教育原则及教育内部规律没有太多兴趣，但在反对传统的儒家教育思想方面却别开生面，富有批判精神。玄学家认为儒家名教的最大失误是压抑个性，破坏了人的自然发展。所

① 朱永新：《中外教育思想史》，23～31页，南京，南京大学出版社，2015。

以，教育的关键是让受教育者的个性自然地发展。玄学教育的最高理想是培养“唯至人特钟纯美，兼周内外，无不毕备”[①]的“至人”。

这个时期家庭教育的思想也是不容忽视的。成就最高的当是颜之推的《颜氏家训》，他的家庭教育理论对后世影响很大，后代封建士大夫的家庭教育深受此书的影响，称其为“家教规范”，并成为以后历代家庭教育用书的范本。

此外，魏晋南北朝时期的佛学教育、道家教育及民族教育也具有一定的规模和影响。

（三）唐宋时期的教育思想

唐宋时期指隋、唐、五代、两宋四个阶段，从 581 年隋王朝建立，到 1279 年南宋灭亡，绵延约 700 年。唐宋时期是中国古代由长期分裂又重新走上大统一的时期，文化教育也出现了空前的繁荣与昌盛，学术上也出现了第三次“百家争鸣”的高潮。

唐宋时期的教育思想相当活跃，呈现出学派林立、丰富多彩的局面。韩愈亮出维护儒家道统的旗号，提出了“明先王之教”的教育宗旨。两宋时期是中国古代教育思想发展的高峰期。以范仲淹、王安石为代表的教育改革家，提倡经世致用的教育，积极主张改革教育制度、教育内容和教育方法，试图变培养人才与选任人才的恶性循环为良性循环。宋代理学有濂(周敦颐)、洛(二程)、关(张载)、闽(朱熹)四个学派，其中以程颐、程颢、朱熹为代表的“程朱理学”，在教育上影响很大，形成了理学教育的思想体系。在教育的宗旨上，程朱理学明确提出了“圣贤千言万语，只是教人明天理、灭人欲”的纲领，并肯定了教育在育人才、明道德、变气质、正人心、美风俗等方面的重要作用。程朱理学的教育思想无论在当时还是对后世都有很大的影响，在朱熹逝世后不久，就逐步定型为中国封建社会后期占支配地位的官方教育思想。

与程朱理学相抗衡的是以陆九渊为代表的心学教育思想。陆九渊提出“心即理”的基本心学命题，认为教育的目的是“发明本心”，“古人教人，不过存心、养心、求放心。……”在此基础上培养具有优良德操的“完人”和具有独立精神的“超人”。

以陈亮、叶适为代表的事功学派，既反对程朱理学，又反对陆九渊的心学，在批判理学家与心学家空谈性命道德的同时，建立了求实用、讲功利、论真才的教育理论。他们倡导的学以致用、开物成务的教育宗旨，经史与艺能并重而以实理实事为中心的教育内容，以及大胆批判、勇于创发、严谨治学、师友讲论的教育原则和方法，成为明末清初早期启蒙思想家教育思想的理论来源，也成为清代汉学大师们的学术养料，为中国古代文化教育的发展增添了光彩。

（四）明清时期的教育思想

明清时期包括元、明、清三个朝代。作为古代历史分期，它从 1279 年元灭南宋统

---

① （魏）嵇康：《嵇康集注·明胆论》，251 页，合肥，黄山书社，1986。

一全国起，到1840年鸦片战争，绵延560多年。这个时期社会处于大变革状态，各种学术思想也比较活跃，形成了中国古代学术思想史上的第四次“百家争鸣”。

在教育思想上，明清时期的反理学倾向比较突出，弘扬个性、倡导实学的教育思潮有所发展。王守仁继承与发展了陆九渊的心学教育观，提出了“致良知”的教学理论和“知行合一”的道德教育论。另一位反理学的先锋李贽，公开反对盲目崇拜孔子，明确提出学习申、韩之书。在教育思想上，他的主要贡献是提出了“师之即友”的师生关系说和女子教育，并且亲身躬行。

明清之际的黄宗羲是中国古代第一位比较系统完整地提出具有近代色彩的民主主义教育思想的学者。他从民主政治的高度出发，对以八股取士为主的科举制度进行了猛烈抨击；为了反对封建教育的专制与特权，他设计了一套普及教育的学制体系，即从蒙学(小学)、郡县学(中学)到太学(大学)和书院(研究生院)的学校体系，具有近代学制的萌芽。另一位明清之际的著名教育思想家是著作丰富、学问渊博的王夫之，他把教育作为强国的“财、兵、智”三纲领之一，认为明朝灭亡的原因是“教化日衰”“失其育才”；他从“性日成日生”的人性理论出发，强调人性的“未成可成”“已成可革”，从而揭示出教育对人的发展的作用。他提出的学思相资、因材而授、因机设教、教必著行、乐勉结合、恒教其事等教育原则与方法，集中国古代教育精华之大成，并多有创新之见解。

明清时期还有一个值得一提的教育流派，即以颜元、李塨为代表的实学教育学派。他们反对宋明理学倡导的读死书和死读书。倡导“实学”“实用”的教育，开辟了中国古代教育向实践接近的新方向。在教育目标上，实学教育主张培养“经世致用”，能“利济苍生”“为生民办事”的人才；在教育内容上，实学教育提出以“实文”“实行”“实体”“实用”为原则，重视艺术教育、体育、自然科学教育和劳动教育；在教育方法上，反对静坐空谈，提倡“习行”“讲辩”。实学教育突破了儒家传统的教育内容与方法，冲破了几千年的封建教育桎梏，在某种程度上预示着近代科学教育与劳动教育的必然产生。换言之，实学教育反映了中国古代资本主义萌芽时期市民阶层的心声，是近代教育内容改革的理论基础之一。

二、代表性教育家的教育思想

(一)孔子的教育思想

孔子，名丘，字仲尼(公元前551—公元前479)，春秋末年鲁国陬邑(今山东曲阜)人，中国古代伟大的思想家、教育家，儒家学派创始人。他出身于没落的奴隶主贵族家庭，先祖为宋国大夫，由于贵族内部的纷争，逃到鲁国，到他的父亲孔纥时，家族已没落为下级武官。

孔子3岁丧父，家境贫寒，但他自幼勤学好问。大约自30岁起，孔子开始私人讲

学，向他请教的人越来越多，在鲁国的影响也越来越大。50岁左右，孔子当上了鲁国的“中都宰”，不久又升为“司寇”。但鲁国的政局正处于动荡不安之中，他只做了3个月的司寇，便被迫离开了鲁国，带着他的学生周游列国，度过了14年的流亡生活。他晚年时重返鲁国，专门从事讲学和整理古代文献，直至去世。孔子有弟子三千，其中优秀人才有七十二人。

《论语》二十篇是孔门弟子辑录的孔子言行，也记载着一部分孔子门徒的言行，成书于战国初期。《论语》比较全面地反映了孔子的教育思想，不但有重要的思想理论价值，还有较高的文学价值，是研究孔子及其思想最可靠、最直接的材料，对后世影响至深。

1. 论教育作用

从教育与政治的关系来看，孔子认为通过教育可以把社会的政治思想、伦理道德传播到民众之中，这样就会对政治发生重大影响。在《论语·为政》中，有人问孔子为什么不从政，孔子回答说：“《书》云：‘孝乎惟孝，友于兄弟，施于有政。’是亦为政，奚其为为政?”这就是说，通过教育把孝顺父母、友爱兄弟的风气传播开来，就会影响政治。

从教育与经济的关系来看，孔子认为要治理好一个国家，有了众多的人口，就要努力发展经济，使它富足起来，还要加强教育，这就是“庶、富、教”思想。在《论语·子路》中，有一次，孔子到卫国去，冉有替他驾车。“子曰：‘庶矣哉!’冉有曰：‘既庶矣，又何加焉?’曰：‘富之。’曰：‘既富矣，又何加焉?’曰：‘教之。’”这段话说明孔子把众多的人口、富裕的生活和发达的教育作为立国的三个要素，人口是最基本的，然后就要使之富裕起来，有了物质生活的基础后，还要发展教育，创建精神方面的文明。

从教育与法律的关系来看，孔子认为治理国家不能只靠政令、刑律。在《论语·为政》中，孔子说：“道之以政，齐之以刑，民免而无耻；道之以德，齐之以礼，有耻且格。”因此，他认为教育比政令、刑律更加重要和有效。

孔子是第一个从教育与人的发展的关系上论述教育作用的思想家。在《论语·阳货》中，孔子说：“性相近也，习相远也。”人的本性即先天素质是很接近的，不同的人之所以有较大的差别，是后天之“习”的结果。这种立足于普遍意义上的人性论，在西周以前以天生的血缘来决定人的高低贵贱的观念支配下是不可能有的，也为他施行“有教无类”提供了理论依据。孔子认为个性差别主要是人们的后天环境习染各不相同造成的，教育是一种特殊的环境影响，力量更大，这就肯定了教育的必要性。

2. 论教育对象

春秋以前“学在官府”，平民是没有资格入学接受教育的。孔子创办私学后，施行“有教无类”，即在教育对象上，没有身份和地域的限制。在《论语·述而》中，孔子说：“自行束修以上，吾未尝无诲焉!”据《史记·仲尼弟子列传》和其他有关史料记载，孔门弟子之中，有贵族家庭出身的孟懿子、南宫敬叔、司马牛等人，也有贫贱家庭出身的原宪、颜路、颜渊、曾皙、曾参、闵子骞、子张、仲弓等人，商人出身的子贡，甚至还有"大盗"出身的颜涿聚等。

孔子"有教无类"的教育原则，打破了贵族垄断学术的格局，使教育活动扩展到了民间，适应了"士"阶层的兴起和文化下移的历史潮流，扩大了教育的社会基础和人才来源，这在教育发展史上具有划时代的意义。

3. 论教育目的

孔子虽然主张通过教育培养官吏，但是与西周以前对必然做官的贵族子弟进行为官的预备训练不同，孔门私学的教育对象是士人，只有学有所长才可能被选拔为官。在《论语·子张》中，子夏说："仕而优则学，学而优则仕。"虽出自子夏，但也反映了孔子的主张，将学习和做官紧密联系，对后世的学校教育和选士制度产生了深刻的影响。

孔子从"为政在人"的政治主张出发，致力于通过教育来培养志道和弘道的"士"和君子。一方面，"士"必须做到立志为道。在《论语·里仁》中，他说："士志于道，而耻恶衣恶食者，未足与议也。"在《论语·雍也》中，孔子极力称赞颜渊："一箪食，一瓢饮，在陋巷，人不堪其忧，回也不改其乐，贤哉！回也。"另一方面，士人必须有才能，能处理实际政务。在《论语·子路》中，他说："行己有耻，使于四方，不辱君命，可谓士矣。"这说明，孔子心目中的"士"必须是德才兼备的贤能之士。

"君子"原是上流社会人士的专称。孔子把它发展成为具有高尚道德的人。孔子多次将君子与小人进行对照。在《论语·里仁》中，孔子说："君子喻于义，小人喻于利。"即君子总是追求道义，而小人总是追求功利。在《论语·卫灵公》中，孔子说："君子求诸己，小人求诸人。"即君子总是要求自己，而小人总是要求别人。这强调了君子在修养内容上，将道德标准置于首位，在修养方法上，首先是严于律己。

4. 论教育内容

孔子继承了西周以来"六艺"教育的传统，吸收选择了有用学科，又根据现实需要创设了一些新学科，充实了教育的内容。

在孔子的教育内容体系中，包含两大部分，即道德教育和知识教育，以前者为重心。《论语·述而》记载，"子以四教：文、行、忠、信。"后三项都是道德教育的要求。在《论语·学而》中，孔子还说："弟子入则孝，出则悌，谨而信，泛爱众，而亲仁，行有余力，则以学文。"首先要做一个品行符合道德标准的社会成员，其次是文化知识的学习，所以在孔子的教育内容中，道德教育居首位，文化知识的学习则是为道德修养服务的。

孔子在教学中所用的教材，主要是他亲自整理的《诗》《书》《礼》《易》《乐》《春秋》，即后世所称的"六经"，而事实上，由于《乐》的失传，后世的儒家教育便只剩下了"五经"。"六经"在汉代以后也常被称为"六艺"，孔子传授"六经"，是想借此来传递儒家的修己治人之道，同时保存了中国古代大量的文化资料，有很高的史料价值。

《诗》是中国第一部诗歌总集。相传古诗本来有三千篇，经孔子删订，存留三百零五篇，概称三百篇。即流传至今的《诗经》，分为“风、雅、颂”三个部分。孔子对《诗》的教育作用评价很高。在《论语·季氏》中，孔子认为“不学《诗》，无以言”。在《论语·阳货》中，孔子又说：“《诗》可以兴，可以观，可以群，可以怨。迩之事父，远之事君，多识于鸟兽草木之名。”

《书》即《尚书》，是一部史料总集，上自尧舜，下至春秋初期。相传孔子共搜集到三千多篇，他去其虚妄，删其重复，将余下的百篇编纂成书。孔子编纂和传授《书》的目的就在于宣扬文武之政，使后人得到历史借鉴。

《礼》为孔子选取“士”必须学习的各种礼制，共十七篇，就是流传至今的“三礼”之一的《仪礼》。在《论语·季氏》中，孔子认为：“不学礼，无以立！”孔子认为“立于礼”必须从自我修养上下功夫，能够从心理上克制自己不符合礼的不正当欲望，即“克己复礼”。在《论语·颜渊》中，孔子认为“非礼勿视，非礼勿听，非礼勿言，非礼勿动”。在《论语·泰伯》中，孔子主张“兴于《诗》，立于礼，成于乐”。孔子把乐教和礼教视为政治的重要手段。在《孝经·广要道》中，孔子认为“移风易俗，莫善于乐；安上治民，莫善于礼。”在《论语·子路》中，孔子指出：“礼乐不兴，则刑罚不中；刑罚不中，则民无所措手足。”他强调礼乐是政治和刑罚的基础。

《易》是一部占卜的书，由阴阳组成八卦，两两相叠，又构成 64 卦和 384 爻。孔子为《易》作了传，摒弃了其卜筮内容和神秘色彩，将其作为哲学和政治伦理思想来传授，使《易》成为儒家的一部经典著作。

《春秋》是迄今流传下来的第一部编年史，由孔子依据鲁国史官所编《春秋》整理而成，记载了从鲁隐公元年(公元前 722 年)到鲁哀公十四年(公元前 481 年)共 242 年的大事。《春秋》记载简略，但寓意深刻。孔子作《春秋》的目的是“正名分”“寓褒贬”“明善恶”，所以学习《春秋》主要是以史为鉴，培养政治道德观点。后人屡有为《春秋》作传的，成为经典教材的有“三传”，其中《公羊传》和《谷梁传》主要是阐发《春秋》的义理，而《左传》则以叙述史实为主。

5. **论道德教育原则和方法**

孔子强调道德教育，并将其放在培养人的首位，他认为高尚的道德品质是成为君子的首要条件。在长期的教育实践中，孔子总结了一些道德教育的原则和方法。

(1)立志有恒

孔子强调了立志在道德修养中的重要作用。在《论语·子罕》中，他说：“三军可夺帅也，匹夫不可夺志也。”他认为普通人都有其志向，不可被强制改变，士、君子则更要确立崇高的志向。孔子认为立志是重要的起点，但要实现志向需要有恒心与百折不挠的精神。在《论语·子罕》中，他说：“岁寒，然后知松柏之后凋也。”他教育学生要磨炼自己的意志。在《论语·为政》中，孔子曾经自述他的为学过程：“吾十有五而志于学，三十而立，四十而不惑，五十而知天命，六十而耳顺，七十而从心所欲，不逾矩。”以少年立志求学上进为起点，要经过终生发展，才能达到高度的道德精神境界。

(2)自省自克

孔子强调道德修养要从自我做起。在处理自己与他人的关系上，孔子在《论语·卫灵公》中强调“躬自厚而薄责于人”，即严以律己，宽以待人。在《论语·雍也》中，他又说：“己欲立而立人，己欲达而达人。”在《论语·卫灵公》中，孔子说：“己所不欲，勿施于人。”这就是推己及人的原则。应该说这是一种主观与客观完美结合的道德行为方式。

孔子要求学生积极进行自我省察，这就是内省的修养方法。在《论语·学而》中，孔子的学生曾参坚持一日三省吾身的做法：“为人谋而不忠乎？与朋友交而不信乎？传不习乎？”随时对自己的行为进行检查，以便及时发现问题，避免继续犯错误。

孔子还认为，道德准则和规范是公共利益的体现，对个人起着约束作用，因此，需要个人克制自我。善于自克才是道德修养的标志。在《论语·颜渊》中，他说：“克己复礼为仁。”克己是复礼的基本条件，只有克制自己非分的欲望，才能使自己的言行回到“礼”的道德规范上来，才能限制对私利的追求，不为利己而损人以至损害社会利益，进而使道德达到“仁”这一最高道德标准。

(3)勇于改过

孔子把加强道德修养的过程看作一个不断改过的过程。他认为，对待过错，首先要认识错误而不要掩饰错误。在《论语·述而》中，孔子说：“丘也幸，苟有过，人必知之。”他承认自己也曾犯有过错，并认为过错被别人发现，是自己的幸运。在《论语·子张》中，他还说：“君子之过也，如日月之食焉：过也，人皆见之；更也，人皆仰之。”君子的过错，就好比日月之蚀，人人都看得到，但只是一时短暂的现象，不会影响日月的光辉；君子改过后，仍然会受到人们敬仰。在《论语·子张》中，他又说：“小人之过也必文”，即文过饰非。所以，在《论语·学而》中孔子强调“过则勿惮改”。而在《论语·卫灵公》中，孔子说：“过而不改，是谓过矣。”犯了过错，且不能改正，这才是真正的过错。

6. 论教学原则与方法

孔子的教育思想包含着不少深刻的教学方法理论和丰富的教学经验总结。

(1)启发诱导

孔子教学的基本方法是启发诱导，他认为掌握知识应该是一个主动探索领会的过程，因此他在教学实践中特别重视学生的主动性问题。在《论语·述而》中，他说：“不愤不启，不悱不发。举一隅不以三隅反，则不复也。”意思是说，在教学中必须让学生认真思考，心求通但未得，然后可以启发他；经过思考有所领会，但未能以适当的言辞表达，此时可以开导他。要求学生开动脑筋，做到“举一反三”。《论语·八佾》有一个例子：当子夏读《诗》中的“巧笑倩兮，美目盼兮，素以为绚兮”时，问孔子什么意思，孔子启发说：“绘事后素。”子夏领会到孔子是说礼须建立在仁的基础上，但不确定，就进一步问："礼后乎？"孔子说："能够阐明我意思的是子夏，现在可以跟你谈论诗经了！"孔子善于启发诱导，在《论语·子罕》中获得弟子对他的称赞，"夫子循循然善诱人"。

(2)因材施教

因材施教是孔子教学特色的一个体现。《论语·先进》记载，"德行：颜渊，闵子骞，冉伯牛，仲弓；言语：宰我，子贡；政事：冉有，季路；文学：子游，子夏。"弟子有的长于"德行"，有的长于"言语"，有的长于"政事"，有的长于"文学"。这就是所谓孔门四科。

因材施教的前提在于对学生要有准确、全面的了解。孔子十分注意观察、了解学生，善于了解学生的个性、特长、优缺点。在《论语·雍也》中，孔子说："由也果，赐也达，求也艺。"即子路坚决果断，子贡通情达理，冉有多才多艺。

在了解学生的基础上，孔子注意从学生的具体实际出发进行教育。例如，冉有与子路都分别问过"闻斯行诸？"即听到一个道理是不是要马上实行？孔子的回答不同，由于冉求个性过于"退"，即办事不果断，他就设法以"进之"，让他马上实行，而子路个性过于"兼人"，即争强好胜，他就设法以"退之"，让他先请示父兄再说。所以，孔子的弟子都能充分发挥所长，克服所短，取得长足的进步。

(3)学思并重

学与思是教学过程中的两个基本环节。在《论语·为政》中，他说："学而不思则罔，思而不学则殆。"一方面，孔子强调学的重要性，反对思而不学。在《论语·卫灵公》中，他说："吾尝终日不食，终夜不寝，以思，无益，不如学也。"在《论语·为政》中，他又说："知之为知之，不知为不知，是知也。"他强调实事求是。在《论语·公冶长》中，他提倡"敏而好学，不耻下问"，即能够虚心向比自己社会地位低的人请教。另一方面，孔子又强调思考的重要性，反对学而不思。在《论语·阳货》中，他说："饱食终日，无所用心，难矣哉。"他还说："道听而途说，德之弃也。"不经考虑就随便将听来的乱传，也是违背道德修养准则的。

7. 论教师

孔子在长期的教学实践中，积累了丰富的教育经验，也出色地体现了为师之道。封建时代将他推崇为"万世师表"。

(1)学而不厌，诲人不倦

这是孔子对自己执教状态的概括。前提是爱生敬业，在《论语·宪问》中，他说："爱之，能勿劳乎？忠焉，能勿诲乎？"正是出自对学生的爱、对事业的忠，他才能诲人不倦，甚至在颠沛流离的困境中，他都能一如既往地开展教学。

诲人不倦的基础是学而不厌，即学习永不满足，这样才能保持教学的永久活力。孔子自己就是终生好学的典范，在《论语·述而》中，他说："发愤忘食，乐以忘忧，不知老之将至云尔"，而且是广泛学习，"三人行，必有我师焉"。孔子将学与教联系在一起，作为对教师的基本要求，是抓住了为师之道的根本。

(2)身教重于言教

在《论语·子路》中，孔子指出：“其身正，不令而行；其身不正，虽令不从。”以身作则是为师之道的又一根本所在，因为学生对教师也会“听其言而观其行”。道理是否正确、是否当行，不在于能否讲得娓娓动听，而在于讲的人能否身体力行。孔子对弟子的人格感召力，体现在他的“身正”上。

(二)朱熹的教育思想

朱熹(1130—1200)，字元晦，号晦庵。祖籍江西婺源，出生于福建尤溪县。18岁中举，19岁登进士第。宋代理学集大成者，他的理学思想在我国封建社会后期占据统治地位。他在知南康军时，重修白鹿洞书院，制定了著名的《白鹿洞书院揭示》。朱熹很重视整理编著教材，其中影响最大的是《四书集注》。《朱子语类》140卷是他一生从事教育活动，考察学术的记录。

朱熹长期从事讲学活动，精心编撰了《四书集注》等多种教材，培养了众多人才。他的教育思想博大精深，其中最值得关注的：一是论述“小学”和“大学”教育，二是论述“朱子读书法”。

朱熹的教育思想，不仅是他唯心主义哲学的一个重要组成部分，并且自成严密体系。因此，他不仅是一个哲学家，也是一个教育家，其历史地位仅次于儒家的创始人——孔子。他坚守儒家一贯的传统学说，以“明人伦”作为教育的首要目的；以格物、致知、诚意、正心、修身、齐家、治国、平天下作为教育的主要内容。他认为教育的作用就在于能“变化气质”。而“变化气质”的唯一途径就在于“存天理、灭人欲”。他的这种主张完全反映了封建统治阶级的立场，代表了官僚地主阶级的利益，为巩固封建统治阶级的社会秩序服务。因此，朱熹的教育学说，被历代奉为臬圭。

1.“小学”与“大学”教育

朱熹按照人的年龄、心理以及理解能力，主张设立小学和大学两类学校，并把二者看作统一的教育过程中相互衔接的两个阶段。

(1)小学阶段及其教育内容和方法

朱熹认为，从8岁至15岁为小学教育阶段。他十分重视这个阶段的教育，认为小学教育的任务是培养“圣贤坯璞”。他在《大学章句序》中提出：“人生八岁，则自王公以下，至于庶人之子弟，皆入小学，而教之以洒扫、应对、进退之节，礼、乐、射、御、书、数之文。”这段话说明了受教育的范围以及小学教育的内容。在小学教育的方法上，朱熹强调：首先，主张先入为主，及早施教。其次，要求形象生动，能激发兴趣。最后，首创以“须知”“学则”的形式来培养道德行为习惯。朱熹认为，为了养成儿童最基本的道德行为习惯，实行一定的强制性是必要的。

(2)大学阶段及其教育内容与方法

朱熹认为，15 岁以后是大学教育阶段。一方面，大学教育的范围只限于统治阶级上层；另一方面，大学教育内容，即“穷理”“修己”“治人”。朱熹认为，大学教育内容是根据社会的需要和可能出发的。通过学校学习，培养出才学之士，为国家服务。在大学教育方法上，朱熹在长期的实践中积累了许多成功经验，主要集中在三个方面：其一，重视自学指导。其二，提倡不同学术观点之间的相互讨论交流。其三，在大学教材方面，他根据理学思想，对《论语》《孟子》《大学》《中庸》做了新的注释，编成《四书集注》。

2.“朱子读书法”

朱熹认为：“为学之道，莫先于穷理，穷理之要，必在于读书。”对于如何读书，他不仅有深刻的体会，而且提出了很多精辟的见解。其弟子概括为“朱子读书法”六条，即循序渐进、熟读精思、虚心涵泳、切己体察、着紧用力、居敬持志。现把“朱子读书法”逐条简析如下。①

(1)循序渐进

朱熹认为，读书要“循序渐进”。“循序渐进”包含三层意思。第一，读书要按一定次序，按部就班，不可颠倒。“以二书(《论语》《孟子》)言之，则通一书而后又一书；以一书言之，篇、章、文、句、首尾次第，亦各有序而不可乱也。”第二，根据自己的实际情况和能力，制订计划，切实遵守。“量力所至，而谨守之。”第三，读书要扎扎实实打好基础，不可囫囵吞枣，急于求成。“字求其训，句索其旨。未得乎前，则不敢求乎后，未通乎此，则不敢志乎彼”。反之，若急于赶进度，则“看犹不看也”。

(2)熟读精思

朱熹主张，读书既要熟读成诵，又要精心思考。他说有些人读书“所以记不得，说不去，心下若存若亡，皆是不精不熟之患。”熟读的要求是“使其言皆若出于吾之口”。熟读的目的是精思。他提出精思的要求是“使其意皆若出于吾之心”。那么如何“精思”呢？朱熹认为，“精思”应遵循“无疑—有疑—解疑”的过程。他说：“读书始读，未知有疑。其次则渐渐有疑。中则节节是疑。过了一番后，疑渐渐释，以至融会贯通，都无所疑，方始是学。”这其实是一个发现问题和解决问题的过程。无论是发现问题，还是解决问题，都是精心思考的结果。

(3)虚心涵泳

虚心涵泳包含两层意思。第一，读书要“虚心”，即虚怀若谷，静心思考书中的原

---

① 转引自孙培青：《中国教育史》，239～240 页，上海，华东师范大学出版社，2009。

意，不要先入为主，牵强附会。读书时即使发现疑问，“众说纷错”，也要虚心静思，不要匆忙取舍。第二，读书要“涵泳”，即反复咀嚼，细心玩味，体会书中含义的真谛。

(4)切己体察

朱熹认为，读书不能仅仅停留在书本上、口头上，必须付诸行动，身体力行。他说：“读书不可只专就纸上求义理，须反来就自家身上推究。”他竭力反对只向书本求义理，而不“体之于身”的读书方法。这样即使是“广求博取，日诵五车”，也无益于学。只有“从容乎句读文义之间，而体验乎操存践履之实，然后心静理明，渐见意味。”

(5)着紧用力

着紧用力包含两层意思。第一，读书必须抓紧时间，发愤忘食，乐以忘忧，否则“悠悠不济事”；第二，读书必须抖擞精神，勇往直前，“如救火治病，如撑上水船，一篙不可放缓”。

(6)居敬持志

居敬持志既是朱熹道德修养的重要方法，也是他主张的重要读书方法。他说：“读书之法，莫贵乎循序而致精，而致精之本，则又在于居敬而持志。此不易之理也。”居敬持志包含两层意思。第一，“居敬”就是读书时精神高度集中。他说：“读书须收敛此心，这便是敬。”他又说：“读书时，敬于读书。便自然该贯动静，心无不在。”第二，“持志”就是读书要树立远大志向，并持之以恒。他说：“立志不定，如何读书？”

朱子读书法是朱熹长期经验以及他对前人读书经验的概括和总结，比较集中地反映了我国古代读书方法研究的成果，其中不乏合理成分，反映了读书学习的一些基本规律和要求，对我们今天读书仍有一定借鉴作用。但是，朱子读书法也有时代和阶级的局限，主要表现为：朱熹所提倡读的书，主要是宣扬封建伦理道德的“圣贤之书”；他的读书方法主要是强调如何学习书本知识，而没有注意到读书与实际知识之间的联系。这不仅使读书范围受到极大限制，而且可能会造成“两耳不闻窗外事，一心只读圣贤书”的不良学风。

第二节　外国古代教育思想

教育是一项古老而神圣的事业，教育思想作为教育实践活动之镜，其历史同样源远流长。随着社会生产力的发展和文化的交流，外国古代教育逐渐形成、发展，教育思想也逐渐孕育并闪耀着光芒，对世界教育产生着重要影响。

一、外国古代教育思想概述

遵循历史发展脉络，外国古代教育可以划分为东方文明古国教育、古希腊教育和古罗马教育三个基本阶段。

(一)东方文明古国时期的教育

古代埃及、巴比伦、印度和中国号称四大文明古国，是最早进入文明时代的地区，产生了最早的文字、科学知识以及学校的萌芽，创造了灿烂的古代文明、对世界文化的发展产生了深远的影响。

位于两河流域的古代巴比伦早在公元前 2000 年就产生了“泥板书”、楔形文字、历法、数学方程等。科学的发展为学校教育提供了条件，学校(泥板书舍)得以发展。为培养书吏，教学内容重视语言，尤其是书写能力。学校中纪律严格，常常采用体罚。

埃及在古王国末期已有宫廷学校，中王国时期又由政府部门开设职官学校来培养官吏，兼负文化训练和业务训练双重任务。同时，设立寺庙学校、文士学校，“以僧为师”“以吏为师”“以法为教”是这些学校共同的特征。

公元前 5 世纪到公元前 4 世纪，古印度则设立“古儒学校”“寺院学校”等，先后推行“婆罗门教育”和“佛教教育”，分别以婆罗门教教义、佛教教义等为指导思想，内容涵盖哲学、科学、艺术等，对中国以及东南亚许多国家的教育产生了重要影响。

作为世界文化的摇篮，东方文明古国产生了最早的科学知识、文字以及学校教育。教育具有强烈的阶级性和等级性；教育内容较为丰富，包括智育、德育及宗教教育等；教育机构种类繁多，形态各异；教学方法简单，体罚盛行。尽管如此，作为世界教育的“开端”，东方文明古国的教育随着文化的传播对西方教育的影响极其深远。

(二)古希腊时期的教育

西方有一句俗语：除了空气和阳光，无不源自古希腊。哲学家黑格尔(Hegel)也说：“一提到希腊这个名字……自然会引起一种家园之感。……今生，现世，科学与艺术，凡是满足我们的精神生活，使精神生活有价值、有光辉的东西，我们知道的都是从希腊直接或间接传来的。”①古希腊是西方文化的源头，艺术家、诗人、史学家和哲学家云集，文化的繁荣促生教育思想的发达。古希腊的圣贤们对教育本质、作用、内容、方法、管理等具有独特的见解，对古希腊教育及其西方教育的发展产生了巨大的推动作用。

较早系统思考教育的人是古希腊的智者(sophist)，也称为辩士、诡辩家。人们认为

---

① [德]黑格尔：《哲学史讲演录》第 1 卷，贺麟、王太庆等译，157 页，北京，商务印书馆，2013。

智者是“有智慧的人”，他们明白处理现实生活中各种实际问题的必要技巧。智者派对教学相当热衷，如普罗塔格拉(Protagoras)、高尔吉亚(Gorgias)等智者以雅典为中心，在希腊各地四处周游，对伯罗奔尼撒上层社会人士的子弟进行教育，并通过公众演讲、修辞学和雄辩术宣扬自己的教育内容，他们成为西方第一批专业性的教师。智者派进行教授的目的就是达到超越自身能力的某种极限，不涉及真理和美德问题，只是教授技能，因此他们所宣扬的是一种舍弃了道德问题和人性问题的严格意义上的功利主义技术教育，提倡价值取舍的相对性，信奉个人主义。

智者派开启了哲学界探讨人文社会问题的先河。这种研究对象的转移，引发了后继者无穷的乐趣，启发着他们对教育的思考。苏格拉底(Socrates)在批判智者相对主义价值观基础上探求事物的“普遍定义”，希望寻求普遍、一般的事物理解，提出了著名的“产婆术”教学方法，认为知识先天存在于人的灵魂之中，教育只能通过类似于“产婆助产”的方式帮助学习者获得他们已有的知识。柏拉图(Platon)以“理念论”哲学观为基础，提出了“哲学王”教育，认为具有辩证法才能的哲学王最适合成为国家的领导者，教育的目的在于通过一系列的筛选把具有辩证法才能的人挑选出来进行培养。作为筛选手段的数学、几何、天文、音乐应该成为教育的重要内容。亚里士多德的知识涉猎范围非常广泛，他被马克思称为“古代最伟大的思想家”。亚里士多德着重探讨了人的本性与教育的关系，看到了天性、习惯和理性在人发展中的作用，为日后人们思考遗传、环境和教育与人发展的关系奠定了基础。他最早提出了根据儿童身心发展的特点划分教育阶段的主张，强调在不同教育阶段应有不同的目的、内容、方法，符合教育的客观规律。

古希腊教育是西方教育的“发源地”，古希腊圣贤大多以其哲学思想为基础，以国家治理为目的来深入、系统思考教育的价值、内容、方法、管理等问题，具有较强的理论与现实价值，对后世教育的发展具有奠基性作用。

(三)古罗马时期的教育

古代罗马教育是古代希腊教育的继承和发展，并在其社会特点的影响下显示出了自身的特点，深刻影响到后世欧美国家的教育。

古罗马共和时期，随着债务问题和土地问题的解决，古罗马开始逐渐向外扩张，通过“布匿”战争和马其顿战争，成为地中海的主人。面对成熟的古希腊文化，古罗马采用“融合”的方式，以至于形成了两种平行的学校系统：一种是外来的以希腊语、希腊文教学为主的希腊式学校；另一种是产生较晚的罗马人自己的拉丁语学校。公元前 30 年，古罗马进入帝国时期。随着古罗马以“实用”为特征的文化价值观的逐渐形成，国家对教育的控制逐渐加强，教育的形式化日趋严重，教育的宗教性开始呈现。

古罗马时期出现了一批有名的教育思想家。西塞罗(Cicero)的雄辩家教育理论致力于培养具有优秀演讲与辩论才能的人，认为雄辩家需要具有广博的知识、修辞学修养、优美的举止、文雅的风度，并强调练习在培养雄辩家过程中的重要作用。昆体良(Quintilianus)撰写的《论演说家的培养》(或译《雄辩术原理》)是西方第一本专门论述教育的著作，系统阐述了人的天赋与教育的作用、学校教育与家庭教育的关系、课程设置、教学组织与方法等问题。

古罗马教育从古希腊重视思辨转向重视实用，其雄辩家的培养教育在历史上具有特殊的地位，特别是对语言的重视，对文艺复兴具有重要的推动作用。

二、代表性教育家的教育思想

西方古代有代表性的教育家有苏格拉底、柏拉图、亚里士多德等人，他们的教育思想既有那个时期特有的呈现，又在后世焕发出持久的光彩。

(一)苏格拉底的教育思想

苏格拉底(Socrates，公元前 469—公元前 399)，生活于公元前 5 世纪雅典，其父亲是雕刻师，母亲是助产士。和当时其他雅典青年一样，父亲为他选择了“初等”教师进行指导教育，使他成为精通高等数学、天文学的优秀城市军人和运动员。后来，他又师从当时最有学问的大师们，阅读了所有能找到的古代哲学家们的作品，聆听哲学、辩论、诗歌、音乐等方面优秀教师的演讲，受到当时所能达到最高水平的教育，成为一个有全面教养的人。公元前 399 年，苏格拉底受到控告而被判处死刑。苏格拉底早年曾是一名优秀的雕刻师，随着思考的深入，他开始倾听一种“内心的呼声”，转而从事灵魂的雕刻——教师。苏格拉底被誉为“公元前 5 世纪唯一一个在名声和重要性方面可以与柏拉图和亚里士多德这样的人物齐名的教育家”①。许多人把苏格拉底称为历史上最伟大的教育家之一，是人类历史上最著名的教师。

1. 论教育的作用与目的

苏格拉底从发展人的自然禀赋以及培养治国人才两个方面说明了教育的作用与目的。在他看来，无论是天资比较聪明的人还是天资比较鲁钝的人都应该接受教育，因为通过培养与训练，人们才能取得“值得称道的成就”②。他指出：“越是禀赋好的人越需

① [美]R. 弗里曼·伯茨：《西方教育文化史》，王凤玉译，69 页，济南，山东教育出版社，2013。
② 单中惠：《西方教育思想史》，16～17 页，太原，山西人民出版社，1996。

要受教育。”①“禀赋最优良的、精力最旺盛的、最可能有所成就的人，如果经过教育而学会了应当怎样做人的话，就能成为最优良、最有用的人，因为他们能够做出极多、极大的业绩；但如果没有受过教育而不学无术的话，那他们就会成为最不好、最有害的人。”②

苏格拉底认为，只有学识渊博且具有“善德”的人，才能把城邦治理好。因此，教育的目的在于培养治国人才。这种观点后来被柏拉图发展为培养“哲学王”的教育思想体系。

2.“智德统一”的教育哲学

希腊的早期哲学是一种自然哲学，力图从自然现象中找出世界的本质。苏格拉底却从自然事物的研究中寻找社会问题的答案，诸如美德、公平、正义等。在这些问题中，他认为最重要的是如何教育青年，使之成为好公民，因为如果教育失败了，国家也就面临存在的危机。苏格拉底对知识在行为中的作用感兴趣，尤其关注个人和社会的伦理与道德问题。在苏格拉底看来，做善事(符合伦理、道德规范的事)的能力是和个人掌握的知识和方法有关的。如果一个人能掌握正确思考的方法，他就会知道什么是善，就会主动行善，人人都如此，就可以建立一个美好的社会了。他认为真正的知识是通向良好行为的最恰当途径，事情的对与错需要由真正的知识来决定。如果一个人知道、真正地知道什么是真理，那么他就能够做出正确的行动。知识是美德，美德是知识，两者是不可分割的，这就是苏格拉底“美德即知识”的伦理哲学。因为知识是人们通过后天学习获得的，所以人的德行是教育的结果。把这种理念融入教育目标，就意味着教育的最终目标就是培养善良的人。教育可以使人变得良善，要使社会中每个人都做善事，就必须教他们学会思考，掌握清晰的、无偏见的思考方法。

“智德统一论”的提出，在教育实践上有着重要的意义。既然正确的行为基于正确的认识，那么就有可能对人进行道德教育，也就是说，道德是可教的。教人道德就是教人知识，教人形成正确的认识，从而在逻辑意义上，解决了道德的可教性问题。

3. 教育的内容

为培养“智德统一”的人才，苏格拉底认为，教育应该传授那些广博而实用的知识。因此，他认为青年应该进行各种学习，并劝勉那些希望担任公职的人学习专业知识；要求军事将领学习军事知识，掌握“将兵术”；要求人们学习测地学和天文学等。他认为：“在所有的事上，凡受到尊敬和赞扬的人都是那些知识最广博的人，而那些受人的谴责和轻视的人都是那些最无知的人。”③

苏格拉底要求青年应该进行体育锻炼和军事训练，以强健体魄，使自己的身体“保持最良好的状态”；建议他们学习音乐、舞蹈、诗歌，培养优雅品质，成为绅士；强调几何

---

① [古希腊]色诺芬：《回忆苏格拉底》，吴永泉译，139页，北京，商务印书馆，1984。
② [古希腊]色诺芬：《回忆苏格拉底》，吴永泉译，139页，北京，商务印书馆，1984。
③ [古希腊]色诺芬：《回忆苏格拉底》，吴永泉译，109页，北京，商务印书馆，1986。

学、天文学、数学、心理学等知识的学习，这些与日常生活问题相关。他认为最值得学习的学科是伦理学，因为只有掌握了行为处世的准则，才能与他人和谐地共同生活。

4. 苏格拉底法

苏格拉底一生致力于教学，对教育最大的贡献是他的教学方法，后人将其称为“苏格拉底法”(Socratic method)，他则称之为“产婆术”(Maieutics)，也是后世“问答法”的源头。这种方法通过对话，让说话者说出自己的想法，使用机敏的提问步步深入，对别人的言论进行反驳和诘问，使对手从“无意识的无知”变为“有意识的无知”，巧妙地让对话者接受苏格拉底心中的观点，或者意识到自己先前言论的不当之处，从而建立起清晰的观念。①

在苏格拉底的谈话中，说话者起初的想法是每个人谈论问题的前提，并且他们自认为这些前提是人们所公认的、普遍的。这样，苏格拉底了解了他们的想法，也就能引导存在于人们意识中的某种普遍的东西。但是随着对话的继续，苏格拉底通过追问，让回答者逐渐放弃开始坚持的前提，得出自相矛盾的观点，这些观点是通过说话者自己的认识发展出来的，不是苏格拉底直接告知的，也不是说话者早已认可的。所有这些使得谈话或提问变成一门艺术，避免了用说教的形式进行教育。正如黑格尔所说：“这种做法的直接结果是使意识本身发生混乱，从而使它陷于困惑。把意识导入困惑，这就是苏格拉底的谈话的主要趋向。他想要用这个方法唤醒人们的见识、羞耻、意识，使人们知道我们以为是真的东西并不是真的，相反却是动摇的。由此便发生了认真努力求知的需求。这就是苏格拉底的作风的主要方面。”②

苏格拉底的母亲是一个接生婆，他从小跟着母亲到别人家去接生，看到母亲帮助产妇分娩婴儿，这一段生活经历在苏格拉底的心中留下了深刻的印象。后来，他将自己创立的教学方法形象地称为“产婆术”，在教学与生育的对应情境里，产妇就是学生，助产士就是老师，产房就是教室，而婴孩就是观念。“产婆术”即“帮助已经包藏于每一个人的意识中的思想出世”。

下面是一则苏格拉底巧妙利用“产婆术”促使一个士兵正确理解“什么是勇敢”的例子。③

“什么是勇敢？”苏格拉底随便地问一个士兵。

“勇敢是在情况变得艰难时能坚守阵地。”士兵回答。

“但是，假如战略要求撤退呢？”苏格拉底问。

“假如这样的话，就不要使事情变得愚蠢。”

① 苏格拉底法包括讥讽、助产、归纳、定义四个步骤。讥讽是不断提问题使对方自陷矛盾，最终承认自己的无知；助产是通过引导，帮助对方得到问题的正确答案；归纳是从各种具体事务中找到事物的共性和本质；定义则是把个别事物归入一般概念。

② [德]黑格尔：《哲学史讲演录》第2卷，贺麟、王太庆译，63页，北京，商务印书馆，2011。

③ 单中惠：《西方教育思想史》，19～20页，太原，山西人民出版社，1996。

“那么，你同意勇敢既不是坚守阵地也不是撤退?”苏格拉底问。

“我猜想是这样。但是，我不知道。”士兵回答。

“我也不知道。或许它正好可以开动你的脑筋。对此你还有什么要说的?”苏格拉底又问。

“是的，可以开动我的脑筋。这就是我要说的。”

“那么，我们也许可以尝试地说：勇敢是在艰难困苦时候的镇定——正确的判断。”苏格拉底说。

“对。”士兵最后回答。

结合之前的分析，从教育学的角度来看，苏格拉底法是一种启思质疑的方法。这里的“启思”不同于孔子的“不愤不启，不悱不发”。孔子在启发后让谈话者任意设想、畅想、联想，问题是发散的，没有明确阈限，但最后有一个总结的、较为确定的结论，直接而简练；苏格拉底的“产婆术”则是使谈话者的思想受制于他的发问，问题是集中的，被提问者要依据苏格拉底提出的问题，并依靠已经掌握的知识进行思考，最后给出他想要的判断，因此更倾向于训练学生的思维习惯和思维方法。

需要注意的是，苏格拉底用以探索真理的方法并非放之四海而皆准，只有在知识内部有较强逻辑及规律，且学生对新知识有一定的知识储备的情况下，这种苏格拉底式的诘问才能发挥作用。哲学、心理学、逻辑学、数学、语法、修辞等，都是苏格拉底法可以应用的领域，但在地理、历史、生物等其他学科中，这种方法显然是荒谬的。同时，这种方法也可能会导致假设定论、自以为是、以口舌为能等不良后果，必须在使用时慎重考虑。

苏格拉底的“产婆术”和他的“智德统一”的教育理念很好地结合在一起，形成了自己独特的教育风格。师生共同寻求真理，相互完全平等，教育导向人的灵魂觉醒，而不是导向平庸的知识。这样，每个人都可以通过教育，产生思考，寻找并把握住自己安身立命之根。

5. 有教无类的教学态度

苏格拉底爱好质问和辩驳的作风与智者派并无两样。但是在教学该不该收取费用上，二者却泾渭分明。苏格拉底自认无知，没有本事教人，无论是在家中、街上、市场里或是在牢狱中，都毫不犹豫地与他人讨论，不计任何条件，更罔论收取学费了。当有人误以为他靠收费谋生而指控他有罪时，他不客气地说那个指控者“在说谎”。他认为知识交流是纯粹心灵的事，最好不要有物质介入，以免芥蒂横梗，污染了美好的教学画面。

苏格拉底教学的对象是全民，所以不分男女老幼、高低贵贱，他都一视同仁。值得一提的是，苏氏的门徒中也有女人，也力言不可因年龄太老而失去求知的兴趣，建议上了年纪的人也要发奋向学。

苏格拉底绝无歧视地对待学生，也从学生那里得到不少收获。他经常扮演门徒的身份，与学生交谈，以便“改善自己”，任何人皆有可教性，也都是讨教的对象。这些都使得苏格拉底当之无愧地被称为最伟大的教育家之一。

需要注意的是，与孔子一样，苏格拉底也是“述而不作”。有关哲学与教育的主张，都由向他请教的弟子记录下来，其中最有名的是柏拉图所著《柏拉图对话录》，书中对话的主角，经常是他的启蒙老师苏格拉底，柏拉图在记录苏氏看法的同时，也会借苏格拉底之口，阐明自己的见解。

苏格拉底居希腊三哲之冠，门徒众多且异常杰出。他一生以追求真理为要务，也身体力行、不畏艰险地去追求真理，力除障碍。作为西方第一位对后世影响最为深远的教育家，他留给后代的文字资料，是厚达一千多页的《柏拉图对话录》，书中记载了师生之间的交谈，彰显出思考之细腻、论辩之尖锐。他所提倡的“主智主义”深刻影响到教育及文化的方方面面，西方以知识为本位的观念从此根基初立。

(二)柏拉图的教育思想

柏拉图(Platon，公元前427—公元前347)，公元前427年，在动荡不安的伯罗奔尼撒战争时期，柏拉图在一个显赫的贵族家庭出生，曾经师从最著名的智者们，受到一个雅典人应有的关于各种艺术的教育。20岁时，他与苏格拉底结识并成为朋友，之后几年，他与苏格拉底密切往来，深受其影响，但他并不满足于苏格拉底的教导，还对古代哲学家进行了深入研究。苏格拉底被处死后，他远离城邦，投奔到欧几里得那里钻研数学，又花了十年左右时间周游当时的文明世界。大约在公元前389年回到雅典，创办了一所学校，这所学校就是后来众所周知的“柏拉图学园”(Academy)，又称为阿加德米，学园的创立不仅是他一生中最重要的事件，也是欧洲学术思想史上最重要的实践。学园讲授哲学、算术、几何学、天文学、音乐等科目，既开展教育活动，培养人才，又进行学术研究，促进古希腊科学文化的发展，教学形式也是多种多样的。逐渐地，这里成为雅典的最高学府，也是全希腊的学术中心。此后，柏拉图在此撰写完成《理想国》和《法律篇》这两篇巨著，他的教育思想集中体现在这两部著作之中。柏拉图是历史上最有影响力的哲学家和教育家之一。

和苏格拉底一样，柏拉图希望通过教育改变政治和社会。他坚信，教育是使儿童发展成为好的公民的方法，并在《理想国》中构建了一个培养哲学王(统治者)和军人(保国者)的乌托邦式的教育思想体系。柏拉图常常借苏格拉底之口，表达自己的教育思想，可以说他是一位伟大睿智的、充满诗人气质的教育家、哲学家、思想家。柏拉图也是西方教育史上第一位提出系统教育理论的人，其教育思想涵盖了从学前教育到高等教育的所有阶段。

1. 洞穴说

柏拉图有一个著名的关于洞穴的譬喻，用以说明受过教育的人与没受过教育的人的本质区别："让我们想象一个洞穴式的地下室，它有一长长通道通向外面，可让和洞穴一样宽的一路亮光照进来。有一些人从小就住在这洞穴里，头颈和腿脚都绑着，不能走动也不能转头，只能向前看着洞穴后壁。让我们再想象在他们背后远处高些的地方有东西燃烧着发出火光。在火光和这些被囚禁者之间，在洞外上面有一条路。沿着路边已筑有一带矮墙。矮墙的作用像傀儡戏演员在自己和观众之间设的一道屏障，他们把木偶举到屏障上头去表演。……接下来让我们想象有一些人拿着各种器物举过墙头，从墙后面走过，有的还举着用木料、石料或其他材料制作的假人和假兽。而这些过路人，你可以料到有的在说话，有的不在说话。"①这些囚徒看不到事物的真实样貌，以为投映到对面墙壁上的阴影就是事物本身，一旦他们解除了桎梏本身看火光时，由于眼花缭乱，他们无法看见造成原先所见阴影之实物，反而会认为阴影比实物更真实可信。看火光，使他的眼睛痛苦；而走出洞穴见到阳光，使他眼冒金星，无法看到任何真实。

柏拉图认为，从看到洞穴中的阴影到看到洞穴外的事物需要有一个过程，首先是看到阴影，其次是看到事物在水中的倒影，最后才是看到事物本身，而不是借助其他媒介显示出来的影像。

柏拉图用这种隐喻描述一个人在学习中由现象(阴影)到假象(倒影)，进而求得真知(事物本身)的过程。他以洞穴比喻"可见世界"，以火光比喻"太阳的能力"，将从洞穴上升到地面并看见事物的上升过程与灵魂上升到可知世界的上升过程相连，认为在可知世界中，通过巨大努力才能最终看到的事物才是"善的理念"，这是真理和理性的决定性源泉。一个人要想自己的行为合乎理性，必须把握"善的理念"。柏拉图认为，教育的本质就在于此。教育就像不能"把视力放进盲人的眼里"一样，不能"把原来没有的知识灌输到灵魂里去"，恰恰相反，"知识是每个人灵魂里都有的一种能力，而每个人用以学习的器官就像眼睛。"②身体不解脱桎梏转变方向，眼睛就无法离开黑暗转向光明。同样，作为整体的灵魂必须转向变化世界，直至它的"眼睛"得以正面观看实在，进而寻找所有现实中最明亮者，即我们所说的"善者"。在柏拉图看来，教育就是使一个人的灵魂由变化着的世界转向真正的实在，即永恒的"善的理念"的过程。教育的方法就是"一种使灵魂尽可能容易尽可能有效地转向的技巧"③。教育"不是要在灵魂中创造视力，而是肯定灵魂本身有视力，但认为它不能正确地把握方向，或不是在看该看的方向，因而想方设法

---

① [古希腊]柏拉图：《理想国》，郭德和、张竹明译，272页，北京，商务印书馆，1986。

② [古希腊]柏拉图：《理想国》，郭德和、张竹明译，277页，北京，商务印书馆，1986。

③ [古希腊]柏拉图：《理想国》，郭德和、张竹明译，278页，北京，商务印书馆，1986。

努力促进它转向”①。因此，柏拉图认为知识并非通过学习而“获得”，而是对存在与灵魂、心灵中一种东西的“回忆”。教育不应该通过外在的机械灌输，而应该是一种学习者自我寻找、自我觉醒的完全自主能动的过程。

2. 什么是教育

柏拉图认为，教育是为了以后的生活所进行的训练，是改造人性、陶冶德行、实现理想国的唯一手段。如果让私人自由开办学校，会由于标准不一，教育随意，最终导致祸乱，给国家带来不幸。因此，教育必须由国家进行严格控制，这样才能保证国家教育的不变性和一致性。

柏拉图根据上述判断，对教育的内容与形式进行深入阐释，并建议 6 周岁以下的孩子应该穿婴儿服、玩扔石子等孩子们自己发现的游戏，男女分开活动。男孩应该练习游泳、弓箭和标枪等。此外，练习摔跤能增强体质，练习舞蹈能增强运动协调性。阅读和写作应该从 10 岁才开始训练，为期 3 年。

为了达到教育的目的，他认为教育是一门讲究技巧的训练，反对强迫孩子们学习，“一个自由人是不应该被迫地进行任何学习的。因为，身体上的被迫劳累对身体无害，但被迫进行的学习却是不能在心灵上生根的。”②他主张用寓教于乐的方式来引导儿童的思维，达到学习的目的，因为在游戏中能“更好地了解到他们每个人的天性”，这样有利于对其施以恰当的教育。同时，他又认为父母不应该一味地迎合孩子的兴趣爱好，消除孩子学习过程中遇到的任何困难痛苦，“我们不应该一味盲目地追求有趣的事物，因为我们在实际生活中不可能完全消除万事万物带给我们的痛苦。”③

3. 公共教育体制

卢梭(Rousseau)曾经说过：“你想对公共教育发表声明观点吗？那就去读柏拉图的《理想国》吧！那里有对教育最精辟的论述。”④从中可以看出，作为理想主义的产物，柏拉图的公共教育思想集中反映在这本书中，主要体现在以下方面。

(1)论教育的作用

苏格拉底的牢狱之灾使柏拉图对个人主义盛行下被扭曲的众人政治深恶痛绝，他力述政治这么重要的事，绝不能轻易地委诸无知无识的全民手中。政治家好比医生，治国如治病，必须接受专门训练才能称职。他非常重视教育的政治意义和政治作用，认为教育是为国家政权服务的，教育目的是培养经世致用的治国人才，因此这种教育目的是培养“医生”——护卫国家的统治者，而他这种培养护卫者的教育只能是极少数人享有的教育。

---

① [古希腊]柏拉图：《理想国》，郭德和、张竹明译，278 页，北京，商务印书馆，1986。
② [古希腊]柏拉图：《理想国》，郭德和、张竹明译，304 页，北京，商务印书馆，1986。
③ [法]加布里埃尔·孔佩雷：《教育学史》，张瑜、王强译，25 页，济南，山东教育出版社，2013。
④ [法]加布里埃尔·孔佩雷：《教育学史》，张瑜、王强译，20 页，济南，山东教育出版社，2013。

柏拉图从以下几个方面阐释教育功能：为了下一代的教育问题；为了经济、社会以及政治等不同角色的选择；为了对经济、社会和政治计划的评价；为了提供更多生活的机会；为了建立并维持军事精英统治制度；为了建立并保持一个稳定的城邦政权。柏拉图认为："管理得最好的国家最像各部分痛痒相关的一个有机体"，而教育就是保证国家统一的方法，应该为国家服务，为国家培养好的公民，使个人形成一种毫无保留地抛弃自己的权利、献身于国家的态度。因此，就需要有一个理想的教育体制，来保证国家统一，并能够良好运行，这必须通过由国家控制教育、实行教育公有来实现。

(2)论普通教育

在柏拉图设计的公共教育体制中，非常重视早期教育，提倡公共学前教育，他认为："一个人从小所受的教育把他往哪里引导，就能决定他后来往哪里走。"①他提倡德、智、体、美和谐发展，儿童需要借助音乐、游戏等养成遵守纪律的精神，但必须在教育里剔除那些不符合法律精神、花样翻新的音乐和游戏，否则就会因固有的秩序被违反而导致整个国家遭到破坏。从这里可以看出柏拉图在教育问题上的极权主义态度。另外，柏拉图反对制定烦琐的法律条文，他认为这样将条文写在纸上强加给人们，并不能让人们真正遵守法律。因此，他强调在教育中寓教于乐，培养儿童的法律精神，使法律得以成为人的内在本性，"一旦国家发生什么变革，他们就会起而恢复固有的秩序。"②在维护国家统治方面，道德教育的作用超过法律强制的作用。

(3)培养"哲学王"的教育

柏拉图认为每个儿童都必须接受在国家指导下进行的适合自身的教育。经过一定时期的教育，儿童本性上的差异逐渐显现，就应对其进行切合其特性的教育，以便他们学有所成后为国家服务。柏拉图在理想国中建立了三个社会等级：劳动者和工匠、武士、哲学王。要将那些在劳苦的身体锻炼中，在学习、战争以及旅行其他义务中表现得坚韧不拔的孩子挑选出来，对他们进行保卫国家的训练，让他们将来成为国家的武士。然后，再在其中进行挑选，选出具有哲学天赋的、最优秀的人才，他们将成为国家的治理者——"哲学王"，这也是教育的最高目标。劳动者和工匠不需要接受教育，只需要学会某种手艺就足够了。武士的教育包括两个方面：音乐和体操。而统治者的教育则包括高水平的哲学、辩证法、各门科学和形而上学等，从幼儿时期开始进行系统培养，并由国家最优秀的公民监督实施，至50岁毕业后，就可以担任国家的最高统治者，同时也成为"哲学王"。柏拉图全部思想体系的归宿就是要培养这种"哲学王"，这样他所追求的"政治权力与聪明才智合而为一"③的目标也就达到了。

值得注意的是，柏拉图强调国家应该由"哲学王"来统治，并不是简单地"让哲学学

---

① [古希腊]柏拉图：《理想国》，郭德和、张竹明译，140页，北京，商务印书馆，1986。
② [古希腊]柏拉图：《理想国》，郭德和、张竹明译，140页，北京，商务印书馆，1986。
③ [古希腊]柏拉图：《理想国》，郭德和、张竹明译，215页，北京，商务印书馆，1986。

者为王”，而在于国家应由普遍原则即“善的理念”支配，而不是由对权力、财富的贪欲支配。因此，国家的统治者就应该是寻找真理并把握了“善的理念”的哲学家。

柏拉图根据他设计的教育体制建立起一个井然有序的等级社会，每个人都根据自己的天性和所受教育的程度为国家服务，而不是按出身划分等级。这一教育思想的社会进步意义非常巨大，也影响了整个西方的教育体制与教育思想格局。

柏拉图首次揭示了教育在国家施政中的重要地位，这对现在的国家治理具有重要的进步意义。只有进行全民教育，并以能力为准挑选资质优异者，使其在真理的探讨之后作为“治国平天下”的资源，而不是依据财力、性别、种族或肤色来决定教育的有无与多寡，才能真正带来国家的政清人和持续发展。

柏拉图的教育体制总体来说是一种“精英教育”。通过一系列教育活动和训练，通过层层挑选，最终从全体未成年公民中选出在理智和美德方面最出色的儿童，使其长大后成为国家的管理者。通过这样的教育体制设计，力求给国家提供一个由理智和公正控制的完美政府。这种教育的原则是必须符合统治阶级利益的，却忽视了儿童的个性和独立人格的发展，是一种极端的“社会本位论”。

（三）亚里士多德的教育思想

亚里士多德（Aristotle，公元前 384—公元前 322)，出身于一个对科学和哲学兴趣浓厚的家庭，良好的家庭环境使他经常接触当时的上层人物和智者，同时也受到当时最好的教育。他在柏拉图的“学园”里学习和教学 20 年之久，帮助柏拉图管理学校，并成为柏拉图最有名也最优秀的弟子。亚里士多德所取得的巨大成就、百科全书式的知识体系、实验性的调查研究以及积极务实的性格倾向，使他超越了苏格拉底和柏拉图，在探讨教育和教育学时表现出更加深邃、清晰的洞察力。另外，他还是一个亲身进行实践探索的教师，在柏拉图死后，从公元前 343 年到公元前 335 年，他担任马其顿帝国的国王亚历山大大帝的教师，给有史以来最强大的帝王做老师的经历成就了一位能力非凡、眼光独具的教育家。亚历山大开始远征亚洲后，亚里士多德回到雅典成为公众的教师，并在吕克昂讲学及开展研究，亲自主持该学园 13 年。由于亚里士多德与他的学生常常在林荫道上一边散步，一边讨论哲学、伦理学等问题，所以后人称他们为“逍遥学派”，吕克昂也成为著名的哲学学校。他的主要著作《政治学》和《工具论》等都是在这一时期完成的。

亚里士多德对哲学、政治学、伦理学、物理学、逻辑学、修辞学和美学都有开拓性的研究并取得了丰硕的成果，他的知识涉猎范围非常广泛，几乎是百科全书的化身，马克思称他为“古代最伟大的思想家”，恩格斯认为他是古代希腊哲学家中“最博学的人物”。不幸的是，他的教育著作《论教育》已经遗失。因此，只能从他的《伦理学》和《政治学》著作中窥知一些他的教育思想。

1. 论教育的作用

亚里士多德提到了人形成为人的三个因素，“有三种东西能使人善良而有德行，那就是天性、习惯和理性。首先一个人生来就是人，而不是其他动物，并且其身心必定有某种特性。但在初生时有些品质虽具有而无用，因为它们可以为习惯所改变，还有些秉赋天然地有待于习惯使之变好或变坏。……只有人类除天性与习惯外，尚有理性。由于天性、习惯和理性不能经常统一，要使它们互相协调并服从于理性，除了通过立法者的力量而外，就寄托于教育。”①亚里士多德认为，通过教育，利用人生而有之的天性，培养良好的习惯，习惯服从于理性的指导，并通过教育发展人的理性，让人成为有良好德行的人。亚里士多德关于人的天性、习惯和理性三要素的理论，是后世影响人发展的遗传、环境和教育三要素理论的雏形。

2. 作为义务的公共教育

亚里士多德在高度评价教育作用时，并不认为教育是万能的。他认为，教育并不是让那些天性卑劣又在不良环境中养成了坏习惯的人服从理性的领导。对于这些不可救药的人，强制和惩罚是必不可少的。因此，必须建立公共生活的正确制度，必须建立有良好的立法和法律知识的教育，教育应该是一项重要的义务。

受到古代某些教育趋势的启发，亚里士多德称自己是公共教育的强有力的支持者，认为教育年轻人的责任应该是一项公共政策。从“法治”的思想出发，亚里士多德提出教育应成为宣传法治，对人们进行法制教育的工具的主张。“法律所以能见成效，全靠公民的服从，而遵守法律的习惯须经长期的培养。”②“一个城邦应常常教导公民们能适合本邦的政治体系(及其生活方式)。”③为此，亚里士多德主张教育“应由法律规定”，以便使教育纳入国家法律的轨道，要求通过法律规定，让全体公民受教育。他指出：“既然每个城邦都有一个共同目的，那么，显而易见，教育应该对所有人都是一样的，教育应该是所有的人共同关心的视野而不是个人的事务。……立法者有责任通过法规保障每个公民都享有受教育的权益。”④亚里士多德进一步建议，国家政府应该负责对 7 岁以上的儿童进行教育，帮助他们养成良好的品德和习惯。但是，他所说的“全体公民”“每个公民”是不包括奴隶的。因为在他的心目中，“奴隶是活的(会说话的)工具”，他们是没有

① 吴式颖：《外国教育史教程》，32 页，北京，人民教育出版社，1999。
② [古希腊]亚里士多德：《政治学》，吴寿彭译，81 页，北京，商务印书馆，1983。
③ [古希腊]亚里士多德：《政治学》，吴寿彭译，406 页，北京，商务印书馆，1983。
④ [法]加布里埃尔·孔佩雷：《教育学史》，张瑜、王强译，28 页，济南，山东教育出版社，2013。

受教育权利的。

亚里士多德确立了城邦和教育的关系。教育是建设和谐统一的城邦的有力保障，是公民履行统治者与被统治者双重社会职责的前提条件。

3. 适应自然本性的"和谐教育"

亚里士多德把人的灵魂分为植物、动物、理性灵魂三个部分，相应地提出对儿童进行体育、德育、智育三个方面的和谐教育。

第一，体育。亚里士多德提出，在儿童教育中必须先训练其身体。在他看来，对儿童进行体育锻炼的目的是培养儿童具有强健的体魄和勇敢的精神。体育应该从孩子出生前，甚至母亲怀孕前就要开始。更具有进步意义的是，他认为儿童的体育锻炼要与他们的身体相适应，因为过度和不足的锻炼都会毁坏体力，损害儿童的身体健康。

第二，德育。亚里士多德十分注重道德教育。他认为，为了把城邦治理好，必须"引导公民纳入行善的良轨"，人们由于具有自然的天赋而能接纳社会美德，同时又由于人的生活及行为举止的习惯而使美德日趋完善。"事物有过度、不足和中间。德行的本性就是恰在其中间。"①

与老师柏拉图一样，亚里士多德非常强调儿童幼年时期道德习惯的养成，因为人的德行是"生于人的习惯"的。"从小就养成这样还是那样的习惯不是件小事情；恰恰相反，它非常重要，比一切都重要。"②受当时教育观念的影响，亚里士多德对音乐怀有一种偏爱，认为音乐可以净化人类的心灵，使人类的理智得到享受，在给人类美的熏陶的同时，具有强大的德育力量，影响人类的情感和性格。

第三，智育。亚里士多德认为，求知是人类的本性。人生来就是爱智慧的，就是要无尽地追求知识。智育的任务是让儿童掌握真理，发展思维能力并培养他们的"善行"。应该让儿童学习的"基础科目常常是四门，即读、写、体操和音乐，有些人便加上了绘画。"③他还规定，正规的智育不得早于5岁，让儿童从出生到5岁学习一些知识，或者让他们参与一些干预其正常发育的活动，这些都是非常不明智的做法。然而5岁前的等待时间并不意味着儿童智育的缺失，而是为5岁后的教育打基础、做准备。要保护儿童免受外界的不良影响。这个时期的儿童需要大量的体能训练，尤其需要参与以玩耍方式进行的体能训练活动。

亚里士多德认为，体育是为了身体和生理；德育是为了人的非理性灵魂；智育是为了人的理性灵魂。关注感官教育的同时，也不能忽视智力或理性教育；锻炼身体的时候，也不能忽视心灵的发展。三个方面相互联系、和谐发展。教育应当注意这三个方面的发展顺序，促进其和谐发展。

---

① [古希腊]亚里士多德：《尼各马科伦理学》，苗力田译，26页，北京，中国社会科学出版社，1990。
② [古希腊]亚里士多德：《尼各马科伦理学》，苗力田译，26页，北京，中国社会科学出版社，1990。
③ [古希腊]亚里士多德：《政治学》，吴寿彭译，409页，北京，商务印书馆，1983。

4. 论年龄分期

在世界教育史上，亚里士多德第一次提出并论证了教育必须适应人的自然发展的原则，他把人的发展划分为三个时期或阶段。

第一个阶段，出生到7岁，为身体的自然生命阶段。亚里士多德认为，这一时期的任务是使儿童的身体能正常地发育成长。因此，他反对男女年龄太小或太大时结婚，还告知人们最佳的结婚季节。重视母亲对儿童的影响，建议母亲自己哺育自己的孩子。他也提出通过组织儿童参加游戏来锻炼身体，同时指出“凡在儿童身上可能培养的习惯，都应及早开始，然后渐渐加强这些训练”①，要求及早培养儿童的习惯。

第二个阶段，7岁到14岁，为直觉或感觉阶段(即心灵的非理性阶段)。这一时期应对儿童进行“正规的集体教育”，其任务是让儿童掌握读、写、算的实用知识与技能，并对儿童进行体操训练和音乐教育。在他看来，这时候儿童的心灵最易于接受音乐教育，因为正如体操有助于塑造人类的形体一样，音乐有助于陶冶人的性格情操，具有积极的教育功能。

第三个阶段，14岁至21岁，为理智或理性阶段。亚里士多德认为，这一时期的任务是发展青少年的理智灵魂。根据吕克昂学园的教育要求，可以推断哲学、数学、物理学、音乐等可能作为培养与发展理智灵魂的主要内容。

这种分段与亚里士多德适应自然本性的和谐教育思想是异曲同工的。首先，人身上客观存在动物性的东西。其次，训练和学习过程应该遵循人类发展的三个阶段循序渐进，先从身体发展开始，之后是心灵的教育，发展人的理性是教育的重要任务。

5. 强调对教育内容的审查

亚里士多德和柏拉图都认为在给青少年挑选故事的过程中需要审查和谨慎。儿童期讲述的故事能够影响到儿童的健康成长，需要认真挑选；护理儿童日常生活的工作人员也需要对故事的类型进行认真的审查，保证儿童听到的每一个故事都是为他们将来能够以有教养的公民身份从事未来的工作做准备。

亚里士多德对类似于现代电视的媒介表达了他的担忧和强烈的关注。他禁止儿童接触“低级油画”以及无启发性的故事。他认为儿童绝对不能沾染任何“不符合身份”的行为。作为城邦的年青一代，他们到了一定年龄阶段才可以观看喜剧片，才能够朗诵“有伤风化”的诗文。他们只有到了这个年龄阶段才可以凭借教育的力量完全抗拒此种活动的不良影响。亚里士多德曾说，我们必须保证不良品行远离儿童的生活，尤其要抵制那些包含邪恶和敌意的事物。这都意味着亚里士多德意识到环境与文化对儿童的作用，力求通过规范儿童的成长环境达到教育的目的。

6. 文雅教育思想

文雅教育也称自由教育，是亚里士多德教育思想的重要内容之一。文雅(liberal)源

① [古希腊]亚里士多德：《政治学》，吴寿彭译，402页，北京，商务印书馆，1983。

于“自由”(liberty)，意为不囿于肉体，不束于体力，任由心思驰骋，向真善美无限翱翔。劳力者限于有形的肉体与技艺，形同奴隶；只有劳心者才能解除物欲的枷锁，重拾人性的光辉与尊严。因此，亚里士多德认为，自由教育不是对将来的职业进行准备的教育，而是以促进人的各种高级能力和理性的发展为目的的教育。自由教育以自由学科为主要内容，避免进行专业化的训练。需要学习者有足够的自由时间来保护自己的心灵，同时发展和运用自己的理性，还需要有各种不具有任何功利目的的自由学科，如读、写、算、体操、哲学等。

[反思与探究]

1. 试比较中外古代教育思想产生的时代背景的异同。

2. 孔子、朱熹、苏格拉底、柏拉图、亚里士多德的教育思想的基本观点是什么？

3. 试比较孔子“启发式”教学与苏格拉底“产婆术”的异同。

4. 孔子、朱熹、苏格拉底、柏拉图、亚里士多德的教育思想对当代学校教育有哪些启示？

5. 苏格拉底、柏拉图、亚里士多德的教育思想具有很深的渊源。试比较这三位教育家教育思想的异同。

6. 柏拉图的“洞穴”之喻对我们有哪些启示？根据他的“洞穴说”，我们应该如何看待教育者和受教育者？

7. 如何理解亚里士多德的“和谐教育”理论？这反映了他对教育怎样的看法？他所强调的对教育内容应进行审查，在当前有什么现实意义？

第二章　近代教育思想

学习目标	1. 了解中外近代教育思想产生的时代背景与理论基础。 2. 理解并掌握蔡元培、陶行知、晏阳初、夸美纽斯、赫尔巴特、杜威的教育思想的基本观点。 3. 能运用蔡元培、陶行知、晏阳初、夸美纽斯、赫尔巴特、杜威的教育思想分析思考当前学校教育的相关现象。

［本章提要］

无论是中国还是外国，近代教育思想领域都发生了翻天覆地的变革，各自引领了中西教育发展的潮流。蔡元培“五育并举”和“教育独立”的教育观、陶行知的“生活教育”理论、晏阳初的“平民教育”思想为内忧外患的中国指明了教育改革与发展的方向。夸美纽斯的直观性教学原则、班级授课制，赫尔巴特的“兴趣论”课程思想、教学形式阶段理论、“教育性教学”原则，杜威的“教育即生活”“教育即生长”“学校即社会”“从做中学”等思想，彰显了外国近代教育思想的发展轨迹与脉络。它们为世界教育的改革和发展做出了杰出贡献。

教育思想的产生与发展是伴随着人类的起源与发展而进行的。① 最早的原始人群出现后，原始的教育形态也初见端倪。人类的祖先在征服自然的过程中，把劳动和生活的经验传授给下一代，这便是最初的教育活动；当他们自觉或不自觉地思考自身的教育行为时，最原始的教育思想的萌芽就已经开始了。从古至今，中外教育思想发展的漫长历史出现了众多的教育思想家，可谓群星闪耀，学习和借鉴中外教育思想的精华，对发展我们今天的教育具有重要的借鉴意义。

① 朱永新：《中外教育思想史》，14页，南京，南京大学出版社，2015。

第一节　中国近代教育思想

自1840年鸦片战争到1949年中华人民共和国成立，是中国历史上动荡最激烈、变化最迅速的时期，也是中国教育大变动、大改革时期。在这一时期，中国教育学经历了从创立、发展到初具规模三个时期，中外教育思想也在这一时期得以会通与融合，中国教育思想呈现出新的面貌。在一百余年的时间内，经过几代中国学者的共同努力，不仅完成了由古代教育思想到近代教育学的转变，也实现了近代教育学到现代教育学的转变。中国由封建社会逐渐演变为半殖民地半封建社会的同时，中国教育的性质也发生了根本性改变，由传统旧教育逐渐演变为近代新教育。

一、中国近代教育思想概述

中国近代教育思想的发展是伴随着西方教育学的传入和中国向西方学习的过程而进行的，也是伴随着近代中国人对西方世界和“西学”认识的不断深化而进行的。蔡元培曾把中国人对西方认识的发展概括为三个阶段：“中国人羡慕外人的，第一次是见其枪炮，就知道他的枪炮比吾们的好。以后又见其器物，知道他的工艺也好。又看外国医生能治病，知道他的医术也好。有人说，外国技术虽好，但是政治上只有霸道，不及中国仁政。后来才知道外国的宪法、行政法等，都比中国进步。于是学他们的法学、政治学，但是疑他们道学很差。以后详细考查，又知道他们的哲学，亦很有研究的价值。”①而事实也证明，中国近代教育思想发展的过程，正是沿着器物、制度、文化(心理)的层次，不断向西方学习并反省自身教育的过程。总的来看，中国近代教育思想的发展和演变大体可分为四个阶段：启蒙教育思想、洋务运动时期的教育思想、维新运动时期的教育思想和新文化运动时期的教育思想。

(一)启蒙教育思想

明末清初，伴随着西学东渐与资本主义生产关系的萌芽在中国一些地区与行业的出现，中国近代的启蒙教育思想开始慢慢出现和发展。启蒙教育思想继承了我国传统“实学”所提倡的经世致用的教育主张，涉及某些近代科学与民主发展的因素，注重吸收西

① 高平叔：《蔡元培全集》第4卷，42页，北京，中华书局，1984。

方的科学文化，反对八股选士的制度。中国近代的启蒙思想在清政府闭关锁国的政策和文化专制主义的高压下，未能得到充分的发展。

中国近代启蒙教育思想的代表人物为龚自珍、魏源等人。清政府实行闭关锁国政策，自诩“天朝上国”，广大知识分子整日空谈心性，在西方列强大军压境之下，清政府濒临全面崩溃亡国状态。鸦片战争的隆隆炮火惊醒了麻木状态中的中国人，以揭露封建“衰世”的黑暗腐朽著称的龚自珍，率先对空谈心性的理学和八股取士的科举制度进行了批判，龚自珍将人才培养问题作为批判现实社会各种弊端的出发点，发出了培养经世致用人才的呼声：九州生气恃风雷，万马齐喑究可哀。我劝天公重抖擞，不拘一格降人才。龚自珍的好友魏源也认为“人心之寐”和“人才之虚”是中国落后挨打的两大原因。

启蒙教育思想家还明确提出复兴“经世致用”的学风。龚自珍认为，学用一致、学术与政务统一是中国教育的优良传统。但宋、元、明以后，学用分离的现象愈演愈烈，到清朝更为严重，结果培养出一批学用脱节、不通业务的书生。龚自珍认为，科举制度和封建教育是造成这种学治分离、学用脱节局面的主要原因。广大读书人为了应付科举考试，“疲精神耗日于无用之学”，钻研八股时文。一旦中第得官，则抛弃这块敲门砖，转而去应付从未学过的礼乐、兵刑、钱谷之事，其结果必然是学非所用、用非所学。从“经世致用”的观点出发，龚自珍指出，有关民生日用的知识都是士人应当学习和研究的。魏源也主张恢复古代“以经术为治术”的“通经致用”的经学教育传统，以及“经世致用”的学风。他批判考据之学和义理之学远离政治、不切实际的腐朽学风。魏源还从“经世致用”的观点出发，批判当时“所用非所养，所养非所用”的科举教育：“其造之试之也，专以无益之画饼，无用之雕虫，不识兵农礼乐工虞师为何事；及一旦用之也，则又一人而遍责以六官之职，或一岁而遍历四方民夷之风俗。”①他认为这种完全不以治事为出发点的教育，必然导致士人对政事的轻视，缺乏事功能力，入仕后也不能给治国安民带来实际的功效。龚自珍、魏源等人在鸦片战争期间提出的教育改革主张，实际上是传统儒家教育和实学派强调的经世致用精神的复兴，但他们其实是在用传统的模式和力量对传统教育进行改造，虽然认识到封建教育所面临的种种弊端，但由于历史的局限，他们只能渴望“天公”降下人才来解决问题。

鸦片战争的炮火和硝烟给中国带来了严重的民族危机，由此“制夷”成为关注的焦点，“经世致用”思想也沿着制夷、悉夷、师夷的路径发展，其中“制夷”始终作为目标贯穿在发展过程之中。魏源编写的《海国图志》，在介绍世界主要国家的地理、历史概括和社会现状的基础上，明确提出了“师夷长技以制夷”的思想。魏源看到了向西方学习的重要性，并提出了“师夷长技以制夷”的主张，但他仍更强调尤为根本的“中学”，表明启蒙教育思想家们仍未超越传统思想的羁绊。

① (清)魏源：《魏源集》，37页，北京，中华书局，1976。

(二)洋务运动时期的教育思想

洋务教育思想形成和发展于19世纪60年代中期。洋务派在镇压农民起义的过程中，领教了洋枪洋炮战胜大刀长矛的“真理”，并从魏源“师夷长技以制夷”的论断中受到了启发，大力兴办军事工业，并创办近代的工业交通与新式学堂。洋务派在“自强”“求富”的旗帜下，在中国开办了第一批机器生产的近代化工厂，创建了中国第一个轮船公司，铺设了近代第一条铁路，架设了第一条电线，建立了第一支海军舰队，开办了第一批近代形式的新学校，派遣了第一批留学生，为中国培养了第一批具有近代意识的知识分子、科学技术人员和新军将领。洋务教育思想的代表人物是奕䜣、张之洞、李鸿章、左宗棠、容闳等人。

在教育思想方面，洋务派明确提出了“中学为体，西学为用”的教育纲领，把魏源限定的“长技”发展到“用”的水平，从而大大扩展了向西方学习的内容。张之洞对洋务教育的体用观进行了解释和分析：“中学为内学，西学为外学，中学治身心，西学应世事。不必尽索之于经文，而必无悖于经义。如其心圣人之心，行圣人之行。以孝悌忠信为德，以尊主庇民为政，虽朝运汽机、夕驰铁路，无害为圣人之徒也。”①也就是说，只要坚持三纲五常的原则，杜绝离经叛道之弊，打好“中学”根基，就尽可吸收“西学”，诸如学校、地理、度支、赋税、武备、律例、劝工、通商等“西政”和算、绘、矿、医、声、光、电、化等“西艺”。“中学为体，西学为用”，是洋务派关于中西文化关系的核心命题，也是洋务教育的指导思想。这样，洋务派虽然在恪守传统文化教育的核心内容，即伦理和政治的价值方面，与龚自珍、魏源等人无分轩轾，在本质上仍属于封建教育思想的范畴，但毕竟多了若干近代的内容，从而实现了中国近代教育思想的第一次超越。超越的内容主要是传统教育所忽视的“器物”层面，即科学技术与实业教育。

洋务运动时期的教育仍然以传统的封建教育为主体，但在传统教育主体中萌生了近代新教育的幼芽。洋务教育思想在封建教育的制度与内容上首次打开了一个缺口，在中国创办了各种新型的学校(语言学校、军事学校、工艺与农务学校、师范学校)，把“西学”付诸教育实践，为中国社会的近代化奠定了基础，因此也为中国近代教育思想的诞生奠定了基础和条件。洋务教育思想在中国古代教育思想向近代教育理论的过渡中，起到了不可忽视的作用。

(三)维新运动时期的教育思想

甲午战争的失败宣告了洋务运动的破产，也表明“中学为体，西学为用”的教育模式解决不了中国的问题，在灾难深重的民族危机面前，中国的教育又面临着新的抉择，由

---

① (清)张之洞：《劝学篇》，71页，上海，上海书店出版社，2002。

此为维新教育思想的出现提供了契机。维新教育是近代资产阶级的一种教育思潮，主要包括王韬、郑观应等早期改良派，康有为、梁启超等资产阶级改良派以及孙中山、蔡元培等资产阶级革命派的教育思想。他们的共同目标是在中国建立一种新的资产阶级的教育制度。

维新教育家认为，中国不能富强的根本原因并不在于没有坚船利炮，也不是因为没有“制器之器”和“制器之法”，而是由于政治昏暗，制度腐败。因此，向西方学习，绝对不能只停留在“坚船利炮”的物质、技术层次上，而必须学习西方的政治制度，进行变法维新。正如梁启超所说：“要而论之，法者天下之公器也。变者天下之公理也。大地既通，万国蒸蒸，日趋于上，大势相迫，非可于制。变亦变，不变亦不变。变而变者，变之权操诸己，可以保国，可以保种，可以保教。不变而变者，变之权让诸人，束缚之，驰骤之，呜呼，则非吾之所敢言矣。”①这表明维新派有着强烈的变法维新的愿望。为了实现维新派变法维新的愿望，维新派人士进行了资产阶级性质的教育改革，由此形成了维新教育思想。

维新派教育实现了对洋务教育的超越，这种超越是制度上的超越和政治教育领域的超越。虽然维新派和洋务派都讲“兴学校，育人才”和“废八股，改科举”，但论述的深度和内容是大不相同的。例如，洋务派只是强调兴办各种学堂，以培养洋务事业所需要的人才，以及改变科举内容与形式，以选拔真才实学的人才。这些人才都是为封建统治而服务的。但维新派已明确地把教育改革与政治变革联系起来，已明确地向封建制度提出了挑战。其中，早期改良派指出了科举制度与学校制度的根本对立，认为“不修学校，则人才不出；不废帖括，则学校虽立，亦徒有虚名而无实效也”②。资产阶级改良派则用民权、平等的理论，抨击封建教育的等级观念与不平等现象。资产阶级革命派则进一步提出把政治革命作为推进传统文化教育变革的先决条件，提出了“今日之民智，不必恃他事以开之，而但恃革命以开之”③的呼声。

近代教育学的诞生，在维新教育时期有几个重要的标志。

一是进行两次重大的教育改革。在戊戌维新变法失败后不到 3 年的时间，清政府迫于形势进行了自上而下的教育改革。1901 年，清政府宣布实行“新政”，在教育方面的改革内容主要是颁布学制，废除科举和发布教育宗旨。1901 年 8 月，清政府颁布《兴学诏书》，把各地书院一律改为学堂；1902 年，清政府颁布了《钦定学堂章程》(“壬寅学制”)，但由于种种原因，这一学制没有实施。1903 年，由张百熙、张之洞和荣庆依据日本学制，对“壬寅学制”进行了修订，清政府于 1904 年 1 月颁布了《奏定学堂章程》(“癸卯学制”)。该学制包括从小学到大学的完整体系，是中国近代教育史上第一个以政

① (清)梁启超：《饮冰室合集·文集》，8 页，北京，中华书局，1989。
② (清)郑观应：《郑观应集》，261 页，上海，上海人民出版社，1982。
③ (清)章太炎：《章太炎文集》，178 页，北京，线装书局，2009。

府法令形式颁布的新学制。尽管这个学制带有浓厚的封建性、买办性，但毕竟终结了中国古代的官学、私学、书院等办学形式，为中国近代学校教育制度的建立奠定了基础。

第二次重大的教育改革是资产阶级领导的教育改革，其改革矛头直指封建教育，提出了新的教育宗旨："注重道德教育，以实利教育、军国民教育辅之，更以美感教育完成其道德。"它彻底否定了1906年的清末教育宗旨。1912年临时教育会议制定了新的学校系统，1913年又进行了修改、补充和完善，形成了"壬子—癸丑学制"。这个学制是中国近代第一个真正意义上的近代化学制，是一个具有资产阶级性质的学制。

经过上述两次重大的教育改革，终于逐步把封建教育制度赶出了历史舞台，完成了古代教育制度到近代教育制度的变革。

二是创建和创办了一批教育团体与教育刊物，在宣传革命教育思想、介绍西方教育学说、探索中国教育之路方面做了大量工作。

三是出现了不同的教育思想流派，形成了一些教育思潮。在清末民初时期，中国近代教育思想出现了一个比较活跃的时期，在大量介绍与引进西方教育理论与教育制度的同时，各种教育思潮纷至沓来。这些教育思潮主要包括：军国民教育思潮、实利主义教育思潮、科学教育思潮、义务教育思潮、平民教育思潮。

(四)新文化运动时期的教育思想

辛亥革命取得了推翻帝制、建立民国的胜利，但随着袁世凯、张勋、段祺瑞发动复古运动，辛亥革命的果实被窃取。中国的知识分子再一次对传统文化教育进行反思，他们认识到，从器物的学习到制度的学习虽然是一种进步，但仍没有把握住问题的实质；如果没有大多数国民精神和文化素质的提高，自强图存就只能是一句空话。因此，近代知识分子主张中国应进行思想启蒙教育，改造我国愚昧落后的国民精神。在这种认识的基础上，新文化运动应运而生。新文化运动的重要主题，就是在文化的层面和心理的层面，对中国以往的教育进行反思和超越。新文化运动的倡导者们主张通过各种形式揭露封建教育压抑人的个性的本质，提出了个性解放的要求，这种要求成为新文化运动时期的教育思想的主旋律。在这种要求下，教育思想自身的解放也开始出现，教育理论的争鸣与教育思潮开始出现百花争艳的局面。近代教育思想也慢慢过渡为现代教育思想，新文化运动的个性教育思想在这种过渡中起到了桥梁和纽带作用。

总的来看，在中国近代知识分子的共同努力下，中国形成了近代教育学。中国近代教育学的诞生是中国整个教育思想史上的一件大事，表明中国终于有了自己的近代形式的教育理论，中国人开始用近代的思维方式与实证手段来研究教育问题，中国的教育终于能够用自己的语言与西方展开对话，这是历史的进步和发展。但我们也必须看到，中国教育近代化的历程也并不是完美无缺的，在中西文化教育的会通过程中，并没有很好地实现融合的任务，而呈现出破坏多于建设、批判多于创新、抄袭多于继承的势态，传统教育中的优秀遗产并没有得到很好的认识与重视，而是在反传统的吼声中同传统教育中的封建糟粕一起被埋葬了。例如，古代书院精神中自由讲学、教训合一、门户开放、自学为主、百家争鸣等优良传统，以及古代教育特有的概念和范畴，都遭到了空前的冷落与忽视。对于西方的教育理论，往往也缺乏较深入的剖析与思考，匆匆地介绍给国人，盲目地付诸实践，虽然“主义”与“思潮”风起云涌，但大多都没有对中国教育产生多大的影响。由于这一时期政治形势激荡多变，近代教育思想家无意也不可能用很大的精力构建自己的教育理论体系。除了蔡元培留下若干教育演说与论文之外，近代中国并没有多少理论体系完备的教育著作，这显示出这一时期的教育理论思维带有较强的政治化特点。这一特点在现代乃至当代，都不同程度地存在着。

二、代表性教育家的教育思想

(一)蔡元培的教育思想

蔡元培(1868—1940)，浙江绍兴人，我国近代著名革命民主主义者，杰出的民主教育家。出生于中产商人之家，自幼刻苦好学，1883 年考中秀才，1892 年取中进士，1894 年任翰林院编修。1898 年维新变法中受维新派影响，倾向改良主义的主张，并广泛涉猎西方资产阶级的“新学”译著，博览群书，以寻求救国之道。1898 年冬，出任绍兴中西学堂监督(即校长)，开始从事新式教育的活动，后在浙江各地先后任院长，并创办学校。1901 年，蔡元培来到上海，在南洋公学实践新的教授方法，逐渐表现出不因袭陈规、勇于革新的精神，思想趋于革命。1902 年春，蔡元培与蒋智由、林獬、叶瀚等人建立团体，定名为中国教育会，蔡元培被推举为会长，在此后的爱国活动与民主革命中发挥了重要作用。1904 年秋，蔡元培、章太炎等人在上海发起革命团体光复会，蔡元培再次被推举为会长，并于 1905 年 7 月加入孙中山领导的同盟会，被委派为上海分部负责人。1907 年蔡元培赴德留学，1911 年辛亥革命爆发，年底奉孙中山之召回国，1912 年 1 月出任南京临时政府教育部部长，设计并主持推行“壬戌学制”，后于袁世凯当权辞去总长职务。1917 年年初，蔡元培出任北京大学校长，对北京大学进行彻底改革，使北京大学成为新文化运动的中心和五四爱国运动的发源地。蔡元培在这一时期的改革工作，也成为他一生从事文化教育事业的最重要实践，取得了重大成就。

蔡元培一生坚持以爱国主义为基础的民族民主主义立场，为改革中国的教育制度，为我国文化教育事业的发展，建立了不可磨灭的伟大业绩，是现代中国知识界、教育界的卓越先驱。毛泽东曾赞誉他为“学界泰斗、人世楷模”。他的教育思想十分广泛，涉及大学教育、基础教育、社会教育、职业教育、女子教育、儿童教育等方面，对当今的教育仍然有着重要的启迪和借鉴意义。

1. 五育并举的教育方针

1912 年 2 月，蔡元培发表《对于新教育之意见》一文，根据专制时代和共和时代对教育的不同要求，从“养成共和国民健全之人格”的观点出发，提出军国民教育、实利主义教育、公民道德教育、世界观教育和美感教育“五育”并举的教育思想。“从前瑞士教育家(裴斯泰洛齐)有言：‘昔之教育，使儿童受教于成人；今之教育，乃使成人受教于儿童。’何谓成人受教于儿童？谓成人不敢自存成见，立于儿童之地位而体验之，以定教育之方法。民国之教育亦然。君主时代之教育，不外利己主义，君主或少数人结合之政府，以其利己主义为目的物，乃揣摩国民之利己心，以一种方法投合之，引以迁就于君主或政府之主义。……现在此种主义，已不合用，须立于国民之地位，而体验其在世界、在社会有何等责任，应受何种教育。”①

军国民教育，即体育。一方面，受到当时形势的影响，需要举国强兵之制，必须要有这种教育；另一方面，体育又是养成完全人格所必需的，主张完全人格，首在体育。

实利主义教育，即智育，包括各种普通文化科学知识，有历史、地理、算学、化学、手工等。蔡元培认为“实利主义之教育，以人民生计为普通教育之中坚”②。教育不仅要传授知识技能，而且要训练学生思维细密、对事认真的科学态度。

公民道德教育，即德育。蔡元培认为德育就是完足人格之本，若无德，虽体魄、智力发达，也只能助其为恶。对于德育的内容，他主张以“自由、平等、亲爱”③为学习内容，同时指出：“公民道德之教育，犹未能超轶乎政治者也”④。这体现了他对教育与政治关系的理解，以及要以资产阶级道德观念培养学生的愿望。

世界观教育为蔡元培所独创，并被作为教育的最高境界。所谓世界观教育，就是培养人们一种立足于现象世界，但又能超脱现象世界而贴近实体世界的观念和精神境界。

美感教育，即美育，特别为蔡元培所提倡。他认为美育有特殊的意义，可以引人进入一种“自美感以外，一无杂念”的意境，并且美感教育具有与宗教相同的性质和功能，但可以避免宗教的保守和宗派之见，所以提出“以美育代宗教”的主张。

蔡元培认为“五育”不可偏废，其中军国民教育、实利主义教育、公民道德教育偏于现象世界之观念，为隶属于政治之教育；世界观教育和美感教育以追求实体世界之观念

---

① 高平叔：《蔡元培教育论著选》，11 页，北京，人民教育出版社，1991。
② 张圣华：《蔡元培教育名篇》，2 页，北京，教育科学出版社，2007
③ 张圣华：《蔡元培教育名篇》，2 页，北京，教育科学出版社，2007。
④ 张圣华：《蔡元培教育名篇》，3 页，北京，教育科学出版社，2007。

为目的，为超越政治之教育。学校中每种教学科目虽于“五育”各有侧重，但又同时兼通数育。

蔡元培的“五育”并举、和谐发展的教育方针，经过“临时教育会议”审议，除世界观教育外，其余四育均被采纳，作为民国的教育宗旨予以公布，所以影响巨大。应该肯定，这种以培养“健全人格”为目标的教育具有重大现实意义。它结束了两千多年来封建旧教育的统治，开辟了资产阶级自由、民主、平等教育的新时代，为资产阶级教育在中国的实施确定了方向。因此，他的这一思想在中国教育史上有划时代的革命意义。

2. 教育独立思想

作为一种思想，“教育独立”萌发于“五四”之前，发展兴盛于20世纪20年代。当时军阀混战，经济凋敝，教育不受重视，经费严重不足。蔡元培于1922年3月在《新教育》上发表《教育独立议》，在要求教育经费独立的基础上，而后进一步提出教育行政独立、教育学术独立和教育经费独立以及教育脱离宗教而独立等基本主张，从而形成了涵盖广泛、内容丰富的“教育独立”思想。

教育行政独立是蔡元培平生办教育的理想。早在任北京大学校长之前，他便有教育独立的种种构想。1927年，南京政府设立大学院、大学区，是蔡元培在全国范围内宏观层面上的一次教育行政独立的实践，是他毕生办教育的理想之所寄。大学院、大学区制与旧学部、教育部和教育行政委员会等“官衙”比照，其不同点主要有三个方面：其一，学术、教育并重，以大学院为全国最高学术教育机关；其二，院长制与委员制并用，以院长负行政全责，以大学委员会负议事及计划之责；其三，计划与实行并进，设研究院，实行科学研究。设劳动大学，提倡劳动教育。设音乐院、艺术院，实行美化教育。这既是大学院、大学区制的特点，也是蔡元培主张大学院制的根本理由。

学术是一个时代的知识系统。学术不独立，思想必不得自由，学术亦必不得发展，社会政治、经济、文化、教育发展亦会失去理性，因此学术独立是思想自由的必要保证。学术在蔡元培的教育思想中占据极其重要的位置。1928年5月15日，他在全国教育会议开幕词中说：“救国之道，非止一端；根本要图，还在学术。”①他倡导学术独立的内容，主要包括学位独立、职称晋级制度独立、思想自由、言论自由、学术研究自由等。

蔡元培也很重视教育经费的独立问题。经济是基础，社会的一切兴革都离不开经济这个后盾。有了独立的教育经费，才可以谈及独立的教育、独立的学术等。教育经费的独立，不仅影响到教育成效的高低，还直接关系到国家命运和前途的百年大计。在教育经费的使用方面，他主张首先解决教师的待遇问题。一切皆可持“极节省、极简要”的原则，唯教师的待遇不可节省拖欠。他强调：“所最不可省者，厥为教员薪俸，此学校命

---

① 高平叔：《蔡元培全集》第5卷，119页，北京，中华书局，1988。

脉所关，稍不敷用，则教员生活不能安定，缺席之事必多，学校精神因此颓唐，教育前途不堪设想。”①

蔡元培的分析，道出了教育的客观规律。教师在生活上奔波，费精力太多，必然无心施教，结果疲于应付，误人子弟，对国家前途、百年树人大计贻害无穷。如果教育经费独立，教师生活有了基本保障，必不至于酿出教育的种种悲剧。然而，在当时的社会现实下，蔡元培的呼吁并没有打动国民政府某些要员的铁石心肠，他的教育经费独立理想很快便化为泡影。

蔡元培在《教育独立议》中写道：“教育是帮助被教育的人，给他能发展自己的能力，完成他的人格，于人类文化上能尽一分子的责任；不是把被教育的人，造成一种特别器具，给抱有他种目的的人去应用的。所以，教育事业当完全交与教育家，保有独立的资格，毫不受各派政党或各派教会的影响。”②“教育事业不可不超然于各派政党以外。”③“教育事业不可不超然于各派教会以外。”④蔡元培认为，教育应该由纯粹而独立的教育家进行，只有在独立和自由的条件下，学校才能真正实现“思想自由，兼容并包”的方针，教育、科学文化才能发展。

教育独立论从教育独立的角度探寻教育的本质，在较高程度上揭示了教育发展的客观规律，对教育本质进行了深刻的解释。

3.“思想自由，兼容并包”的大学理念

1917 年 1 月 4 日，蔡元培在民众热切期望中就任北京大学校长，随后不久，他对北京大学进行了改革，教育思想主要体现在以下几个方面。

(1)树立现代大学理念

蔡元培提出“思想自由，兼容并包”的指导方针。自创办至蔡元培改革前，北京大学的历史大致可以分为两个阶段。第一阶段是自开办到 1911 年，此时学校的制度主要模仿日本，教学方针是张之洞所谓“中学为体，西学为用”，其“中学”可以说还有点研究院性质，而“西学”则基本上属于装饰。第二阶段是 1911—1917 年，此时民国初立，经科被并入文科，“中学”退为装饰。这一阶段，“西学”的地位虽然上升，但只是处于贩卖知识的状态，根本无从谈及学理研究，仅仅是在形式上照搬西方的体制，而西方大学体制最核心的部分——追求真理的学术自由精神却完全付之阙如，倒是四处游荡着科举的阴魂。由于管理理念和管理手段的落后，整个学校腐化堕落，暮气沉沉。当此之时，蔡元培接任北京大学校长之职，首先面对的就是大学改革的问题，而大学改革的首要问题则是大学理念的确立。蔡元培在就任北京大学校长的演说中开宗明义地宣称：“诸君来此

---

① 高平叔：《蔡元培全集》第 5 卷，180～181 页，北京，中华书局，1988。
② 高平叔：《蔡元培全集》第 3 卷，311 页，北京，中华书局，1984。
③ 高平叔：《蔡元培全集》第 3 卷，311 页，北京，中华书局，1984。
④ 高平叔：《蔡元培全集》第 3 卷，312 页，北京，中华书局，1984。

求学，必有一定宗旨，欲求宗旨之正大与否，必先知大学之性质。今人肄业专门学校，学成任事，此固势所必然。而在大学则不然，大学者，研究高深学问者也。”①他认为，“大学以思想自由为原则”，“此思想自由之通则，而大学之所以为大也”②。大学既然是纯粹传授和研究学问的地方，那么尽可能地造就大学学术自由是最重要的内在基础。如果这个基础不存在，则大学改革根本无从谈起。蔡元培早年留学德国，受威廉·冯·洪堡的大学理念影响较深，因此提出“循‘思想自由’原则，取‘兼容并包’主义”，并把此作为北京大学改革的终极理念。在这种理念的支配下，北京大学一扫旧习，开创了辉煌的时代。

(2)先进理念支配下的人才观

教育理念确定后才能拉开教学改革的帷幕，教学改革首先要解决谁来教的问题，这个问题的根本是确定什么样的人才观。蔡元培治理下的北京大学在课程和学制上追求的是贯通中西。他对西方的学制和文化是积极引进的，但他的引进以学术自由为核心，其最后的目的是求得中国学术的自主发展，而不是求得在形式上与西方的亦步亦趋，抑或沦为西方教育的附庸。他后来回忆说：“我对于各家各说，依各国大学通例，循思想自由原则，取兼容并包，无论各种学派，只要言之有理、持之有故，尚未达到自然淘汰之命运，即使彼此相反，也听他自由发展。”③在这种办学方针的指导下，聘请教员只问学问、能力，不问思想、派别，“唯才是举，不拘一格”。他既聘请激进民主主义者陈独秀，也聘请筹安会的刘师培；既聘主张白话文的胡适，也请反对白话文的黄侃；既聘“只手打孔家店”的吴虞，也请坚持尊孔复古的陈汉章。

(3)唯才是举人才观支配下的教学实践

蔡元培对汉儒董仲舒“罢黜百家，独尊儒术”这样的文化政策非常反对，他针锋相对地指出：“近代思想自由之公例，既被公认，能完全实现之者，厥惟大学。”④因此，大学必须唯才是举。第一，自由之思想、自由之学术。“大学教员所发表之思想，不但不受任何宗教或政党之拘束，亦不受任何著名学者之牵掣。”⑤在此思想的指导下，陈独秀和刘师培，你讲你的“马列主义”，我讲我的“四书五经”“孔孟之道”；《新青年》进北京大学，蔡元培拨经费支持。保守派要办《国故》杂志与《新青年》唱对台戏，蔡元培同样给予经费支持。第二，自由之教学、教学之自由。北京大学在课程设置、教学安排上都赋予教师绝对的自由，他允许教师根据目标的要求结合自己的教学经验和学生的接受、理解程度，自主安排教学进度与教学内容，这样可以最大限度地发挥教师教学的积极性。

“思想自由，兼容并包”的思想，对于当时冲破封建思想专制，促进新思想、新文化

---

① 高平叔：《蔡元培全集》第3卷，5页，北京，中华书局，1984。

② 高平叔：《蔡元培教育文选》，5页，北京，人民教育出版社，1980。

③ 中国蔡元培研究会：《蔡元培全集》，513页，杭州，浙江教育出版社，1997。

④ 高平叔：《蔡元培全集》，507页，北京，中华书局，1984。

⑤ 高平叔：《蔡元培全集》，507页，北京，中华书局，1984。

及新教育流派与理论的传播，产生了巨大影响。

4. 融会中西的文化观

从1907年至1926年的二十年，蔡元培先后五次到欧美各洲游学考察，居留国外近十二载，其中三次留学德国莱比锡大学，前后共计五年多，对西方文化有着深入的了解，他秉持“择其善者而从之”的文化观，对西方文化进行消化和吸收，他的文化观同样体现了他“融汇中西”的教育观。在蔡元培的教育活动中，从确立新的教育制度到健全的人格教育，从教授治校到思想自由原则的提出，都包含了他对西方教育制度和思想的借鉴与吸收。他强调：“一个民族或国家要在世界上立得住脚，而且要光荣的立住，是要以学术为基础的。尤是在这竞争激烈的20世纪，更要依靠学术。”①“思想自由，是世界大学的通例。”②这些都说明，学习外国，择善而从，融会中西的主张，是蔡元培教育思想的一大特点。

(二)陶行知的教育思想

陶行知(1891－1946)，安徽省歙县人，原名文浚，后受明代哲学家王阳明“知行合一”学说的影响改名知行，再接受美国杜威实用主义思想，深信“行是知之始，知是行之成”，改名行知。他是我国近代杰出的民主主义人士，伟大的人民教育家、思想家、大众诗人、革命战士，是倡导以生活教育改造社会，并从事乡村教育的卓有贡献的伟大教育家。

陶行知家境清贫，幼年接受父亲和塾师的教育，14岁始先后在歙县县城崇一学堂、杭州广济医学堂、南京金陵大学求学，1914年赴美留学，在哥伦比亚大学师范学院学习，受业于杜威门下。1917年归国后，陶行知历任南京高等师范学堂教授兼教务长、东南大学教授兼教育科主任和教育系主任(当时的教育科包括教育、心理、体育三个学系，即相当于抗日战争时期的师范学院)、中华教育改进社干事、南京安徽中学校长等职务。1946年，陶行知因劳累过度，致脑出血，猝然与世长辞。

陶行知将杜威的实用主义教育与中国实际相结合，并经过改造和创新，形成了其“生活教育”理论，主张“生活即教育”“社会即学校”“教学做合一”，并编著和发表《生利主义之职业教育》《全国乡村教育改造宣言书》《中国教育改造》《平民千字课》《中国师范教育建设论》等书文。他的教育思想还集中体现在他的乡村教育实践中，他发起成立中华

① 梁柱：《蔡元培教育思想论析》，43页，北京，高等教育出版社，2006。
② 梁柱：《蔡元培教育思想论析》，43页，北京，高等教育出版社，2006。

平民教育促进会、国难教育社，创办晓庄试验乡村师范学校、湘湖乡村师范学校、新安小学、山海工学团、香港中华业余学校、育才学校等。在陶行知先生逝世之际，周恩来称誉他为“一个无保留追随党的党外布尔什维克”，毛泽东称誉他是一位伟大的人民教育家，宋庆龄亲笔题词赞他为“万世师表”。

1. 乡村教育改造的必要性

陶行知立足于自己的教育本职工作，面对国家处于危亡关头的局势，认为应该通过教育提高平民文化水平，进而改造社会，挽救国家，这是他重视平民教育和乡村教育的思想基础。

早在1921年，陶行知就看到了城市教育与乡村教育的巨大差异，认为发展乡村教育是必要的。他在《师范教育之新趋势》一文中，认定“教育是立国的根本”，于是他把推行乡村教育作为中华教育改进社的一件大事。他还在《中国乡村教育根本改造》一文中，列举了中国乡村教育走错路的大量事实：①教人离开乡村向城里跑，教人吃饭不种稻，穿衣不种棉，盖房子不造林；②教人羡慕奢华，看不起务农，把农夫子弟教成了书呆子；③教人分利不生利，使富的变穷，穷的变得格外穷；④教强的变弱，弱的变得格外弱，使人受土匪、土棍侵害而不能自卫。他建议建设一种“适合乡村实际生活的活教育”，“活的乡村教育要教人生利，他要叫荒山成林，叫瘠地长五谷。他教人人都能自立、自治、自卫。他要教乡村变为西天乐园，村民都变成为快乐的活神仙。”①

陶行知于1927年创办晓庄试验乡村师范学校，1932年又创办山海工学团，开展新的乡村教育试验，还派人到各地办了北新泾、晨更、朱家角、报童等工学团。② 这些乡村教育改造的实践为当时的中国教育发展做出了巨大的贡献。

2. 重视师范教育

陶行知认为，办好“活的乡村教育”关系到中国整个乡村的改造；要想改造乡村，就必须先改造好乡村学校；要想改造好乡村学校，就必须先培养出好的校长和教师。因此，他得出的结论：培养出足够改造中国各个乡村学校的校长和教师，才是办好乡村教育，进而达到改造中国乡村现状的关键。因此，他发动师范教育下乡运动，创办乡村师范学校，在《师范教育下乡运动》一文中提出乡村师范学校“负有训练乡村教师，改造乡村生活的使命”③。

为了实现乡村改造的理想，培养更多的师范人才，陶行知在1927年3月，于南京小庄(后改为晓庄)创办了晓庄试验乡村师范学校，以培养具有农夫身手、科学头脑、社会改造精神的乡村教师。首届招收13名学生，于3月15日开学。1928年8月1日，正

---

① 华中师范学院教育科学研究所：《陶行知全集》第2卷，1～2页，长沙，湖南教育出版社，1985。
② 王炳照、阎国华：《中国教育思想通史》第5卷，85页，长沙，湖南教育出版社，1994。
③ 华中师范学院教育科学研究室：《陶行知全集》第1卷，601页，长沙，湖南教育出版社，1980。

式更名为晓庄学校，并增设系列学校、幼稚园、剧社、编辑部、商店等。①

晓庄师范学校先后由袁观澜、蔡元培任董事长，陶行知自任校长。学校不分班级，也没有上下课制度，学员在指导员(即教师)指导下生活，在做上教，在做上学，很快取得良好效果，各处来校参观访问者络绎不绝。很多地方，邀请陶行知派师生协助办学：1928 年，受浙江省委托创办湘湖师范学校；1929 年春，又应淮安徽州同乡会邀请，派去学生创办新安小学。1929 年春，梁漱溟为创办山东邹平乡村建设研究院，特到晓庄学校参观考察，并请陶行知向他支援干部。美国著名教育家克伯屈于 1929 年来中国，参观访问了晓庄学校，在他的《我对晓庄之感想》一文中这样写道："我看这个学校负有特殊的使命，就是要研究用哪种教育，才合乎乡村需要，使能引导乡村，适合现在的变动。同时要引导全国学校，使这一种教育，普遍的传布到全国去，教全国采取适合乡村需要的教育，以变动他们的生活。"②

由于支持进步师生的进步游行示威，也由于陶行知与进步将领冯玉祥来往密切，晓庄学校后为国民党所查封，陶行知也因被通缉不得已亡命日本，晓庄乡村教育试验被迫中断。

3. 提出生活教育理论

陶行知在晓庄师范学校从事乡村教育改造的试验过程中，在杜威"教育即生活"概念的基础上，发展了杜威的思想，创造性地提出"生活即教育""社会即学校""教学做合一"，把生活和教育有机地统一起来的生活教育理论，并用以指导教育和教学活动。陶行知认为，生活教育才是活的教育，是教育中最不可少的现象。

"生活即教育"就是要求教育与实际生活联系，克服传统教育脱离生活，甚至与生活相对立的弊端。概括起来有三层意思：生活本身就含有对人的教育作用，生活教育是生活所原有的，是好的生活就有好的教育，是坏的生活就有坏的教育；教育促进生活的变化，他强调只有"为生活向前向上的需要而教育"才算得上是促进生活之变化的教育；教育随生活的变化而发展，生活无时不变，教育也随之发展。

"社会即学校"就是把学校与社会相沟通，凡是生活的场所，都是教育的场所，要以社会为学校，跨出校门，走向社会，把工厂、农村、店铺、监牢等都视为学校，成为课堂，达到学校与社会合一。

"教学做合一"则是生活教育的方法论。陶行知强调"做是学的中心，也就是教的中心"③。事怎样做就怎样学，怎样学就怎样教；教的法子要根据学的法子，学的法子要根据做的法子。1925 年，陶行知把这个理论称为"教学做合一"。陶行知认为，"要想获得人类全体的经验必须教学做合一为最有效力；生活教育就是教学做合一；教学做合一

---

① 王炳照、阎国华：《中国教育思想通史》第 5 卷，81～82 页，长沙，湖南教育出版社，1994。

② 周洪宇：《陶行知研究在海外》，204 页，北京，人民教育出版社，1991。

③ 华中师范学院教育科学研究所：《陶行知全集》第 2 卷，42～43 页，长沙，湖南教育出版社，1985。

不但不忽视精神上的主动，而且因为有了在劳力上劳心，脚踏实地的‘做’为它的中心，精神便随‘做’而愈加奋发。”①另外，他在课程教材的建设上，认为课程建设要顾及全体人民接受民主教育，使他们了解贫富不均的根源在于社会制度，拿出一切力量来争取胜利路；富国之路是科学的教育、科学的生产、科学的劳动。

在生活教育理论中，生活教育是其本质，“社会即学校”是其课堂，“教学做合一”是其实施的办法。陶行知的生活教育理论深受杜威实用主义教育理论影响，并在其基础上有所发展和改造，更多地关注中国的社会现实。这一理论在反对封建教育、探索中国教育发展道路、克服旧教育弊端方面发挥了积极作用。

4. 创办工学团

1932 年 10 月 1 日，陶行知创办的山海工学团正式开学，宣告他的新乡村教育试验的开始。什么是陶行知所称的乡村工学团呢？乡村工学团是一种把工场、学校、社会打成一片的教育组织，是改造乡村而富有生命力的社会新细胞。乡村工学团的宗旨是“工以养生，学以明生，团以保生”，要对乡民实施普遍的军事、生产、科学、识字、民权、生育六大训练，以便从农村中造就出中华民族的健全分子，改造乡村，造就一个伟大的、令人敬爱的中国。

山海工学团以招收农村子弟为主，招生原则是来者不拒，不来者送上门去。上午上普通科，授以国文、算术、自然、历史等课；下午上两节课后参加生产劳动，边劳动边学习，每周五举行“同乐会”，师生与农友欢聚一堂，开展文娱活动。最初的“小先生”，本着“即知即传”精神，在讲故事中诞生，后为陶行知所提倡，称为“小先生制”。所谓“小先生制”，就是在教师人数不足的前提下，发动学生来充任教师的普及教育的方法。后来，“小先生制”被称为普及教育的最好方法，不胫而走，很快在国内普及教育中得到推广，还对东南亚一带普及教育产生了很大影响。山海工学团等因“七七”抗战爆发，被迫暂时停办。

5. 提出“六大解放”与“七项方针”

结合中国国情，陶行知认为，教育要促进学生发展，必须处理好三层关系：群体发展和个体发展的关系；全面发展和个体发展的关系；近期发展和终生发展的关系。为了处理这三层关系，教学必须确立学生的主体地位，把学习的基本自由还给学生。因此，要解放学生的头脑、双手、眼睛、嘴巴、时间、空间，使学生成为学习的主人。在教育中不仅要启迪学生的思维，更要引导学生进行创造，解放学生的创造力，“敢探未发明的新理”，“敢入未开化的边疆”，使人人都能创造。

陶行知在指导工学团开展试验时，提出工学团应贯彻执行与传统教育不同的七项指导方针：社会即学校；生活即教育；相学相师，会者教人，不会者跟人学；先生在做上

---

① 梁伯琦等：《陶行知教育思想基础》，128 页，杭州，浙江大学出版社，2010。

教，学生在做上学，教与学都以做为中心；在劳力上劳心；行是知之始；与大众共甘苦，同休戚。这是陶行知乡村教育思想的精华所在。

陶行知为进行乡村教育改造，探寻中国教育出路，做出了巨大的贡献。他力图以教育为手段，改造旧中国，为中华民族建设新的共和国。这种愿望虽好，但在中国当时的历史条件下，是不可能实现的。陶行知在办晓庄师范学校时，提倡乡村教育改造，使教育与农业携手，创造性地提出了生活教育理论。此外，他在办山海工学团时创立的“小先生制”，在中国教育理论和教育方法的宝库中增添了无价珍宝。

(三)晏阳初的教育思想

晏阳初(1890—1990)，1890 年 10 月出生，祖籍四川巴中，1913 年就读于香港圣保罗书院(香港大学前身)，后转美国耶鲁大学，主修政治经济，于美国普林斯顿大学修习历史学并获硕士学位，1920 年回国，先后在长沙、烟台、杭州、嘉兴等地开展了大规模识字运动实验。随后于 1923 年 6 月，他与朱其慧、陶行知等一起在南京设立平民教育促进会，提出“除文盲、做新民”的教育理想，并于当年 8 月成立“中华平民教育促进总会”(简称平教会)，选定河北定县为实验区，发起了全国规模的平民教育运动。晏阳初是世界著名的中国平民教育家和乡村改革家，致力于平民教育七十余载，著有《平民教育概论》《平民教育的真义》《农村运动的使命》《中国农村教育与农村建设问题》等著作。

1. 乡村平民教育

20 世纪初期，平民运动的中心多在城市，以城市平民、士兵和妇女的识字教育为工作重点。晏阳初在除文盲、开展平民教育的过程中，发现“在工作经验中相信中国大部分的文盲，不在都市而在农村。中国是以农立国，中国大多数的人民是农民，农村是中国 85%以上人民的着落地，要想普及中国平民教育，应当到农村里去。”①

鉴于此，他开始将平民教育的中心向乡下转移，先后在河北保定市、北京宛平县、河北定县等地创办乡村平民学校，并于 1926 年 8 月将定县作为推广乡村平民教育运动的中心，进行教育与社会改造实验，力图逐渐实现改造中国社会的宏伟理想。他认为整个中国是由社会单位组成的，先以一个县作为活的实验室，进行乡村建设和县政实验，得出的经验可为其他各县相仿，最后就能达到改造中国社会的目的。

① 宋恩荣：《晏阳初文集》，52～53 页，北京，教育科学出版社，1989。

晏阳初邀请了许多专家学者，深入定县农村，首先注重社会调查，以事实为根据，然后再制定教育实施方案。这些方案又是与农民共同商量研究的结果，力求做到因时、因地、因人制宜，不持成见。定县的试验工作，如导生传习制、民校毕业同学会、国族精神研究、平民文学研究、平民科学教育研究、生计巡回训练学校等，成效显著。定县的试验由于规模宏大、操作组织严密，在当时知识界和教育界的人士中影响颇大。据统计，从 1930 年起，每年约有 120 多人从全国各地奔赴定县试验区，其中曾在国外留学、学有专长和国内大学毕业的人占 50%，七年内参加过试验区工作的有 400 人左右。中外人士来定县参观访问者络绎不绝。美国著名作家斯诺在《西行漫记》中，特别提到了定县的科学文化普及工作。他在 1933 年 12 月 12 日的《纽约星期日先驱论坛报》上撰文，赞扬晏阳初主持下的平教会在定县的乡村建设试验。①

平教会在定县的乡村建设试验虽然取得成效，但却为国民政府所拉拢和利用。1931 年，身为平教会总干事，晏阳初应蒋介石之邀，到南京畅谈。1932 年，国民党政府委托晏阳初拟定《县政改革方案》，1933 年，国民党政府鉴于平教会在定县的乡村改革经验，让各省仿效。平教会在定县的县政实验，完全纳入了国民党政府的“县政实验”之中，晏阳初当上了河北省县政建设研究院院长。尽管如此，仍不能将平教会的定县试验与国民党政府推行的“县政改革”等量齐观。因为国民党政府的“县政改革”实际上是推销“管教养卫”一套，排除异己，加强一党专政；而平教会是教育学术团体，进行乡村建设试验的本意，是为了改变乡村面貌，使中国走上富强道路。

2.“四大问题”与“四大教育”

随着平民教育由城市向乡村的转移，特别是经过河北定县试验，对农村问题经过系统、全面的调查分析以后，晏阳初对中国乡村问题有了具体的看法，他认为应该发现蕴藏在劳苦大众身上的无穷伟力，对平民“人矿”“脑矿”进行开发。他依据社会调查资料，经过研究分析，认定可以简要地把农村问题概括为四个字：愚、贫、弱、私。所谓愚，就是中国人民有 80%都是文盲，缺乏知识；所谓贫，就是中国最大多数人民连最低限度的生活都无法维持；所谓弱，就是中国最大多数人民是毋庸讳言的病夫，生死存亡全靠天命；所谓私，就是中国最大多数人民不能团结合作，缺乏道德陶冶。四个方面互相影响，其中贫是愚、弱、私的根本原因，这些问题得不到解决，中国任何的建设事业都是谈不上的。

为了从根本上解决这四点缺憾，晏阳初提出应该发展四种教育，即文艺教育、生计教育、卫生教育、公民教育，这四种教育就是平教会在定县集中试验的内容，推行四大教育是为了使最大多数的农民成为富有智识力、生产力、健强力和团结力的新民，使他们可以在国家将亡的今日有救亡图存的能力。

① 宋恩荣：《晏阳初文集》，378 页，北京，教育科学出版社，1989。

首先，针对“愚”的问题提出“文艺教育”。通过识字教育与艺术教育来引导农民得到求取知识的工具，过基本的文化生活，同时也为其他教育打下基础。具体来说，一是识字读书，进行读、写、算的教育；二是教平民文学，使学生读故事、寓言、传说和诗歌；三是演出农村戏剧；四是图画、音乐；五是无线电、广播等，内容很广泛。

其次，针对“贫”的问题提出“生计教育”。通过最基本的农、林、牧等方面的现代知识与技术教育提高农民的生产力，教育农民建立自助社、合作社等经济组织形式来提高生产效率。在定县试验区，为开展生计教育，成立了生计教育部，在农业生产方面，注意到选种、园艺、畜牧等方面的工作，使农民能够得到最低限度的农业科学知识。

第三，针对“弱”的问题提出“卫生教育”，重视农民的卫生与健康，完善农村医疗设施。通过建立农村合作医疗保健制度和基本的健康卫生教育，使农民获得最基本的医药卫生常识与科学医疗的机会。定县实验区成立了卫生教育部，还建立了保健院，设内科、外科、牙科、妇科等，并为缺医少药的农村增添了医疗力量。

最后，针对“私”的问题提出“公民教育”。主要是做公民的责任和权利教育、国家和民族观念教育等，如当时公民教育的课本《公民读物》《国族精神论例浅释》等。通过对一些浅显事例的剖析来培养农民的国家民族观念。定县试验区成立了公民教育部，对公民教育进行试验，开展农村自治、农民自卫和军事训练等，取得了良好效果。

晏阳初认为这四种教育培养农民相应的智识力、生产力、强健力和团结力，是培养新中国新民的教育。

3.“三大方式”

晏阳初在平民教育试验中，针对过去的教育与社会脱节、与生活实际背离的弊端，在强调发挥教育的整体功能和作用时，提出了在农村推行四大教育的三种形式：学校式教育、社会式教育和家庭式教育。

学校式教育包括初级平民学校、高级平民学校和“统一的村学”教育，是“四大教育”的总枢纽。平民学校对青少年最适宜，分为高级与初级两种。开设高级平民学校的目的是培养执行建设计划的村长，特别是同学会会长。课程分为四种：社会、政治(学习中国政体)、经济学(学习合作社的相关知识)、农学和卫生学。初级平民学校是为增强掌握读、写、说话的基本能力而设立的；统一的村学是对初级小学年龄阶段儿童的教育。小学课程是按照文化、经济、卫生和政治四个方面的建设计划来设置的。另外，还设有生计巡回学校，以便训练农民获得农业生产技艺。

晏阳初指出：“学校、家庭，范围都是固定的，欲向一般群众及有组织的农民团体施以适当的教育，则必赖社会式。”①之所以这样，是因为成人年龄已长，事务较多，脑筋纷杂，记忆薄弱，只能施以社会式教育。社会式教育是青年农民在平民学校毕业后，

---

① 转引自董宝良等：《中国教育思想通史》第7卷，92页，长沙，湖南教育出版社，1994。

以同学会形式将其组织起来继续受教的教育形式。平民学校的毕业生组成同学会，开展各项活动，如组织读书会、演说比赛会，成立自助社、合作社，接种牛痘，练习武术，开展禁赌、修桥、补路等活动。总之，社会式教育内容和活动方式很多，不胜枚举。

家庭式教育则是以各种形式的“家庭会”，如家长会、主妇会、少年会、闺女会、幼童会等，联系各个家庭中地位相同的分子施以相当的训练。在平教会看来，家庭在中国社会，尤其是在农村社会里，占有极其重要的地位。农村青少年在家庭中活动的时间最长，家庭式教育能联系各个家庭中地位相同的分子施以相当的训练，可以帮助解决家庭与学校之间的矛盾，减少年长妇女对青年妇女和儿童受教时的阻挠或反对。各种形式的集会，可以研究家庭实际问题，改良家庭日常生产习惯，以期达到家庭社会化的目的。“学校教育固然重要，但是家庭教育和儿童的发展更为密切。因为学校教育是有限制的，家庭的教育是无限制的。家长的一举一动，影响于子女者甚大；教师的一言一行，影响于学生者甚小。有人以为家庭不过吃饭、睡觉的处所，对于儿童教育没有关系。其实家庭是造人的基本工厂，要想制造有学问、有道德的好人，须看家长是否有学问、有道德的好人。倘家长受过平民教育，便有好习惯、好教训，灌输于子女，学校教育需要家庭的协助与合作，定可收最大的效果。”①

晏阳初率先将平民教育运动从城市推向农村，由基本上以识字教育为主扩大为一种乡村改造运动，他也率先把西方近代社会科学，特别是社会学的研究方法引入教育改革的实验研究，引起了20世纪以来我国学者在教育科学研究方法领域中的重大转变。晏阳初关于“四大教育”“三大方式”的乡村教育主张和实践，在一定程度上促进了当时的乡村建设运动，如试验区农民文化水平的提高、农业人才的培养等。但是，由于其改良主义的本质，他没能认识到旧中国农村问题的根源是阶级压迫和剥削，而是把阶级压迫造成的愚、穷、弱、私等社会现象作为问题的根源，因而只是看到了社会现象的表层。以晏阳初为代表的平教会过高估计了教育改革社会的功能，企图用非暴力的形式，在不改变当时社会制度的前提下改变社会面貌，其结果也必然是以失败而告终的。

通过对以上几位教育家的教育思想的梳理，我们可以看出我国近代教育思想发展的整体特点。在近代各种社会变革的冲击下，特别是在“五四”新文化运动的推动下，中国教育思想与观念发生了巨大的变化，主要表现在以下几个方面。

第一，教育的个性化。“个性的解放”是新文化运动时期知识分子和青年学生思想觉醒和反抗传统的标志，也是整个中国近代教育发展的人心所向。中国传统教育是“制造”顺民的教育，近代教育家，尤其是一些新文化运动人士则认为教育如欲为社会发展尽力，“非发展个性不为功”。他们呼吁教育要尊重儿童，甚至以儿童为中心，学校要以个人和儿童为本位；不能以“划一单调”的“模型”塑造个人，要使受教育者各尽

---

① 马秋帆、熊明安：《晏阳初教育论著选》，36页，北京，人民教育出版社，1993。

其性，发挥个人的最大潜力；教师必须“深知儿童身心发达之程序，而择种种适当之方法以助之”。

第二，教育的平民化。无论是蔡元培、陶行知，还是晏阳初，以及其他许多新文化运动的推动者都努力推动平民教育，力求沟通和消除知识阶层与普通民众在语言和思想上的隔阂，使新知识、新思想能够传播到一般民众中。教育家们坚信，教育要坚持“庶民”方向，打破以往传统教育有贵贱上下、劳心劳力、治人者与被治者的差别；只有促进教育机会的平等，才能发挥人的无限潜力；教育在内容和形式上都要贴近平民，与生产、生活和环境改造相结合。

第三，教育的实用化。在近代中国的教育改革中，提倡务实的教育成为大家的共识。一方面，认识到教育对个人生活能力的培养、对社会生产发展的适应的重要意义，致力于思考和解决“教育与生计关系”成为不少教育家孜孜以求的事业，从观念上解决了改革教育结构、发展职业教育的问题；另一方面，以蔡元培为首的教育改革者认识到学校内部须进行全面改革，强调从社会生活和学生生活实际出发，沟通教育与生活、学校与社会之间的联系，强调学生主动、创造的学习和实际能力的培养，要求课程内容、教学组织形式均需适应生产和生活发展的需要。

第二节 外国近代教育思想

1640 年，英国爆发了资产阶级革命，它标志着英国资本主义制度取代封建专制的开始，也标志着世界近代史的开端。到 19 世纪为止，外国近代史跨越了 200 余年的历史长河。

在这 200 余年间，欧洲一些国家及美国进行了资产阶级革命及改革，逐步确立与巩固了资本主义制度。同时，随着资本主义制度的建立与发展，天文学、地理学、航海学、物理学、生物学和医学等近代自然科学得到了更为迅速的发展，近代的自然科学体系开始形成。相应地，多种新思潮也不断涌现，新的思想方法日益为人们所接受，并在人们对自然和社会现象的探究活动中发挥着重要的作用。同时，在教育思想领域，也出现了一批伟大的教育思想家，他们猛烈地抨击封建社会腐朽的教育观念和教育制度，提出了新的资产阶级教育理论，为以后资本主义教育的发展指明了方向，产生了深远的影响。

一、外国近代教育思想概述

西方近代教育思想的发展是与西方资本主义制度的确立、思想启蒙运动的爆发以及大工业生产的崛起伴随在一起进行的。

1640—1688 年的英国资产阶级革命标志着世界近代史的开始，这次革命在欧洲的一个大国里推翻了封建统治，从而建立起资本主义制度，开启了西方的资产阶级革命运动。资产阶级在反对封建专制主义的斗争中，不仅推翻了压制民主、扼杀个性的君主专制政体，而且摧毁了长期以来禁锢人们思想的神权统治、蒙昧主义和文化专制主义，为教育思想的繁荣营造了良好的氛围。18 世纪下半叶发生在英国的产业革命促进了资本主义手工业向机器大工业的转变，这一生产方式的变革，极大地解放了生产力，并由此改变了人类的基本生存条件，为思想文化的发展提供了坚实的物质基础。机器大工业生产的需要和资本主义工商业的发展，使自然科学的迅速发展有了实现创造的条件和可能。具有决定意义的三大发现，即能量守恒和转化定律、有机体细胞结构学说和进化论的问世，科学地论证了物质世界的客观存在及其变化和发展。近代科学的发展促进了唯实主义、自然主义、实证主义等教育思想的产生以及教育科学化运动和科学教育的兴起。

西方教育思想真正进入近代是以一系列重要变化为标志的。第一，近代教育家进一步自觉、明确地把教育与其他社会现象区分开来，把教育作为一个专门化的对象进行研究；第二，近代教育家在研究教育问题时，既不依赖传统的权威，也不根据神圣的教义，而坚持从人类的健全理性出发；第三，除少数例外，近代教育家通常都在不同程度上吸收、借鉴了经验科学的方法，他们对教育现象的认识主要借助于观察、经验和实验，而不单凭推论、思辨；第四，近代教育家通常都认识到知识(特别是科学)在人类生活中的巨大作用，他们在不同程度上都反对“为知识而求知识”，主张实用知识的传授，特别强调进行科学教育；第五，近代儿童发展理论的研究、新儿童观的确立，为近代教育家们对教育现象的深入探究奠定了科学基础。这一切都使近代教育思想相对于以往的教育思想获得了新的内容和形式，有了质的飞跃。①

近代是西方教育思想空前活跃、繁荣的时期，教育家灿若群星，层出不穷，各种教育思潮和教育运动风起云涌，此消彼长，时势造就了夸美纽斯(Comenius)、洛克(Locke)、卢梭(Rousseau)、裴斯泰洛齐(Pestalozzi)、赫尔巴特(Herbart)、斯宾塞(Spencer)、杜威(Dewey)等一大批近代西方教育家。

捷克教育家夸美纽斯的《大教学论》的问世，标志着西方教育思想关于教育现象的认识逐渐从哲学和宗教中分离出来，预示着近代教育思想的兴起。夸美纽斯作为文艺复兴

① 张斌贤、褚洪启：《西方教育思想史》，32～33 页，成都，四川教育出版社，1994。

以来教育理论的集大成者，他的教育思想最为集中地体现了这一新旧杂糅、交替的过渡性特点，顺应资本主义经济发展对大量具有一定知识、技能的劳动者的需求。夸美纽斯构建了独立的教育理论体系，形成了独具特色的感觉主义、泛智主义、适应自然等教育思想，其思想论述的深刻性和操作的实用性，为近代教育思想史开辟了一个新纪元。

英国哲学家、教育家洛克提出"白板说"，对教育在人的发展中的作用给予了充分的肯定。为迎合英国新兴资产阶级的利益和需求，洛克提出了系统的绅士教育理论。他反对空疏的学风，要求教育为现实生活服务。

卢梭是自然主义教育思想的主要代表。"回归自然"不仅是其政治、宗教、伦理思想的基本原则，也是其教育思想的基本原则。卢梭在"性善论"的基础上，强调教育的目的就是培养自然人，教育必须顺乎人的本性、顺乎自然地进行。他的《爱弥儿》体现了新的儿童观，为教育找到了新的归宿点，他关于尊重儿童天性的根本主张，是对腐朽的封建教育的彻底否定，其影响不仅在当时、现在，而且对以后资产阶级教育思想的发展都产生了极其深刻的影响。裴斯泰洛齐、福禄倍尔等西方近代教育家以及现代的新教育运动、进步主义教育运动、实用主义教育理论都从他那里获得了启发，汲取了思想源泉。

瑞士教育家裴斯泰洛齐以其毕生从事的、卓有成效的教育、教学改革实践和丰富的教育思想，在世界教育发展史上奠定了应有的地位。他将自然主义教育思想应用于初等教育领域，强调人的本性是相通的，人人都具有天赋的能力，教育的目的就在于使这些天赋能力得以充分和谐的发展。由于人的天赋能力包括道德、智力、身体诸多方面，因此教育应包含德育、智育、体育和劳动教育。为此，他提出了"要素教育"思想，创立了分科教学法，完善了初等学校基础学科的建设。他还提出了"教学心理学化"的思想，认为儿童发展有其固有的规律和进程，因此全部教育必须依从儿童本性的发展顺序，并由此提出了适应自然、直观性、循序渐进、自发性和自我能动性以及理论与实践结合等一系列教学原则。通过教育消除贫困、改造社会是裴斯泰洛齐的基本信念。他将人的自然本性与社会有机结合起来，将个人的自然发展与社会的进步密切联系。对教育社会功能的强调，正是裴斯泰洛齐对自然主义教育思想的发展和超越。

被誉为"科学教育学"奠基人的德国教育家赫尔巴特，以其代表作《普通教育学》构建了一个教育理论体系的基本结构。他以伦理学(实践哲学)和心理学为教育学奠定了理论基础，使之得以作为一门独立的学科跻身于科学的殿堂。他的理论由赫尔巴特学派发扬光大后，对全世界的学校教育实践产生了直接和广泛的影响。在继承裴斯泰洛齐"教学心理学化"思想的基础上，他第一次构建了一个完整的教学心理学化理论体系，从而标志着这一思想的发展达到了理论化的阶段。他提出了"教育性教学"的概念，第一次对传授知识与培养美德这一重大教育问题给予了系统和明确的阐释，揭示了两者之间目的与手段的相互关系，使教育真正成为培养一定社会、阶级所需人才的有效途径。赫尔巴特毕生努力工作之一是寻找一种教学程序，经过长期探索，他提出了"明了、联合、系统、方法”四阶段教学理论，把教师的教学过程与学生的心理活动密切联系起来，包含着对教育规律的探索和认识。

以“什么知识最有价值”向古典主义教育传统发起挑战的斯宾塞，是西方近代科学教育思想的杰出代表。他从实证主义哲学出发，强调经验在人的认识中的作用，又从进化论中吸取了“适者生存”的思想，认为人生的目的是为了实现理想的生存，由此他的教育思想具有浓厚的实证主义和功利主义色彩。斯宾塞迎合时代和社会的需要，对英国上层社会中只重虚饰、不尚实际的保守的古典传统教育进行了猛烈的抨击，批评这种旧教育既不能满足个人需要，也不能使个性得到充分发展。他强调教育的目的不是虚饰身份和点缀生活，而是适应现实的需要，培养为“完满生活做准备”的资本主义社会的实用人才。

美国著名教育家杜威作为外国近代教育史上的重要代表人物，杜威的教育思想集中体现在他的实用主义思想之中，其创立的实用主义教育思想对美国乃至全世界都产生了广泛和深刻的影响，他的实用主义教育思想是一个完整的教育思想体系。他所著的《民主主义与教育》一书，被翻译成为多国文字，在世界范围内广泛流传。

总之，任何教育思想都是一定时代、社会的产物，每一时代的人对教育的认识、理解，不仅受制于当时社会政治、经济、思想、文化的实际水平，而且受制于人类的认识能力、思维方式在当时所达到的水平，还直接受制于教育实践的发展状况和水平。在各种制约因素的合力作用下，近代西方教育家们对教育上一些大家共同关注的重大问题，诸如教育与社会的关系、教育与人性的关系、教育与人的认识的关系、知识与道德的关系等展开了广泛的探讨，并由此形成了自然主义教育、国家主义教育、教学心理化、科学教育等各种教育思潮。

二、代表性教育家的教育思想

(一)夸美纽斯的教育思想

夸美纽斯(1592—1670)是 17 世纪捷克的伟大爱国者、教育改革家和教育理论家，生活于欧洲宗教改革爆发以后的动荡时期。他先后经历了民族压迫、宗教迫害和 30 多年的人生磨难，他的一生颠沛流离、背井离乡，但却始终坚守在教育工作岗位，也从来没有中断过教育理论研究和编写教科书的工作。他长期担任中等学校的教师和校长，使得他能将教育实践、实验和经验创造性地与教育理论研究结合起来。夸美纽斯在教育实践和教育理论研究上的卓越成就蜚声国内外，他的教育活动和学术活动的足迹遍及波兰、捷克、匈牙利、瑞典、荷兰、英国等多个国家和地区。在欧洲封建主义和资本主义交替的历史时期，他继承了文艺复兴以来人文主义教育思想的成果，总结了自己40余年丰富的教育实践经验，系统地论述了教育理论和实际问题。据统计，夸美纽斯的著作多达256种，其中《大教学论》和《母育学校》是最主要的代表作，特别是《大教学论》一书，成为独立形态教育学的开端，在世界教育史上占有特别重要的地位。

1. 论教育的目的

夸美纽斯对教育目的的看法是矛盾的。他从宗教世界出发，认为人生最终目的是达到“永生”，世间的生活只是“永生”的一种准备。因此，教育的目的应是使人为来世生活做好准备。但是，在他的《大教学论》等著作中又渗透着现实性的教育目的。他认为，人既然是上帝“最崇高、最完善、最美好”的创造物，人就应该成为理性的动物，要主宰万物，并利用万物来过好现实生活。而且，“学问、德行与虔信的种子自然存在我们身上。”①这就需要通过教育使人认识和研究世界上的一切事物，培养和发展他们的各种能力、德行和信仰，以便享受现世的幸福，并为永生做好准备。这种教育目的论和现实性因素，反映了他的世界观中的民主主义、人道主义精神和唯物主义观点。而这方面实际上在夸美纽斯的教育目的论中具有更为重要的地位。正如苏联学者克腊斯诺夫斯基指出，对于我们来说，不应当只注意夸美纽斯的宗教信仰，而要更加注意他的借助宗教信仰和虔信思想所提出的各种崇高的、纯世俗的教育任务。

2. 论教育的作用

夸美纽斯高度评价教育的作用。首先，他把教育看作改造社会、建设国家的手段。他认为，假如男女青年都“毫无例外地、全部地、愉快地、彻底地懂得科学，纯于德行，习于虔敬”，社会就“可以减少黑暗、烦恼、倾轧，增加光明、整饬、和平与宁静”。②夸美纽斯在《论天赋才能的培养》中，多方面地对比了有教养的民族和没有教养的民族之间的差别，以说明教育对于开发自然资源、发展生产、增进人类幸福和加强国家实力等方面的作用。在《大教学论》中，夸美纽斯详细地讨论了合理的教育和人才培养与经济建设、国防建设的关系问题，劝告人们在青年的教育方面“不可吝啬费用”③。夸美纽斯强调教育对于改造社会、建设国家的意义的见解是深刻的，是值得肯定的。但他把教育当作“人类的得救”的主要手段，则过分夸大了教育的作用。

其次，夸美纽斯高度评价了教育对人的发展的作用。在他看来，人都是有一定天赋的，而这些天赋发展得如何，关键在于教育。只要接受合理的教育，任何人的智力都能够得到发展。他反对借口“智力迟钝”而拒绝教育儿童。他说，智力极低，不能有所发展的人是极少的，“我们差不多找不出一块模糊的镜子模糊到了完全反映不出任何形象的

① [捷克]夸美纽斯：《大教学论》，傅任敢译，28页，北京，人民教育出版社，1984。
② [捷克]夸美纽斯：《大教学论》，傅任敢译，1～2页，北京，人民教育出版社，1984。
③ [捷克]夸美纽斯：《大教学论》，傅任敢译，259页，北京，人民教育出版社，1984。

地步。……假如教员肯充分卖力气，人是可以琢磨好的……”[①]因此，他得出这样的结论：“假如要形成一个人，就必须由教育去形成。”“只有受过恰当教育之后，人才能成为一个人。”[②]夸美纽斯这种对儿童发展的可能性和教育在人的发展中的作用的高度信心，和他进步的儿童观以及要求提高人的地位的人道主义思想直接相联，具有历史的进步意义。

3.“教育适应自然”的思想

教育适应自然原则是贯穿夸美纽斯整个教育体系的一条根本的指导性原则。他之所以提出这个原则，是因为他认为“在此以前没有一所完善的学校”[③]。而在那些不完善的学校里之所以存在种种弊病，归根结底是因为当时学校的教育工作不符合事物的自然秩序，“以致学校变成了儿童恐怖的场所，变成了他们的才智的屠宰场……”[④]他认为必须改革这种不良的学校教育。为了使学校工作顺利、有效进行，他要求教育必须在各方面遵循自然的法则。

夸美纽斯认为，在宇宙万物和人的活动中存在着一种“秩序”即普遍规律，这种“秩序”保证了宇宙万物的和谐发展。因此，人的各种活动包括教育活动都应该遵循这些自然的、普遍的“秩序”或规律。他把遵循“秩序”这条普遍法则视为教育适应自然原则的重要内容。他说：“改良学校的基础应当是万物的严谨秩序……”[⑤]“教导的严谨秩序应当以自然为借鉴……”[⑥]例如，在论述“自然遵守适当的时机”这一原则时，他以鸟儿选择在春天繁殖、园丁选择在春天种植为例，认为适应自然的教育也应该从人类的春天——儿童时期开始；在一天之中，应当在早晨读书。由于自然分为春、夏、秋、冬四季，学校组织便应分为四个阶段：母育学校相当于春季，国语学校相当于夏季，拉丁语学校相当于秋季，大学相当于冬季。

依据人的自然本性和儿童年龄特征进行教育，是夸美纽斯教育适应自然原则的另一个重要内容。他认为，人是自然界的一部分，人的发展也有其本身的发展。他说：“我们的格言应当是凡事都要追随自然的领导，要去观察能力发展的次序，要使我们的方法依据这种顺序的原则。”[⑦]他还指出，各级学校“自始至终，要按学生的年龄及其已有的知识循序渐进地进行教导”[⑧]，这无疑是正确的。

夸美纽斯提出的教育适应自然原则的中心思想是教育应当服从“普遍的秩序”，即客

① [捷克]夸美纽斯：《大教学论》，傅任敢译，68～69页，北京，人民教育出版社，1984。
② [捷克]夸美纽斯：《大教学论》，傅任敢译，39页，北京，人民教育出版社，1984。
③ [捷克]夸美纽斯：《大教学论》，傅任敢译，60页，北京，人民教育出版社，1984。
④ [捷克]夸美纽斯：《大教学论》，傅任敢译，61页，北京，人民教育出版社，1984。
⑤ [捷克]夸美纽斯：《大教学论》，傅任敢译，75页，北京，人民教育出版社，1984。
⑥ [捷克]夸美纽斯：《大教学论》，傅任敢译，79页，北京，人民教育出版社，1984。
⑦ [捷克]夸美纽斯：《大教学论》，傅任敢译，222页，北京，人民教育出版社，1984。
⑧ [捷克]夸美纽斯：《大教学论》，傅任敢译，221页，北京，人民教育出版社，1984。

观规律。它实际上包含两层意思：一是指明教育工作应该是有规律的，教育工作者应当遵循这些规律；二是既然教育工作是有规律的，那么就应当努力探明、发现这些规律。而且非常难能可贵的是，夸美纽斯自己一生都在探索教育工作的规律。

4. *教学原则*

教学原则是夸美纽斯教学理论的重要组成部分。夸美纽斯批评了当时经院主义的教学教得费力，徒劳无功。他认为必须寻找一种使教学工作进行得“迅捷、愉快、彻底”的方法，为此他提出了以下几条原则。

(1)直观性原则

夸美纽斯第一次从感觉论出发来论证直观教学。他认为：“一切知识都是从感官的感知开始的。”①他指出，在感觉中没有的东西，在理智上也不会有。因此，他把通过感官所获得的对外部世界的感觉经验作为教学的基础，并认为运用直观教学是教学的一条“金科玉律”。他说：“在可能的范围以内，一切事物都应该尽量地放到感官跟前。一切看得见的东西都应该放到视官的跟前，一切听得见的东西都应该放到听官的跟前。……假如有一件东西能够同时在几个感官上面留下印象，它便应当和几种感官去接触。”②夸美纽斯认为只有这样，学习才适合儿童的年龄和心理特点，所学的知识才容易理解和巩固。

关于直观教学的方法，他认为教学应从观察实际事物开始；在不能进行直接观察时，可以使用图片或模型；在呈现直观教具时要将他们直接放到学生的眼睛跟前，放在合理的范围以内；要让学生先看到实物或模型的整体，然后再分辨各个部分等。

(2)激发学生求知欲望原则

该原则是夸美纽斯针对当时学校普遍存在的“强迫孩子们去学习功课”的现象提出来的。他指出，凡是“强迫孩子们去学习的，就是严重的害了他们”。我们“应该用一切可能的方式把孩子们的求知与求学的欲望激发起来”③。那么，如何激发孩子们求知和求学的欲望呢？他认为“孩子们的求学欲望是由父母、由教师、由学校、由所教的学科、由教学的方法、由国家的权威激发起来的”。④ 为此，父母应当在子女面前赞扬学问和有学问的人；教师应该用温和亲切的语言和循循善诱的态度去吸引学生，时常表扬学习用功的学生；学校应该是经过精心布置的，房舍明亮、清洁，到处挂着名人画像、地图、历史图表，有宽阔的活动场所，有花园等；所教的科目要符合学生年龄特征，并且写得清清楚楚、有吸引力；所使用的方法能够激起学生爱好知识的兴趣；政府当局应当在公共场合赞扬用功的学生等。

---

① [捷克]夸美纽斯：《大教学论》，傅任敢译，112页，北京，人民教育出版社，1984。
② [捷克]夸美纽斯：《大教学论》，傅任敢译，156页，北京，人民教育出版社，1984。
③ [捷克]夸美纽斯：《大教学论》，傅任敢译，107页，北京，人民教育出版社，1984。
④ [捷克]夸美纽斯：《大教学论》，傅任敢译，108页，北京，人民教育出版社，1984。

此外，除了上述激发学生的求知欲望之外，夸美纽斯还认为，教师在讲授每门功课之前，必须使学生的心灵有所准备，使他们能够接受该门学科。而要达到这个目的，教师必须对学生说明这门学科的意义和优点，用周围生活中的例子来说明学习它有什么用处，从而使学生对它产生极大的学习兴趣。

(3)巩固性原则

夸美纽斯特别强调使学生获得巩固的知识。他认为，不仅要让学生领会知识，牢牢地记住知识，而且会应用知识。那么，如何才能得到巩固的知识呢？首先，理解性的教学有助于知识巩固，因为只有理解了的知识才能记住。他把理解性的教学比作钉子、钩子、夹子，能把知识牢牢地钉在、夹在脑子里。其次，经常地练习和复习是巩固知识的重要方法。最后，把自己所掌握的知识教给别人，也是一种巩固知识的方法。

(4)量力性原则

夸美纽斯反对经院主义教学的强迫性和不考虑学生的接受能力。他说："一切学科都应加以排列，使其适合学生的年龄，凡是超出了他们理解的东西，就不要给他们去学习。"①他指责经院主义教育用繁多的抽象教材、儿童陌生的拉丁文、长时间的教学和死记硬背的方法增加儿童的心理负担。他认为："假如一切事情都按学生的能量去安排，这种能力自然就会同学习与年龄一同增长。"②夸美纽斯的量力性原则是在教育适应自然理论的基础上提出来的，认为教学不可使学生负担过重，要照顾学生的接受能力，这在一定范围内反映了教学工作的客观规律。

(5)系统性和循序渐进原则

夸美纽斯批评经院主义教给学生的知识，都是一些片段、零碎的知识，其原因是没有按照系统性原则去处理教材，而是零星地、凌乱地去教，使学生不易看出知识之间的相互联系。为了改变这种凌乱的教学状况，他提出了系统性教学原则。他指出，系统性原则要求教材的组织具有系统性和逻辑性，要把一个学科知识排放成一个整体，"其中一切部分都来自同一来源，并且有它自己的地位……"③而不能省略或颠倒任何东西。

系统性原则要求教学循序渐进，不要跳跃前进。他的理论根据是"自然并不跃进，它只一步一步地前进……"④因此，教学也应当是循序渐进的，"务使先学的能为后学的开辟道路……"⑤此外，他还要求教学应遵守从已知到未知、从易到难、从简到繁、由近及远等原则。

夸美纽斯关于教学的系统性和循序渐进的原则在一定程度上反映了教学工作的客观

---

① ［捷克］夸美纽斯：《大教学论》，傅任敢译，93页，北京，人民教育出版社，1984。
② ［捷克］夸美纽斯：《大教学论》，傅任敢译，114页，北京，人民教育出版社，1984。
③ ［捷克］夸美纽斯：《大教学论》，傅任敢译，129页，北京，人民教育出版社，1984。
④ ［捷克］夸美纽斯：《大教学论》，傅任敢译，101页，北京，人民教育出版社，1984。
⑤ ［捷克］夸美纽斯：《大教学论》，傅任敢译，102页，北京，人民教育出版社，1984。

规律性，但存在机械化、简单化缺陷。例如，他要求学校应“使学生在一定的时候只学一件事情”①，还要求绝对遵守教学时间和学科的安排，不能有任何省略或颠倒等。

5. 论学年制和班级授课制

在中世纪，西欧各国学校工作的组织基本上处于混乱无序的状况，学生在一年中可以随时入学。为改变这种状况，夸美纽斯制定了统一的学年、学日制度。他在《泛智学校》中指出，根据学年制度，各年级应在同一时间开学和放假；每年招生一次，学生同时入学，以便使全班学生的学习进度一致，学年结束时，经过考试，同年级学生同时升级。他还强调学校工作要有计划，使每月、每周、每日、每时都按计划进行各项工作。例如，他建议国语学校每日要有四小时用于上课；在一小时紧张的学习后，要休息半小时；每天要保证八小时的睡眠；每周三、周六的下午是学生自由活动时间；每年有四次较长的假期，每次八天，还有其他各种节日。这样就对学生的学习、休息和生活都可能做出合理的安排。

中世纪学校的教学组织工作十分松散，坐在同一间教室的学生，学习的内容和进度都不同，教师只对学生进行个别教学和指导，教学秩序混乱，效率很低。为了改变这种状况，夸美纽斯在总结 16 世纪新旧各教派所兴办的学校实行班级授课的初步经验的基础上，提出并全面系统地论述了班级授课制度。他认为，班级授课是提高教学效率的有力措施。“教师看到跟前的学生数目愈多，他对工作的兴趣愈大……教师自己愈是热忱，他的学生便愈会表现热心。同样，在学生方面，大群的伴侣不仅可以产生效用，而且也可以产生愉悦(因为人人乐于劳动的时候有伴侣)，因为他们可以相互鼓励，相互帮助。”②他主张把全校学生按照年龄和程度分成班级，作为教学的组织单元。每个班级有一个教室，以免妨碍到别的班级。每个班级有一个教师同时对全班学生进行教学，以代替传统的个别施教。每个班级又分成许多小组，每组 10 人，选出一名学习好的学生为组长，帮助教师管理小组同学，考查同学的学业。他还认为一个教师可以同时教几百名学生。夸美纽斯关于班级授课制的论述，为彻底改革过去那种个别教学的形式提供了理论基础。采取班级授课制的教学组织形式，可以扩大教育对象，提高教学效率，促进学生集体的形成，也为学校教育管理的制度化、标准化提供了可能。

(二)赫尔巴特的教育思想

赫尔巴特(1776—1841)，是 19 世纪德国著名的哲学家、心理学家和教育家。他出生于德国奥尔登堡。父亲为当地法官，母亲也富有智慧和教养。赫尔巴特自幼获得良好的家庭教育，1788 年进入一所五年制的拉丁文中学学习。1794 年升入耶拿大学学习法律。但是，赫尔巴特对法学不感兴趣，却被这所大学浓厚的哲学氛围所吸引，潜心研读

① [捷克]夸美纽斯：《大教学论》，傅任敢译，97～98 页，北京，人民教育出版社，1984。

② [捷克]夸美纽斯：《大教学论》，傅任敢译，139 页，北京，人民教育出版社，1984。

了康德、黑格尔、费希特等人的哲学著作，为以后从事教育研究工作奠定了坚实的哲学基础。1797年，赫尔巴特到瑞士担任一个贵族的三个孩子的家庭教师。三年的家庭教师工作，使他积累了不少的教育经验，对他以后教育理论的形成产生了很大的影响。1802年，赫尔巴特到格廷根大学攻读博士学位。获得博士学位后，即受聘在该校讲授教育学、伦理学及哲学等课程。在长期的教育实践和理论探讨的基础上，赫尔巴特明确提出把教育学建成为一门独立学科的设想，并为此付出了巨大的努力。1806年赫尔巴特出版了《普通教育学》，构建了一个较为完整的教育思想体系，该书被视为西方教育史上第一部具有科学体系的教育学著作。从19世纪后期开始，赫尔巴特的教育理论得到了广泛的传播，对19世纪末、20世纪初许多国家教育的发展产生了广泛的影响。

赫尔巴特教育思想的理论基础主要是伦理学和心理学。正如他本人所说："教育学作为一门科学，是以伦理学和心理学为基础的。前者指明目的，后者指出途径、手段和障碍。"①在赫尔巴特的教育思想中，伦理学主要起着价值规范的作用，即为教育目的和基本方向的确立提供依据，而心理学则为实现教育目的确定方法和手段。

在伦理学和心理学的基础上，赫尔巴特提出了完整的教育理论。他把儿童教育的整个过程划分为儿童的管理、教学和训育(即道德教育)三个部分，并认为儿童管理的主要任务是身体发展和形成"一种守秩序的精神"，从而为教学和道德教育创造必要的条件，而教学事实上又是为道德教育做准备的。因此，在赫尔巴特教育理论体系中，道德教育是最为重要的内容。

1. 道德教育思想

赫尔巴特的道德教育理论不仅包括他所说的"训育"，而且涉及教育的一些基本问题。

赫尔巴特指出，道德普遍地被认为是人类的最高目的，因此也是教育的最高目的。在赫尔巴特看来，道德教育也是品格教育。道德教育的任务就是向学生灌输"内心自由""完善""仁慈""正义"和"公平"这五种道德观念，由观念形成意志，用意志去陶冶性格。只有体现这五种道德观念的性格才是道德的性格，也只有这样才算达到了道德教育的终极目标。因此，德育绝不是要发展某种外表的行为模式，而是要在学生心灵中培养明智及其适宜的意愿。使绝对明确、绝对纯洁的正义与善的观念成为意志的真正对象，以使性格内在的、真正的成分——个性的核心——按照这些观念来决定性格本身，放弃其他

① [德]赫尔巴特：《普通教育学》，李其龙译，190页，北京，人民教育出版社，1989。

所有意向，这就是德育的目标。

“道德”和“性格”是联系在一起的。道德是人的内在性格的力量，个人意志力量的表现。一个人的道德性格取决于他对主观欲望的控制和对客观观念，即道德标准的服从。一个有良好道德性格的人，一方面具有“内心自由”“正义”“仁慈”等道德观念，并严格地受这些观念的支配；另一方面能够严格控制自己的欲望，并知道什么是可容忍的。只有将道德性格的主观和客观这两个方面结合起来，才能形成良好的道德性格。教师的主要注意力应放在道德性格的客观部分，即道德观念的形成和发展上。

(1)论教育目的

赫尔巴特非常重视教育目的问题，他不主张卢梭式的脱离世俗的教育方式，而是主张教育就是为了生活，而且人必须在生活中才能受到良好的教育，正是生活才创造了真正的人。赫尔巴特要求教师必须了解并关心学生将来成年后所要确立的相关目的，要使学生在内心事先做好充分的准备，为其能够顺利达到预期的目的铺设道路和桥梁。赫尔巴特认为，教育所要达到的目的可以分为两种，即“可能的目的”与“必要的目的”。所谓“可能的目的”又称为“选择的目的”，是指与儿童未来所从事职业有关的目的，也就是“学生将来作为成年人本身所要确立的目的”。他认为，这种目的是非常重要的，也是教师必须要关注的，教师“必须为使孩子顺利地达到这些目的而事先使其做好内心的准备”①。这种准备不应是狭隘的，而应当是多方面的。这是因为，虽然人类劳动分工要求每一个人都必须精通他所从事的工作，但是，人类“要做的事越局限，分得越细，那么每个人从其他人方面要接受的东西也就越多”。因此，“这种专一的精通是个人所意向的事情，而多方面的可接受性，只能产生于个人从一开始就做出的多方面的努力之中”②。教育的目的就是要发展这种多方面的兴趣，使人的各种能力得到和谐发展。正因为如此，赫尔巴特把兴趣的多方面性称为“教育目的的第一部分”。

所谓“必要的目的”，是指教育所要达到的最高和最为基本的目的。赫尔巴特指出：“道德普遍地被认为是人类的最高目的，因此也是教育的最高目的。”“教育的唯一工作与全部工作可以总结在这一概念之中——道德。”③具体而言，教育的根本目的就是要养成内心自由、完善、仁慈、正义和公平五种道德观念。

(2)教育性教学原则

既然教育是以道德的养成为最高目的，那么通过何种途径可以有效达到这种目的呢？在此，赫尔巴特提出了一个非常重要的原则，即教育性教学原则。

赫尔巴特指出：“不存在‘无教学的教育’这个概念，正如反过来，我不承认有任何

---

① [德]赫尔巴特：《普通教育学》，李其龙译，37页，北京，人民教育出版社，1989。

② [德]赫尔巴特：《普通教育学》，李其龙译，38页，北京，人民教育出版社，1989。

③ 张焕庭：《西方资产阶级教育论著选》，李其龙译，259～260页，北京，人民教育出版社，1979。

‘无教育的教学’一样……”①在此，赫尔巴特要说明的是这样一个问题，即教育(道德教育)是通过而且只有通过教学才能产生实际的作用，教学是道德教育的基本途径，用他自己的话就是“通过教学来进行教育”②。

那么，如何通过教学进行道德教育呢？赫尔巴特指出，首先要求教学目的与整个教育的目的保持一致。为此，他指出教学工作的最高目的在于养成德行。但他又认为，为了实现这个最终目的，教学还必须为自己设立一个近期的、较为直接的目的，这个目的就是“多方面的兴趣”。所谓兴趣，是指智力活动的特性，而“对于教育性教学来说，一切都取决于其所引起的智力活动”③。在他看来，多方面的兴趣具有一种道德的力量，“人们首先应通过扩展了的兴趣来改变个性，必须使其接近一般形式，然后才可以设想个性有对普遍适用的道德规律发生应变的可能性……”④

在赫尔巴特以前，教育家们通常是把道德教育和教学分开进行研究的，教育和教学通常被规定了各自不同的任务和目的。在这个问题上，赫尔巴特的突出贡献在于，他运用了心理学的研究成果，具体阐明了教育与教学之间存在的内在的本质联系，使道德教育获得了坚实的基础。但是，他把教学完全从属于教育，把教育和教学完全等同起来，具有一定的机械化倾向。

(3)道德教育

在赫尔巴特的概念体系中，与道德教育直接有关的主要是“训育”这个概念。但从某种意义上讲，他所谓“儿童管理”也是一种道德教育。按照赫尔巴特的观点，“儿童管理的目的是多方面的，一方面是为了避免现在和将来对别人与儿童自己造成危害；一方面是为了避免不调和斗争本身；最后一方面是为了避免社会参与它没有充分权力参与却被迫要参与的那种冲突。”⑤简言之，儿童管理的主要目的是为了“创造一种秩序”⑥。

儿童管理与训育的不同之处主要在于，管理的任务主要是为随后进行的教学创造必要的条件，“如果不紧紧而灵巧地抓住管理的缰绳，那么任何课都是无法进行的。”⑦赫尔巴特认为，管理的意义主要在于对某些恶性的预防，而训育则是为了美德的形成。

“训育”是赫尔巴特道德教育范畴中的一个重要概念。所谓训育，就是对青少年的心灵产生直接影响，即有目的地进行的培养。训育可以激发情感，或者抑制情感。它是与管理、教学紧密联系在一起的。管理主要在幼儿阶段进行，因为幼儿缺乏知识基础，不具备道德观念，所以必须借助于管理。管理既不属于教学，也和道德教育有本质的区

① [德]赫尔巴特：《普通教育学》，李其龙译，12页，北京，人民教育出版社，1989。
② [德]赫尔巴特：《普通教育学》，李其龙译，13页，北京，人民教育出版社，1989。
③ [德]赫尔巴特：《普通教育学》，李其龙译，215～216页，北京，人民教育出版社，1989。
④ [德]赫尔巴特：《普通教育学》，李其龙译，48页，北京，人民教育出版社，1989。
⑤ [德]赫尔巴特：《普通教育学》，李其龙译，24页，北京，人民教育出版社，1989。
⑥ [德]赫尔巴特：《普通教育学》，李其龙译，24页，北京，人民教育出版社，1989。
⑦ [德]赫尔巴特：《普通教育学》，李其龙译，23页，北京，人民教育出版社，1989。

别。训育与教学的共同之处就在于教养，具体而言，就是要直接以五种道德观念为基础，去进行品格教育。训育对性格培养的关系是双重的——间接的和直接的。就间接的关系而言，训育能够帮助教学，使教学成为可能，并影响人的性格的形成；就直接的关系而言，训育作为一种手段，通过一定的活动，直接对人的行动产生影响。训育既应该与儿童的管理和知识的教学相结合，也应该有其特有的方法。其主要方法有：一是陶冶。通过陶冶，使受教育者逐渐受影响。二是教师人格的影响。教师具有很高的权威，通过教师的人格对学生的性格产生影响。三是赞许和责备。教师给学生规定明确的行为规则，根据学生的执行情况给予必要的奖励和惩罚。四是建立有益于健康的生活制度。这是进行完善的训练，并取得充分效果的必要基础。

根据赫尔巴特的观点，训育是指“有目的地进行的培养”①，其目的在于形成性格的道德力量。他指出，训育可以分为四个阶段：道德判断、道德热情、道德决定和道德自制。道德判断是道德的基础，因而必然是道德教育的起点。但仅有道德判断是不够的，这种判断必须转变为“同勇气与智慧相协调的热情”，才能把“道德化为性格”。② 道德决定是指用“道德的眼睛”③对事物、环境等进行观察和理解，并依此行动。道德自制是指对自我的认识。

在训育的具体实施方面，赫尔巴特提出了六种基本的措施：一是维持的训育。它的作用主要在于巩固学生管理所取得的结果，使学生懂得行为的界限对权威的服从。二是起决定作用的训育。它的主要作用是引起学生做出选择。赫尔巴特强调：“教育者不应替代学生去做选择，因为这是学生自身应当明确的性格。……关键在于学生应能根据自身的实际经验证实教育者的告诫，从而使他们以后不用等待证实就相信其他各种告诫。”④三是调节的训育。它的主要作用是说服学生，使他们回忆以往的经历，预言未来，剖析自己的内心世界，从中找到他的行为同根源的联系。四是抑制的训育。它旨在使学生保持情绪的平静和头脑的清晰，以克服狂热的冲动，从而培养审美的判断和道德品质。五是道德的训育。其作用在于以上述四种训育为基础，向学生说明真理，进行真正的道德培养。六是提醒的训育。它的主要作用在于及时提醒学生，并纠正他们的错误。

2. 教学思想

(1)“教学进程”理论

赫尔巴特继承了前人，尤其是裴斯泰洛齐的直观教学方法理论，认为它是一种非常重要的教学方法。他指出，在儿童和少年时代的教育事业中，直观是最重要的……除了

---

① [德]赫尔巴特：《普通教育学》，李其龙译，147页，北京，人民教育出版社，1989。
② [德]赫尔巴特：《普通教育学》，李其龙译，126页，北京，人民教育出版社，1989。
③ [德]赫尔巴特：《普通教育学》，李其龙译，126页，北京，人民教育出版社，1989。
④ [德]赫尔巴特：《普通教育学》，李其龙译，283页，北京，人民教育出版社，1989。

通过直观的教学，没有一种教学是适合儿童的。但是，他又认为，没有心智的训练，感官将一事无成。为了解决这个矛盾，赫尔巴特力图把哲学领域中的经验主义与理性主义相结合，并在此基础上提出了从感觉经验开始，经过分析和综合，最后达到概念的教学进程。

根据赫尔巴特的主张，统觉过程的完成大体上有三个环节：感官的刺激、新旧观念的分析和联合、统觉团的形成。与此相应，他提出了三种不同的教学方式：单纯提示教学、分析教学和综合教学。这三种教学方式的联系，就产生了所谓"教学进程"。

单纯提示教学实际上就是直观教学。在统觉过程的第一个环节中，当前刺激所形成的表象要能引起意识中或意识阈下与之相似的观念活动，那么必须有一定的强度和频率，单纯提示教学正是起了这样的作用。赫尔巴特认为，单纯提示教学是直接建立在学生经验基础上的，是对经验的模仿和复制，同时又进一步扩大了经验。他指出："这一阶段的教学可以运用各种图画作为帮助，这些图画越是没有被儿童不假思索地观看过或者作为无意义的娱乐而误用过，越对教学有帮助。"①单纯提示教学的目的在于，通过感官的运用，得到一些"与儿童已经观察过的事物相类似，并与之有关联"②的感觉表象，从而为观念的联合做准备。但是，由于它的局限性，单纯提示教学只能在一个有限的范围中加以运用。

在统觉过程的第二个环节中，由于要形成观念的复合或融合，因而必须先对不同的观念和表象进行区分(分析)，以便发现观念间的相似、相同和不同，这就需要进行分析教学。分析教学是在单纯提示教学的基础上进行的。它的作用在于，对同时出现在感官前的事物、物体加以分析，通过分析，使学生对当前刺激的反应更为清晰，从而为观念联合做好准备。分析教学有两个阶段：第一，教师要求学生指出并命名当前出现的事物，然后转向尚未出现的事物；第二，"讲述某一个整体分割成的各主要部分，这些部分的相对位置、它们的联系与变动。"③

分析教学的局限性主要在于，它只接受事实上呈现的材料，因而并不能获得普遍的知识，它必须向上发展到抽象的领域。根据赫尔巴特的理解，统觉过程的第三个环节是新旧观念的联合(即统觉团的形成)，而综合教学"提供组成的成分并准备成分的联合"④。通过综合教学，由单纯提示教学所提供的清晰表象和由分析教学产生的对表象的区分，就形成了观念的联合，即获得了新的知识和概念。

(2)教学形式阶段理论

赫尔巴特提出的教学形式阶段理论，实际上是课堂教学的一个完整过程，是一个包

---

① [德]赫尔巴特：《普通教育学》，李其龙译，80页，北京，人民教育出版社，1989。
② [德]赫尔巴特：《普通教育学》，李其龙译，80页，北京，人民教育出版社，1989。
③ [德]赫尔巴特：《普通教育学》，李其龙译，251～252页，北京，人民教育出版社，1989。
④ [德]赫尔巴特：《普通教育学》，李其龙译，84页，北京，人民教育出版社，1989。

括教学方法、教学形式等在内的规范化的教学程序。赫尔巴特认为，兴趣活动可以划分为四个阶段：注意—期待—要求—行动。他同时指出，儿童在学习活动中的思维主要有两种：专心与审思。所谓专心，是指集中任何主题或对象而排斥其他的思想活动；审思是指追忆和调和意识内容，即对由专心而得到的知识进行同化。由于专心活动与审思活动是相互隔绝的，因而需要使专心活动与审思活动不断地相互转化，并使之在审思活动中结合起来。

在此基础上，赫尔巴特提出了教学形式阶段理论。他指出，任何教学活动都必须是井然有序的，都经历以下四个阶段：第一个阶段，明了(或清晰)。当一个表象由自身的力量出现在感官前，兴趣活动对它产生注意；这时，学生处于静止的专心活动；教师通过运用直观教具和讲解的方法，进行明确的提示，使学生获得清晰的表象，以做好观念联合，即学习新知识的准备。第二个阶段，联合(或联想)。由于新表象的产生并进入意识，激起原有观念的活动，因而产生新旧观念的联合，但又尚未出现最后的结果；这时，兴趣活动处于获得新观念的期待阶段；教师的主要任务是与学生进行无拘束的谈话，运用分析的教学方法。第三个阶段，系统。新旧观念最初形成的联系并不是十分有序的，因而需要对前一阶段由专心活动得到的结果进行审思；兴趣活动正处于要求阶段；这时，需要采用综合的教学方法，使新旧观念间的联合系统化，从而获得新的概念。第四个阶段，方法。新旧观念间的联合形成后需要进一步巩固和强化，这就要求学生自己通过练习巩固新习得的知识。

赫尔巴特教学形式阶段理论的突出贡献在于，它是在严格按照心理过程规律的基础上，对教学过程中的一切因素和活动进行高度的抽象而建立的一种明确的和规范化的教学模式。教学形式阶段理论对 19 世纪后期、20 世纪前期世界上许多国家和地区的师范教育发展都发挥了重要的推动作用。但是，教学形式阶段理论所固有的机械论倾向，也使它不断受到来自各方面的批评。

3. 课程思想

赫尔巴特认为，课程内容的选择必须与儿童的经验和兴趣相一致。他指出，一方面，儿童在日常生活中，通过与自然的接触和与人的交往，获得了经验和同情(后者实质上也是一种经验，只是更倾向于伦理和社会方面)，这是教学活动赖以进行的基础；另一方面，儿童早期的经验并不是完美无缺的，这种经验往往是分散的和杂乱的，因而需要教学加以补充和整理。在此基础上，课程内容必须与儿童的日常经验保持密切的联系。而真正符合这种需要的是直观教材。直观教材的运用，将使儿童的经验变得更为丰富、真实和确切。因此，应当在课程内容中排除一些脱离儿童实际的内容。

赫尔巴特认为，只有与儿童经验相联系的内容，才能引起儿童浓厚的兴趣。这是因为，兴趣本身就存在于经验之中。由于兴趣是一种使思维的对象保持在意识中的内心力量，或者说它是一种激起心理活动的手段，因此，只有能够引起兴趣的教学内容，才能使儿童保持意识的警觉状态，从而更好地接受教材。他明确指出，要掌握知识，并且得到更多的知识，就必须要有兴趣。

那么，如何使课程与兴趣保持密切关联呢？赫尔巴特认为，兴趣存在于有趣的事物之中，而事物是多方面的，因而兴趣也是广泛的和多方面的。他把这种多种多样的兴趣划分为两大类：经验的兴趣和同情的兴趣。其中，经验的兴趣包括经验的、思辨的和审美的三种兴趣。同情的兴趣包括同情的、社会的和宗教的三种兴趣。根据兴趣的种类，赫尔巴特对课程内容进行了划分。他主张，根据经验的兴趣，应当设自然、物理、化学和地理等课程；根据思辨的兴趣，应设数学、逻辑和文法等课程；根据审美的兴趣，应设文学、绘画等课程；根据同情的兴趣，应设外国语和本国语等课程；根据社会的兴趣，应设历史、政治和法律等课程；根据宗教的兴趣，应设神学等课程。

此外，赫尔巴特还把课程与儿童的发展结合起来，探讨课程的选择和设计。赫尔巴特深入探讨了儿童的年龄分期，进而提出了课程的程序。他认为，儿童的发展经历了四个阶段：婴儿期、幼儿期、童年期、青年期。依据这个划分，他认为课程的程序应当是，在婴儿期，对身体的养护优先于其他一切，与此同时应大力加强感官训练，发展儿童的感受性；在幼儿期，教学内容应以发展儿童的想象力为主；在童年期和青年期，分别教授数学、历史等，以发展其理性。

（三）杜威的教育思想

约翰·杜威(1859—1952)是美国现代著名的实用主义哲学家和教育理论家，出生于美国佛蒙特州的伯林顿。他自幼就养成了阅读书籍的好习惯，但他对公立学校的传统教学方法感到不满。1875 年，他进入佛蒙特大学学习，对进化论和哲学颇感兴趣。大学毕业后，他先后在宾夕法尼亚州石油城和伯林顿的学校任教。1882 年，杜威进入约翰斯·霍普金斯大学攻读博士，于 1884 年获得了哲学博士学位。在密执安大学执教期间，杜威开始对教育产生了浓厚兴趣，参与了中学师资的培训工作。从 1904 年直到 1930 年退休，他一直在哥伦比亚大学哲学系和师范学院任教。在哥伦比亚大学任教期间，杜威除了在国内做一系列讲演或旅行外，还到过日本、中国、土耳其、墨西哥、苏联等国讲演和考察。他先后担任过美国心理学会主席(1899—1900 年)、美国哲学学会主席(1905—1906 年)。由于卓越的学术成就，杜威曾被美国的哈佛大学、密执安大学、哥伦比亚大学、伊利诺斯大学、佛蒙特大学、宾夕法尼亚大学以及法国的巴黎大学、挪威的奥斯陆大学等授予名誉博士学位。杜威一生在哲学、教育学和心理学等方面写过很多著作和论文，主要有：《我的教育信条》(1897)、《学校与社会》(1899)、《儿童与课程》(1902)、《民主主义与教育》(1916)、《我们怎样思维》(1910)、《经验与教育》(1938)等。其中影响最大的是《民主主义与教育》一书，曾被翻译成许多国家的文字，产生了世界性的影响。他于1952年6月1日去世。

《新大英百科全书》在介绍杜威时说，他是“20世纪上半叶美国教育改革中所谓进步运动的卓越思想家”。1930年，巴黎大学在授予杜威荣誉博士学位时，称他是“美国精神的最深刻、最完全的表现”。杜威的教育思想曾经在全世界广泛传播，可以说，杜威的教育学说，不仅塑造了现代的美国教育，而且影响了全世界。杜威是现代西方教育史上最有影响的代表人物之一。

杜威的教育思想集中体现在他的实用主义思想之中，其实用主义思想是一个完整的教育思想体系，主要包括八个方面的关系，分别是教育与生活、学校与社会、经验与课程、知与行、思维与教学、教育与职业、教育与道德、儿童与教师。

在教育本质上，杜威提出了“教育即生活”的观点。从心理学的角度出发，他又提出了“教育即生长”，强调不要到教育过程之外去寻找教育目的。针对传统学校的弊病，杜威提出了“学校即社会”的观点。但“学校即社会”与“教育即生活”是紧密相连的，因为他始终认为，只有当学校本身是雏形社会时才能使教育成为生活的过程。可以这样说，“教育即生活”和“学校即社会”是杜威实用主义教育思想体系最基本的观点，并对他的课程论、教学论、职业教育论、道德教育论以及儿童教育观和教师观均产生了重要影响。

在课程论上，杜威主张课程教材心理化，强调以儿童现在生活的经验为基础来组织课程教材。他更强调课程教材的心理顺序。与此相连的是，在教学论上，杜威主张“从做中学”，反对静听的传统教学方式；同时，他强调教学应该能唤起儿童的思维，他提出的“如何做”和“如何思维”这两个命题无疑给人以重要的启示。

在职业教育论上，杜威从广阔的社会背景来探讨职业教育，反对狭义的职业观和职业教育计划，体现了鲜明的时代特色。在道德教育论上，他提出了由学校生活、教材和教学方法组成的“学校道德三位一体”的重要命题。他的职业教育论和道德教育论都反映了当时美国资本主义社会的需要。

在儿童教育和教师观上，杜威强调学校生活以儿童为中心，但同时又主张教师是指导者和组织者，因为他认为教育过程是一个教师与儿童共同参与和相互合作的过程。针对传统学校忽视儿童的问题，杜威更多地强调儿童在学校生活的中心地位。

从杜威的实用主义教育思想体系来看，他提出的很多见解给当时美国乃至世界的教育革新带来了新的活力。但是，如何使这些教育理论付诸实践并非易事，因此，就连杜威本人也不得不承认：“建立以生活经验为基础的教育制度并在实施上取得成效，比起因袭传统教育的办法，是更为困难的事情。”①

1. **教育即生活**

从批判传统教育出发，在实用主义经验论和机能心理学的基础上，杜威明确提出了“教育即生活”的观点。他从最广泛的意义上论述了教育与生活的关系，指出教育是生活所必需的。没有教育，人类生活就要停止。“生活”这个词乃是用来表示个人的与种族的全部经验，而且个人的与种族的经验是在不断更新的。为了使个人的与种族的经验不断更新，就必须通过教育。因此，教育乃是社会生活延续的工具。教育具有两个方面的作用：一是传递经验；二是交流经验。

1893 年 11 月，杜威在《哲学评论》上发表了《作为道德观念的自我认识》一文，论述了教育与生活的关系，他指出在教育精神方面最需要的改革，就是从现在生活中表现教育的意义，而不是仅把教育看作将来生活的准备，而且只有这样，教育才能真正作为将来生活的准备。1897 年，杜威在《我的教育信条》中写道：“我相信——一切教育都是通过个人参与人类的社会意识而进行的。这个过程几乎是在出生时就在无意中开始了。它不断地发展个人的能力，熏染他的意识，形成他的习惯，锻炼他的思想，并激发他的感情和情绪。由于这种不知不觉的教育，个人便渐渐分享人类曾积累下来的智慧和道德的财富。他就成为一个固有文化资本的继承者。世界上最形式的、最专门的教育确是不能离开这个普遍的过程。”②由此，他得出了这样的结论：“教育是生活的过程，而不是将来生活的预备。”③这清楚表明了杜威对教育与生活的关系的认识，这也是杜威整个实用主义教育思想体系的基本点。

1916 年，杜威发表《民主主义与教育》一书，标志着他的实用主义教育思想体系的形成。在书中，他明确提出“教育是生活的需要”，认为“在最广泛的意义上，教育乃是社会生活延续的工具”④。在他看来，社会群体的每一个成员，生来都是未成熟的。尽管每一个传递社会群体生活规划的个人总有一天要死亡，但是通过在群体生活中提供的教育可以使社会群体的生活经验得以延续下去。尽管社会群体中的个人经验是有限的，但是社会群体的生活经验可以通过教育不断丰富和发展起来。总之，“教育与社会生活的关系，正如营养和生殖与生理生活中的关系一样。这种教育基本上存在于通过交往而进行的传递之中。在个人经验成为共同财富之前，交往乃是一个共同参与经验的过程。”⑤教育乃是生活所必需的，人类生活若没有教育就要停止。

那么，我们应该如何理解“教育即生活”的含义呢？关于“生活”这一概念，杜威指出：“我们使用‘生活’这个词来表示个体的和种族的全部经验……‘生活’包括习惯、制

---

① 转引自林崇德：《师德通览》，755 页，济南，山东教育出版社，2000。

② [美]杜威：《杜威教育论著选》，赵祥麟、王承绪译，1 页，上海，华东师范大学出版社，1981。

③ [美]杜威：《杜威教育论著选》，赵祥麟、王承绪译，4 页，上海，华东师范大学出版社，1981。

④ [美]杜威：《杜威教育论著选》，赵祥麟、王承绪译，143 页，上海，华东师范大学出版社，1981。

⑤ [美]杜威：《民主主义与教育》，王承绪译，9 页，北京，人民教育出版社，1960。

度、信仰、胜利和失败、休闲和工作。"①后来，他在《经验与自然》一书中又指出："生活是指一种机能，一种无所不包的活动，其中既包括机体，也包括环境。"②他认为，生活是一种行动的方式，是通过对环境的行动的一个自我更新的过程。他所提及的"生活"，既包括个人生活，也包括社会生活。杜威在论及教育与生活的关系并提出"教育即生活"这一观点时，首先是指社会生活，因为社会生活环境包括促使或阻碍、刺激或抑制特有活动的各种条件。

关于"教育即生活"这一观念，杜威指出，要使个人的和种族的经验不断更新，并使社会群体的生活延续下去，就必须通过教育。"从广义方面想一想，就觉得教育和生活有极大的关系了。没有教育即不能生活，所以我们可以说：教育即生活。这种广义的教育，无论什么人，一天总不能离的……绝对不可离的。离了教育，就同离了生活一样。所以他们天天总要有教育。""儿童各方面的生活能力，都是很薄弱的。有许许多多的事情必须学习，才能维持生活。如果没有学习，就不能生存，所以教育是少不得的。"③他又指出："教育是一种生活的方式，是一种行动的方式。……教育在本质上是一个无止境的圆形或螺旋形的东西。教育是一种包括科学在内的活动。正是在教育过程中，提出了更多的问题以便进一步研究，这些问题又反映到教育过程中去，进一步改变教育的过程，因此又要求更多的思想，更多的科学，循环往复以至无穷。"④

杜威认为，在教育成为促进美好生活的一种手段的同时，教育本身也应该是一种美好的生活。因为正是在这种美好生活的过程中，生活扩大并启迪儿童的经验，刺激并丰富儿童的想象。所以，"社会生活本身的经久不衰需要教导和学习，共同生活过程本身也具有教育作用。"⑤儿童所受到的教育正是通过生活本身得来的。在杜威看来，教育的过程就是生活的过程。教育和生活一起开始、继续和终结。既然教育与富有成效和本身有意义的生活的过程是一致的，那么教育所能提出的唯一最终价值正是生活的过程。

杜威把教育分为两种。一种是非正式教育，即与他人共同生活而获得的教育。这种教育是出于偶然的，但它是自然的和重要的。另一种教育是正式教育，即专门为儿童特别准备的教育。这种教育是有意识的和直接的，需要通过学校这个专门的机构来进行。对于非正式教育来说，生活的影响虽是无意识的和难以捉摸的，但却是无处不在的，影响着儿童的性格和心理，其最为显著的效果在于语言习惯、仪表、美感和美的欣赏等方面。对于正式教育来说，学校应该成为儿童能真正生活、获得他所喜爱的生活经验、发现经验本身的意义的地方。因此，他强调："学校的第一任务是教儿童在他发现自己所

---

① ［美］杜威：《民主主义与教育》，王承绪译，9页，北京，人民教育出版社，1960。

② ［美］杜威：《杜威教育论著选》，赵祥麟、王承绪译，273页，上海，华东师范大学出版社，1981。

③ ［美］杜威：《教育哲学》，刘伯鸣译，3～4页，上海，大新书局，1935。

④ ［美］杜威：《杜威教育论著选》，赵祥麟、王承绪译，284～285页，上海，华东师范大学出版社，1981。

⑤ ［美］杜威：《民主主义与教育》，王承绪译，7页，北京，人民教育出版社，1990。

在的这个世界里生活，理解他在这个世界上分担的责任，使他在适应社会方面有个良好的开端。只有当他把这些事情做得很成功，他才有时间或兴趣去从事纯属智力活动方面的修养。”①为实现他的这一教育理念，杜威于1896年创办了芝加哥大学实验学校，这个学校的教师梅休和爱德华兹在《杜威学校》一书中就指出：“相信这里施行的那种教育方式，也就是发展生活的方式，这并不过分的。”②当然重要的是，学校生活为提供儿童生活经验所选择的活动首先应该是基本的，其次应该是简单的。但杜威指出，应该警惕这种正式教育存在的一种危险，即学校教育与社会生活的脱节。在他看来，学校教育必须与社会生活联系起来，与儿童现在的生活联系起来。同时，儿童一定要生活，但不应是那种强迫他们在各种不同条件下压制和阻碍他们成长的生活。因为唯一的、真正的教育是通过对儿童能力的刺激而来的，而这种刺激是儿童生活中的各种要求引起的。所以，杜威在《我的教育信条》中写道：“我认为不通过各种生活形式或不通过那些本身就值得生活的生活形式来实现的教育，对于真正的现实总是贫乏的代替物，结果便形成呆板，死气沉沉。”③这种教育与生活脱节，只注重专门性、技术性的东西和书本知识，而不能使儿童成为美好生活的审慎的创造者和培养者。

总之，在杜威实用主义教育思想体系中，“教育即生活”是第一个重要的教育观点，也是杜威对教育本质的一个基本看法，“遵循逻辑思维的道路，杜威终于相信，既然生长是生活的特征，教育和生活完全是一回事，那么它除了自身之外无目的。在个人的整个一生期间，教育或多或少地继续进行着。”④

虽然杜威提出的“教育即生活”理论批判了传统的教育与生活分离的弊病，但是这种理论也存在着明显的缺陷，那就是否定了教育和生活二者之间的区别，抹杀了教育和生活之间的界限。

2. 教育即生长

由于生长是生活的特征，因此，杜威又提出了“教育即生长”的观点。美国教育学者亨德利在《杜威、罗素、怀德海：作为教育家的哲学家》一书中指出：对于杜威来说，教育是生长的和有关经验的。但实际上，“教育即生活”和“教育即生长”是同一个意思。

由于生活就是生长，人的发展与形成就是原始的本能生长的过程，这是他从心理学角度出发阐述的对“教育”的看法。“教育即生长”与“教育即生活”是密切联系的。因为生活即发展，而发展、生长即生活。生长是生活的特征。除生长之外，教育没有别的目的。

所谓“生长”，就是向着一个后来的结果逐渐往前发展的运动。对于生长来说，其主

---

① [美]杜威：《学校与社会·明日之学校》，赵祥麟等译，313页，北京，人民教育出版社，1994。
② [美]凯瑟琳·梅休等：《杜威学校》，王承绪译，215页，北京，教育科学出版社，2007。
③ [美]杜威：《学校与社会·明日之学校》，赵祥麟等译，6页，北京，人民教育出版社，2005。
④ [美]凯瑟琳·梅休等：《杜威学校》，王承绪译，390页，北京，教育科学出版社，2007。

要条件是成熟的状态。这种未成熟的状态是潜力，即有一种积极的、向前发展的能力。它有两个特征：一是依赖性，依赖周围的环境而生长；二是可塑性，人所具有的各种能力不是一成不变的。在生长的过程中，儿童能利用环境，养成某种习惯，形成某种倾向。

因此，应该把生长的理论应用于教育的实际。从“生长”的含义出发，教育就是发展。无论是正常的儿童还是正常的成人，他们都是在不断生长、不断发展的，其区别不是在生长和不生长，而是各有适合于不同情况的不同生长方式。教育的关键在于，提供适当的环境和新刺激，提供儿童生长的条件，使儿童的各种能力不断发展。教育是连续不断的乃至终生的。从这个观点出发，教育就是不问年龄大小，提供保证生长或充分生活条件的事业。

正因为教育即生长，所以既不要把成人作为固定的标准来衡量儿童时代，也不要把儿童时代理想化。杜威要表达的“教育即生长”的核心观点是，教育的过程除了它自身之外，没有别的目的；教育的过程是一个不断改组、不断改造和不断转化的过程。

3. 学校即社会

在杜威实用主义教育思想体系中，与“教育即生活”这一观点密切相关的就是“学校即社会”，即“学校本身就是社会生活”。这是杜威对于学校与社会二者关系的一个基本观点。针对传统学校脱离社会生活的弊病，杜威在《大学初等学校的组织计划》一文中明确指出：“只有当学校本身是一个小规模的合作化社会的时候，教育才能使儿童为将来的社会生活做准备。……其中首要因素就是应该把学校本身建设成社会生活的方式。”①这清楚地表明了他所提出的“学校即社会”和“教育即生活”之间的联系。

杜威对于社会生活及其教育作用是给予充分肯定的。在《我的教育信条》中，他指出：“儿童的社会生活是其一切训练或生长的集中或相互联系的基础。社会生活给予他一切努力和一切成就的无意识的统一性和背景。”②在杜威看来，儿童的训练和生长是离不开社会生活的。如果学校教育与社会生活相脱离，那么学校教育就失去了它的基础。总之，离开社会生活就没有学校教育。

社会生活是具有教育作用的。杜威在《民主主义与教育》一书中指出：“社会生活不仅和沟通完全相同，而且一切沟通(因而也就是一切真正的社会生活)都具有教育性。当一个沟通的接受者，就获得扩大和改变的经验。一个人分享别人所想到的和所感到的东西，他自己的态度也就或多或少有所转变。”③在社会生活中，真正明智的指导就是使儿童参与社会活动。通过人人参与或从事的各种活动，社会生活不知不觉地形成个人行为的理智和感情的倾向，使自己的行为与社会一致。个人参与社会生活达到什么程度，社

① [美]凯瑟琳·梅休等：《杜威学校》，王承绪译，3～4页，北京，教育科学出版社，2007。
② [美]杜威：《学校与社会·明日之学校》，赵祥麟等译，9页，北京，人民教育出版社，1994。
③ [美]杜威：《民主主义与教育》，王承绪译，6～7页，北京，人民教育出版社，1990。

会生活就达到什么程度的教育作用或效力。

共同的社会生活本身也是具有教育作用的。杜威指出:“这种共同生活,扩大并启迪经验;刺激并丰富想象;对言论和思想的正确性和生动性担负责任。一个在身体和精神两方面真正单独生活的人,很少有机会或者没有机会去反省他过去的经验,抽取经验的精义。”①

4. 论教育目的

对于教育目的,杜威明确指出,假如教育的目的在于使个人能继续其教育,或者说,在于持续不断生长的能力,那么,“我们探索教育目的时,并不要到教育过程以外去寻找一个目的,使教育服从这个目的。我们整个教育观点不允许这样做”②。因此,从“教育即生活”“教育即生长”的观点出发,他得出了这样的结论:“教育的过程是一个不断改组、不断改造和不断转化的过程。”“教育的过程,在它自身以外没有目的,它就是它自己的目的。”③“教育本身并无目的。只是人,即家长和教师等才有目的;教育这个抽象概念并无目的。”④

在杜威看来,从外面强加给教育过程的目的,不仅是固定的和呆板的,而且不能在教育情境下激发智慧。这种目的不会直接与现在的教育活动发生联系,并促进一种更自由、更平衡的活动,反而会阻碍活动的进行。杜威在《我的教育信条》中指出:“如要在教育之外另立一个任何目的,如给它一个目标和标准,便会剥夺教育过程中的许多意义,并导致我们在处理儿童问题时依赖虚构的和外在的刺激。”⑤后来,他在《民主主义与教育》一书中又指出:“在教育上,由于这些从外面强加的目的的流行,才强调为遥远的将来做准备的教育观点,使教师和学生的工作,都变成机械的、奴隶性的工作。”⑥杜威在《教育科学之源泉》中指出,社会情境决定教育目的的观点,确实是一种缪论。“教育是自主的,应有自行决定其目的、自行决定其目标之自由。走向教育业务之外,向一个外在的源泉去借目标,那简直是舍弃教育的本务。”⑦

依据杜威自己对教育目的的观点,有人断定杜威是“教育无目的论”者。应该说,这是对杜威教育目的论的一个误解。按照杜威的原意,所谓“教育本身并无目的”,指的是教育目的即教育过程,反对来自教育过程之外强加的目的。教育过程自身即目的,表示教育过程的目的和手段是统一的,目的即手段,不断地转化为手段,转化为一系列的行动。杜威于 1919 年 5 月在江苏教育会上作题为“平民主义教育”的讲演时强调:“教育一

---

① [美]杜威:《民主主义与教育》,王承绪译,7 页,北京,人民教育出版社,1990。
② [美]杜威:《民主主义与教育》,王承绪译,106 页,北京,人民教育出版社,1990。
③ [美]杜威:《民主主义与教育》,王承绪译,54 页,北京,人民教育出版社,1990。
④ [美]杜威:《民主主义与教育》,王承绪译,114 页,北京,人民教育出版社,1990。
⑤ [美]杜威:《杜威教育论著选》,赵祥麟、王承绪译,8 页,上海,华东师范大学出版社,1981。
⑥ [美]杜威:《杜威教育论著选》,赵祥麟、王承绪译,174 页,上海,华东师范大学出版社,1981。
⑦ [美]杜威:《教育科学之源泉》,张岱年、傅继良译,85 页,北京,人文书店,1932。

事，不可以无目的。无目的则如无舵之舟，无羁之马，教育的精神从何发展，其结果必不堪设想。”①美国教育家胡克也指出：“众所周知……杜威主张，在教育中并没有一个目的或归结是为其他任何事情所从属的。最接近于一个无所不包的教育目的是生长本身的原则，这里把生长发展看作生长的过程。”②由此可见，杜威并不认为教育是无目的的。

实际上，杜威所反对的是教育过程之外的目的，即阻碍生长的目的、终极的目的。他指出，在教育中，“如果家长或教师提出他们‘自己的’目的，作为儿童生长的正当目标，这和农民不顾环境情况提出一个军事理想，同样是荒谬可笑的。”③在杜威看来，当农民规定一个农事目的时，他们必须考虑土壤、气候以及植物生长的特点等条件，否则就会犯错误。与此相同，当教育者在确定一个教育目的时，他们也必须考虑正在生长中的儿童，而不要把从外面强加的目的作为儿童生长的目标。因此，与任何有指导的职业活动的目的一样，教育的目的并没有什么特殊。“要想建立一个所有其他目的可以归属的唯一的终极目的，这种尝试是徒劳的。”④在教育上，如果把生长或发展看作朝着一个外在的和固定的目标的活动，其错误就是把生长看作有一个目的，而不是看作就是目的。

杜威认为，教育的目的不仅在于儿童充分成长，而且会随着不同的儿童而不同，随着儿童的生长和教育者经验的增加而变化。一切良好的教育目的应该具有三个特征：一是一个教育目的必须根据受教育者的特定个人固有的活动和需要(包括原始的本能和获得的习惯)；二是一个教育目的必须能转化为与受教育的活动进行合作的方法，这个目的必须提出一种解放和组织他们的能力所需要的环境；三是一个真正一般的目的，能开拓人们的眼界，激发他们考虑更多的结果(即联系)，这就意味着对各种手段进行更广泛、更灵活的观察。⑤ 也就是说，教育的目的应该使受教育者在任何一点开始行动，在特定的情境下激发自己的智慧，并且继续不断地和富有成效地把活动持续下去。

5.“从做中学”的课程观

杜威认为，传统教育的课程是由前人所积累起来的系统的间接经验构成的，是一种符号和文字构成的系统，是由成人编写的。它们代表着成年人的种种标准，不适合儿童的现有能力，超出了儿童已有的经验范围，是他们力所不能及的。而且这些课程只能关注人性的理智方面，关注我们研究、积累知识和掌握学术的愿望，而不是关注我们制造、做、创造、生产的冲动和倾向。结果在教育上造成不良后果，代表知识的言辞对儿童而言成为纯粹感觉刺激，没有什么意义，学校的教材和学生的需要与目的脱离，仅仅

---

① [美]杜威：《杜威教育论著选》，赵祥麟、王承绪译，439页，上海，华东师范大学出版社，1981。
② 中国科学院哲学研究所：《现代美国哲学》，264页，北京，商务印书馆，1990。
③ [美]杜威：《民主主义与教育》，王承绪译，113页，北京，人民教育出版社，1990。
④ [美]杜威：《民主主义与教育》，王承绪译，118页，北京，人民教育出版社，1990。
⑤ [美]杜威：《民主主义与教育》，王承绪译，114～116页，北京，人民教育出版社，1990。

变成供人记忆、在需要时背出来的东西。教育因之成为机械和强制的，儿童读书变为迫不得已而为之，缺乏学习的乐趣，这使那些即使用最逻辑的形式整理好的最科学的教材也失去了其应有的价值。杜威认为，儿童的生活和经验具有“统一性和完整性”，儿童到学校读书，多种多样的分门别类的学科便把他的世界加以割裂和肢解了，使儿童对世界的认识失去应有的全面性而流于片面。这是旧课程和教育的弊端之一。此外，旧课程和教材还有一个弊端，就是社会精神匮乏。杜威要求教材不能仅从教育本身出发，而应与社会生活相联系。杜威认为，一个课程计划必须考虑课程能适应社会生活现状的需要；选材时必须以改进我们的共同生活为目的，使将来比过去更美好，并承认教育的社会责任的课程必须提供一种环境，在这种环境中，所研究的问题都是有关共同生活的问题，所从事的观察和传授的知识，都能发展学生的社会见识和社会兴趣。

什么形式的课程才能克服旧课程的弊端呢？以其经验论为基础，杜威要求从做中学、从经验中学，要求以活动性、经验性的主动作业来取代传统书本式教材的统治地位。这种活动性、经验性课程的范围很广，包括园艺、烹饪、缝纫、印刷、纺织、油漆、绘画、唱歌、歌剧、讲故事、阅读、书写等。在杜威看来，这些活动既能满足儿童的心理需要，又能满足社会性的需要，还能使儿童对事物的认识具有统一性和完整性。

但杜威并不把个人的直接经验和间接经验对立起来，他认为系统知识是一种处于阴暗的情境时可以依靠的已知的、确定的、现成的、有把握的材料。它把人类以往经验的最后成果压缩精简，记录成可行的形式，作为提升新经验的意义的工具。杜威批判了进步教育实践中出现的忽视间接经验的偏差，他明确指出：“旧教育强迫儿童接受成人的知识、方法和行为的规则，但是不能因此就认为成年人的知识和技能对于未成年人的经验没有指导的价值，只有极端的非此即彼的哲学才会导出这种主张。”①当然，杜威也看到了个人直接经验的局限性，“直接观察自然比较生动活泼，但是也有局限性。无论如何，一个人应能利用别人的经验，以弥补个人直接经验的狭隘性，这是教育的一个必要组成部分。”“个人直接经验的范围是非常有限的。如果没有代表不在目前的、遥远的媒介物的介入，我们的经验几乎将停留在野蛮人的经验水平上。……所以我们依靠文字，借以获得有效的有代表性的经验或间接经验。”②可见，杜威并不反对间接经验本身，他反对的是传统教育中那种不顾儿童接受能力的直接灌输、生吞活剥式的获取间接经验的方式。他认为问题的关键在于怎样使儿童最终获取比较系统的知识，同时又能在学习过程中顾及儿童的心理水平。

杜威主张以“教材心理化”来解决此问题，这就需要把各门学科的教材或知识各部分恢复到原来的经验，恢复到它所被抽象出来的原来的经验。这种心理化就是把间接经验转化为直接经验，即直接经验化。教材心理化的任务由教师来完成，将系统的教材转化

---

① [美]杜威：《我们怎样思维·经验与教育》，姜文闵译，8页，北京，人民教育出版社，2005。

② [美]杜威：《民主主义与教育》，王承绪译，167页，北京，人民教育出版社，1990。

为学生的直接经验还不够，这仅是第一步，“下一步是将已经经验到的那些东西累进地发展为更充实、更丰富也是更有组织的形式”①。这个过程实际上就是杜威一直反复强调的经验的组织原则。杜威一向反对将成人和专家编写的以完整的逻辑体系为表现形式的教材作为教育的起点，认为必须以儿童个人的直接经验为起点，并强调对直接经验加以组织、抽象和概括，不然经验将支离破碎以致混乱不堪。

6. 论道德教育

道德教育的主要任务是协调个人与社会的关系。杜威既反对个人至上论，亦反对社会至上论，认为二者皆有片面性。他反对将个人与社会割裂开来，认为个人与社会是可以相得益彰的，个人的充分发展是社会进步的必要条件，社会的进步又可为个人的发展提供更好的基础。

教育的道德性和教育的社会性是相通的，道德教育应在社会性的情境中进行而不能只是停留于口头说教，“威胁着学校工作的巨大危险，是缺乏养成渗透一切的社会精神的条件；这是有效的道德训练的大敌。”②杜威提出由学校生活、教材、教法组成“学校道德之三位一体”，这三者都是道德教育的重要途径。

杜威将道德教育的原理分为社会方面和心理方面。道德教育应有社会性的情境、社会性的内容和社会性的目的，这属于社会方面。心理方面是指道德教育若要取得成效，就必须建立在学生的本能冲动和道德认识、道德情感的基础上。若忽视这些心理条件，道德行为可能会变成机械的模仿或外在的服从。社会的道德要求，应顾及学生的心理能力，应使学生知之、好之、乐之。也就是说，社会方面的道德教育原理是关于道德教育的“目的和内容”方面，心理方面的道德教育原理则是关于道德教育的“方法和精神”方面，前者决定应当做“什么”，后者决定应当“如何”做。

总之，杜威力图使道德和道德教育成为调节社会中人与人之间关系的重要手段，并希望通过这种调节，使社会利益分配更加均衡，减少乃至消除激烈的利益冲突，使人与人之间、人与社会之间多些安宁、和平与友好，少些纷乱、争斗与敌意。

[反思与探究]

1. 试比较中外近代教育思想产生的时代背景的异同。

2. 蔡元培、陶行知、晏阳初、夸美纽斯、赫尔巴特、杜威的教育思想的基本观点是什么？

3. 试分析杜威与陶行知教育思想的异同。

4. 蔡元培、陶行知、晏阳初、夸美纽斯、赫尔巴特、杜威的教育思想对当前学校教育教学有哪些启示？

---

① [美]杜威：《我们怎样思维·经验与教育》，姜文闵译，87页，北京，人民教育出版社，2005。

② [美]杜威：《民主主义与教育》，王承绪译，376页，北京，人民教育出版社，1990。

第三章 现代教育思想

学习目标	1. 了解要素主义教育、存在主义教育、结构主义教育、终身教育、人本化教育思想产生的历史背景和理论基础。 2. 理解并掌握要素主义教育、存在主义教育、结构主义教育、终身教育、人本化教育思想的基本观点。 3. 能运用要素主义教育、存在主义教育、结构主义教育、终身教育、人本化教育思想的基本观点思考当前学校教育教学的相关现象。

［本章提要］

随着科技与文化的快速发展，教育思想在现代形成了发展的“高峰期”，各种教育思想流派“争奇斗艳”。要素主义教育希望通过重视人类文化的“共同要素”来培养高科技人才；存在主义教育以“存在先于本质”的哲学基本命题为基础，重视学生的自由与选择，要求学生的发展“自我完成”；结构主义教育以结构主义心理学为基础，重视学生的认知结构、知识结构的形成；终身教育扩展了教育的时间和空间，强调教育的连续性与整体性，迎合了时代的要求；人本化教育以人本主义心理学为基础，注重人的个性、人性和潜能的发展。不同的教育思想从不同的角度对教育进行了思考，形成了不同的教育观念与方法，促进了教育的繁荣。

20世纪以来，随着社会政治、经济与科学文化的发展，西方出现了一系列具有重大影响的教育思想，主要有实用主义教育、改造主义教育、要素主义教育、永恒主义教育、新托马斯主义教育、存在主义教育、新行为主义教育、结构主义教育、分析教育哲学、终身教育、人本化教育等。它们以不同的理论为基础，形成了不同的教育观，在一定时期内引领了世界教育改革与发展的方向，推动着世界教育的发展。本章主要介绍要素主义教育、存在主义教育、结构主义教育、终身教育与人本化教育的思想。

第一节　要素主义教育思想

要素主义产生于20世纪30年代，渗透于20世纪50年代、70年代美国的教育改革中。要素主义教育思想强调人类文化遗产中的“共同要素”，提倡严格的智力训练以及“英才教育”，主张教师、教材处于教育体系的中心，希望将教育与社会的进步紧密相连，利用人类文化的“共同要素”来对学生进行心智训练，培养高科技人才。其代表人物主要有科南特(Conant)、里科弗(Rickover)和巴格莱(Bagley)等。

一、要素主义教育思想产生的背景

(一)20世纪30年代经济危机的影响

20世纪30年代，资本主义各个国家相继卷入了历史上空前严重的经济危机之中。这次危机不仅涉及工业，而且还扩展到农业、财经等，震动了整个资本主义体系，沉重地打击了工业生产的各个部门，使整个资本主义世界的工业生产效率急剧下降。

经济危机使资本主义各国的阶级矛盾空前激化。群众革命运动的蓬勃发展，迫使各国垄断资产阶级如临深渊、惶恐不安，想方设法寻找出路，德、意、日法西斯侵略势力则乘机迅速抬头。要素主义教育思想正是在这样的历史背景下应运而生的。当时，要素主义者看到整个资本主义社会是一个“动荡的世界”，失去文明的精神基础，而在美国教育界占统治地位的进步派教育理论又软弱无力，致使人们不知什么是善与恶。因此，他们要以人类文化遗产中所谓共同要素来教育年青一代，稳固资本主义社会秩序。

(二)第二次世界大战后资本主义国家对科学技术人才的迫切需求

进步主义教育思想在欧美曾经流行一时，但经过近半个世纪的改革后，它对解决资本主义经济、政治危机并没有起多大作用，相反在美国造成了教学质量下降和纪律松懈等恶果。第二次世界大战后，世界科学技术飞速发展，特别是1957年，苏联人造卫星上天，对美国教育的冲击很大。垄断资产阶级看到称霸世界的重要条件之一，就是要提高科学技术水平，要拥有掌握先进科学技术的庞大人才队伍。显然，实用主义教育理论已不能满足垄断资产阶级培养尖端科学技术人才，发展现代化生产、现代化武器的需要。

在这一背景下，培养尖端科技人才成为美国的迫切需求。从教育的角度来看，打破以杜威为代表的实用主义教育思想在美国的核心地位，重建以系统知识为核心的教育体系势在必行，要素主义教育思想由此而生。

二、要素主义教育思想的理论基础

任何一种教育理论都可以寻出其哲学依据，要素主义教育理论的哲学依据实质上就是唯实论和观念论。

唯实论和观念论虽然是两种不同的传统哲学派别，但也有其共同的特点：第一，它们都承认有不可侵犯的客观世界之“实在”。这个“实在”有其不容置疑的先验规律和秩序。虽然变化是真实的，但它是符合于绵延不断的世界规律和秩序的。第二，它们都主张人们必须服从于包括自己的客观世界的秩序和规律，因为人们改变和修正秩序与规律的范围是微小的，人们唯一应该做的就是继承和保持传统。

要素主义教育理论以这两种唯心主义的哲学观为基础。在社会观方面，要素主义者强调个人服从社会，同时也强调维护个人的独立与尊严。要素主义者“信仰民主主义”，不过这个民主，并不是随时随地改变的那种实验性民主，而是实在论者所主张的作为社会遗产的那种传统的民主，即自由竞争时期的资产阶级民主。他们强调每个人都有不可剥夺的自由生活的权利，每个人的行为，只要不触犯法律就不受任何人的干涉。但是自然法则又使人结成了一定的联系。在这种联系下，国家大于个人，整体大于部分。他们强调个人对社会、国家和民族的服从、依赖、忠诚乃至献身。在认识论方面，要素主义者一般持“符合说”，其基本观点是，知识和真理是观念和观察到的事实的符合，真理就是事实与判断的一致。他们认为，人们认识客观世界的关键在于心灵，而不在于事物。我们是依靠心灵认识事物的，身体从属心灵；感性的东西是不完全、不确定、不真实的，只有理性才是完整、确实、真实的。知识获得就是运用自己的智慧对片断的事实加以思考，上升到理性的高度，获取正确的知识。所以，要素主义者反对依靠经验和从做中学，强调理智的训练，以及提高学生的智力水平。他们认为检验真理的方法就是与事实相符。因此，他们强调要向学生传授真理，即那些与真理相符合的陈述，人类的文化遗产就是事实、真理，而学校就是传授文化遗产(即真理)的场所。

三、要素主义教育思想的基本观点

(一)教育目的是促进社会的进步

要素主义者一般认为，教育目的是促进社会的“进步”。他们对“进步”持保守主义的观点，因为人性是邪恶的，人的发展可能是趋向邪恶的，如果情况是这样的，那么所谓越进步，实际上就是越堕落。例如，对于一个小偷来说，他的“进步”便意味着偷盗的技术越高明、越熟练；对于希特勒来说，社会的所谓进步则意味着对犹太人的种族灭绝。要素主义者认为，要促进社会进步，就必须通过理智和道德的训练来保存文化遗产。文化是人类共同努力、分工协作的结果，人类只有接受文化，才能避免堕落和毁灭；人类只有继承文化遗产，才能使之发扬光大。

要素主义者认为教育目的有两个方面。第一，从宏观方面来讲，教育就是传递人类文化遗产的要素或核心，只有掌握了文化，人才能够准确预见各种行为方式的后果，从而达到他期望的目的。第二，从微观方面来讲，教育就是帮助个人实现理智和道德的训练。因为这对于个人理智和人格的和谐发展是必不可少的。要素主义者将教育与社会进化紧密联系，认为教育是“社会进化的一个基本因素”①，要想通过教育实现社会进化，必须重视人类文化的共同要素的作用，“教育是传递人类积累的知识中具有永久不朽价值的那部分的过程”②。

(二)课程内容重视人类文化的共同要素

要素主义教育主张课程的内容应该是人类文化的“共同要素”，课程设置的原则包括三个方面。首先，要考虑国家和民族的利益，要认识到国家或民族与学校教学的内容之间有着一种利害关系。其次，要具有长期的目标，要重视“种族经验”和课程的长期目标，不能过分强调儿童眼前兴趣和利益的重要性。最后，要包含价值标准，要求课程需要包含社会上传统阶级的社会文化价值标准、本国政治领导人和思想界领导人的价值标准，以及西方文明的“伟大”著作家的价值标准。

在课程编制上，要素主义教育强调学科中心和教材的逻辑组织。进步主义教育主张“从做中学”的活动课程，它的一个明显的特点是，打破了学科之间的界限，同时也打破了每门学科自身的逻辑组织。而要素主义教育认为，学校的课程应该给学生提供分化了的、有组织的经验，即知识。如果给学生提供未经分化的经验，学生势必要自己对它们加以分化和组织，这将妨碍教育的效能。在要素主义者看来，要给学生提供分化了的、有组织的经验的最有效能和最有效率的方法就是学科课程。这种课程的一个重要特点或作用在于，它是由若干门学科组成的，而每一门学科都有自己特定的组织，这样每一门学科及其智力训练的作用就能得到充分发挥。

要素主义教育认为，小学阶段学习的“要素”是阅读、说话、写作、拼音和算术，以及以后的历史、地理、自然科学与生物科学、外语；次一等的要素是美术、音乐和体育。中学阶段要把小学的各门要素加以扩大，使之更专门、更艰深。例如，算术要变成数学(代数、几何、三角、微积分)；自然科学变成物理学、化学和地质学。次一等的要素是美术、音乐和体育，还有职业科目和业余爱好的科目。允许开展各种形式的课外活

---

① [美]巴格莱：《教育与新人》，袁桂林译，94页，北京，人民教育出版社，2005。
② [美]巴格莱：《教育与新人》，袁桂林译，37页，北京，人民教育出版社，2005。

动，如各种学生社团、体育运动、乐队或合唱队。要素主义教育强调，一些要求严格的科目，如拉丁语、代数、几何，对心智的训练有特殊的价值，这些科目在课程中应占有重要的地位，应该作为中等学校的共同必修科目。此外，各门学科的讲授要有一定的次序，要组织成一个体系，并且要有一定的难度，对学生的智力发展要有挑战作用。

(三)教学注重学生的心智训练

与进步主义主张“创造”真理相反，要素主义则认为教育“是传递人类积累的知识中具有永久不朽价值的那部分的过程”①，并通过这种“永恒知识”来实现社会的发展与进步。因此，学生对知识的学习并非进行个性化的创造，而是基于知识的客观性实现智慧增长的过程，主张教学过程“必须是一个训练智慧的过程”②。

1. 强调教师的权威

既然实在是客观存在着的，那么无论是教师还是学生，都是对这个实在的观察者。教师的任务是要设法引起学生观察实在并“发现”真理的愿望。由于学生“想要”知道的东西和他“应该”知道的东西往往不一致，甚至还常有冲突，所以教师必须迫使学生明白，发现真理是必要的，在他形成自己对实在的看法之前，他必须首先明白专家、权威们是怎么认为的，否则他将一事无成。而在教学活动中，教师就应该成为学生心目中的专家、权威。

2. 教学方法注重心智训练

要素主义教育既反对进步主义教育，又区别于传统主义教育那种布置作业—学生记忆—背诵的方法，而是注重心智的训练。在要素主义者看来，学习的目的在于使学生掌握使他终身受用的知识、技能，而不能只以是否具有目前的价值为标准。为此，有些知识，即使眼前没有直接的实际效用，也必须要求学生加以掌握，并储存在大脑中，以备日后之用。所以，在教学中，对要求学生掌握知识的内容和范围加以指定是完全必要的。此外，教学方法也不能完全排除记忆。不过，要素主义教育提倡的记忆，不同于传统教育的死记硬背，而是强调在对观念深刻理解基础上的记忆，强调有目的的记忆。

3. 强调学习的艰苦性，鼓励学生专心用功

要素主义者认为，学习就其性质来说，是一项艰苦的工作，需要专心用功。要素主义教育不强调儿童的目前兴趣，而是促使儿童致力于实现更长远的目标。与进步主义教育强调兴趣相反，它强调“努力”这个概念，认为鼓励学生努力学习，比强调儿童的兴趣更为重要。儿童如果没有“付出连续的系统的努力，大多数学生绝不可能学会正规学校里传授的任何内容”③。在兴趣与努力二者之间，要素主义教育认为兴趣的产生来自努

① [美]巴格莱：《教育与新人》，袁桂林译，37页，北京，人民出版社，2005。

② 吴式颖：《外国教育史教程》，506页，北京，人民教育出版社，2003。

③ [美]巴格莱：《教育与新人》，袁桂林译，89页，北京，人民教育出版社，2005。

力，许多工作在一开始并不是充满兴趣的，它们本身也并不是很吸引儿童的，更高更持久的兴趣则往往是通过艰苦的工作产生出来的。因此，要素主义教育非常重视鼓励和引导儿童着眼于长远的目标，并为实现这种目标而进行艰辛的、刻苦的学习与努力。

四、要素主义教育思想的评价

要素主义教育思想在第二次世界大战以后的美国影响最大。然而该思想在 20 世纪二三十年代并没有受到人们的普遍重视。1946 年巴格莱等人相继去世，该思想的领导力量有所削弱。20 世纪 50 年代要素主义教育思想开始在全美占统治地位，并且为 20 世纪 60 年代后美国的中小学课程改革运动提供了理论武器。在课程改革运动中，许多教育理论家和实践家都从要素主义教育思想的观点中受到了很大启发。

（一）积极影响

要素主义教育思想强调学习传统文化；强调教师的权威；强调纪律和系统知识的传授，为提高教育质量，克服进步主义教育所造成的教育危机，起了积极作用。它关注的目标是高深教育，而非在教育方法上怎样翻新。这种教育思想符合当时美国垄断资产阶级的政治、经济和军事的需要，所以在第二次世界大战以后，受到美国统治集团中许多人的欢迎和支持，成为 20 世纪 60 年代美国教育改革的指导思想。

（二）消极影响

要素主义教育存在着片面注重书本知识的灌输和传统教育方法，忽视学生的需要和兴趣的问题，编写的教材脱离中小学生和教师的实际，脱离社会实践，形式主义严重，引起了人们的极大不满。在 20 世纪 60 年代后期就受到社会的抨击，20 世纪 70 年代初期，要素主义教育逐渐失去其优势地位。

第二节　存在主义教育思想

现代西方哲学流派大致分属人本主义与科学主义两大派别，而在众多的人本主义流派中，最引人注目的便是存在主义。存在主义教育是基于存在主义哲学而产生的。存在主义哲学主张“存在先于本质”，即认为先有人的存在、露面、出场，然后才说明自身。基于存在主义哲学，存在主义教育认为教育应以个人的“自我完成”为目标，否认“外界因素”对个性形成的作用，而把个人作为“教育的主体”，强调“在发现自我的境遇中进行个人的自由发展”这一教育基本目标。

一、存在主义教育思想产生的背景

(一)存在主义哲学的兴起

存在主义萌芽产生于19世纪下半叶。存在主义的兴起与流传，一般认为有两种背景因素，其一是传统哲学流于空泛，其二是工业革命后的社会文化变迁，人类在精神文明陷入匮乏之后进行的反省。传统哲学中对人性的探讨，无论是唯物论还是唯心论，所阐释的都是抽象概念，对现实的人生存在问题缺乏实质意义，不能使人从哲学探讨中领悟到人生的意义和价值。18世纪工业革命以后，社会快速变迁，人类在机械化、系统化、齐一化的生活框架中，失去了独立，失去了自我，失去了意义和价值。存在主义思想代表了当时社会中人类自我反省的呼声。第二次世界大战以后，欧洲的精神文明遭到严重摧残，在新价值体系未确立的社会动荡时期，加速了存在主义的流传和发展。关于存在主义的先驱，一般认为是丹麦哲学家克尔凯郭尔(Kierkegaard)和德国哲学家尼采(Nietzsche)，代表人物有德国的海德格尔(Heidegger)、雅斯贝尔斯(Jaspers)和法国的萨特(Sartre)等。

(二)科技理性对个人的存在和价值的忽视

任何一种教育思想的产生都与时代和社会背景分不开，存在主义教育思想就是在20世纪上半叶西方工业化社会高度崇拜科技理性而忽视个人的存在和价值的需要的背景下产生的。

存在主义者认为，20世纪以来，西方流行的主要教育哲学思想都忽视了人的存在问题。进步主义教育重视儿童的生长和儿童的活动，然而它更重视科学方法，对于人的活动往往是从科学方法的方法论意义上来强调的；要素主义注重的是文化要素；永恒主义看到的是传统的人文学科的价值；改造主义把教育看作实现国家目的的工具；结构主义把智慧和能力置于人的价值之上，教育的中心是课程结构，学校则是发展智力的场所；新行为主义更是几乎将人等同于动物或没有生命、没有情感、没有意识的机器，企求通过控制学生的正确行为来达到预期的效果。所有这些，在存在主义者看来都是不能容忍的错误，因为它们都把人置于次要地位，使人役于物。

二、存在主义教育思想的哲学基础

(一)存在先于本质

这是萨特的一句名言，并被他称为存在主义哲学的第一原理。关于“存在先于本质”

的含义究竟指什么，曾有不同的误解。根据萨特在《存在主义是一种人道主义》一文中的解释："这话的意思就是说，首先是人存在、露面、出场，后来才说明自身。假如说人，在存在主义者看来是不可能给予定义的话，这是因为人之初，是空无所有；只在后来人要变成某种东西，于是人就照自己的意志而造成他自身。所以说，世间并无人类本性，因为世间并无设定人类本性的上帝。人，不仅是他自己所设想(conceive)的人，而且还只是他投入存在以后，自己所志愿(will)变成的人。"①

传统形而上学一般给"本质"赋予了普遍的、抽象的以及形式的特征，而且一般认为在时间上本质先于存在。存在主义认为，本质先于存在不是一种绝对的、普遍的规定，它只适用于物。对于物来说，不可能先存在，然后才获得本质。工匠在制造一个物件之前，他先有了关于将要制造的物品的概念和方法，这可以说是本质先于存在。然而对于人来说，这不适用。人与物的区别就在于人有主观性，对于人来说，应该是存在先于本质。也就是说，人先存在着，然后才试图给自己下定义。人是无缘无故地被抛到这个世界上来的，是偶然的，所以人的本质也不是预先给定的。人的本质，也就是人将要成为什么样子，要由他自己负责，由他自己选择。如果人放弃了自己的主观性，让别人替自己选择自己的本质，这也是一种选择。归根结底，人的本质是人自己通过自己的选择而创造的，不是给定的。

(二)存在是偶然的、荒诞的

存在主义者认为，包括人的存在在内的所有存在都是偶然的。但这并不是说物质的宇宙杂乱无序，毫无规律、法则可言，也不是说科学对物质世界研究所发现的规律完全虚幻，不可信赖。所谓偶然，是指物质世界的存在是没有理由的，也不是根据某种绝对的观念、思想或精神演绎出来预先具有一定意义的。所以，无论是对于人还是对于物质的宇宙来说，都没有任何先定的东西。既然所有的存在都不是先定的，而是偶然的，那么，存在就是不确定的，是荒诞的。因此，我们没有任何理由事先决定事物应该这样而不应该那样，同样我们也没有理由事先决定人应该这样而不应该那样。

(三)自由和选择

存在是偶然的、荒诞的。对于人来说，人首先存在着，然后通过自由的选择去决定自己的本质。所以，人的存在同人的选择以及为自己的选择负责是分不开的。萨特认为，人的自由是绝对的，因为人生活在一个孤立无援的世界上。人是被"抛"到世界上来的，上帝、科学、理性、道德等与人都不相关，也就是说，它们都不能告诉我们生活的真理、生活的方式，同时它们对人也没有任何的控制和约束的作用。正因如此，人有绝

---

① 中国科学院哲学研究所西方哲学史组：《存在主义哲学》，337页，北京，商务印书馆，1963。

对的自由。

人的自由表现在两个方面，即选择和行动。只有通过自己选择和行动，人才能认识到自由，因为人的本质是由自己选择的所作所为来决定的。显然，在存在主义者看来，人的存在、自由、选择、行动都是内在地联系在一起的。做人就是谋求自由，也就是选择和行动；如果人没有自由或选择和行动，也就没有人的存在。个人的自由首先表现在他认识到由于受传统文化和习俗的束缚而缺乏自由。因此，对于个人来说，最重要的是认识选择的重要性，并按自己的选择去行动和承担生活的责任。

(四)人与人的关系

存在主义对于人与人之间关系的理解主要有两种看法，一是“我与他”的关系；二是“我与你”的关系。克尔凯郭尔、海德格尔等人是“我与他”的关系的提倡者，他们认为人的主观性说明他只能是“他”自己，任何人都不能像“他”一样看待事物，“他”和别人终究是疏远的，无法沟通，别人无法分担“他”的忧虑。要摆脱焦虑，就必须成为一个真正的基督教徒，在孤独的内心深处同上帝交流。

布贝尔(Buber)和马塞尔(Marcel)等人是“我与你”的关系的提倡者，他们认为每一个人都有他自己的内在的意义世界，如果人轻视或否认这个主观的或个人的实在，那么人就不能从“荒诞”的痛苦中自拔。因此，人与人之间需要的是热情和理解，至于相识时间的长短、名誉、地位、财富等，与此都不相关。如果两个人认为相互之间值得信任，那么相互之间就能彼此了解。在这种关系中，除了相互之间的认可和爱之外，不掺杂任何目的，丝毫也不存在利用和被利用、控制和被控制的问题。我与你都是主体，两者互相同情、互相信任、互相理解。

概括地说，人与人的关系是存在主义者共同关心的一个问题。不同的存在主义者对这个问题有不同的看法。但是，他们都认为我可以理解他人，他人也可以理解我，分歧仅在于：我将他人或他人将我当作物还是当作有主观性的人。

三、存在主义教育思想的基本观点

存在主义强调个人主观性、个人选择，这使它很难在哲学上形成一个囊括所有的存在主义者哲学观的完整而统一的体系。同样，在教育领域中，也很难形成一个体系完整的“存在主义教育哲学”。下面就存在主义者对一些重要教育问题的比较共同的看法进行介绍。

(一)教育目的强调“自我完成”

存在主义者认为，人是被“抛”到这个世界来的，所有的存在都是偶然的，所以，教育纯粹是个人的事。教育无论是对公众、集体还是社会，都不承担任何责任。教育的目的就是使每一个人都认识到自己的存在，并形成一套不同于他人的独特的生活方式。因此，教育要维护个人的自由，帮助个人进行自我选择，并对自己的选择负责。由于受传统哲学的影响，以往的教育不强调人和人的存在，而专注于与人的生存不相关的事情，这是错误的。存在主义者主张“让教育为个人而存在”，让教育教会个人像他自己的本性要求他那样的自发而真诚地生活。

存在主义者强调，教育要使每个人认识自己的存在，教育的最好结果就是使学生养成正确地对待生活的态度，其中最重要的是要培养他们真诚(authenticity)选择和决定，以及责任感等。

(二)课程强调学生的个性化需求

1. 确定课程的依据

存在主义者认为，在确定课程的时候，一个重要的前提就是，要承认学生本人对他自己的存在负责，换言之，课程最终要由学生的需要来决定。在存在主义者看来，为学生规定一种固定不变的课程是不恰当的，因为它没有考虑到学生对知识的态度。然而，人的境遇时刻在变化，没有任何东西是固定的、绝对的，而固定的课程难以适合学生的情况和需要，成为和学生没有关系的东西。

因此，存在主义者认为，既不能把各科教材，也就是把知识本身看作目的，也不能把这些教材看作为学生谋求职业做好准备的手段，更不能把它们看作进行心智训练的材料，而应当把它们看作用来作为自我发展和自我实现的手段。不能让学生受教材的支配，而应该使学生成为教材的主宰。知识和有效的学习必须具有个人的意义，必须与人的真正目的、人的生活有联系，只有这样，个人才能够在时间和环境都适宜的条件下按照他选择的知识和对于知识的理解来行动。所以，每一门学科的价值和重要性没有一个客观的标准，学科的价值取决于学生主观上对它的感受、吸收和利用的程度。

2. 以人格世界为重点的课程

存在主义者认为，虽然各门学科自身供学生选择的价值是同等的，但人文学科应该占有重要的地位。他们认为人文学科与人的存在有着本质的联系，人文学科涉及的主要论题是人与人之间的关系，人生活中的悲伤和喜悦、荒诞和意义，人性的堕落和高尚等。由于人文学科比其他学科更深刻、更直接地表现了人的本性及人与世界的关系，更能洞察和发展人的存在的意义，所以它应该成为课程的重点。至于自然科学的学科，由于它们的客观性及非人格性，与人的主观存在没有直接联系，所以不应成为课程的重点。纯粹职业训练的课程应该加以反对，因为教育的重要性在于使人达到自我实现，而不在于客观上获得怎样的效果。我们既不能为多挣钱去接受教育，也不能为了找到一个更好的职业去接受教育。职业训练只能使人成为某一类别的人，而不能使人成为一个自由的人。

(三)教育方法强调学生的自我表现

存在主义者认为，传统教育方法的特征是“支配—服从”和“指挥—执行”的关系，其中支配者和指挥者当然是教师，而学生只是服从者和执行者。教师花费了大量的时间用于控制学生，而学生也想出各种主意来对付教师。存在主义者认为，教育是为了使学生认识到自己的存在，所以在教育方法上最注重的方法论原则就是允许学生最大限度地自我表现和自我选择。因此，他们提倡“苏格拉底法”、个别化教育和创造性活动。

1. 苏格拉底法

“苏格拉底法”不是把现成的知识以某种方式传授给学习者，而是从学习者那里引出知识，并由学习者自己决定和选择。存在主义者认为，“苏格拉底法”在道德教育方面尤为重要，而且也切实可行，因为在这个领域，教师在学生没有事先学习和研究的情况下就可以对学生提出问题，并引发道德的知识。在存在主义者看来，“苏格拉底法”有利于使学生获得“自己的”知识，它可以使人认识到在人的存在中必然会碰到的道德难题，以及自由选择的责任，可以避免讲授法所带来的机械式的师生关系，消除以往在师生关系中司空见惯的保护性伪装，建立真诚的、正直的关系。

2. 个别化教育

存在主义者认为，工业社会中统一的、非个人化的教学，造成学生的异化自不待言，同时它还造成了教师的异化。在存在主义者看来，人的现实部分与人的遗传素质有关，此外，人还要受到他自身以外的力量，如家庭背景、社会地位、早期教育经验等的影响。所以，每个人的气质、兴趣、需要等都是各不相同的。如果人们承认这一点，那么要求每个儿童都接受同样的教育，那简直是不可思议的事。所以，存在主义提倡个别化的教育。

3. 创造性活动

在存在主义者看来，游戏、绘画、艺术、创作等创造性活动具有很大的教育价值。在创造性活动中，个人可以毫无顾虑地发挥他的选择的能力。个人的活动是自由的、主动的。学生可以通过自己的创造发现自我，产生新颖的事物，在创造性活动中培养的创造精神将来可以用于社会文明的再创造。创造力不是少数特殊人才的天赋。相反，它是一个过程，而进行这个过程的能力是每个人都具备的。创造力来自渴求、好奇、想象，所以学校应该鼓励学生大胆地想象，而不是运用限制的手段去限制学生。

(四)师生关系强调平等对话

多数存在主义的教育家赞同布贝尔关于个人与他人关系的看法。布贝尔认为，个人与他人，教师与学生之间的关系是“我与你”而不是“我与他”的关系。“我与你”的关系真诚地表现了两个具有主体性的人的关系。在这种关系中，双方都没有自己追求的现实利益，双方都不把对方作为实现自己目的的手段，而是真诚地赏识对方、欢迎对方、肯定对方，同时也受到对方的赏识、欢迎和肯定。这种关系也可以叫作“对话”或“交流”。

教育中师生之间的对话和交流对于实现教育目的，使学生实现真正的自由，是至关重要的。对于学生来说，由于他们知之甚少，自由还只是一种潜能。此外，自由本身也无法加以利用，没有自由固然什么也无法完成，然而只有自由，同样也无法完成什么。所以，教师应该向学生提供使学生的各种潜能得以发挥的知识和方法，与学生进行对话或交流，这正是教育的力量之所在。

四、存在主义教育思想的评价

(一)积极方面

存在主义教育是西方人本主义教育的典型代表，它重视个人的自由和选择的权力，强调人的责任，弘扬人的主体性和创造性，认为人的存在就是个人不断自我超越、自我完善和自我实现的过程。在教育中，人的存在是一切教育活动的出发点和落脚点，教育的目的就在于帮助个体清楚自己的处境和掌握自由选择的权利，做“本真的人”，成为“生存着的人”。教育活动的主体间要建立“我与你”的关系，平等相处和共同促进成长，课程的设置和教育方法的选择要充分考虑学生的兴趣和自由选择的权利，并突出文科学科的价值，提倡能促进学生个性发展的个别教育和自由教育。存在主义在教育方面的这些主张无疑适应了当时西方社会呼吁“人的复归”“个性自由”的潮流，对人性的解放具有积极的意义。①

(二)消极方面

存在主义教育思想高扬个性、自由和权利，在一定意义上脱离社会走向了极端个人主义，具有较为强烈的个人主义色彩。在教育中，存在主义教育在反对工具理性的过程中走向了另一个极端：价值理性，过于注重学生的个体体验、自由选择，消解了教师权威，漠视了知识的普遍价值，这对于形成学生的公共理性与集体主义意识产生了较大危害。因此，在个人与群体、自由与节制、欲望与理性、普遍与特殊等方面如何进行更为合理的调节，形成张力，以整体性的视角和观点来思考教育的种种问题，还需要存在主义者进行深入思考。

---

① 王妙玲、马多秀：《存在主义教育思想述评》，载《内蒙古师范大学学报(教育科学版)》，2007(5)。

第三节　结构主义教育思想

结构主义教育思想产生于20世纪五六十年代，其主要代表人物是瑞士心理学家皮亚杰(Piaget)、美国心理学家和教育家布鲁纳(Bruner)等。结构主义教育思想把以发生认识论为核心的结构主义心理学理论应用于认知能力、教学过程和学科结构等方面的研究中，提出了以学习知识结构为中心的教育思想。结构主义教育思想曾引发了美国中小学课程改革运动，迄今为止，仍对世界上许多国家的教学和课程改革产生着影响。

一、结构主义教育思想产生的背景

(一)高科技人才培养在国际竞争与社会发展中越来越重要

1957年，苏联第一颗人造卫星上天，使美国朝野意识到具有高水平科技知识和能力的人才的培养已经成了关系到以美国为首的西方集团在这场与苏联的竞争中是否能占上风的关键。另外，这时发达资本主义国家开始步入“后工业社会”。在后工业社会中，知识总量剧增，知识更新加快，生产结构的变化开始改变着人们传统的交流方法和生活方式。因此，科技人才的数量和质量，科学技术的运用能力，就成了决定国家在世界范围内政治、经济、军事是否处于领先地位的重要因素。为了在政治、经济和军事上不断增强实力，培养大批高科技水平的合格人才，同时为了满足后工业社会中个人智能发展的迫切需要，结构主义教育思想迅速发展起来。

(二)进步主义教育思想与社会发展要求的不适应

杜威认为学校教育要适合儿童的需要。他主张教材的编写要和儿童充满活力的经验相联系，因此，出现了根据儿童中心论思想设计的儿童中心课程理论，并被许多学校采纳。到了20世纪50年代末，儿童中心的课程理论与结构开始在许多方面表现出了与时代的不相适应性，造成了学生智力训练水平降低、基础知识削弱的局面。中小学各科学习与学术新领域内科学家的工作成就几乎没有关联，从而不能较好地发展学生的智力，也无法较迅速地确保学生尽快地把握科学技术的最新成果。因此，当时美国教育中课程结构和课程理论与时代的不适应性构成了结构主义教育思想在美国兴起，并达到高潮的重要内在原因之一。

二、结构主义教育思想的理论基础

(一)哲学基础

结构主义教育理论的哲学背景，可以追溯到欧洲的康德主义，特别是结构主义教育理论的核心概念，如存在于个人内部的智力“结构”以及学科内部的“结构”概念，和康德哲学中“先天图式”的思想有着较为紧密的联系。皮亚杰说：“我把康德范畴的全部问题重新审察了一番，从而形成了一门新学科，即发生认识论。”①发生认识论就是结构主义教育理论的重要理论基础之一，结构主义哲学是结构主义教育理论的直接哲学基础。在结构主义者看来，一切由人类行为构成的社会现象，尽管表面看上去似乎是复杂或杂乱无章的，但是在这些现象的深处，其实蕴藏着一定的结构。这种结构支配并决定着一切社会现象的性质变化。从这一基本观点出发，结构主义者在科学的研究方法上强调以下几个方面：首先，认识任何事物和现象，不能仅仅机械地了解它们的因果关系，否则将无法获得对它们的清楚认识。其次，在认识事物的时候，整体相对于部分在逻辑上具有优越性和重要性。最后，事物的结构具有不以人的意志为转移的客观性，有其自身的运行规律。

在欧洲兴起的结构主义哲学运动，对结构主义教育思想的产生和发展具有重大而又深刻的影响。就整个理论体系而言，无论是结构主义教育的一些核心理论，如儿童智力结构发生、发展的理论，知识的结构理论和螺旋式课程编排理论等，还是发现教学法的观点，无一不体现着结构主义的上述精神。因此，结构主义哲学运动可以被看作结构主义教育思想产生的直接哲学基础。

(二)自然科学的影响

结构主义教育理论在建设过程中借鉴和吸收了许多自然科学的成果，以此来构建一个“能解释和说明”教育现象的假设性理论模式，它从生物学、逻辑学、数学等学科中借鉴了不少成果、术语和概念。例如，皮亚杰批判行为主义学习理论中有关刺激—反应的公式，为其有关儿童智力发展的同化图式理论提供了科学依据。此外，皮亚杰在建立他的儿童智力结构发生、发展学说时，还从生物学和数理逻辑的研究中借鉴了同化、顺应、符号运算等概念术语，并赋予它们以全新的含义。

三、结构主义教育思想的主要观点

(一)教育目的强调学生的自主性与智能发展

结构主义教育家认为，教育和教学的重要任务，就是遵循儿童的认知发展规律，促

① 高觉敷：《西方近代心理学史》，331页，北京，人民教育出版社，2001。

进儿童的智能发展。皮亚杰从其智力结构发生、发展理论出发，认为儿童的认知能力不能从外部形成，而只能由有机体的本身发展来决定。儿童的整个认知结构的发展是儿童的自主调节，通过同化和顺应的方式来与外部环境相平衡而达到的。因此，儿童的自主性在儿童的整个认知或智力发展过程中具有相当重要的意义。而教育的问题就在于去发现最佳方法和环境来帮助儿童自己去组织这种能力的发展。同时，皮亚杰反对用刺激—反应的联系来解释学习，强调学习必须建立在业已发展的智慧结构基础之上，同时又要促进智慧的发展。他认为，“一个教师最应做的事不是纠正儿童的格式，而是向儿童提供他可以自我改正它们的情境”①，以激发儿童重组自己的认知结构，达到新的发展。

（二）课程注重学科的基本结构

结构主义教育家认为，知识是人们赋予经验中的规律以意义和结构而构造起来的模式。任何一门学科，都可以归为一系列由基本概念和基本原理组成的基本结构。教授任何一门学科，主要是使学生理解和掌握学科的基本结构，以及该学科特有的研究方法。因此，课程应以各门学科的基本结构为中心。他们还认为，智力活动是一种连续的构造过程，教师必须以结构的观点来考虑学生的心智发展。学生越注重学习各门学科的基本结构，就越能容易地掌握整个学科，并有助于知识的记忆，促进知识的“迁移”。

布鲁纳着眼于使学生获得终身学习的能力，并根据其“认知结构”说和“知识结构”原理、学习迁移原理，阐述了以学科基本结构为核心的课程编制理论。他认为，每一门学科都存在一系列的基本结构，即基本概念和基本原理，把这些概念、原理和该学科所特有的研究方法作为教学内容时，教学就将获得最好的结果。② 他不遗余力地列举了自然、人文和社会学科的许多教学事实，从正反两方面论证了掌握学科基本结构的优点：一是可以较容易地理解和掌握整个学科；二是有助于记忆；三是学习迁移的主要途径；四是有助于缩小“高级”知识和“低级”知识之间的差距。③

（三）教学注重教师的作用与“发现学习法”

结构主义教育家认为，在现代社会，尽管应该充分运用各种教学辅助工具，但教师仍然是教学过程中的主要辅助者。教师应该注意对教育和教学过程的动态研究，从儿童的心理能力出发，考虑一门学科的基本结构在学习中的作用以及如何使学生理解和掌握该门学科的基本结构。为了促进学生智力的发展，在结构教学中，教师也应该使用一些教学装置或教学辅助工具，但教学装置或工具并不能替代教师的作用。

同时，结构主义教育家认为，学习是一种过程而不是结果。学习过程类似于人类探

---

① 赵祥麟：《外国教育家评传》第3卷，643页，上海，上海教育出版社，2003。

② ［美］布鲁纳：《教育过程》，邵瑞珍译，38～43页，北京，文化教育出版社，1982。

③ ［美］布鲁纳：《教育过程》，邵瑞珍译，47～48页，北京，文化教育出版社，1982。

求知识的过程，是一个学生“发现”的过程。在他们看来，“发现”是相对于学生个体而非人类而言的，只要是学生通过自己的思考获得其“未知”的知识就是“发现”，“发现”是学生亲自获得知识的一切形式。布鲁纳提倡“发现法”主要有三个理由：一是他认为人类全部生活中的最独特之处在于人类能够亲自发现。人不是一个被动的有机体，而掌握概念、解决问题都是一个主动的过程。二是他认为学习的中心环节是头脑中的“重新组织”或“转换”，以便有所发现。三是他十分强调“直觉思维”在学习中的作用，主张“直觉思维”是一种跃进的捷径式的思维，如猜想、预感、推测答案等，是从事任何一项工作的思想家极其宝贵的心理品质。教育要对这种品质及早地加以培养。同时，结构主义教育家认为，科学家的发现与小学生的发现都是属于用自己的头脑亲自获得知识的行为，都是一个主动的过程，两者的差别仅仅在程度上，而不是在性质上。

四、结构主义教育思想的评价

(一)积极方面

首先，结构主义教育家以心理学家特有的思路和视角分析教育问题，把认知心理学理论和方法运用于教育、教学的改革之中。这不仅在实践上使教学的内容、方法等方面的改革有了科学的后盾，而且在理论上为教育科学的丰富和发展做出了贡献。

其次，结构主义教育家强调以学科的结构为中心，让学生学习基本的结构，而且在课程的设计中要注意学科知识结构与学生认知结构的相互协调和对应。这就为教育科学中课程理论的发展做出了既重要又富有建设性的贡献。

最后，结构主义教育家对教学理论和实践的贡献，还表现在他们对于儿童认知结构及其发展阶段的研究，为教学中发展儿童的智力，为教学中的教材选编、教法的选用、教学的组织提供了心理学的依据。

(二)消极方面

以布鲁纳为主导的结构主义课程改革运动在课程编制上过分地强调了各学科知识的区别性，强调分化，忽视了各门学科知识之间的普遍联系性与相互渗透性，新的教材出现了知识割裂和片面化情形。

对于所谓“学科结构”的标准众说纷纭，难以统一，这为课程设计和“学科结构”的教学带来了困难。以“学科结构”作为编写教材的原则，增加了教材内容的理论化和抽象化，这给教师的讲授和学生对教材的理解造成了很大的困扰。

布鲁纳倡导在教学中广泛运用的“发现法”也具有一定的狭隘性和偏激性。首先，教学过程是一种特殊的认识过程，学生学习的知识主要是间接知识，而学习间接知识的过程和科学家发现新知识的过程毕竟有着很大的差别。其次，由于学生的个性、能力、素质都不相同，所以在进行发现学习时，不可避免地会有种种表现差异。最后，有效的学习方法并非发现法一种。即使对于科学家来说，发现法也只是在他们研究活动的特定阶段、特定范围内使用，但要把此法运用到教学活动中，过多且广泛地使用发现法，势必增加教授和学习的困难。

第四节　终身教育思想

在20世纪教育理论与实践的发展方面，一个突出的变化是，人们不仅在思想上认识到，教育不仅仅与人生某一个或某几个特定阶段有关，还应该与人的一生共始终，而且人们通过各种手段将这一思想付诸实践。这就是20世纪教育终身化的趋势。20世纪60年代，人们用“终身教育”这一概念来标示这一波澜壮阔的教育改革浪潮，其标志是法国教育家保罗·朗格郎(Lengrand)撰写的《终身教育引论》的出版。一般来说，终身教育是人们在一生中所受到的各种培养的总和，“活到老，学到老”是终身教育的简明表达。朗格郎提出的终身教育思想是对教育观念的一次重大变革，它极大地扩展了教育的时间和空间，重视了教育的连续性，整合了不同形式的教育，适应了现代社会发展对教育的要求。

一、终身教育思想产生的背景

(一)经济、社会发展的必然产物

终身教育之父保罗·朗格郎认为，终身教育在现代社会兴起的主要原因为：①社会变化的加速化；②人口的猛增和寿命的急剧延长；③科学知识和技术的进步及其迅速陈腐化；④常规的政治结构的变动(革命、战争、体制改革)与领导人的不足；⑤宣传媒介的发达和信息量的增加；⑥自由时间的增加以及工作与休息的分离；⑦人生模式及人与人之间关系的动摇；⑧精神和肉体的不统一以及个性表现的不适当的强调；⑨意识形态的危机(价值观的多样化)和信仰的脆弱化。

终身教育思想是科技、经济和社会向前发展的产物。科学技术的飞速发展和全球经济一体化的趋向，引起了生产过程的不断变革和一系列的社会变革。第一，现代工业使许多传统职业在社会上消失，同时新的职业不断涌现，造成了劳动的变换、职能的变化和人员的全面流动，一个人不可能一辈子固定在一个工作岗位上。第二，知识的爆炸和不断更新，也使得人们不可能在短短的学龄时期掌握一生所需的知识，更不能掌握人类

创造的全部知识。第三，经济的全球竞争和可持续发展对劳动者的素质也提出了更新、更高的要求。

(二)教育的本质和人的发展的必然要求

教育的本质就是追求人的不断发展，尽可能地挖掘人的潜能。在人类历史上，人们对完美的人性与真正人生价值的孜孜追求一直没有间断过。早在 17 世纪，捷克著名教育家夸美纽斯在《大教学论》中明确指出："假如要去形成一个人，那便必须由教育去形成。"①哲学家康德认为："人只有通过教育才能成为人"②，教育目的据以产生的理想为发展人的所有一切自然禀赋和才能。德国教育家福禄倍尔在其《人的教育》中指出："教育的目的就是实现忠诚的、纯洁的、宁静的也便是神圣的人生。"③联合国教科文组织教育发展委员会在 1972 年 5 月发表的《学会生存》报告书中对教育目的做了如下论述："把一个人在体力、智力、情绪、伦理各方面的因素综合起来，使他成为一个完善的人。这就是对教育基本目的的一个广义的界说。"④

以上所有这些对教育目的的探讨，均体现了人类对教育本质的认识的不断深化，这也是人类社会的教育得以产生并日趋繁荣、日趋必要的根本之所在。因为教育从其产生的那一刻起，就本能地包含着人类对美好生活、美好未来的向往和追求。人们总是通过教育的传递和塑造功能，把前人积累起来的宝贵知识和经验生生不息地传递下去，并在这种传递过程中，不断塑造和完善人类自身，不断实现人类自身的价值。因此，作为现代社会人类文明高度发展的特征之一，人们积极追求知识技能的学习更新，人们希望终身接受教育，这正是人类不断追求自身完善、实现其人生价值的内在需求的体现。终身教育和终身学习思想正是顺应了人类文明发展的这一宏大趋势，是人类社会历史发展的必然。

二、终身教育的基本特征

教育从本质上来说，就是一种维持个体生存、促进个体发展的生命活动，是个体生命活动的重要组成部分。凡是能够促进个体发展的活动，都是教育活动，包括生产劳动或其他社会实践活动中具有教育性的活动。基于此理解，我们认为终身教育具备以下一些特征。

---

① ［捷克］夸美纽斯：《大教学论》，傅任敢译，36 页，北京，人民教育出版社，1984。

② ［德］康德：《论教育学》，赵鹏、何兆武译，5 页，上海，上海人民出版社，2005。

③ 张焕庭：《西方资产阶级教育论著选》，311 页，北京，人民教育出版社，1979。

④ 联合国教科文组织：《学会生存》，华东师范大学比较教育研究所译，195 页，北京，教育科学出版社，1996。

(一)终身性

终身教育以人为本，把人放在教育的中心位置，一切教育活动围绕人性的解放、个性的张扬、人格的丰富、人的潜能开发、人的创造性培养和激发来展开。终身教育以培养完人为目的，在不断探索中展示教育活动的时间性的存在，对每个人施以全面性的教育，使其学会认知、学会做事、学会相处、学会生存，使人日臻完善，使其人格丰富多彩，提高生活质量，适应社会发展的变化。

心理学的多元发展观与传统心理学的“全面发展—全面衰退”的一元发展观不同，它认为人是不完全的动物，是在连续的探索中不断完善自己的一种时间性的存在，人的素质结构是一个开放系统，人一生都处于不断发展之中；有些发展的起点不在个体出生时，而在生命过程的较晚时期，有些发展则在生命过程的中途就到达终点；人的心理既有量的增减和连续性的变化，更有质的发展和非连续性的变化。

既然人的发展是终身的，以人为本的教育，就应当是终身的。从纵向的方面来看，终身教育将体现上下的连续性和一贯性，强调学前经验和学校学习的结合，学校和学校后活动的结合，强调各级教育在组织和内容上的一体化。从横向的方面来看，终身教育体现了家庭、学校、社会的一体化，体现了教育与生活的密切结合。

终身教育的“终身性”具体表现为人的学习活动的持续性。因此，人在进入成年之后终止教育是没有道理的，它使人们难以适应飞速发展的社会，更难以开发自身的潜能。教育应该是连续的，应该与个体生命共始终。人一生的教育是互相衔接的，前一阶段是后一阶段的基础，后一阶段是前一阶段的必然结果；连续性以人的感知规律和知识的逻辑体系为前提，终身教育保证人受教育的连续性，所以终身教育又称为连续教育。

(二)全民性

终身教育的全民性是说终身教育是面向全体国民的教育。传统教育体系是“金字塔”式的，只有少数精英分子才能通过层层筛选到达这个体系的顶端，至于终身享有教育，那更是极少数人的事。现代终身教育则是社会全体公民都能够终身享有的教育。朗格郎在论述终身教育的现实责任时提出了一个“总体框架”：“第一，确定能够帮助一个人在其一生中不断学习和得到训练的结构和方法。第二，通过多种自我教育的形式，向每一个人提供在最高、最真实程度上完成自我发展的目标和工具。”①简言之，终身教育就个人而言是面向其一生的，就社会而言是面向每个人的，这是构成终身教育“总体框架”的不可或缺的两个维度。

全民性的核心是教育机会平等。教育机会平等包括三层含义：第一，受教育的权利

---

① [法]保罗·朗格郎：《终身教育引论》，周南照、陈树清译，52～53页，北京，中国对外翻译出版公司，1985。

和义务的平等。即每个公民包括未成年人受教育的权利和义务，任何人都无权剥夺和替代。第二，受教育的机会平等。即每个公民和未成年人不分民族、种族、性别、职业、财产状况、宗教信仰等，依法享有平等的受教育机会；在教育活动中拥有平等的学习条件，如教育内容、教育经费、教育设施、师资水平等，在教育过程中受到平等的对待，不得有任何歧视现象。第三，教育结果的相对平等。不求人人升学，但求个个成才，让每一个人都获得尽可能多的发展，尽可能地“接近幸福和成功”。终身教育要求打破时间、空间、教育类型的界限，真正形成“处处即教育、时时即教育、事事即教育”的局面，受教育者基本上不受时间、空间、内容的限制，教育成为人的一种生活方式和发展方式，人人都成为学习之人。

(三)社会性

教育一方面是为了促进个人的终身全面发展，另一方面又是为了促进社会整体的持续发展和全面进步。终身教育的社会性是指终身教育真正成为全社会高度重视、全力支持、共同参与、共同享有的事业这样一种状态。这种状态可以称为教育的社会化和社会的教育化，或者学习的社会化和社会的学习化，这是终身教育体系的最高境界，是终身教育特征的集中体现。

(四)多样性

终身教育不像传统的教育体系那样仅限于学校教育、正规教育或正式教育的范畴，而是包容和囊括了所有的教育类型，包括一切正规的和非正规的、正式的和非正式的，具有突出的多样性。

终身教育体系的多样性，首先是指办学体制的多元化。市场经济体制的建立、企业经营机制的转换以及人民生活水平的提高和富余时间的增加，都大大刺激了行业、企业和个人对教育多种多样的需求。教育需求的多样化不仅促使办学主体的多元化，而且还促使各类教育的办学形式由单一式向多样化、网络化发展。多种办学形式的出现，将从根本上打破由政府部门独家包揽的集中封闭型管理体制，逐步形成市场引导、政府调控、多方参与、社会共管的多元开放型教育管理体制和格局。“因材施教”和“因需施教”也要求多元化的学校出现。

其次，终身教育的多样性指终身教育职能的多样性。就我国而言，社会主义市场经济体制的确立，集约型经济的形成和发展，现代科技的广泛应用，扩大了从业人员的职业素质与岗位要求之间的差距，产业结构的调整带来农村剩余劳动力的流动和城市在岗职工的转岗或下岗，因此，终身教育必须担负起提高全体从业人员的整体素质以及通过再就业培训将剩余劳动力转化为现实生产力的重任，直接有效地为社会主义经济建设服务。与此同时，终身教育还具有促进人的全面发展的职能，应注重培养广大公民的良好的社会公德、职业道德和个人品德，增强公民的法制意识，促进人们的文明修养的提升、健康心理和健全人格的形成，提高人们的生活质量，以适应社会主义精神文明建设和现代社会生活的需要。

终身教育职能的多样性还表现为它的多层次性。在最基本的层次上，终身教育包括扫除文盲的任务，不但要扫除不识字的文盲，而且要扫除不会使用电脑、网络等现代化工具进行自学、交往的功能性文盲。在高层次上，成人学历教育将在高等教育逐步大众化的基础上，将重点转向以高学历、复合型为主要形式的本专科、研究生教育和以高新科技知识为主要内容的高等职业教育。继续教育的重点则将转向以受过大学本专科、硕士和博士研究生教育的人为主要对象，以更新、扩充高科技知识和现代管理知识为主要内容。

此外，在终身教育体系中，各级各类教育制度、组织形式和教学方法也应该是多样的，如全日制教育、半日制或定时制教育、函授教育。各类学校应该加强彼此间的联系和合作，从而在联系和合作中共同得到发展。

三、终身教育思想的评价

（一）教育理论的一次飞跃

终身教育是传统教育观念和理论的一次更新。终身教育突破了一次教育定终身的思想，使教育不再是学校教育的同义语，学校教育也不再是教育和学习的终止，而是新的开始。学校教育不是为了升学，而是为终身学习打好基础。普通教育是打基础的教育，不仅要教会学生掌握基础知识，而且要教会学生如何学习，使之具备学习能力。高等教育不能只传授知识，更重要的是要培养学生的能力；高等学校的职能不仅在于保存、传播、发扬已有的知识，还要创造新知识、新思维和新价值观。终身教育也改变了传统教育理论，它是传统教育的目的、内容、层次、领域、模式、体系以及教学形式的一次重大革命。

（二）真正促进人的全面而自由地发展

以往的教育虽然也强调人的全面发展，但是由于这种思想是建立在一种抽象的人性假设基础之上的，学校教育是一种“分裂型教育”。同时，由于人生存的各个领域都处于分裂、紧张和不协调的状态，人们过于强调学校的选拔性功能，使大多数学生处于失败的恐惧之中。成人教育作为学校教育的一种延伸，与个体的生活同样处于紧张状态，因此，指望培养完人是不现实的。终身教育将人的发展置于具体的，与个体的需要、潜能和命运协调一致的历史环境中，并把教育扩展到人的一生，根据人生每个发展阶段的需要与可能，提供前后连贯、整体一致的教育。它把一个人在智力、体力、情绪、伦理等各方面的要素综合起来，在个体不停地卷入“生活”的过程中，在个体的创造性活动中，在理性的指引下，利用已有的、现在的和潜在的各种资源，帮助一个人以一切可能的形式去实现自己，使自己成为发展与变化的主体、世界公民、实现自己潜能的主人，从而实现个人的智力、德行、情感、体格等各组成部分的平衡发展，使其不断走向完美，最终真正占有人的全部本质。

(三)终身教育是一种现实的教育理想和教育哲学

教育总是在理想的指引下运行的。然而，教育的理想并不是总能有效地指导实践。19 世纪的空想社会主义者，曾经就设计了教育的理想蓝图，但残酷的现实击碎了他们的梦想，其重要原因是学习并没有成为每个人的内在需求，教育并没有成为全社会的共识，也没有成为政府的行为。现在，终身教育已经具有广泛的社会基础和强烈的内在需求，已经成为一种“存在”，终身教育思想是一种现实的教育理想，是我们时代的教育哲学：人生各个阶段的学习活动是一个整体，社会所有的教育活动是一个统一的和相互衔接的体系，教育是一项面向未来的、涉及整个社会的计划，通过这种新的计划，培养出能动的、具有想象力和创造性的，并能不断适应新情况的新人。

第五节　人本化教育思想

人本化教育思想是 20 世纪六七十年代美国盛行的一种教育思想。它以人本主义心理学为理论基础，主张教育目的应是培养心理健康、自我实现和富有创造性的人，学校必须提供最好的条件，并创造促进人们学习和成长的良好的心理气氛，使每个学生达到自己力所能及的最佳状态。主张人本化教育的代表人物有马斯洛(Maslow)、罗杰斯(Rogers)、弗罗姆(Fromm)、奥尔波特(Allport)等。这种理论在 20 世纪六七十年代强烈地影响了美国的公共教育，到了 80 年代，它所提出的现代教育面临的问题，仍然受到应有的关注和重视。

一、人本化教育思想产生的历史背景

(一)科技发展带来的负面社会影响

第二次世界大战以后，资本主义经济发展迅速，但社会弊病也层出不穷。一方面是物质生活越来越丰裕；另一方面是知识成为工具，人异化为物的现象日益严重。高度发

展的科学技术不仅操纵和控制了社会物质生产的一切过程，而且加强了对人的心理、意识的灌输。它通过政治、文化等力量奴役人，压抑人的本性，导致人们普遍价值观念的丧失和外部价值标准的瓦解，促使人们转而从内心世界寻求价值目标，期望能“自由选择”行为准则。这些是当时流行存在主义哲学、法兰克福学派最直接的社会原因，也是人本化教育思想产生的温床。

(二)结构主义教育改革产生的问题

人本化教育思想是为了适应新的历史条件下的教育改革而产生的。20 世纪初，杜威的教育思想一度在美国教育界占统治地位，进步教育运动在 20 世纪 30 年代发展到高潮，但是实践中往往是学生学业水平下降。因此，进步教育受到越来越多的批评。20 世纪 50 年代末，苏联人造卫星上天，给美国教育界带来了很大的震动，强调知识教育、提高教学质量的呼声更高，要素主义教育理论风行一时。20 世纪 60 年代，布鲁纳以结构主义教育理论为基础，进行了课程改革。他主观上是想提高教学质量，解决杜威留下来的关于使用教材的心理程序和逻辑程序相统一的问题，但在客观上却失败了。过重的学习负担，使许多学生在学业竞争中失败；新的教学模式又阻碍了学生情感与个性的发展，学生普遍不满，以怠课、逃学等方式表示抗议。20 世纪 60 年代末甚至发生了学生骚乱。在这种情况下，人本论者对教育现状提出了尖锐批评。马斯洛认为学校窒息了学生的创造性，限制了学生潜能的发挥，罗杰斯也指责公共教育是整个社会文化中最僵化、过时、官僚主义、不合适的一部分，呼吁非进行教育改革不可。

二、人本化教育思想的理论基础

(一)哲学思想渊源

人本化教育理论吸收了存在主义哲学的一些基本思想，并将现象学的方法作为自己的方法论基础。它们把存在当作哲学的对象，认为个人的存在是一切存在的出发点，存在先于本质，即个人首先是存在的，然后才能选择自己的本质。存在主义代表人物对“存在”有不同的解释，并认为“存在”是一个非理性的范畴，对它不能下定义或用概念来说明。

(二)心理学基础

在继承了格式塔心理学的整体论方法的基础上，人本主义心理学强调，不仅要从知觉角度去把握整体性，而且要从意识经验自身这一整体去开辟新的研究领域，要致力于在教育中恢复整体的人的观念。这种整体论方法比肤浅的因素分析和实验说明更有助于我们理解人的高级复杂的心理现象。这一方法是人本论者借以反对行为主义所坚持的机械主义(即所谓只能对可观察到的行为进行科学研究，只关心可观察、可测量和可验证的行为，而把道德、价值、潜能、情感体验置之度外)的有力武器，也是对弗洛伊德企图发展一种所谓全部能还原为物理学和化学陈述的心理学的摒弃。

行为主义认为，一个人的心理、情绪、行为等全部活动都是由外部环境因素决定的。人本论者则认为，人在本质上是活动的和具有能力的，至少在某种程度上会去评估和选择。人的活动主要根源于内部动机，而不是根源于对外部的反应。虽然人的行为受到环境和文化的影响，但这些影响的作用最终很大程度上是由个人对这些外部因素独特的态度决定的。

人本主义心理学和行为主义心理学的根本对立，导致了两种截然相反的教育观。人本论者强调一种内在的学习，认为学习的动机源于人性的内部，教育者要注意帮助学习者把追求人的存在作为核心内容，并且发展了“存在”的概念。他们把动态的观点引进“存在”概念之中。所以，人本论者不像存在主义者那样，把人的存在看作静态的，而是把人的存在看作人的潜能得到实现的一种能动的、贯穿一生的动力过程。教育和培养儿童的目标就是要促使人的潜能的实现。

(三)行为科学中的需要层次论

人本主义者侧重从整体上分析人的高级本性和低级本性，马斯洛关于动机系统的需要层次理论，就着重分析了人的高级需要与低级需要是怎样统一的。他把人的需要划分为五个层次，并按照它们的重要性和发生的次序，编排成人类需要的基本层次，称之为需要层次论。这五类需要是生理的需要、安全的需要、归属与爱的需要、尊重的需要、自我实现的需要。马斯洛认为，上述五种基本需要由低向高依次排成一个阶梯层，当低层次的需要获得满足之后，才有可能提出高层次的需要。但是，任何一种需要都不会因为下一个层次需要的提出而告终，各个层次的需要总是相互依赖，彼此共存的。高层次的需要提出之后，低层次的需要还会继续存在，只不过后者对人的行为的影响会有所降低。

马斯洛的需要层次论，其贡献在于把人的需要区分为不同的内容和先后层次，并作为一个完整的系统来加以研究，揭示了有关的规律性，成为行为科学中的支柱性的理论。马斯洛的需要层次论看到了人的物质需要和精神需要的关系是复杂、多变、交织在一起的，要求教育要注意满足人们对各种外界事物的渴求、好奇心和冲动，重视提供一种适合于学习的条件，更深入地了解学生怎样思考与感受，而不是只注意学习的行为。因此，注意坚持内在的学习是人本化教育思想最重要的特征之一。

三、人本化教育思想的基本观点

(一)教育目的主张培养自我实现的人

人本化教育思想面对现代社会物质生活日见丰裕，而知识成为工具，人异化为物的现象，明确提出教育的目的就是培养自我实现的人。

只就“自我实现”这一术语的确切含义而言，马斯洛曾做了阐释：把自我实现看作利己的而不是利他的，似乎忽视了对人生的义务和贡献，忽略了与他人和社会的联系等，这是把这个术语的意义搞颠倒了，没有顾及我所仔细描述的那些经验事实，即“自我实现的人是利他的、献身的、超越自我的、社会性的人”①。自我实现的人的人格特征，首先是整体性，即个体不仅在身体、精神、理智、情感、情绪和感觉等方面达到了有机整体化，而且在有机协调的内部世界与外部世界的联系方面也达到了和谐一致。其次是动态性，即个体的经验是开放的，不断发展的，自觉地使用其神经系统传递的一切信息，并使其整个有机体保持敏感、聪颖。最后是创造性，个体具有创造性地做任何事情的态度与倾向，表现出享受变革乐趣的性格，以及灵活恰当地应付突变情境的能力。

可见，人本化教育思想主要侧重于从人格教育方面去论述培养自我实现的人，认为整体性、动态性和创造性是这种自我实现的人最显著的人格特征，而相对来说，这一思想比较忽视知识教育，或者说，对知识教育另有所见。

(二)课程内容关注学生的自由生长

为了实现培养自我实现的人的教育目的，人本化教育论者认为必须改革传统学校片面追求知识传授的课程。传统学校规定的课程、固定的大纲及课时安排模式、严格的记分标准和单一的考试制度，都无视学生作为整体的人的本性及其潜能的不断实现，阻碍了学生的发展。

人本化教育思想要求课程内容的安排必须从学科中心转向儿童个体，把促进每个学习者的自由生长作为设置课程的基础。首先，人本化课程应该是一体化的。即使课程内容适合学习者的需要，包括情感发展、认知满足、自我实现等内部需要，以及在多元社会中必备的知识技能、人际交往、经济生活等方面的外部需要，在过分偏重智力的传统课程中要让情感教育占有一席之地，使课程内容体现出思维、情感和行动之间的相互渗透和相互作用。其次，注重课程设置与实施过程中的情意因素。即在教学过程中，师生之间应该互相信任、真诚，教育者要把自己的情感因素转移到学生身上。人本化教育论者认为，教学是一种人与人之间的情意活动。因此在论及课程的实施过程时，他们一般

---

① [美]马斯洛等：《人的潜能和价值》，林方等译，4页，北京，华夏出版社，1987。

都表现出对情意因素的偏重，特别是信任、诚实和移情的能力。他们认为教学就是教学生学会自己去学，要让学生自己去学，教师要做到两个方面：一是通过情意因素(信任、真诚地对待学生)来促进学生自觉乐意地积极学习；二是提供学生学习的机会和条件。这两个方面是教师在教学中必须完成的任务。

(三)教育方法注重创造自由学习的心理气氛

首先，人本化教育论者相信，人性内部具有实现潜能的倾向，学习是自我促进的，教育的功用就是创造最佳条件，让儿童成为其自己，而不是把他塑造为外界需要的样子。这种最佳条件就是一种自由的心理气氛。罗杰斯曾经把在自己周围创造一种自由气氛，看作他经验中最珍贵的部分。他认为："只有当我创造出这样的自由气氛时，教育才能成为真正名副其实的教育"①。学生只有在这种气氛中，学习才能变成一种顽强的探索和科学研究，而不是事实的简单积累，学生才能真正处于绚丽多姿的生活过程之中。这种自由气氛实质上是一种能使学生自由选择和接受挑战，自发地参加学习、创造等活动，自如地表达多种体验的心理气氛。

其次，在教学过程中倡导"以学生为中心"的教学，不压制学生的积极性，鼓励他们探索未知领域，以培养其独立性。人本化教育论者信奉的一贯原则，是学生必须通过自由选择成长起来，别人的选择和过分控制只会削弱他的能力。"以学生为中心"的教学思想体现在评价上就是反对使用外部评价标准，提倡寻找一种内部标准，鼓励学生自己参与评价。人本化教育论者认为，独一无二地使用客观的测验，限制单一的正确答案，让学生死记硬背，把学习评价建立在测验事实知识的基础上。这种外在的机械的评价方法会带来很多弊病：它迫使教师只重视学业成绩而忽视整体的人的成长，往往限制学生去探索学习的个人意义；不考虑学生生长速率的个性特征，压制学生的创造性，使学生在学习中只懂得背枯燥乏味的标准答案，而体验不到形成的乐趣；还滋长了学生一种错误的观念，即获得了分数就意味着功课的最终完成，不需再继续深入学习了。

最后，营造师生之间亲密无间的和谐气氛，即学校的师生交往、同学交往应以真诚可信赖的方式进行，以达到人与人之间充分、坦诚的交流。

四、人本化教育思想的评价

(一)积极方面

人本化教育思想有以下几个方面至今仍值得我们重视和借鉴。

第一，人本化教育思想主张教育教学要以人为出发点和归结点，教育思想和实践要

---

① 转引自单中惠：《西方教育思想史》，973页，太原，山西人民出版社，1996。

研究人的问题。这对于纠正当前教育教学中忽视人、贬低人的偏差是很有启发的。

第二，人本化教育思想重视学生学习的自主性、独立性、能动性和创造性。这对于当前存在的教学就是传授知识，教师是权威，学生只是一种知识容器的教学观念无疑是一个很大的挑战和冲击。

第三，人本化教育思想重视教学中的情意因素。用情和爱，用信任和真诚去教学，这对于培养学生健康的思想感情和人格是很重要的。

第四，人本化教育思想主张教学在于教学生会学，使学生掌握独立学习的科学方法。这对于纠正当前教学不问学、不管学的不良倾向无疑具有促进作用。

第五，人本化教育思想把教学自由问题作为教学的目的和手段，并把自由与责任联系起来。这对于推进教学民主，正确处理自由与责任的关系是具有启发意义的。

(二)消极方面

人本化教育思想中也有一些观点值得商讨，需要进一步的分析、研究。

第一，人本主义者关于人性的观点缺乏辩证性。他们只看到了人的主体性、能动性、个性，看不到人的客体性、受动性、共性，这影响了他们对教学的有关问题的看法。

第二，人本主义者低估了教师及其在教学中的作用。在学校教育中，尤其在中小学，教师及其教学的作用是很重要的，因为让学生自己去学很难学的知识是很浪费时间的，也是不必要的。

第三，人本主义者对教学中的认知因素没有给予应有的重视。教学中的认知因素是很重要的操作因素。没有认知加工，一些知识、技能就不能被学习和掌握，这是常识性问题。

[反思与探究]

1. 要素主义教育、存在主义教育、结构主义教育、终身教育、人本化教育思想产生的历史背景与理论基础是什么?

2. 要素主义教育、存在主义教育、结构主义教育、终身教育、人本化教育思想有哪些基本观点?

3. 要素主义教育、存在主义教育、结构主义教育、终身教育、人本化教育思想对当前学校教育教学有什么启示?

中篇　教学方法篇

中篇　汉字古音篇

第四章　教学方法概述

学习目标	1. 理解教学方法的内涵及重要性。 2. 了解教学方法的历史演变。 3. 掌握教学方法选择的主要依据与运用要求。

[本章提要]

教学方法是在教学活动过程中，教师指导学生学习以实现教学目的、完成教学任务而采取的教与学相互作用的活动方式的总称。教学方法是完成教学任务、实现教学目标、提高教学质量、促进学生身心健康发展、影响教师威信和师生关系的关键所在。

随着社会发展，教学方法在不断演进。从古代、近代到现代，每个社会历史时期都有一些反映当时历史特征或历史倾向的代表性的教学方法。

教学方法的选择应综合考虑各种教学要素。运用教学方法时，教师应坚持启发式教学指导思想，注重多元化教学方法的价值取向，注重构建系统化的教学方法体系。

第一节　教学方法的内涵理解

人类能从书籍、讲座上获得很多知识，但是能使自己获得知识的是学会使用工具，从而通过更多的渠道获得知识，这就是关于方法的知识。教学也是如此。教学方法是完成教学任务、实现教学目标和提高教学质量的重要保证。自人类存在教学活动开始，教学方法便得以创造和应用。在确定教学目标的基础上，教学成败的关键在于教师能否恰当地选择和运用教学方法。英国著名教育家洛克(Locke)曾说过，任何东西都不能像良好的方法那样，给学生指明道路，帮助他们前进。

一、教学方法的内涵

由于不同的历史时期和同一时期的社会文化差异，人们对教学方法的认识也各不相同，所给出的教学方法定义也各不相同。随着当代教学理论和教学实践的不断深化，人们对教学方法本质的认识也在不断丰富完善，对教学方法的理解也更加深刻、具体。但无论如何界定教学方法，都包含如下几个方面。

一是教学方法与教学目的、教学任务密不可分。教学方法必须为实现教学目的、完成教学任务服务，教学目的对教学方法起着导向作用，教学任务的要求对教学方法起着调适和限定作用。

二是教学方法应始终包括教师教的方法和学生学的方法，两者相互联系、相互作用，统一于教与学的双边活动中。

三是教学方法从属于活动方式，而不仅仅是一种工具、手段或途径。

基于此，教学方法的概念可以这样表述，教学方法是指在教学活动过程中，教师指导学生学习以实现教学目的、完成教学任务而采取的教与学相互作用的活动方式的总称。需要指出的是，教学方法不应简单地分为教师教的方法、学生学的方法，再将两者简单相加，而是教师指导学生学习的方法。

在此，应注意区分教学方法与其他几个概念的关系。一是教学方法与教学方式的关系。教学方式是师生在教学活动中所进行的个别操作活动，是构成教学方法的细节。教学方法是由若干教学方式组成的，同一种教学方法可以由不同的教学方式组成，同一种教学方式可以运用于不同的教学方法之中。二是教学方法与教学手段的关系。教学手段是师生教学相互传递信息的工具、媒体或设备。传统的教学手段一般包括教科书、粉笔、黑板、挂图、标本等。现代化教学手段多是直观化的电化媒介，主要包括幻灯机、投影仪、录音机、录像机、电视机、电影机、VCD、DVD、计算机等。而教学方法则可以将多种教学手段综合应用于教学活动之中，但教学方法却不是教学手段的简单组合。

二、教学方法的重要性

教学方法是教学过程整体结构中的一个重要组成部分，是构成教学活动的重要因素之一，直接关系着教学质量的好坏、教学效益的大小、教学效率的高低以及把学生培养成什么样的人，是教学过程中不可忽视的要素之一。“课堂教学可以是美好的，其中，灵巧的教学方法设计发挥了重要的作用。但课堂教学也可以如黑暗般令人厌恶，出现这种情况，不仅可能由于许多班级中存在攻击性的或者‘迷惘’的氛围，更可能在于课堂教学方法安排不当。”①正确理解、选择和运用教学方法，对于更多更好地培养人才具有重要意义。教学方法的重要性具体体现在以下几个方面。

---

① ［德］希尔伯特·迈尔：《课堂教学方法（理论篇）》，尤岚岚、余茜译，49页，上海，华东师范大学出版社，2011。

首先，教学方法是实现教学目标、完成教学任务的必要保证。教学任务通常以教学活动环节得以呈现，以教学目标的实现来评判其是否完成。教学目标是教学活动要达到的预期结果。完成教学任务，实现教学目标，需要一定的教学方法。而在达成教学目标的过程中，经过教学方法处理的教学内容，会形成多个教学任务，要完成这些教学任务，需要通过师生双方参与教学活动。

其次，教学方法是提高教学质量、促进学生身心健康发展的重要保证。法国著名生理学家贝尔纳(Bernard)曾说过，良好的方法能使我们更好地发挥天赋的才能，而拙劣的方法则可能妨碍才能的发挥。恰当、良好的教学方法，可以大大节省课堂上教师教和学生学的时间，使得教学效果较佳，极大地提高了课堂教学的质量和效益。皮亚杰(Piaget)曾说过，良好的方法可以增进学生的效能，乃至加速他们的心理成长而无所损害。良好的教学方法有利于教学目标的达成，而教学目标永远指向学生身心健康成长。因此，教学方法是促进学生身心健康发展的重要保证。

最后，教学方法是影响教师威信和师生关系的重要因素。学生是否善学与教师是否善教是密不可分的。经过恰当的教学方法处理，围绕教学目标的具体教学内容变成了清晰的教学任务，通过师生课堂教学的共同努力，便形成一节好课。在实际教学中，那些因选择恰当的教学方法而提高教学效果的“善教者”，往往在学生心中有着较高威信，能与学生建立较为融洽、平等、民主的关系。

第二节　教学方法的历史演变

教育是一种有目的地培养人的社会活动，教育发展与社会历史发展有着密不可分的联系。教学方法不是一成不变的，是动态发展的，其发展过程具有明显的历史继承性和时代倾向性。从教学方法的历史演变过程，可以看出教学方法的产生发展受到多种社会因素的影响和制约。受此影响，各个时代的教学方法，除了继承以前教学实践中行之有效的方法外，还有一些反映某一时代的具有历史特征和代表倾向的教学方法。

一、古代教学方法

古代教学方法可以分为两个阶段，一是古代早期以启发式教学为主的阶段，二是古代中后期以注入式教学为主的阶段。古代早期的教学方法，无论是在中国还是在西方国家，都出现了启发式教学思想。中国早期启发式教学以孔子的思想为源头。孔子创造了“叩竭法”，他对学生提出问题，有时并不直接作答，而是从正反两方面提出补充问题反问学生，让其竭力思考得出正确结论。在《论语·子罕》中，他说：“吾有知乎哉？无知也。有鄙夫问于我，空空如也；我叩其两端而竭焉。”意思是说，我并无多少学问，有时对发问者的问题好像一无所知，“空空如也”。因而不好作正面回答，而是尽力就问题的正反两方面来诘问发问者，即所谓“叩其两端”，让发问者竭力思考，逐渐找出正确的结论。这种方法对于调动发问者的主观能动性，培养运用已有知识推求未知结论的能力大有好处。这与苏格拉底的启发式谈话法有异曲同工之妙。后来书院形成了自学和讲习指导相结合的教学方法。西方古代早期启发式教学，以苏格拉底为代表人物，苏格拉底将其母亲给妇女接生孩子的过程运用到催生学生的思考上，苏格拉底采用讯问的方式，通过一系列机智地安排好的提问来引导学生回答问题，当学生尝试回答问题后，他随即提出新问题来检验学生回答问题的正确性，紧接着提出一系列更深刻的问题来呈现自己的答案。苏格拉底法，主要包括讽刺(不断提出问题使对方陷入矛盾之中，并迫使其承认自己的无知)、助产(启发、引导学生，使学生通过自己的思考，得出结论)、归纳和定义(使学生逐步掌握明确的定义和概念)等步骤。由于苏格拉底把教师比喻为“知识的产婆”，因此，“苏格拉底法”也被称为“产婆术”。后来古罗马教育家昆体良提出了雄辩术教学问题，他采用了学生反复练习与教师的示范相结合的方法，强调教师的主导作用，并强调教学要适应学生的年龄特点和能力水平。在古代中后期，无论是中国还是西方国家的中世纪，都出现了以注入式教学为主要特征的教学方法。中国古代科举制兴起以后，教学方法强调记忆、背诵和机械训练，逐渐单一化，主要形成了教师满堂灌输、学生呆读死记的注入式教学方法。在西欧中世纪早期，由于当时的宗教教会在政治、经济、思想上都占据统治地位，因而当时的文化教育几乎全部为教会所垄断，教会学校的教学方法主要是形式主义的烦琐论证，后被世人称为“经院式”的教学方法。这是古代封建社会专制性质、当时科技文化不发达、教学内容以诵读经书为主要特点的集中反映。

二、近代教学方法

到了近代资本主义社会，生产力得到了发展，自然科学也得到了一定的发展，学校课程把自然科学知识纳入其中，教学内容得到了丰富和发展，学生学习时间有限，需要改进教学方法，提高教学效率。同时，随着教育学和心理学的诞生以及唯物主义思想的进一步发展，教学中开始重视感性经验和直接经验的习得，从而对封建社会学校中旧的教学方法进行不同程度的改造。在教学中，注重教师教的艺术，要求教师清晰、连贯地讲授，还采用演示、观察、实验等要求学生自己参与活动的各种学习方法。比如，西方近代的教学方法有：夸美纽斯的直观教学法、裴斯泰洛齐的实物教学法、赫尔巴特的五段教学法等。这些方法不仅有助于学生接触实际，而且有利于发展其智能。这无疑是教学方法发展史上的一大进步。

三、现代教学方法

在现代，生产力得到快速发展，科学技术发展步伐加大，知识更新速度急剧加快，终身教育和终身学习理念的提出，要求教学不能仅仅满足于使学生掌握一些现成的知识，而应着眼于发展学生的能力，尤其是独立自学的能力。现代信息科学和通信技术的发展，不仅成为现代学校学生学习的新内容，而且大大改进了教学手段。现代计算机与视听手段的普遍运用，不仅大大丰富了教学传递信息的途径，同时也促进了教学方法的改革。国内外对此进行了许多有益的改革和实验，提出了一系列新的教学方法，逐步倾向于综合化发展。西方教学方法改革强调学生的学习主体地位，提出了丰富多样的教学方法，主要有：杜威的活动教学法(问题教学法)、克伯屈(Kilpatrick)的设计教学法、赞可夫(Zankov)的"促进学生一般发展"教学方法、洛扎诺夫(Lozanov)的暗示教学法、沙塔洛夫(Satanlovy)的纲要信号图表教学法、斯金纳(Skinner)的程序教学法、布鲁纳(Bruner)的发现教学法、瓦·根舍因(Wagenschein)的范例教学法、布卢姆(Bloom)的掌握学习教学法、罗杰斯的非指导性教学法等。我国倡导的教学方法也强调学生在教学中的主体地位，探索出了多样化的教学方法，主要有：陶行知的"教学做合一教学法"、陈鹤琴的"活教育方法"、卢仲衡的"自学辅导教学法"、上海育才中学的"八字教学法"、黎世法的"六课型单元教学法"、魏书生的"六步教学法"、邱学华的"尝试教学法"、钱梦龙的"语文导读法"、李吉林的"情境教学法"等。国内外的这些探索和实践，丰富了教学方法的内容，促进了教学方法向更高层次、更科学的方向发展。

由上可知，教学方法不是一成不变的，而是随着教学实践的内外部条件变化以及教育教学的发展而不断变化和发展的。教学目的和任务、教学内容、时代要求和生产力的发展水平，是影响教学方法发展的直接因素。但教学方法一旦形成后，又具有相对独立性。这种独立性首先表现在教学方法对教学目的、教学内容起极大的反作用，促进教学质量的提高。其次，教学方法形成后在一定时间内具有相对稳定性。因此，我们要在批判地继承历史上一切优秀教学方法的基础上，吸收当代各发达国家先进的教学方法，不断总结经验，使教学方法得以丰富和发展。

第三节　教学方法的选择与运用

一、教学方法选择的主要依据

每种教学方法都有各自的性质和特点。在实际教学中，教学方法的选择，历来都是基础教育一线教师比较困难的工作。教学方法选择恰当，教学就能够事半功倍；教学方法选择不恰当，则事倍功半，或事与愿违。因此，教师能否准确恰当地选择教学方法，就成为影响教学质量的关键问题之一。实践证明，教师只有按照一定的科学依据，综合考虑教学的各种要素，选择恰当的教学方法，并能合理地加以组合，才可能用较少的时间、精力取得最佳的教学效果。教师选择教学方法的主要依据有以下几个方面。

(一)教学目标

教学目标是教学活动所预期达到的结果或标准，是对学习者通过教学以后将能做什么的一种明确、具体的表述，是“教师和学生立足于当下基础上的，以具体的教学活动为依托，指向未来时空的一种结果”①。当然，不同维度或不同层次的教学目标的有效达成，要借助于相应的教学方法和技术。现在没有一种能有效地达到所有教学目标的教学方法。因此，不同教学目标的实现，都应有与之相适应的教学方法，而不可能单凭一种教学方法。教师可依据具体的可操作性目标来选择和确定具体的教学方法。例如，为了完成新知识的传授，就要选择讲授法、谈话法、演示法、读书指导法等；为了帮助学生复习巩固旧知识，就可采用谈话法、讨论法、练习法等；而要使学生从感性认识上升到理性认识，就要采用讲授法、谈话法等；为了培养学生技能技巧和动手操作能力，就离不开实验法、实习法和练习法等。如果在一节课中，要在不同教学环节中达成不同教学目标，教学方法也应随之变换。为实现一个教学目标，可以同时选用几种不同的教学方法。

(二)教学内容的性质和特点

不同学科教学内容的学习要求各自不同，即使是同一学科，不同学段、不同单元、

---

①　裴娣娜：《教学论》，96页，北京，教育科学出版社，2007。

不同课时内容的学习要求也各不一样。面对灵活多样的教学方法，在选择时必须把握好教学内容的性质和特点。例如，对语文、外语、政治、历史等文科课程教学内容的处理，可多采用讲授法，其中语文、外语多用讲读，政治多用讲演，历史多用讲述。对数学、物理、化学、生物等理科课程教学内容的处理，多采用讲解、演示和实验相结合的方法。地理课则采用讲解与挂图、幻灯、投影等直观方式相结合的方法。对体育、音乐、美术等课程教学内容的处理，多采用练习法。不同学科的教学内容，教学方法上应各具特色；即使是同一学科，由于各部分教材的具体内容不同，选择的教学方法也应有所区别。比如，语文学科中生字词教学与阅读教学，所选教学方法是截然不同的；即使同是语文学科中的生字词教学，学段不同，所选教学方法也是不同的。

（三）教学重点、难点

教学重点是学科教学的核心知识，是学生必须掌握的基本概念、基本规律及由内容所反映的思想方法。教学难点是指教师较难讲清楚、学生不易理解或容易产生错误的那部分教材内容。从教育心理学的角度来看，教学难点往往是新内容与学生已有的认知水平之间存在较大的落差。有些内容是难点但不一定是重点，有些内容既是难点又是重点。难点通常根据学生的实际水平来确定，在同一班级中，同样的教学内容，对于有些学生而言是难点，对于另一些学生而言却不是难点。每节课的教学内容必定都有重点、难点，因此，教学方法的选择，就要考虑怎样选择适合突出重点、突破难点的方法。在一般情况下，使大多数学生感到困难的内容，教师要着力想出各种有效办法加以突破，否则这部分内容学生不但听不懂学不会，还会对理解以后的新知识和掌握新技能造成困难。比如，概念性较强的内容，可选用讲授和其他方法结合进行；对教材中的难点部分，可选用讨论的方法；对学生容易理解的部分，可以采用读书指导法，让学生自学。

（四）学生的身心发展特点

教师的教是为了学生的学，教学方法的选择，必须立足于学生身心发展的特点，符合学生掌握知识的规律，充分考虑到学生的可接受性和适应性，才能获得预期的教学效果。因此，教师在选择教学方法时，必须要考虑学生的年龄特征，了解和把握学生的知识基础、技能状况、智力发展水平、能力高低以及学习态度情感等的发展特征。对于学生的年龄特征，首先是顾及不同年龄的学生心理发展水平的差异。比如，为达成同样的教学目标，对于低年级和高年级的学生就要采用不同的教学方法。其次是顾及同一年龄阶段的学生的个性心理特征的差异。比如，同一班级的学生，有的形象思维能力较强，有的抽象思维能力较强 。那么，教师在选择教学方法时，就应考虑学生的这些个性心理发展水平的差异。另外，根据学生所具有的知识基础或认知结构来选择教学方法。因为，不同学生所具有的知识基础或认知结构也是千差万别的，这对于教学方法的选择是至关重要的。比如，对于缺乏必要的感性认识基础，或者认识不够充分的学生，就必须结合直观演示法以加深直观理解；而对于已具备大量感性经验和认识的学生，就没有必要用直观演示的方法。

(五)教师自身的素养

任何一种教学方法的选择，只有适应教师自身的素养条件，能为教师所理解和掌握，才能发挥更好的作用。教学方法本身没有好坏之分，但由于教师缺乏必要的素养条件，在教学实践中不能正确使用，难以产生良好的教学效果，甚至适得其反。因此，教师不能只考虑教学方法本身的特点，还应从教师自身素养出发，对自身优缺点进行深入剖析，并认真分析运用某种教学方法的实际可能性。选择教学方法，要做到充分发挥优势，扬长避短，选用与自身条件相适应的教学方法。例如，教师的语言表达能力较好，可以采用生动形象的语言把问题的现象描绘得生动具体，而后从事实出发，由浅入深，揭示事物的内在规律；而善于运用直观教具演示与讲解相配合的教师，应该引导学生学会有目的地认真观察，清晰讲解事物的基本特点。因此，教师要尽可能多地掌握更多与自身特点相匹配的教学方法。

(六)教学时间和效果的要求

学校教育中课堂教学时间是固定的、有限的，任何学科的学习时间也是有限定的，而教学内容则是相对无限的，教学目标和任务的要求是相对比较高的。解决这一对矛盾，就要求教学以最少的时间取得最佳的效果，也就是节约时间、追求效果。任何一种教学方法都有特定的适用范围和使用条件，也有一定的优点和缺点。不同的教学内容选择同样的教学方法时，教学效果常常不一样；不同教学方法的不同应用也会影响到教学效果的高低。好的教学方法至少能使教师在规定时间内完成教学任务，实现教学目标，并能使教师教得轻松，学生学得愉快。因此，任何一种教学方法的运用都只能是相对的，某一种教学方法对于某种学科或某一知识点的教学可能是有效的，但对另一知识点或另一种形式的教学则可能是完全无用的。这就要求教师在选择教学方法时应充分了解各种教学方法的优缺点、使用条件及范围，这样才能做出经济有效的选择。

二、教学方法的运用

一定的教学方法是为实现一定的教育思想，贯彻一定的教育观念而产生和存在的，在教学方法的实施过程中，教师选择教学方法的目的是要在实际教学活动中有效地运用。关于教学方法的运用，我们无法确定一个统一的模式，应该清楚地认识到教学方法的本质特征，在遵循基本要求下灵活选用教学方法。

（一）坚持启发式教学指导思想

启发既是一种方法，更是一种教学指导思想，它是相对于注入式而言的。注入式教学是指教师从主观愿望出发，把学生置于被动地位，忽视学生的主体能动性，把学生看作单纯接受知识的“容器”，注重教学过程的知识传授，结果学生只学到了一些死的知识，其教学过程影响了学生的思维发展，阻碍了学生的智力发展。启发式教学是指教师从学生的实际情况出发，把学生当成学习的主体，运用各种方式方法调动学生学习的积极性与主动性，引导学生通过自己积极的学习活动去掌握知识、形成技能、发展能力和促进个性的健康发展。启发式教学尊重学生的主体人格，强调指导学生的学习方法。

一般而言，各种教学方法既有启发性质，又有注入性质，是一把“双刃剑”，关键在于教师如何运用。能否充分发挥各种教学方法中的启发因素，显示出它应有的功效，关键在于教师运用教学方法的指导思想是否正确。对于讲授法，教师一味枯燥地讲，就成了注入式教学；如果以适当的问题、实例或情境开始，再配以形象、风趣的讲解就是启发式教学。因此，教学方法的运用应以启发式教学思想为指导，充分发挥学生作为学习主体的能动性。

（二）注重多元化教学方法的价值取向

每一种教学方法都是教学理论的反映，作为教学活动的根本要素，教学方法的选择和使用，必须服从一定教学方法理论的指导。历史发展表明，迷信单一化教学方法的时代已经结束，现代教学理论强调以整体、系统、相互联系和相互作用的观点来认识、理解、选择和运用教学方法。“教学有法但无定法”表明，一方面，在特定的教学条件下教学方法有其较为固定的结构和模式，即教学方法具有科学性，教师在运用教学方法时，要考虑教学本身所具有的规律性、不同的教学目的和任务、不同的教学内容和特点、不同的学生特点等多种因素。另一方面，在教学方法的运用中讲究艺术，即教学方法的运用具有一定的艺术性，教师不能总是用一个固定不变的教学方法，不能将教学方法公式化或模式化，而要善于对多种教学方法进行艺术性地再创造、再加工，把教学方法灵活地运用到自身教学实践中，使它富有自己的特色。因此，教师运用教学方法时，既要掌握“教必有法”的原则性，又要领会“教无定法”的灵活性，达到科学性和艺术性的统一。

（三）注重构建系统化的教学方法体系

用系统方法论来构建教学方法体系，可从以下几个方面着手：一是把教学方法作为整个教学系统中的一个要素，在教学过程诸要素之间考察教学方法的作用与效果。从目标、内容与方法直接的关联性来看，它们之间的内因关联：对方法的选择是（内隐）包含在目标和内容的选择之中的；它们之间的外显关联：在确定目标和选择内容的相互影响过程中(外显)选择方法；它们之间构建关联：教师和学生一样，通过他们有目标地采取一定方法的行动来创造(构建)教学内容。①二是把教学方法本身作为一个有机系统，该系统由多种教学方法的相互作用、相互联系组成，而每种教学方法作为一个要素，在具体教学情境中与其他方法有机配合，发挥整体效能。每种教学方法都有其各自的功能、特点、使用范围和条件，同时又有各自的优点和局限性。因此，对于任何一种教学方法，都要看到它的优势和不足。在运用时，应坚持系统的观点，注意各种方法之间的有机配合，充分发挥教学方法体系的整体性。比如，演示能引起学生的兴趣，激发学生的学习积极性，发展学生的观察能力和思维能力，提高学习效果，但它是一种辅助性方法，只凭直观材料无法将事物特点充分表达出来。因此，它要与讲授法、谈话法等教学方法结合使用，才能达到良好的教学效果。三是把某种具体教学方法作为一个系统，注重对构成每种教学方法的诸要素的研究，力求各要素的最佳组合。实践证明，在教学过程中学生获得知识、发展能力与智力，不可能依靠一种教学方法，常常是多种教学方法的结合使用，企图用一种教学方法去解决多种多样的教学问题是不可能的。心理学的相关研究表明，单一刺激容易让人疲劳，如果课堂教学中长时间采用一种教学方法，会引起学生生理上的疲劳和心理上的抑制。因此，教师在运用教学方法时，应考虑各种教学方法的优点和局限性，在以两三种教学方法为主的基础上进行多种方法的结合，使教学方法的组合能取得最优的教学效果。

[反思与探究]

1. 什么是教学方法？其重要性体现在哪些方面？
2. 教学方法的发展历史是什么？
3. 教学方法选择的主要依据有哪些？
4. 如何有效运用教学方法？

① [德]希尔伯特·迈尔：《课堂教学方法(理论篇)》，尤岚岚、余茜译，67～68页，上海，华东师范大学出版社，2011。

第五章　中小学常用的教学方法

学习目标	1. 理解中小学常用教学方法的概念。 2. 理解并掌握运用中小学常用教学方法的基本要求。 3. 结合学科教学实践，能综合运用中小学常用的教学方法。

［本章提要］

灵活运用教学方法，可以带来优良的教学效果。目前中小学常用的教学方法有三种类型：以语言传递信息为主的方法、以直接感知为主的方法、以实际训练为主的方法。

以语言传递信息为主的方法主要有讲授法、谈话法、讨论法、读书指导法；以直接感知为主的方法主要有演示法、参观法；以实际训练为主的方法主要有实验法、实习作业法、练习法。

教学方法是随着社会不断发展与进步而逐渐丰富的，目前已经形成了种类繁多、特征各异的教学方法。但是，由于各门学科、各类教材内容的多样性，教学对象的差异性，决定了教学方法的复杂性，而且各个教学方法又有各自的特点和特殊作用。因此，对各种教学方法进行分类和分析，便于教师从理论上加深对教学方法的理解，也便于结合具体情况正确选择和运用教学方法，提高教学质量。目前教学方法有以下几种分类。一是按照教师教的方法和学生学的方法分类，将教学方法分为讲授法和学习法。二是按照知识的来源分类，将教学方法分为语言的方法、直观的方法、实践的方法。三是依据学生认识积极性和独立性的程度分类，把教学方法分为图例讲解法(信息感知法)、复现法、问题性讲述法、局部探索法、研究法。四是按照教学活动的过程分类，将教学方法分为组织学习认识活动的方法、刺激学习认识活动的方法、检查学习认识活动的方法。① 所以按照教学方法在学生学习过程中所起的作用，可以将我国中小学比较常用的教学方法分为：以语言传递信息为主的方法、以直接感知为主的方法、以实际训练为主的方法。这种分类比较符合我国中小学的教学实际，能够把常用的一些教学方法包括在

① ［苏联］巴班斯基：《论教学过程最优化》，吴文侃等译，90～91页，北京，教育科学出版社，2001。

内，有利于广大教师选择和运用，有利于实现教与学活动的相互作用和统一，也有利于教师主导作用的发挥和学生积极性的调动。

第一节　以语言传递信息为主的方法

以语言传递信息为主的方法是指通过教师与学生对语言的运用来进行教学的方法。它是教学的基本方法，任何其他方法的使用，都必须以语言作为基础和媒介。以语言传递信息为主的方法主要有讲授法、谈话法、讨论法和读书指导法四种。

一、讲授法

【情境创设】

下面案例来自Z市某小学语文教师X执教人教版“生命生命”课堂实录。①

上课开始，X创设了一个情境，X用多媒体播放一段汶川地震救援时的画面，有图片和音乐的渲染，看后令人对求生的愿望和生命的可贵感到敬畏，看完后，X说：“看完这段视频，我知道此时此刻你们一定有话想说，把你们想说的说出来。”正是教师的这句讲述，将这段视频材料有效地跟本节课的主题“生命”联系在了一起。一位男生站起来说：“看完视频后，我知道了应该珍惜生命。”X问：“谁还有话想说？”接着另一位男生站起来说：“视频中的人们都是那么的不幸，他们遭遇了那么多的困难，依然坚持求生，这让我体会到了生命的可贵。”于是X顺势说：“通过这段视频我们认识到了生命的可贵，应该珍惜生命，今天，我们就来学习‘生命生命’一课。”就此，导入“生命生命”一课。这里X在创设教学情境和谈话引导的基础上，采用讲授法中的讲述方式顺利导入了新课。

(一)讲授法的概念

中国大百科全书给出了讲授法的定义和意义：“讲授法是教师通过口头语言向学生描绘情境、叙述事实、解释概念、论证原理和阐明规律的教学方法。它是教师使用最早的、应用最广的教学方法，可用于传授新知识，也可用于巩固旧知识，其他教学方法的

---

① 资料来自周口师范学院教育科学学院“基于教学切片的课堂研究与教师专业发展研究”校地合作研究所听“生命生命”一课实录。

运用，几乎都需要同讲授法结合进行。”①关于讲授法的重要地位，有研究者指出：“讲授法不是万能的，但没有讲授法是万万不能的，至少迄今为止。”②按照其语言表达方式的不同，讲授法可以分为讲述、讲解、讲读三种方式。

讲述是教师以叙述的方式向学生进行信息传递。这种方式比较轻松，具有亲和力，容易引起学生的兴趣。一般对具有故事性特征的教学内容进行教学时，经常采用讲述方式。例如，语文课中介绍作者和时代背景，讲述故事性的课文内容等。通过教师的讲述，学生可以在轻松的氛围中获得感性认识，形成正确的表象，为后面形成概念、讲解理论打下基础。

讲解是教师以解释、说明、论证的方式向学生传授所要讲的内容，如解释概念、规则，论证数学公式等。这种方式具有严肃、认真、逻辑性强的特点，容易引起学生的深入思考。讲解一般在数学、物理、化学等学科上经常采用。通过教师的讲解，学生在感性认识的基础上进行抽象概括，容易从感性认识提升到理性认识，加深对概念、公式、定理等的理解与认识。

讲读是教师充分利用教材，把讲解和阅读紧密结合起来的一种教学方式。阅读可以形成学生对学习材料的感性认识，讲解可以使学生在感性认识的基础上进行理解、记忆与运用，上升为理性认识。通过教师对讲和读两种方式的相互切换，可以使学生快速获得相关知识。讲读方式在语文课中运用的最多，如古文教学、理解课文、概括段落大意等。其他课也可运用。例如，在物理课中讲解某项定理后，指导学生阅读教科书中的有关文字，可以使学生对该项定理理解得更加深刻、更加准确。

在实际教学中，讲述、讲解、讲读等经常结合在一起使用。讲授法简便易行，可以在较短时间内使学生获得大量知识，是一种高效的教学方法，特别是知识迅速增长的今天，讲授法在进行知识教学、文化传承中起到了不可替代的作用。但目前，对讲授法还有一些错误看法。例如，有人认为讲授法不能启发学生的智力和能力，运用讲授法就是“注入式”，就是“满堂灌”。这种看法是片面的、错误的。一个课堂是“启发式”还是“注入式”，不是看教师所运用的方法，而是看在教学过程中，师生之间是否进行了交流。事实上，在教学过程中，师生之间的交流也不仅仅体现在外在的语言交流，更重要的是师生之间内在的思维交流。如果在课堂中，教师讲得认真、富有逻辑和启发性，学生在教师讲解的过程中不断进行思考，自己的思维方式、价值观念等会受到很大影响，这虽然没有外在的语言交流，但却有丰富的、内在的思维交流，这就是“启发式”课堂。反之，如果课堂上只有外在的语言交流，没有内在的思维交流，那么课堂看似热闹，却是实实在在的“注入式”课堂。有研究者对讲授法运用中易出现的问题进行了如下概括：照

---

① 中国大百科全书出版社编辑部：《中国大百科全书：教育》，142～143页，北京，中国大百科全书出版社，1985。

② 丛立新：《讲授法的合理与合法》，载《教育研究》，2008(7)。

本宣科；知识讲授凌乱，或只是知识点的简单堆积，没有讲清知识之间的内在联系；常采用一问一答的方式，围绕教材内容与学生开展简单的问答；教师语言平淡，缺乏感染力；单向传输；教师讲得过多过细，把每个问题的解决方法都讲得具体、细致，低估和忽视学生的能力。① 当然，讲授法也不是一种完美的方法，也有其缺点。主要是教师活动多学生活动少，如果运用不恰当，不利于调动学生的主动性和积极性。

（二）运用讲授法的基本要求

在新课程改革向纵深发展的过程中，人们对于讲授法有很多异议，许多研究者指出讲授法面临的危机。但研究者也提出了讲授法存在的种种必要，讲授法要想获得新生，必须确保有效使用讲授法，并给出了讲授法有效使用应注意的事项。一是防范讲授法的偏误使用，做到不机械使用和过分使用。二是探索讲授法的变革方式。② 在此，我们认为，运用讲授法时应该注意以下几个方面。

1. 讲授要正确

讲授要正确主要指讲授的内容和所用的语言要正确。讲授的内容正确是指所讲的内容必须符合科学性、思想性的要求，内容正确是保证教学质量的首要条件。所用的语言正确是指讲授的语言要发音标准、用词准确、语法规范。普通话是教师职业的标准语言，在教学活动中正确使用普通话是教师进行教学活动的首要条件。与此同时，在用普通话进行上课时，务求用词准确、语法规范，而不能词不达意、语法混乱，使学生产生误解或不解其意。讲授所用的科学术语，在向学生讲解清楚，使学生明白术语的意义之后，要坚持使用，而不能用“俗话”来代替。例如，植物的“叶柄”，经过讲解使学生明白它的意义之后，教师在讲授中就应该说“叶柄”而不能说“叶把儿”。同时，教师讲话的速度要略慢一些，使学生能够听清楚，并对教师所讲的内容有充分思考的时间。讲话要流畅、简洁，不要拖泥带水，也不要带口头语。例如，讲话中夹带很多的“这个”“那么”“是吧”“啊”等。

2. 讲授要条理清楚、重点突出

为了做到条理清楚，要注意新旧知识的衔接。教师要了解学生已知的是什么，未知的是什么，讲授时从已知到未知，从旧知识中引出新知识，这样学生学起来就会感到易学易懂，十分自然。要安排好所讲内容的顺序，先讲什么后讲什么，井井有条，使学生得到清晰的印象。讲完一个段落之后，要适当进行归纳总结，使学生把各部分知识联系起来，形成体系。重点、难点应该多讲、详讲，非重点、难点的部分可以略讲或指导学生自学。教师讲授条理清楚、重点突出，有利于学生理解新知识和巩固所学知识，也有利于激发学生学习的积极性和训练学生的逻辑思维能力。

---

① 吴良根：《中小学课堂教学中“讲授法”的常见类型与实践思考》，载《江苏教育研究》，2011(9A)。

② 陈振华：《讲授法的危机与出路》，载《中国教育学刊》，2011(6)。

3. 讲授要形象、生动，富有启发性

教师在讲解的过程中，应该按照学生的兴趣、身心发展的水平与特点，生动、形象地进行讲解，并不断通过设疑、提问等方式来启发诱导学生，使学生在课堂中积极思考，以使其在知识、能力、态度等方面得到全面发展。为使讲授形象、生动，应将所讲内容与学生的生活经验联系起来，并适当使用比喻、描述、举例、讲故事等方式，先让学生形成对所学材料的感性认识，再在此基础上，通过比较、归纳、概括等加深学生的认识，使学生的感性认识升华为理性认识，把握事物的本质。例如，在讲"海"的概念时，如果只从词典上把海的定义("大洋靠近陆地的部分")让学生理解、记忆，学生是把握不住"海"的本质的，这时就可以先采用参观、描述、比喻等方式，让学生先对"海"有感性认识，然后再归纳、总结"海"的特点，最后形成"海"的概念。为使讲授富有启发性，教师在讲解过程中，需要不断设疑和提问，不断启发、诱导学生对问题进行思考，并鼓励学生积极将自己思考的过程与结果表达出来。

4. 讲授时态度要和蔼、热情

教师讲课时态度和蔼可亲，诚恳对待学生，会使学生心情愉快，增添学习兴趣，喜欢听教师的讲课。教师讲课时生气勃勃，精神振作，也会感染学生，使学生也精神振作，集中注意听讲。

5. 控制讲授时间

讲授法确实是教学中很重要的教学方法，但如果不控制讲授时间，就有"填鸭式""满堂灌"的嫌疑。为防止这种情况发生，应明确控制讲授时间。根据美国人特雷纳曼(Treanorman)的研究测试①，讲解 15 分钟，学生记住讲解内容的 41%；讲解 30 分钟，学生能记住讲解的前 15 分钟内容的 23%，而讲解 40 分钟，学生则只能记住前 15 分钟的 20%。也就是说，一个单位的讲解所持续时间越长，讲解的保持率就越低，而且在这个时间段后讲解往往没有什么接受率可保证。我国也有研究者指出："在 45 分钟的课堂上，讲授不得超过 20 分钟或者更短。"②这说明中西方在讲授时间研究上的结论比较一致，这些研究结论为中小学教师控制讲授教学用时提供了合理的参考。

二、谈话法

【情境创设】

下面案例来自 Z 市某小学数学教师 L 执教人教版"分数的产生和意义"课堂教学

---

① 资料来自新思考网宋爱梅的《实现讲授与创新的有效结合——新课程改革形势下也谈历史课堂的教师讲授教学》。

② 陈振华：《讲授法的危机与出路》，载《中国教育学刊》，2011(6)。

实录。①

本课的教学难点是理解分数单位“1”。L为了突破此教学难点，设置了不同的问题以启发学生的认知与思维。L首先复习上节课的内容，认读分数。L出示分数$\frac{1}{4}$，学生认读正确后，L通过问题“看到$\frac{1}{4}$这个分数，你想到了什么?”引导学生说出了把“一个物体”平均分成4份取其中1份的情况，学生的回答出现了把“一个蛋糕”“一个月饼”“一个西瓜”平均分成4份取其中1份的情况。L归纳并引导学生得出“一个蛋糕”“一个月饼”“一个西瓜”都是“1个物体”。之后，L引导学生分别取出4块巧克力、8块橡皮、12颗小星星的$\frac{1}{4}$，学生经过动手操作、探究过程，分别从4块巧克力、8块橡皮、12颗小星星中找出其中的$\frac{1}{4}$（1块巧克力、2块橡皮、3颗小星星）。L启发引导学生思考得出，这里把4块巧克力、8块橡皮、12颗小星星分别看作了“1个整体”，这时L引导学生归纳概括出“1个整体”可以是“1个物体”，也可以是“一些物体”。接下来，L为了让学生明白“1个整体”的数量不同，其中1份的数量也不相同。L引导学生观察并思考4块巧克力、8个正方体、12个正方体平均分成4份取其中1份的相同点和不同点。有学生说：“都把它们平均分成了4份。”也有学生说：“它们每1份的数量不同，分别是1块巧克力、2个正方体、3个正方体。”这时L质疑：“为什么这里的1块、2个、3个都可以用$\frac{1}{4}$来表示?”有学生回答：“因为都把它们平均分成了4份，1块、2个、3个分别表示4块巧克力、8个正方体、12个正方体的1份。”L归纳概括说：“只要把1个整体平均分成4份，不管它的整体是多少，取其中的1份，就可以用$\frac{1}{4}$来表示。像4块巧克力、8个正方体、12个正方体，人们为了表达的方便，用单位‘1’来表示‘1个整体’，我们把这‘1个整体’看作单位‘1’。”这样，学生就理解了单位“1”。L通过设置问题，采用谈话引导和动手操作相结合的方法，很好地突破了教学难点。

(一)谈话法的概念

谈话法又称为问答法，是指教师在学生已有知识和经验的基础上，提出问题，引发学生思考，通过师生之间的对话，使学生获得知识的一种教学方法。谈话法以师生之间的谈话交流为基本特征，从教师提问开始，到学生讨论、交流与回答，师生之间的语言和思维交流贯穿于课堂的始终。

谈话法具有悠久的历史。我国古代教育学家孔子提倡的“叩两端”的方法就是一种谈

① 资料来自周口师范学院教育科学学院“基于教学切片的课堂研究与教师专业发展研究”校地合作研究的“分数的产生和意义”听课实录。

话法，这是一种用问答或追问的方式，使人注意事物的正反两方面，从事物的矛盾中去求得知识的一种方法。古希腊哲学家苏格拉底所提倡的“产婆术”也是一种谈话法，这种谈话法主要分为讥讽、助产、归纳和定义四个步骤，通过一步步的反驳与诘问获得真理。① 在现代学校中，谈话法广泛运用于各个学科，其优点在于学生可以参与和教师、其他同学的对话，能够发挥学生的主动性，激起学生的学习兴趣，启发学生积极思维，深入理解教学内容。

当然，谈话法也有缺点，主要是花费时间较多，传授知识不易形成系统，不易使全体学生都参加到谈话中来等。

(二)运用谈话法的基本要求

在日常教学活动中，运用谈话法时需要注意以下几个方面。

1. 提问的目的要明确

教师在谈话法中所提的每一个问题都应该有其目的性。在教学活动进行之前，教师需要根据教学目的设计好问题。如果所提的是一系列问题，则要根据教学目的把这些问题组织起来，先提什么问题，后提什么问题，应该安排好。教材的重点、难点、易混淆的地方应多提问题，其余地方应少提或不提问题，以免主次不分。

2. 问题要具体明确、难易适当

教师所提的每一个问题都必须具体明确，清楚地让学生知道所问的是什么，应该怎样去思考，通过什么方式进行回答。如果问题模棱两可，含含糊糊，或者范围太大，学生则无从回答，或者胡乱回答，都不能达到教学目的。同时，所问的问题应当在学生的“最近发展区”之内，不能超过学生现有的知识水平和认识能力。如果太深，高于学生现有认知水平，学生则会望而生畏，丧失信心，回答不了；如果太浅，低于学生现有认知水平，学生不用思考也能回答，则会感到索然无味，丧失兴趣。

3. 要启发、引导学生回答问题

回答问题的过程就是学习、思考的过程，也是从不会到会的过程。教师在提出问题后，要积极启发、引导学生对问题进行思考，调动学生学习的积极性。一般而言，可以先面向全班提出问题，然后给予学生一定的思考时间，最后鼓励学生主动回答问题或点名回答问题。这样，全班每个学生都能听到教师所提的问题，并认真思考，做好回答问题的准备，既顾及了全体同学，也照顾到了个体差异。

4. 教师对学生的回答要给予评价

学生在回答完问题后，教师需要对学生的答案给予恰当的评价，给学生提供反馈信息。评价时要遵循发展性原则，即不管学生答案是否准确，都应该从中发现学生在思考

---

① 吴式颖：《外国教育史教程》，40页，北京，人民教育出版社，2003。

和回答问题过程中值得称赞的地方，借以鼓励学生再接再厉，下次继续认真思考，积极回答问题。当然，对学生答案中不恰当的成分也应该给予指正，鼓励学生换个角度，换种思维方式来重新思考这个问题。在这一过程中，只要评价技巧掌握恰当，均可起到积极的作用。

三、讨论法

【情境创设】

下面案例来自潘宜超执教的“离骚(节选)”课堂教学实录。①

本节课的教学难点是引导学生形成正确的价值观念，为此，潘老师设置了一个开放性问题，供学生讨论。潘老师设置的问题是“在战国那样的时代，面对楚国黑暗的政治，屈原是否非得要自杀呢？他可不可以到其他国家去实现自己的理想抱负呢?”问题提出后，学生立即热烈地讨论起来。五分钟后，潘老师让学生各抒己见。生甲首先站起来发表自己的观点：“我认为屈原根本没有必要自杀，‘此处不留爷，自有留爷处’(生笑)。战国时期那么多诸侯国呢，随便去哪个国家都有可能受到重用。”生乙立即反对：“我不同意甲的观点，战国时期诸侯国虽多，但自己的祖国只有一个，如果一遇到挫折，就跑到其他国家去，那不成了卖国贼了吗?”这话又引起了生丙的“不满”：“难道屈原只有待在楚国等死吗？而像乐毅、苏秦那些人都成了卖国贼了?”生乙反驳道：“依你的意思，屈原为国殉身倒是多余的了，他也不能被称为‘爱国主义大诗人’了？我们也没必要纪念他了。更没必要学习他的诗歌了?”生丙还是“固执己见”，“古人云：‘良禽择木而栖’。试想，那样的楚国还值得屈原为之愚忠吗？况且，那时的诸侯国和现在‘祖国’的概念也不一样，离开诸侯国并不能算是卖国。”生乙又“质问”道：“那现在我们称屈原为‘爱国主义诗人’又做何解释呢?”……争论此起彼伏，无休无止。眼看下课时间到了，潘老师只好打断他们的讨论：“大家讨论得很热烈，很多同学都发表了自己的观点，并且都有自己的理由，应该说这基本上达到了我们讨论这个问题的目的。屈原是否应该自杀，这个问题是没有标准答案的。”最后，潘老师从当时时代风尚、从屈原的爱国精神在当时的巨大影响，引导学生认识到：士大夫和普通老百姓对政治清明、经济繁荣社会的向往之情，以及屈原的爱国思想的进步性和今天敬仰屈原的原因。由此可知，潘老师通过讨论引导学生形成敬仰屈原的价值观念，达成了本课的教学难点。

(一)讨论法的概念

有研究者认为，讨论法不仅仅是一种民主的教学方法，也是一种开放的思想方法和

① 潘宜超：《屈原是否非得自杀——讨论法运用一例》，载《语文教学之友》，2005(11)。

合作的学习方法。① 在此，我们把讨论法看作一种教学方法加以阐述，但其中包含开放的思想方法和合作的学习方法的成分。讨论法是学生在教师的指导下，在同学之间或师生之间就某个问题进行讨论、交流，相互交换看法、相互启发，从而获得知识和提高认识的一种教学方法。讨论法可以激发学生的积极性和主动性，活跃学生思想，提高学生分析问题和解决问题的能力，同时也能锻炼学生的表达能力，改善学生的人际关系，培养学生的民主精神、集体主义精神和团结互助精神。

讨论法既是学习新知识、复习巩固旧知识的方法，也是提高学生思想认识的方法。它既可以单独使用，也可以与其他方法结合使用。但在运用讨论法时，必须使学生具备所讨论问题的知识基础。如果学生没有讨论问题的相关知识基础，在讨论时就不能热烈、全面、深入、系统，起不到应有的作用。

(二)运用讨论法的基本要求

为克服讨论法的缺点，充分发挥讨论法的优势，在运用讨论法时，应该注意以下几个方面。

1. 选好讨论的问题

讨论问题是否选得恰当，与讨论能否开展好有着密切关系。选择讨论问题时，要以教学的具体目的、教学内容特点以及学生年龄特点和知识水平为依据，所选问题要具有启发性，从不同角度理解能有不同答案。只有这样，学生才有言而发，有论而争，讨论才能真正形成，教学目的才能达成。

2. 要采用多种讨论形式

讨论法适用的学生年龄阶段比较长，应该根据学生不同的知识水平和身心发展水平，采用不同的讨论形式。例如，在小学低年级，学生的知识水平和自我控制能力较低，一般不宜采用分组讨论形式，可以在教师的引导下进行全班讨论；到高年级后，全班讨论、分组讨论等多种形式均可采用。

3. 在讨论中要给予引导

学生讨论问题的过程就是学生不断发展自己认知能力的过程。因此，在讨论过程中，学生可能会遇到一些不知道该怎样去思考的问题，这时就需要教师多给予指导，教会学生思考。在讨论过程中，教师应该密切注意讨论的进程，加以引导。只有这样，才能充分调动学生的积极性，使讨论顺利进行。

4. 做好讨论的总结工作

讨论结束后，一般应该有简短的结语。结语主要是对学生的发言进行分析，对问题进行总结。分析学生发言时应多肯定优点，少做批评，但应适当指出错误。为了鼓励学

---

① 梁中贤：《讨论法：不仅仅是一种教学方法》，载《中国高教研究》，2012(1)。

生自己探索知识，发现真理，发展他们的创造才能和主动精神，有些讨论问题可以不做任何结论，把它留给学生课后继续探讨。在低年级，结语一般由教师来做；在中、高年级，也可以由学生来做。

四、读书指导法

【情境创设】

下面案例来自李崇凤在历史教学中运用读书指导法的课堂教学实录。①

教师在执教“五四爱国运动和中国共产党成立”(人教版《中国历史》八年级上册)一课时，第一步是让学生了解这一课所在教材的框架结构。通过观看目录，知道本册分为五个单元，每个单元的主标题(即一级标题)是对主要学习内容进行介绍，二级标题是对学习内容的分别介绍。然后观摩本节课的学习内容可发现，它是上一单元“新文化运动”的延续，以及本单元“新民主主义革命的兴起”的开端，这样使学生有了明确的学习方向和学习目标。第二步是读正文。在此，教师可以设计一些问题，引导学生在阅读文本过程中查找相关信息。例如，“五四运动爆发的时间和地点是什么?”“五四运动的领导主力是谁? 运动提出的要求是什么? 结果如何?”通过这些问题，让学生在阅读过程中捕捉关键的信息。第三步和第四步，是让学生阅读教材中的小字部分和插图及图表，如“中共一大一览表”“中共一大和中共二大的奋斗目标”，帮助学生对本节课的学习内容有辅助性的了解。

(一)读书指导法的概念

读书指导法是指在教师的指导下，学生独立地阅读教科书、教学参考书或其他课外书籍，以自主获得知识、受到教育的一种教学方法。阅读书籍是学生获取知识，发展能力的重要途径。指导学生从小独立地进行阅读，形成较强的阅读能力，对他们今后的学习、工作和生活都具有十分重要的意义，特别是在社会迅速发展、知识高速增长的今天，具有自主获取知识的意识和能力是立足于社会的基本条件。

读书指导法适用的场合比较多，根据学生独立阅读与教师教学的关系，一般可以分为预备性阅读、过程性阅读和复习性阅读三种。在预备性阅读中，学生的独立阅读一般发生在教师讲授新内容之前，其目的是让学生通过阅读与新内容相关的资料，形成学生对新内容的一些相关的认识，建立起先行组织者概念②，帮助学生理解新内容。过程性

---

① 李崇凤：《论读书指导法在初中历史课堂中的运用》，载《广西教育(义务教育)》，2016(3)。

② “先行组织者概念”是由美国教育心理学家奥苏伯尔提出的。他认为，教师在讲授新内容前，要先让学生形成一个对新内容具有包摄性的观念，即形成一个比新内容具有更高抽象性和概括性的观念。这样，学生在学习新内容时就容易从宏观上进行把握，有助于学生对新内容的理解。而这种需要事先形成的观念就被称为先行组织者概念。

阅读是指学生独立阅读与教师讲授新内容同时进行，学生的阅读材料可以作为新内容的补充材料，促进学生对新内容的理解。复习性阅读是指学生的独立阅读在新内容学习之后，其主要目的是对新内容进行巩固和复习。当然，三种阅读并不能完全分开，学生的任何一种阅读可能都包含了先行组织者概念、加深理解和巩固复习的作用，只是侧重点有所不同。

读书指导法可以养成学生良好的阅读习惯，培养他们自主获取知识的意识和能力，对学生的全面、自主的发展具有重要作用。但在运用这一方法时，教师一定要加强指导，以避免学生接触一些不良知识信息，或仅仅停留于材料的趣味性而忽视阅读习惯的养成和阅读能力的发展。教师要将读书指导法与日常的教学活动紧密联系起来，将学生的自主阅读当作学生学习的“第二课堂”，积极发挥其优点，以促进学生的全面发展。

(二)运用读书指导法的基本要求

教师在运用读指导法时要注意以下几个方面。

1. *激发学生的阅读兴趣*

兴趣是自主阅读的前提，教师在指导学生进行自主阅读时需要激发学生阅读的兴趣，调动学生阅读的积极性。为此，教师首先要讲清楚阅读材料的重要性，要求学生认真对待，仔细阅读。其次，教师要加强阅读过程中的指导，要认真仔细地对学生不理解的知识点进行耐心讲解。最后，教师还需要对学生的阅读进行反馈，包括组织学生对阅读材料进行讨论、交流，以及对学生的某些理解和看法给予充分的肯定和赞扬。

2. *教会学生读书的方法*

学生阅读时除了获取相关的知识信息外，更重要的是掌握读书的方法，这样学生才能读得多、读得快、读得好，才能收获大。而读书收获大，又会反过来激发学生的阅读兴趣。阅读的方法主要有以下几种。

(1)精读与泛读

对某些重要的材料或材料中某些重要内容要求精读，即仔细、认真地对每一个字、每一句话进行反复推敲。当然，学生的时间、精力是有限的，不是所有的内容都要求精读。为了获取更多的信息，还应该学会泛读，即快速了解全文或全书的基本内容，得到总体印象，增加信息量。教师既要教会学生精读，又要教会学生泛读，要使两者在学生日常的阅读中结合起来。

(2)使用工具书

当学生面对一些不同的字、词、成语等时，要让学生养成使用工具书的习惯。这不仅能解决学生阅读中的问题，而且还可以提高他们的自学能力，进一步激发他们的阅读兴趣。

(3)做读书笔记

做读书笔记既可以帮助学生在阅读时集中注意力，加深对阅读材料的理解，又能锻炼学生的思考能力。同时，读书笔记也可以成为学生读书成果的象征，在激发他们成就感的同时，也为以后的阅读提供了材料。

3. 要积极组织学生进行阅读交流

在阅读前后，要积极组织学生交流阅读的经验、心得，使各种体验能够相互碰撞，提高阅读的效果。

第二节　以直接感知为主的方法

以直接感知为主的方法是指教师通过让学生利用各种感官去直接感知事物，以获得事物初步印象的教学方法。人的认识总是从感性到理性的过程，能否获得感性知识是教学成败的重要方面，直接感知类方法可以使学生利用自己的感官去直接感知事物，从而获得丰富的感性知识，为后续的教学活动打下坚实的基础。以直接感知为主的方法主要包括演示法和参观法两种。

一、演示法

【情境创设】

下面案例来自缪华在高中政治课教学中运用演示法的课堂教学实录。①

在教高中政治课“生活与哲学”第二课第二框“意识的本质”时，为了让学生理解“意识是人脑对客观存在的反映”这一知识点，缪老师让学生进行小组合作，画出小组成员心目中“鬼”的形象，并且进行评比，选出最有想象力的鬼。当然，缪老师在让学生画鬼之前，先浏览一遍课文相应内容，然后想象自己画鬼的过程，能否证实书本的理论。任务布置之后，学生的兴趣大增，他们在小组中热烈讨论，不时传来阵阵笑声。几分钟后，缪老师把他们的作品收上来，然后根据学生的作品进行分类展示。在展示前告诉学生：回顾你们刚才画画的过程，并综合下面我展示给大家的杰作，想想这一过程能够说明什么哲学道理？在学生讲的过程中，为了得到相应的结论，缪老师也进行了适当的引导。比如，为了得到“意识是客观存在的主观反映”这一结论，缪老师问他们：为什么我们画的鬼与现实中的模型会有所不同？经过讨论之后，得出了三个结论：第一，意识是客观存在的反映；第二，不管是正确的意识还是错误的意识都是客观存在的反映；第

① 缪华：《让课堂演示更加精彩——演示法在教学中的应用》，载《中学政治教学参考》，2014(C1)。

三，意识是客观存在的主观反映。在整个演示与解释过程当中，学生结合他们的作品认真聆听着，就连平时对政治课不是很感兴趣的学生也热情高涨。由上述案例可知，演示法可以把学生难以理解的抽象内容通过直观形象的方式，呈现给学生，让学生形成感性认识。

(一)演示法的概念

演示法是教师向学生展示实物、直观教具或向学生做示范性的实验，使学生通过观察获得感性认识的一种教学方法。演示法是学生形成感性认识的重要方法，通过向学生呈现实物、教具或示范性实验，学生可以迅速获得相关对象的表象，从而为下一步的教学活动打下基础。同时，通过演示，还可以引起学生的兴趣，激发学生的学习积极性，发展学生的观察能力和思维能力，提高学习的效果。这种方法在中小学各科教学中被广泛采用。但它只是一种辅助性教学方法，要与讲授法、谈话法等教学方法结合使用。

演示的种类很多，按照演示的方式，可以分为三种。第一，单个演示。主要采用单个的实物、标本、模型、图片、图画等来进行演示，其目的在于让学生获得这些事物的外在感性认识。第二，序列演示。即用成套的模型、标本、图片或幻灯、电影等，其目的是让学生了解客观事物和现象的发生发展的过程。第三，系统演示。即将某个过程(如教师上课)从开始到最后进行系统、连续的演示，其目的是让学生对这一系统过程形成宏观的、全面的印象。

(二)运用演示法的基本要求

演示法虽然在形成学生感性方面具有独特作用，但它一般不能够单独使用。在使用演示法时，需要结合讲授法、讨论法等才能达到应有的效果。我们在日常教学中运用演示法时，应注意以下几个方面。

1. 要有明确的演示目的

教学是有目的的活动。在教学活动中运用演示法时应该首先明确其演示的目的。不能为演示而演示，也不能单纯为引起学生兴趣而进行演示。

2. 事前要做好充分的演示准备

教学活动中的演示是一个连续的过程，不能出现偏差或间断，以免打断学生的观察。因此，在上课之前，教师要把演示的教具准备好，并进行认真检查，如果有条件，应该在课前先模拟一下演示的过程，以做到万无一失。

3. 演示要面向全体学生

为了让全体学生看得见，教具的大小、色调、摆放位置等都要认真考虑。有些容易得到的教具，如植物的种子、某些矿石等，应多准备一些，演示时分发给学生。数量少的教具，则可让学生传阅、分组看或轮流到讲台前来看。

4. 演示时要引导学生进行观察

在演示过程中，要给学生提供充分的机会让学生进行仔细观察。有的教具不仅应该让学生看，还应该让学生听、摸、尝、嗅等，利用多种感官充分去获得事物的初步印象。同时，在教具展示前后，教师应该用讲授法或问答法引导学生重点观察与教学目标有关的部位和特征，以免学生分散注意力而影响演示的效果。当演示事物的发展变化时，要引导学生通过比较、分析、综合、概括等思维活动，找出事物发展的规律，得出合理的结论。

5. 演示后要进行小结

演示完后必须对演示的过程与结果进行小结，加深学生的印象。教师可以自己阐述小结，也可以让学生进行总结，或者教师以问答的方式与学生一起进行。

二、参观法

【情境创设】

下面案例来自高中地理课华蓥山地质公园教学中运用参观法的课堂教学实录。①

首先是教学准备。第一步，确定教学内容、目的。通过搜集文献资料，实地勘探，研究华蓥山地质公园与新教材(人教版)的结合点，进而确定华蓥山教学的具体内容。第二步，编制教辅材料并选择参观路线。教师要根据教学内容、目的及学生的认知水平编制教辅材料。根据实地考察和分析，将此次教学参观路线确定为旅游主路线，即游击队纪念馆—地质博物馆—双枪老太婆塑像—朝圣寺—天然大盆景—精品石林—千年一吻—大天坑—游击队瞭望台—天池湖。第三步，协调多方关系并选定教学时间。要协调好教师、学生、校方及参观地点等多方复杂关系。具体时间的选定需听天气预报，天气晴朗、温度适宜的时间为最佳。其次是景点教学过程案例之一：珍稀化石存点。第一步，体验情境。教师说："化石是存留在岩石中的古生物遗体或遗迹，最常见的是骸骨和贝壳等。此地是华蓥山地质公园中化石的主要集中地，同学们可以亲身感受化石的魅力。"学生开始寻找化石。第二步，提出问题。教师说："同学们都找到了珊瑚化石、纺锤虫化石、贝壳化石等。这些化石都是海洋生物遗体所形成的，由此我们能得出什么信息呢?"学生答："此地以前是海洋。"教师说："那为什么曾经的海洋变成了陆地呢?"第三步，小组讨论、解决问题。师生共同参与讨论：学生相互讨论，交流发言，教师引导纠错。学生说："运用地壳运动的原理解释，这里曾是大海，海洋生物死后被埋藏，随后此地地壳上升，海洋变为陆地，曾经海洋中的生物遗体逐渐形成了如今此地的化石。"第四步，贯彻情感、态度与价值观目标。教师："同学们的总结值得鼓励。化石形成过程

---

① 唐丽等：《实践性参观法在高中地理教学中的应用：以华蓥山地质公园教学为例》，载《乐山师范学院学报》，2013(12)。

漫长，文化价值高，大家在欣赏的过程中要细心保护，做一个文明人。”（其他景点教学案例略）最后是教学总结。教学活动结束后，教师组织学生结合教学目的，从知识扩展、能力发展、方法积累、情感培养四方面做自评。经整理得出：此次教学通过参观活动发展了学生视觉—空间智力、身体—动觉智力；合作讨论的学习方式，发展了学生言语—语言智力和交往—交流智力；双枪老太婆及游击队的故事使学生由境生情、情景交融，激发了学生对美好生活的珍惜和对祖国的热爱。

(一)参观法的概念

参观法是根据教学内容的需要，在有效的组织下，教师带领学生到校内外现场直接观察、研究客观事物和现象，从而获得知识和受到教育的一种教学方法。参观的场所可以是学校，也可以是校外的工厂、农场、山野、河川，还可以是博物馆、展览会等，范围十分广泛，主要依据教学需要而定。参观法能有效地把教学与实际生活紧密联系起来，使学生学到许多在课本上学不到的知识，扩大了视野，增长了见识，活跃了思想。

参观不是游览，必须要有明确的目的。依据参观目的的不同，可以将参观法分为准备性参观、并行性参观与总结性参观三种。[①] 准备性参观一般安排在讲授新内容之前，目的是让学生获得某事物的感性认识。并行性参观一般安排在讲授新内容之中，目的是对所讲的内容进行验证，以加深印象。总结性参观一般安排在讲授新内容之后，目的是对所讲内容进行复习巩固或概括提高。在教学活动中，我们可以根据教学内容的需要和参观对象的时空条件合理地选择参观的类型。

(二)运用参观法的基本要求

运用参观法应注意以下几个方面。

1. 做好参观前的准备工作

教学中的参观是有目的、有计划、有组织的活动。因此，在参观前，应制订好参观计划，包括参观的目的、对象、时间、地点、步骤、要求等。教师和学生都应该明确参观计划，教师应做好与参观单位的联系工作。

2. 做好参观过程中的指导工作

参观不是让学生自己随意地看，需要对学生进行指导。要让他们明确应该参观什么，怎样观察，怎样思考，怎样记录等。某些指导工作也可以请现场的有关人员(如工人师傅、农民、博物馆讲解人员等)来做，同时教师要做好组织工作，指导学生参观过程中的具体行为。

3. 做好参观后的总结工作

参观完成后，教师要根据参观目的及时进行总结。总结可以采取多种形式，除教师

---

① 叶澜：《新编教育学教程》，327页，上海，华东师范大学出版社，1991。

总结外，还可以有个人总结，小组或全班交流心得体会，制作标本、模型，写日记、作文等。

第三节　以实际训练为主的方法

以实际训练为主的方法是通过练习、实验、实习等实践活动，使学生巩固和完善知识、技能、技巧的方法。人们学习的目的在于应用，这也要求人们在学习过程中更多的关注实际动手操作能力的培养，而实际训练为主的方法可以为学生提供更多的动手实践的机会，为学以致用做好铺垫。以实际训练为主的方法主要包括实验法、实习作业法、练习法三种。

一、实验法

【情境创设】

下面案例来自地理课教学中实验法运用的课堂教学实录。①

在给学生们讲授"海陆热力差异"时，为了让学生能够亲身体会到这种不同，教师就这个课题开展了演示实验，实验过程如下。实验器材：烧杯两个、适量水、适量细沙、温度计两个。实验步骤：①取两个烧杯，一杯放水，一杯放等量的细沙，在两个烧杯中均插入一支温度计。②把两个烧杯同时放在太阳底下晒一定时间后，读出温度计的示数。再把两个烧杯移入室内，过一定时间后，再观察温度计示数的变化。③收集整理数据，在阳光下晒 30 分钟后，细沙的温度为 45℃，水的温度为 37℃；移到室内 10 分钟后，细沙的温度为 31℃，而水的温度为 35℃。实验结果：水的温度变化是 2℃，而细沙的温度变化是 14℃。实验结论：水的温度变化比细沙要小，说明海洋升温慢降温也慢。通过实验过程以及实验中得出的具体数据，学生们最后明白：引起温度变化不同的原因是水和细沙的比热不同。水的比热大，而细沙的比热小，在吸收相同热量的情况下，水温度升高的就比较小，而细沙温度升高的就比较多。这也是海陆热力差异的最根本原因。通过这个演示实验，学生们亲身见证了差异的存在。通过这个实验，让学生对这个知识点有了透彻的认识，从原理上掌握了这个知识点，在以后学习中碰到这类问题就能很好地解决。

① 刘凯：《实验法在高中地理课堂教学中的应用》，载《中学课程资源》，2014(2)。

(一)实验法的概念

实验法是学生在教师的指导下，利用一定的仪器设备，通过控制一定的条件，使事物或现象发生变化，在观察变化的过程中获得感性知识或对已有理论进行验证的一种方法。实验法在我国中小学理科教学中运用的比较多，物理、化学、生物等学科教学都经常采用此种方法。

在教学中，根据不同的教学任务，实验法可以有不同的作用：第一，实验法可以形成学生的感性认识，为学生的后续学习打下基础。例如，教师在上化学课时，可以先让学生就某个化学反应做实验(或教师做演示性实验)，通过学生仔细观察反应过程中的各种现象变化，形成学生对反应的初步的、感性的认识，教师在此基础上进行讲解、分析，可以起到事半功倍的效果。第二，实验法可以对已有理论、定理、公式等进行验证，使学生能够理论联系实际，加深学生的印象。例如，物理课中讲牛顿第二定律时，可以在课堂上先让学生理解牛顿第二定律的含义和表达公式，再将学生带到物理实验室内按要求进行实验，验证牛顿第二定律的正确性，通过验证，加深学生对牛顿第二定律的含义和公式的理解。第三，实验法可以培养学生积极探索的精神、严谨的科学态度和实际操作能力。在实验法中，学生一边思考，一边动手操作，手脑并用，符合学生的天性，既提升了他们思考问题、解决问题的能力和积极性，也锻炼了他们的实际操作能力。同时，在实验过程中，必须用客观的现象或数据证明，久而久之，学生易形成严谨的科学态度。

(二)运用实验法的基本要求

在运用实验法时需要注意以下几个方面。

1. 实验前要做好充分准备

教学活动中的实验必须是有目的、有计划、有组织进行的。这就要求在实验前必须做好充分的准备，这些准备包括：第一，在实验前必须让学生明确实验的目的、要求和实验操作的步骤等；第二，实验前必须对实验室的桌椅、实验用品等做详细检查，以保证实验的顺利进行；第三，对实验中可能出现的特殊情况要给予充分的准备。

2. 在实验中要加强对学生的观察和引导

教师在实验过程中要随时观察学生的操作步骤和操作方法，对错误的要及时给予纠正，对偶发事件要及时给予恰当处理。

3. 实验结束后要及时做好总结

实验结束后，要让学生及时填写实验报告，并组织学生在实验的基础上进行分析与总结，达成实验目的。

二、实习作业法

【情境创设】

下面案例来自江苏省普通高中课程标准实验教科书《数学》中的一份实习作业教学实录。①

首先是教学准备，明确实习作业的目的与要求。教师出示作业：设计出一个最合理的裁剪方案，制作一个直角烟筒弯头(如图 5-1，单位为 cm)。要求：烟筒弯头由两个圆柱形烟筒焊在一起。材料：矩形铁片(考虑安全，改用矩形纸片)。要解决的问题：①矩形铁片至少应满足怎样的尺寸？②矩形铁片上画出的裁剪线应是什么图形？每三人一组，共同完成任务，并写出课题研究报告。

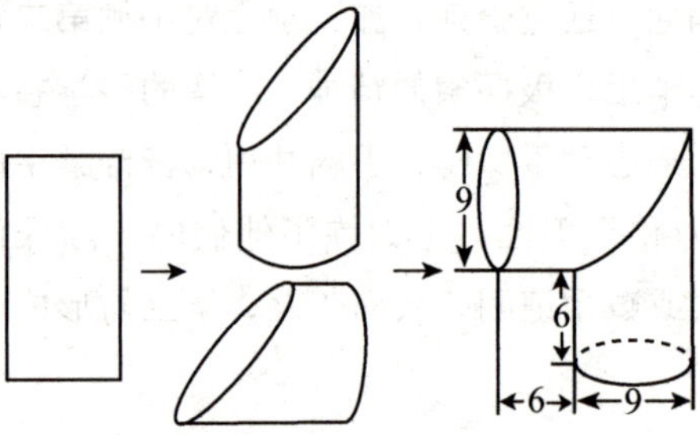

图 5-1　直角烟筒弯头

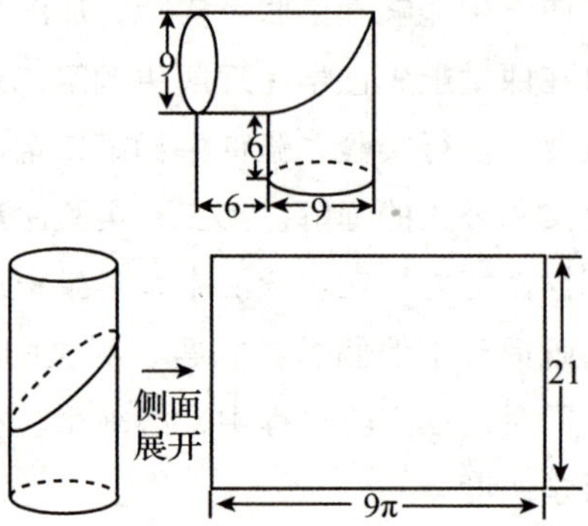

图 5-2　实物投影

其次是交流研讨(三天后的数学课)，分享成果与心得。学生以组为单位就座，面前放着他们的作品。教师让每组谈谈他们的作品制作过程。甲组学生介绍了他们通过逆向思维的思考方式，把直角烟筒弯头，还原成一个圆柱，再把圆柱的侧面展开，还原成矩形，就可以得到：矩形纸片至少应满足的尺寸，即长为 9πcm，宽为 21cm（实物投影，如图 5-2)。甲组同学通过七八次切割、拼接实验，得到两个结论：①用一个与圆柱底面不平行的平面去截圆柱的侧面，得到的截面是一个椭圆；②当平面与圆柱的底面成 45°角时，能焊接成直角弯头。甲组同学表达了小组成员的通力协作以及遇到的焊接难题——焊接处不密合等。教师对甲组同学制作过程及小组团队协作做了肯定评价。每组依次展示、讲解……

最后，对论文创作进行总结。教师要求每组学生根据制作经历写一个小论文，题目可以定的宽泛些，学生论文标题主要有：实习作业的困惑与解决方案；团队协作模式初探；如果我是工程师，我应该制作怎样的烟筒弯头？烟筒弯头角度与制作材料尺寸的关

① 韦海燕：《一份高中数学“实习作业”的教学尝试和思考》，载《数学教学》，2011(9)。

系；数学学习中的独立思考和合作探究的对立统一等。

(一)实习作业法的概念

实习作业法是指在教师的指导下，学生独立进行一定的实践操作活动，以获得知识、丰富体验、形成技能技巧的一种教学方法。在实习作业法中，学生将自己在学校所获得的各种知识和技能运用于实际，通过独立思考、独立解决问题，使理论知识能够与实践相联系，在促使学生知识体系化的同时，培养了学生独立操作的意识和能力。实习作业法与实验法和练习法既有共同之处，也有明显的区别。共同之处在于：三种教学方法均是以学生操作为主，都可以发展学生的技能技巧。三者的区别在于：实验法和练习法的主要目的是让学生更好地理解和掌握教学内容，是属于某个内容的教学过程的重要组成部分。而实习作业法是学生将自己已经理解和掌握的理论知识独立运用于实践的过程，其主要目的是让学生能够理论联系实践，培养独立解决问题的意识和能力。

(二)运用实习作业法的基本要求

随着社会的发展，教育观念在发生改变，人们越来越重视学生解决实际问题的能力。学校教育也在适应社会需求的过程中，逐渐重视学生实际操作能力的培养。因此，实习作业法在学校教育中的作用越来越突出。恰当地运用实习作业法，发挥其在学生培养过程中的作用，需要注意以下几个方面。

1. 要有明确的实习目的和要求

实习作业法虽然是学生运用自己所学知识去解决实际问题，具有较强的独立性，但在现代学校教育中，实习环节已经成为课程计划的重要组成部分。因此，对学生实习也需要有明确的目的和要求，要让学生知道通过实习，自己需要在知识、技能、情感、能力等方面达到一个什么样的目标。

2. 要加强对实习的指导

学生的生活以学校为主，学生在社会实际场所的实习中经常会遇到各种自己意想不到的实际问题，怎样解决这些实际问题成了学生实习的重要疑惑。因此，在实习过程中，教师要经常与学生进行交流、讨论，要给予学生充足的信心、积极面对困难的态度，以及解决实际问题的方法。

3. 实习后要及时进行交流和总结

实习结束后，要及时组织学生对实习过程中的体验、收获等进行交流与总结，以使学生在分享实习过程中获得知识、技能、能力等的同时，使之系统化。

三、练习法

【情境创设】

下面案例来自刘胜在数学教学中运用尝试练习法的课堂教学实录。①

数学是一门系统性较强的学科，在系列相关内容中，一般前面所学知识是后面将要学习知识的必要基础，而后面要学知识又是前面所学知识的引申、发展和提高。因此，教师在讲授新课的知识前，根据新旧知识的结合点设计一些准备性练习，减缓了学生学习的坡度，降低了学习起点，帮助学生顺利完成了新旧知识的过渡，起到了铺路架桥的作用。例如，教师在教“被乘数末尾有零的乘法”时，设计了这样两组练习。

①口算。

20×4=　　　　13×2=

200×4=　　　130×2=

2000×4=　　　1300×2=

口算完后让学生找出：这两组练习中被乘数和积的末尾各有什么特点？为学生学习新课起到了铺垫作用。

②笔算。

320×3=　　　1500×5=

先让学生用竖式进行计算，然后自学课本中的例题，让学生将自己的计算与例题进行比较，看哪一种方法计算比较简便，并让学生思考为什么可以这样简算，归纳总结出计算的过程。这样既培养了学生的自学能力，又使学生对本节所学知识加深了印象。

(一)练习法的概念

练习法是指在教师的指导下，学生做各种练习，以加深理解、巩固知识并形成技能技巧的一种教学方法。练习法是在模仿的基础上，按照一定的要求进行练习，以使学生对学习内容的理解更加深刻，使技能转化为技巧。而且，练习不仅仅是动作技能方面的，也经常被用于对学生思维的训练。例如，让学生进行逻辑推理或运用想象能力进行创作等。可以看出，练习法是一种应用十分广泛的方法，几乎在中小学所有课程中都可以使用。

按照练习的对象不同，可以把练习分为内部练习和外部练习。内部练习主要是指学生的思维能力、记忆力、想象力、观察力、体验等的练习，如解题练习、逻辑推理练习、记忆方法练习等。外部练习主要是指学生的各种动作技能的练习，如朗读课文的言

---

① 刘胜：《谈谈“尝试练习法”在小学数学教学中的运用》，转引自中国教育教学丛书编委会：《新世界中国教育发展论坛》第3卷，619页，北京，学苑出版社，2007。

语练习、打字的操作练习、体操的动作练习、唱歌的声音练习等。

(二)运用练习法的基本要求

练习法对于中小学教学具有十分重要的作用，在运用时需要注意以下几个方面。

1. 要明确练习的目的、要求和方法

练习法不是学生自己随便进行练习，而是在教师的指导下有目的、有计划、有组织的教学行为。因此，在练习前，教师要让学生明确练习的目的和要求，要让学生知道通过这次练习，自己在知识、技能、情感、品德等各个方面得到怎样的发展。在练习中，要不断给予学生指导，对不同的学生提出不同的要求，让学生在练习的过程中有积极的态度和正确的方法。在练习后，要及时给予总结和反馈，加深和巩固学生练习的效果。

2. 练习要有变式

长期进行一种练习会让学生感到厌倦，不易激发学生的主动性和积极性。因此，在运用练习法时，要经常进行变化，包括练习的内容、场所、方式等。

3. 练习要难易适中，循序渐进

太容易的练习不容易达到练习的目的，太难的练习容易打击学生练习的积极性。因此，在选择练习内容、提出练习要求时，要根据学生的身心发展水平和教材的具体要求进行。在练习时，要循序渐进，指导学生逐步达到练习的目的。

[反思与探究]

1. 以语言传递信息为主的教学方法有哪些？请结合学科教学实践，谈谈如何运用这些教学方法？

2. 以直接感知为主的教学方法有哪些？请结合学科教学实践，谈谈如何运用这些教学方法？

3. 以实际训练为主的教学方法有哪些？请结合学科教学实践，谈谈如何运用这些教学方法？

第六章　当代教学方法改革

学习目标	1. 理解国内五种代表性教学方法的含义，了解它们的理论依据。 2. 掌握国内五种代表性教学方法在各自实践运用中的基本要求。 3. 理解国外五种代表性教学方法的含义，了解它们的理论依据。 4. 掌握国外五种代表性教学方法在各自实践运用中的基本要求。

[本章提要]

社会的快速发展，教学思想的转变，需要教师在教学实践中不断探索、创新教学方法，以充分发挥学生学习的主体性。

20 世纪 50 年代以后，国外教学方法的改革较为活跃，强调以学生为中心，主要包括程序教学法、发现教学法、范例教学法、纲要信号教学法、非指导性教学法。

20 世纪 80 年代以后，国内教学方法也在不断实验与创新，在借鉴国外先进教学理论和教学方法的基础上，中小学学科教学方法改革实验最为活跃，主要包括六步教学法、八字教学法、六课型单元教学法、情境教学法、尝试教学法。

第一节　国内当代教学方法的改革

20 世纪 80 年代，我国教育思想逐渐发生了转变，时代发展的要求，新的人才观、育人观要求中小学教学必须注重学生能力的培养及智力的发展，在力求突破传统单一的传授知识、技能模式的基础上，逐渐确立了主体性教育思想。这一时期的教学思想和教学方法改革体现了这一时代的发展要求。20 世纪 80 年代初期、中期，“中小学学科教学法的改革实验非常活跃，最初发起于语文、数学，后逐渐扩展到其他学科。”①“有学者对 1979—1990 年我国教学法改革与实验进行了分项统计，其中涉及我国教学改革与实验的实际的教学方法共 267 种。”②这一时期，学科教学方法的革新是一大亮点，充分发挥了中小学教师的主动意识和改革意识。20 世纪 90 年代以后，我国中小学教学方法改革逐渐趋于完善，有些教学方法在原先的实验研究基础上形成了较为稳定的理论体系。比如，尝试教学法发展成为尝试教学理论。20 世纪 90 年代末以来，人们意识到教学方法改革不是简单的方法改革问题，单个教学方法改革容易割裂教学方法与教学目标、教学内容对于人才培养的整体性和系统性，于是人们形成了对教学方法的新的认识，构建了“涵括具有一致性的心理学理论、教学价值观、教学内容观、过程结构、教学组织形式及具体的操作性方法为一体的模式化发展”③这一教学方法理论体系。

一、六步教学法

【情境创设】

下面案例来自“扁鹊见蔡桓公”教学过程实录。④

第一，定向环节。教师讲述清楚“扁鹊见蔡桓公”是学生升入中学以来的第一次文言文学习，并向学生提出学习这篇文章应做哪几件事情。教师边启发学生谈自己的看法，边整理，边板书学习重点：①7 个字、9 个词、3 个通假字；②坐着；③朗读、复述、翻译、背诵课文、做课后习题；④理解_________的道理。

第二，自学环节。①找一位中等水平的学生在黑板上写，其他同学在练习本上写。先看 7 个生字：郑、桓、腠、应、悦、熨、焐的字形和字义，看一分钟后，听写并注音。②检查预习效果。解词：寡人、腠理、汤熨、肌肤、针石、肠胃、火齐、骨髓、司命。同学们先七嘴八舌地解释一遍，然后男女同学各推选一位代表，口头解释这 9 个词。③全班同学都用练习本听写并填空：《扁鹊见蔡桓公》选自《_________》，作者_________，是_________末年_________国的公子，是_________时代的重要的_________家。④同学们自读课文。⑤找一位朗读好的同学读课文。⑥男同学齐读课文。⑦女同学齐读课文。⑧找一位中等水平的学生复述课文，其余同学补充。

第三，讨论环节。教师要求学生找出课文中的三个通假字，并讨论课后练习题。

第四，答疑环节。教师找学生翻译全文，遇到疑难问题，教师给予解答。也可全班同学在练习本上翻译，教师到学生座位上，解答个别学生提出的问题。倘若发现普遍性

---

① 汪丽梅：《我国教学方法改革的历程、经验与方向》，载《教学与管理(中学版)》，2010(1)。
② 高天明：《二十世纪我国教学方法变革研究》，博士学位论文，西北师范大学，2001。
③ 汪丽梅：《我国教学方法改革的历程、经验与方向》，载《教学与管理(中学版)》，2010(1)。
④ 魏书生：《魏书生与民主教育》，135～137 页，北京，北京师范大学出版社，2006。

难点，则提醒全班同学注意。

第五，自测环节。首先，进行一次一分钟的记忆力比赛，让学生用一分钟时间，全神贯注地背课文，看谁背得多。一分钟后，全班同学齐背。一般来说，一分钟全班能背到课文的中间部分。再背一分钟，看能不能背下全文。一旦形成一种你追我赶的竞赛气氛，会有将近半数的同学两分钟内背下全文(因为已有了前面的朗读、复述、翻译做基础)。其次，写出本文的三个通假字，解释汤熨、针石、火齐、司命、还走五个词。最后，听写并填空：本文选自________，作者________，是________代重要的________家。

第六，自结环节。语文课代表总结本节课的学习步骤，学生或教师补充。找一位后进同学和一位先进同学分别谈本文阐明了什么哲理，对自己有什么启示。

(一)六步教学法的含义

六步教学法又称为自学六步教学法，是我国著名教育改革家、全国劳动模范、特级教师魏书生在教学改革实践提出的一种教学方法。该教学法以培养学生自学能力为中心，重视科学与民主，其基本操作程序包括定向、自学、讨论、答疑、自测、自结六个环节①。该六个环节具体如下。

一是定向。教师确定新课学习和训练的具体学习目标，尤其是学习重点、难点，并事先告诉学生，使学生明确学习方向，心中有所准备。进而教师根据一定的教学要求，对学生提出具体的自学目标，同时要注意激发学生学习的兴趣。

二是自学。学生根据教师确定的自学目标、自学教材，提出的学习重点、难点，学生自主地探索答案。此时，教师要给予个别指导，启发学生主动质疑，并且收集学生普遍存在的问题。

三是讨论。让学生前后左后 4 人为一组，把自学中遇到的疑难问题提出来进行讨论，相互启发。教师将所收集到的学生自学中未能解决的疑难问题提出来，让全班学生共同讨论，教师在适当的时机加以提示或点拨。

四是答疑。教师在学生自学、讨论的基础上，适当地讲解教学内容中的重点与难点，以及学生在讨论中尚未解决的疑难问题。这一环节是六步教学法的关键，教师要调动学生积极思考，融会贯通所学的知识，对学生讨论尚未解决的问题进行引导解答。

五是自测。根据定向提出的教学目标，以及学习后学生对教材的自我理解，让学生自己检查学习效果。

六是自结。教师根据教学要求和给学生的自学目标，进行简短的考查，并且予以评价。换言之，就是下课前在不同类型的学生中选出一两名学生单独口头总结这节课的学

---

① 魏书生：《魏书生与民主教育》，237 页，北京，北京师范大学出版社，2006。

习重点、学习过程的主要环节和主要收获，从而使不同水平的学生接受的信息得到及时的反馈。

这六个环节既相互独立又紧密联系。在“定向”中教师引导学生整体把握学习目标，确定新课的重、难点，使学生明确了方向。在“自学”过程中提出问题，学生的问题越多说明思维越活跃，学习兴趣越浓厚，然后在此基础上再进行“讨论”。“讨论”是师生间、生生间的交流，是思想的碰撞。再通过“答疑”解决疑难问题。最关键的一步是“自测”。让学生出题，这样学生就要站在教师的角度去审视知识，因此在出题的过程中就有了学习的方向，加深了对所学内容的理解与巩固，无形中培养了学生的自学能力。可见，在该教学方法的六个环节中，五个环节都是学生居于主体地位，其中只有在定向环节中教师居于主导地位。在六个环节中，第三、第四、第五、第六环节都是以生生间和师生间的信息交互为主要形式进行的教与学的活动，其全过程都在引导、帮助学生自主学习，有效地解决了教与学关系中存在的问题。它将课堂中的教授过程和学习过程有机结合成一个完整的系统，在师生双向交换信息的过程中使学生的能力得到充分、自由、和谐的发展，使学科教学从封闭的课堂教学中解放出来，从而实行开放式教学。

六步教学法是魏书生在长期的教学实践中形成的，独具特色，是教和学和谐统一的教育过程，它是叶圣陶先生所说的“教是为了达到不需要教”的具体践行。此种教学方法在文、理两科教学中均可有效地使用，对广大教育教学实践工作者有着普遍的借鉴意义和价值。

（二）六步教学法的理论依据

六步教学法以知、情、行、恒相互作用的规律为依据，重点培养学生的自学能力。

知，就是使学生认识求知的重要，唤起求知的欲望；情，就是让学生体验获得知识的欢乐和幸福；行，就是让学生了解自身学习活动的方向和规则，提高效率；恒，就是在学习中要有恒心，坚持到底，不半途而废。

从信息论的角度来看，这样的六个步骤有助于信息的处理。第一步定向是控制信息的接受范围，随时排除干扰性的学习重点之外的知识。第二步自学则是主体主动接收信息的过程。第三步讨论和第四步答疑则是信息传递的最重要过程。教师以平等的身份参与学生的讨论，并在必要时做出解答以保证信息的正常流通与传输，这两个环节信息的传递是多向的。师生都是信息源，又都是信息接收器，师生的行为既是反映，又是信息。第五步自测和第六步自结在整个课堂信息传递过程中，是一个终极部分，它们的任务主要是对本课所接收信息的及时反馈与强化。

可以看出，“六步教学法”就是让学生在发现知识、提出问题、总结知识的过程中学会自学，培养学生的自主学习能力。在自学中让学生既得到了“鱼”，又学会了“渔”。这种教学方法充分调动了每个学生的主动性，使他们真正成为学习的主人、课堂的主体。

(三)运用六步教学法的基本要求

在具体的教学活动中，运用六步教学法有哪些基本要求呢？六步教学法是按照定向、自学、讨论、答疑、自测、自结六个环节实施的，其各环节的具体要求如下。

一是定向环节，要求教师创设探究情境，设疑定向。培养学生对事物的好奇心，产生强烈的探究兴趣，具有问题意识，是探究性学习的前提。设疑定标是指在学习新课之前，教师通过有意识地创设问题情境，激发学生探究的兴趣，使学生带着明确的学习目标进入探究过程。创设情境的方法可以根据教学的不同内容来确定。在设疑时，如果学生不能把握重点，教师应及时以学习的引导者和参与者的身份出现，在民主和谐的气氛中与学生一起讨论、筛选问题，确定学习目标。通过设疑定标，为下一步的自主探究打下坚实的基础。

二是自学环节，要求教师引导学生自主探究，培养学生的探究能力。要培养学生的探究能力，必须鼓励引导学生带着问题并通过亲自动眼阅读、动手查阅工具书和资料、动脑筋思考等自学程序，进行自主探究和发现，寻求问题的答案。学生在积极探索和研究的过程中有所发现，有了成功的体验，就有了学习动力，便能真正成为学习的主人。在这一环节中，教师作为学生学习的组织者和合作者，必须能激发学生的好奇心和求知欲，及时给予探究方法的点拨、示范和帮助，鼓励学生从不同的角度进行思考，运用各种各样的方法查找资料，运用资料。

三是讨论环节，要求教师引导学生合作交流，开放探究环境。在学生自主探究的基础上，要开放探究环境，适时引导学生组成学习小组，开展合作，互相交流，实现资源共享，达到共同进步。通过合作交流，能充分发挥学生的潜能，凝聚集体的智慧，活跃课堂的气氛，提高学生的语言表达能力，以培养学生合作探究的良好习惯。

四是答疑环节，要求教师进行创新引导，挖掘学生的探究潜能。在学生自主探究学习的过程中，要适时引导学生归纳、整合学习方法，对学习达成的阶段性目标进行深度的质疑、挖掘和引申，促使学生进行举一反三和由此及彼的联想、想象等发散性思维或迁移性训练，充分挖掘学生探究的潜能，诱发创新的火花，尽情地展示学生的个性，培养学生的求异思维和创新素质。

五是自测环节，要求教师进行多元评价。为了解学生达成学习目标的程度，检验和改进学生的学习和教师的教学，必须对学生自主学习、合作探究的结果进行及时评价。要灵活运用多元化立体式的评价形式，对学生的学习方法、学习过程、学习效果进行自我评价、生生评价和师生评价，并且鼓励学生对别人的评价进行再评价，充分发表自己的见解，使学生在潜移默化中受到启示，明确自己的优点和不足。同时增强自信，更快地参与到下一阶段的学习之中。

六是自结环节，要求教师引导学生拓展探究空间。为了使课堂教学收到更好的效果，让学生的知识得到延伸、认识得到升华，让学生发挥创新思维，有必要把课堂上来不及实施的实践活动，在课外完成。

在实际教学中，应用"六步教学法"时还必须注意以下三个问题。

一要切忌教学过程的程序化。要根据教材要求和学生需要，对某些环节灵活处理，做到审时度势，即兴而作，切忌教学过程的程序化。教学有法，教无定法，这是在任何教学方法的借鉴学习中都应当秉持的要求。

二要注意处理学生主体的"主动"和教师的"主导"之间的关系。在教学过程中，学生主体的"主动"是教师"主导"的前提，而教师"主导"是学生主体"主动"的条件，脱离教师的"主导"，学生主体的"主动"将失去方向。

三要注意各阶段时间安排的合理性，各环节时段的长短没有绝对的要求，要根据教学内容和学生实际发展水平灵活安排。

因此，教学实践者在运用六步教学方法时，不仅要考虑各环节的具体要求，还要充分理解六步教学法的理念、思想，同时结合自身的素质、特点以及班级和学生的实际，借他人之长补自身之短，探索具有自身特色的教学方法。

二、八字教学法

【情境创设】

下面案例来自新人教版历史"古代希腊民主政治"的教学设计思路与实施过程，是"八字教学法"在历史课堂教学中的应用。①

一是读读。让学生在课堂上阅读新教材，积极思考，加深理解，把教师讲授新教材转变为引导学生自学新教材，这是学习方式的改变。教师让学生花六七分钟时间读书，然后下班巡视，个别辅导，为下一步教学奠定基础。

二是议议。课程标准中关于本节课的要求是，了解希腊自然地理环境和希腊城邦制度对希腊文明的影响，认识西方民主政治产生的历史条件，了解雅典民主政治的主要内容，认识民主政治对人类文明发展的重要意义。为此，教师设计了下列问题：①雅典民主政治出现的条件有哪些？②简述雅典民主政治确立和发展的过程(要求写出三次改革的核心内容、地位)。③试说出雅典民主政治的主要内容。④怎样理解"雅典民主的理论与实践，为近现代西方政治制度奠定了最初的基础"？⑤根据你的体验，说说民主政治对人类文明发展的重要意义。⑥试对雅典民主政治进行评价。这些问题涵盖了本节课的主要内容，既包括知识技能训练，也有情感态度与价值观的陶冶，难度适中还有一定的梯度，适合学生探究。根据教学实际，以前后两排四人一个小组进行讨论为宜。在讨论

① 李玉、黄玉仙：《学习乡贤智慧 提高教学水平——略述"八字教学法"在历史教学中的运用》，载《黑河教育》，2013(10)。

中教师要参与进来，进行有针对性的辅导，因材施教，真正实现“关注每一位学生的发展”。讨论的时间以二十五分钟为宜。一般来说，经过讨论学生能自主解决大部分问题。

三是讲讲。由于学生不熟悉古希腊历史，而且理论性强，需要教师讲解或强调的内容就比较多。上述第一个问题，学生根据教材和教材中的插图，能够讲出希腊独特的地理环境和城邦体制是古希腊民主政治发展的两个主要原因。但是工商业发达、城邦体制为什么有利于民主政治的形成和发展呢？这就需要教师进行提示和点拨。教师还要强调，这些只是民主政治形成的必要条件，而不是充要条件。否则学生会陷入地理环境决定论的误区。实际情况也是如此，希腊当时有大大小小二百多个城邦，实行民主政治的只是一小部分。比如，斯巴达就是军事独裁体制。第二个问题，学生很容易回答。教师需要对以下内容进行强调。首先要强调三位改革者所倡导的改革的历史地位，即梭伦改革为雅典民主政治奠定基础，克里斯提尼改革标志着民主政治的正式确立，伯利克里改革使雅典民主政治进入黄金时代。其次还要引导学生分析：梭伦改革的核心内容是财产等级制度，克里斯提尼改革的核心内容是用十个地域部落取代原来的四个血缘部落。因为民主政治确立的过程也就是旧氏族贵族势力不断衰落的过程。然后还要引导学生从这三次改革中归纳出上述第三个问题：雅典民主政治的主要内容。这是课程标准要求而教材又没有系统阐述的，对学生来说有一定的难度。教师可以引导学生从民主政治的公民群体(这里一定要强调“公民”与“居民”的区别)、实施民主政治的主要机构、民主政治运行的原则等方面进行分析，教师还要补充雅典民主政治的法治原则。否则，学生很容易认为法治只有古罗马的时候才有。第四个问题是教材的结论，教师要让学生知道“所以然”。可以引导学生从法律面前人人平等的政治原则，国家机构三权分立的组织形式，少数服从多数的决策原则，国家公职人员的选举制、任期制、差额选举制，比例代表制选举方式等方面来分析。第五个问题可以让学生根据个人的理解和体会来回答，没有所谓的标准答案。最后一个问题，要向学生强调：“在评价古典希腊时，不应挑剔它哪些没做到，而应肯定它做到什么。”

四是练练。它包括两个层次。首先是课堂练习。当堂训练不仅重要而且必要。历史学科不可能布置课外作业，只能要求学生当堂掌握所学。而且教师们可能都有这样的体验：在教师的监督下学生做作业的效率会比较高。其次，与数学、物理、化学等学科不一样，历史作为人文学科，学习的过程也是练习的过程，如上述“读读”“议议”也是练习的不同形式。

(一)八字教学法的含义

20 世纪 60 年代，在校长段力佩的推动下，育才中学以数学、语文为学科试点，改革教学方法。到 20 世纪 70 年代，该校进一步开展教学改革，提出课堂应该是学生学习的场所，要变“授”为“学”，在总结教学改革经验的基础上，提出了“读读、议议、练练、讲讲”八字教学法，于 1977 年开始实行。具体来说，读读，就是指在课堂教学中，让学生读教科书，以培养他们的阅读能力，它是课堂教学的基础；议议，就是提倡学生自觉议论，主动探索问题，这是课堂教学的关键；练练，就是使学生将学到的知识，具体地运用到实践中，它是学生学习知识、巩固知识的一条重要途径；讲讲，就是讲解、解惑，可由教师讲，也可由学生讲。八字教学法的基本精神是让学生成为学习的主人，变被动的学习为积极主动的学习。

我国著名教育家段力佩主张，课堂应该是学生的学堂，而不应该是教师的讲堂。八字教学法的教学过程为：首先是学生课堂上自己读教材，互相议论，逐步了解教材的内容；其次是教师做重点讲解，有意识地引导学生理解教材的重点和难点；最后让学生在课堂上做必要的联系，基本做到当堂理解、消化和巩固。“读、议、练、讲”之间的关系是，读是基础，议是关键，练是应用，讲贯穿始终。当然，八字教学法并非要把每节课都划分为四个阶段，而是要贯彻在整个单元教学中，同时要因学生、学科的不同有所差别。

八字教学法是把课堂教学的重点放在引导学生阅读教材和开展讨论上，在学生自学和充分讨论后，教师只做重点讲授，并指导学生在课内完成作业。

八字教学法打破了过去“满堂灌”的方式，对于调动学生学习的积极因素、培养学生的思维能力具有较好的效果。

(二)八字教学法的理论依据

上海育才中学“八字教学法”实验之所以在教育界产生了广泛的影响，是因为“八字教学法”在教学过程与教学原则上具有某种内在的合理性。

第一，比较合理地将自学的时间和空间还给了学生，让学生成为学习的主人。在“读读、议议、练练、讲讲”的过程中，学生自己读教材，自己讨论和思考问题，有利于提高学生的阅读能力、自学能力。

第二，充分体现了教师的主导作用和学生的主体作用的统一，较好地解决了全班统一标准与学生素质差异的矛盾，巧妙地在实施班级授课的同时，实现了因材施教，注重学生自主活动和及时反馈调整，培养了学生的自学能力，启发了学生的独立思考，发展了学生的非智力因素。

八字教学法是一种民主的、科学的教学方法。这一教学方法的提出，在理论上是对传统教学理论的一个鲜明的挑战，在实践上是一个大胆革新的尝试，其意义是十分明显的。

(三)运用八字教学法的基本要求

段力佩认为，在具体的实践教学活动中，运用八字教学法各环节的要求包括如下几个方面。①

一是读读环节，教师根据教材内容，提出问题和要求，指导学生带着问题和要求有效阅读。读读是指在课堂教学中，让学生读教材，以培养他们的阅读能力。各科课程标准都强调要培养学生分析问题和解决问题的能力，而阅读能力的培养则是培养学生分析问题和解决问题能力的先决条件。让学生阅读教材，就是为了实现这个目的。如何引导学生，使他们读得有效呢？关键在于教师能否对教材加以组织和处理。基本的做法是，对于新课内容要求学生上课时阅读，阅读前根据学科内容提出要求，使学生根据要求去读，阅读时教师在课堂巡视阅读，及时了解学生的阅读情况。不要求学生必须在课前预习新课，若各科都规定预习新课，就会加重学生的负担，不利于他们的个性发展。

二是议议环节，教师根据课堂上提出的问题启发学生，各抒己见，相互交流，明辨是非，以求得正确的结论。议议是指在课堂上学生间的议论，是这个教学方法的关键。学生通过阅读，每个人对教材内容的理解和领会可能不同，同一问题也会有不同的见解。为了开阔学生的思路，发展他们的思维，培养他们的能力，进一步调动他们学习的主动性和积极性，应给他们议论的机会，使他们各抒己见，相互交流，明辨是非，以求得正确的结论。同时也改变过去课堂上那种严肃死板的教学气氛，使学生变得生动活泼。学生提出的问题，有时可能不是教材要求的或者是学生现有的知识还不能解决的，应及时做出交代，待课后做个别指导。

三是练练环节，在教学方法上被称为应用。因为学生获得知识，是从不知到知，从知之少而浅到多而深。在读、议基础上可以达到这个要求，但还有一个熟练和进一步再消化和再巩固的问题，这就需要练。通过练习可以发现问题，进行再读、再议，从而达到熟练和深化。做习题、口头回答、书面练习、开卷小结和实验等都包括在“练”之中，并严格要求学生按期、按量、按质完成一定数量的作业。不主张在课外布置大量作业，反对用频繁的书面测验和成绩来刺激学生学习。具体做法是，对考试制度实行改革，取消期中和期末考试，代之“寓测验于练习之中”“开卷总结”“学生相互批改作业”以及经常性、有计划的教师与学生面谈和笔谈，做到及时了解学生学习情况。按照学科实际情况，在开学初、期中、期末引导学生在教师的启发下评论读过的教材，对教材提出意见，这样学生就必须对读过的教材进行回忆、整理、总结。这对于学生来说也是一次自我复习。另外还应把理科实验课作为“练”的重要一环，千方百计让学生多动手、多动脑，自己寻求解答。数学课的练，极大程度地穿插在读、议之中；语文课的练，偏重在写杂记，写少数命题作文，写书评等；外语课的练，侧重在读、听、讲；等等。

四是讲讲环节，教师要根据学生读、议、练中产生的问题有的放矢、画龙点睛地讲。这实际上是提高课堂利用率的最好办法，也是教师在课堂教学中起主导作用、减轻学生课

① 段力佩：《育才中学：“读读、议议、练练、讲讲”八字教学法》，载《上海教育》，2011(7)。

外负担的一种具体表现。讲讲在课堂教学中是贯穿始终的，读时更有讲，练时少不了讲。

除了以上各环节的要求之外，在八字教学法的实际教学中，还要注意以下几个方面。

一是在教学活动中，教师要考虑面向大多数学生，面向每一个学生，考虑教学内容的基础性。八字教学法的核心是让更多的学生参与教学活动，变教师的“讲”为学生主动的“学”。通过教师对学生发展目标的确定和有效的点拨、诱导，学生的学习就会处于“跳一跳，就能把果子摘下来”的状况。

二是根据学科内容的不同特点，灵活使用读、议、练、讲环节。八字教学法由于各学科的性质和特点的不同，因此在运用上也有差别。例如，数学学科主要以题目组织教材，教师在认真钻研教材的基础上，设计一些以明确概念为主的新旧知识联系、温故知新、举一反三的练习题进行读、议、练、讲，以加深对数学知识的理解和应用；物理、化学、生物学科要以实验组织教材，教师精心设计一些演示实验、学生实验以及实验习题等进行读、议、练、讲，力求做到理论联系实际，手脑并用，巩固获得的知识；语文学科要在读、议、练、讲中精读自编教材，统编教材则采取一次多篇。

总之，不能把八字教学法搞成固定的教学模式，读、议、练、讲的次序也不是不可改变的，不能使它流于形式。

三、六课型单元教学法

【情境创设】

下面案例来自“长方体的表面积”课堂教学实录。①

一是自学课。教师在讲解清楚已经学习的长方体和立方体的特征和本节课要学习的长方体表面积的基础上，明确通过自学要达到两个目的：掌握什么叫作长方体的表面积；怎样计算长方体的表面积。

二是启发课。教师启发说：“想一想长方体有哪些特征？（出示长方体教具火柴盒)”。学生回答：“长方体由六个面组成，它有八个顶点十二条棱。”……教师继续追问：“那么这六个面的总面积该怎样求呢？”学生回答：“长×宽×2＋长×高×2＋宽×高×2”。教师质疑：“再想一想它有怎样的规律？”学生说：“一般先求上下面的面积，再求前后、左右各面的面积。”

三是复习课。教师说：“读课本 p. 87 第一节用‘________’符号画出什么叫长方体的表面积？计算长方体表面积的方法是怎样的呢？”有的学生说：“(长×宽＋长×高＋宽×高)×2。”同时，教师给出练习题：“一个长方体纸盒长 6cm，高 4cm，宽 5cm，求它各

① 默耕：《经典教学方法荟萃》，142～145 页，福州，福建教育出版社，2009。

个面的面积(口答列算式)。”并追问：“上下面的面积?”……

四是作业课。教师问：“求火柴盒外壳的表面积，怎样计算?”……教师追问：“那么(6×5+6×4+5×4)×2 这个算式又是根据什么列的？为什么这样做?”学生回答：“根据乘法分配律列出的，为了计算简便。”

五是改错课。教师给出题目和要求：选择答案，对的算式打“√”，错的打“×”，并画线条表明错在哪里。利民白铁厂做一个长方形不带盖的桶，长 2.5m，宽 2.5m，高 3.5m，制作一个这样的桶，至少需要铁皮多少 m^2。

A：(2.5×2.5 ＋ 2.5×3.5 ＋ 2.5×3.5)× 2(×)；B：2.5×2.5×(2.5×3.5 ＋ 2.5×3.5)×2(×)C：2.5×2.5 ＋(2.5×3.5 ＋ 2.5×3.5)×2(√)……

六是小结课。教师问：“什么叫作长方体的表面积?”学生答：“长方体 6 个面的总面积叫做长方体的表面积。”教师问：“计算长方体表面积的方法是什么?”学生答：“(长×宽＋长×高＋宽×高)×2”。教师提示说：“在计算长方体表面积时，一定要注意审题，灵活运用公式正确解题。”

(一)六课型单元教学法的含义

六课型单元教学法是我国当代教育改革中较有成效的教学方法之一，倡导者为湖北大学心理学教授黎世法。六课型单元教学法就是将现行教材分成若干教学单元，各单元按照自学课—启发课—复习课—作业课—改错课—小结课六种前后紧密联系的课型(如图 6-1)进行教学。该教学方法在中学被称为“六课型单元教学法”，在小学被称为“六因素单元教学法”。

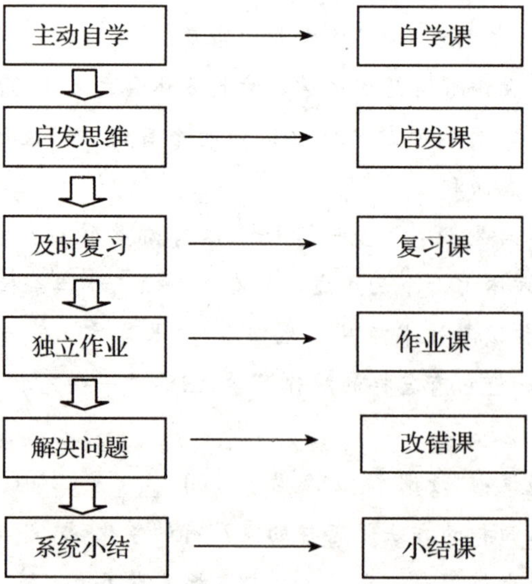

图 6-1　六课型单元教学法

一是自学课。学生在教师的指导下，进行独立思考和作业，自觉主动地获得新知识和新的技能，并明确学习的难点和重点；教师明确指导的重点。

二是启发课。师生共同运用科学的思维方法，解决多数学生在自学课中难以解决的共性问题，沟通新旧知识间的联系，使学生头脑中形成比较完整的知识体系。

三是复习课。学生在教师的指导下，对所学知识进行独立复习，继续解决新课中未解决的问题，使所学知识系统化、概括化。

四是作业课。学生独立地将所学知识灵活运用于实际，形成新的技能。基本程序为：教师精选有代表性的练习题，布置作业；教师进行作业指导谈话；学生独立作业，教师巡回进行作业指导。有些学生如果提前完成作业，可以在教师指导下适当选做难度较大的综合练习题。

五是改错课。学生在教师的指导下，认真分析作业错误的原因，改正错误，掌握正确的作业方法。

六是小结课。学生在教师的指导下，积极思考，使所学知识进一步系统化、概括化，所学技能进一步综合化、熟练化。可以一个教学单元进行一次小结，也可以几个单元结合进行。

六课型教学依次递进，其中某些环节根据教学条件可以压缩、叠合、省略，但不可逆转。

(二)六课型单元教学法的理论依据

六课型单元教学法的教学思想是，以学生学习教材内容的科学认识过程和学生学习心理规律为依据组织教学过程。在教师的指导下，让学生做学习的主人，使学生学得生动活泼、有创造性，学会用科学的学习方法和思维方法，主动积极地获得知识，形成基本技能，提高单位时间的教学效益，减轻师生负担。

布鲁纳的学习理论强调学生学习的主动性、学生的已有认知结构和独立思考，强调内在动机和思维能力的培养等方面的重要作用。

(三)运用六课型单元教学法的基本要求

根据不同课型的特点，它们各自有着具体的操作要求。

1. 自学课的基本要求

①教师根据教材内容并结合学生的学习实际，编写自学提纲，并向学生布置自学提纲。

②教师运用自学提纲进行自学指导谈话，学生抓住重点做笔记。

③在学生自学前或自学过程中，教师根据需要，可组织学生进行现场观察、实验和社会调查。

④学生紧扣提纲进行自学。在自学过程中，要积极动脑、质疑，力争理解教材，并将自学成果写在笔记上。

⑤做一些参考练习题，以检验自学成果和加深对教材的理解。

⑥教师在了解到学生已经基本理解了教材内容，并做了自学笔记，多数学生只存在几个共同的难于理解的问题时，自学课就可以结束。

2. 启发课的基本要求

①教师突出重点、简单扼要地向学生讲解本单元教材的知识体系，为学生理解难点提供必要的基础知识。同时，学生在理解的基础上做好笔记。

②教师围绕重点，讲解难点，引导学生从知识本身的内在联系中去观察、分析和解决问题。

③教师要鼓励学生提问，营造学生敢于发表不同见解的环境。如果学生提不出问题，教师要主动提问，请学生回答，以检查学生的学习效果。

3. 复习课的基本要求

复习课的根本目的是学生在教师的指导下，对所学知识进行独立复习，解决尚未解决的问题，使知识系统化，加深和巩固对新知识的理解和记忆，提高运用新知识解决问题的技能。

①教师布置复习提纲，并进行复习指导谈话。复习提纲比自学提纲要简明扼要，只需抓住要领，突出主要问题。

②学生按照教师布置的复习提纲，反复思考仍未解决的问题，达到完全理解的目的。

③教师在指导学生复习时，要根据学生特点因材施教。

④教师检查部分学生的复习笔记，然后进行评论，指出优缺点，以加深学生对单元教材主要问题的理解。

4. 作业课的基本要求

①教师布置作业。作业布置要克服盲目性，提倡精讲精练。精练，就是要选一些有代表性的练习题，起到举一反三、触类旁通的效果。

②教师进行作业指导谈话。

③学生进行独立作业。教师巡回进行指导，要重点帮助学习能力差的学生提高分析问题的能力。有的学生如果提前做完了规定的作业，可以在教师的指导下适当地选一些难度较大的有代表性的综合练习题，以培养灵活运用知识来解决较复杂问题的能力。

④在形成新技能和运用其解决实际问题的过程中，要注意技能的综合化。技能的综合化是建立在知识概括化的基础上的，只有对与各种技能相关的知识之间的内在联系有了深刻的理解，才有可能实现知识的概括化和相应技能的综合化。

5. 改错课的基本要求

理科和文科的改错课，在具体做法上有些不同，现以数学学科为例加以说明。

①教师根据学生作业中存在的问题进行改错指导谈话，指出要特别注意的问题。

②学生互改作业。

③作业互改完后，教师请学生上讲台，一边演示作业，一边讲解。其他学生将自己的解题方法与之对比，适当做笔记，取长补短。

④每个学生除了有一般的作业本外，还要有一个错误作业的重做本，将自己做错或改错了的题，重做一遍。

⑤教师要定期检查，掌握学生改错的情况。学生如果发现自己在掌握知识和技能上还存在着比较大的缺陷时，就应在教师的指导下，制订课外自学计划，弥补不足。

6. 小结课的基本要求

①小结可以一个教学单元进行。

②小结可以几个教学单元结合进行。

四、情境教学法

【情境创设】

下面案例来自“小白花”课堂教学过程实录。①

小学二年级《小白花》这篇课文，描绘了 1976 年 4 月初首都人民在天安门广场悼念周总理的情境。上课开始，教师首先出示一张放大的当时拍摄的照片，再放一段当时的录音，让学生边听边看，使学生对课文中描写的天安门广场的情境形成感性认识。然后分享几首小提琴协奏曲。接着，又选取以悼念周总理为主题的小提琴协奏曲中的几个乐章，再现面对人民英雄纪念碑向周总理默哀的情境。随着李吉林朗读课文的声音，孩子们自然而然地进入了课文中描写的具体情境。这时，课文中的语言描述成了师生们的共同心声……

(一)情境教学法的含义

情境教学法是江苏省特级教师李吉林结合长期的教学实践提出的教学方法。它是指在教学过程中，教师有目的地引入或创设具有一定情绪色彩的、以形象为主体的生动具体的情境，以引起学生一定的态度体验，从而帮助学生理解教材，并使学生的心理机能得到发展的教学方法。情境教学法的核心在于激发学生的情感。

---

① 默耘：《经典教学方法荟萃》，162 页，福州，福建教育出版社，2009。

(二)情境教学法的理论依据

1. 情感和认知活动相互作用的原理

个体的情感对认知活动有着动力和调节的功能。情感的动力功能是指情感对认知活动的增力或减力的效能，即健康的、积极的情感对认知活动起积极的发动和促进作用，消极的、不健康的情绪对认知活动起阻碍和抑制作用。情境教学法就是要在教学过程中引起学生积极的、健康的情感体验，直接提高学生对学习的积极性，使学习活动成为学生主动进行的、快乐的事情。情感对认知活动的增力效能，给我们解决目前学生中普遍存在的学习动力不足的问题以新的启示。情感的调节功能是指情感对认知活动的组织或瓦解作用，即中等强度的、愉快的情绪有利于智力操作的组织和进行，而情绪过强和过弱以及情绪不佳则可能导致思维的混乱和记忆的困难。情境教学法要求创设的情境就是要使学生感到轻松愉快、心平气和、耳目一新，促进学生心理活动的展开和深入进行。课堂教学的实践表明，欢快活泼的课堂气氛是取得优良教学效果的重要条件，学生情感高涨和欢欣鼓舞之时往往是知识内化和深化之时。脑科学研究表明，人的大脑功能，左右两半球既有分工又有合作，大脑左半球负责逻辑、理性和分析的思维，包括言语的活动；大脑右半球负责直觉、创造力和想象力，包括情感的活动。在传统教学中，无论是教师的分析讲解，还是学生的单项练习，以至机械的背诵，所调动的主要是逻辑的、无感情的大脑左半球的活动。而情境教学，往往是让学生先感受而后用语言表达，或边感受边促使内部语言的积极活动。感受时，负责形象思维的大脑右半球兴奋；表达时，负责抽象思维的大脑左半球兴奋。这样，大脑两半球交替兴奋、抑制或同时兴奋，协同工作，大大挖掘了大脑的潜在能量，促使学生可以在轻松愉快的气氛中学习。因此，情境教学可以获得比传统教学明显良好的教学效果。

2. 认识的直观原理

从方法论来看，情境教学是利用反映论的原理，根据客观存在对儿童主观意识的作用进行的。而世界正是通过形象进入儿童的意识的，意识是客观存在的反映。情境教学所创设的情境，因其是人为有意识创设的、优化了的，有利于儿童发展的外界环境，这种经过优化的客观情境，在教师语言的支配下，使儿童置身于特定的情境中，不仅影响儿童的认知心理，而且促使儿童的情感活动参与学习，从而引起儿童本身的自我运动。捷克教育家夸美纽斯在《大教学论》中写道："知识的开端永远必须来自感官。"[①]这种论述反映了教学过程中学生认识规律的一个重要方面：直观可以使抽象的知识具体化、形象化，有助于学生感性知识的形成。情境教学法使学生身临其境或如临其境，就是通过给学生展示鲜明具体的形象(包括直接和间接形象)，一则使学生从形象的感知达到抽象

---

① [捷克]夸美纽斯：《大教学论》，41页，北京，教育科学出版社，1999。

的理性顿悟，二则激发学生的学习情绪和学习兴趣，使学习活动成为学生主动的、自觉的活动。应该指明的是，情境教学法的一个本质特征是激发学生的情感，以此推动学生认知活动的进行。

3. 思维科学的相似原理

相似原理反映了事物之间的同一性，是普遍性原理，也是情境教学的理论基础。形象是情境的主体，情境教学中的模拟要以范文中的形象和教学需要的形象为对象，情境中的形象也应和学生的知识经验相一致。情境教学法要在教学过程中引入或创设许多生动的情境，也就是为学生提供了更多的感知对象，使学生大脑中的相似块(知识单元)增加，有助于学生灵感的产生，也培养了学生相似性思维的能力。

4. 人的认知过程是有意识心理活动与无意识心理活动统一的过程

众所周知，有意识心理活动是主体对客体所意识到的心理活动的总和，包括有意知觉、有意记忆、有意注意、有意再认、有意重现(回忆)、有意想象、有意表象(再造的和创造的)、逻辑和言语思维、有意体验等。但遗憾的是，包含如此丰富内容的有意识心理活动仍然不能单独完成认识、适应和改造自然的任务。情境教学的最终目的也正在于诱发和利用无意心理提供的认识潜能。自弗洛伊德以来，无意识心理现象为越来越多的学者所重视。所谓无意识心理，就是人们所未意识到的心理活动的总和，是主体对客体的不自觉的认识与内部体验的统一，是大脑不可缺少的反映形式，它包括无意感知、无意识记、无意再认、无意表象、无意想象、非言语思维、无意注意、无意体验等。该定义强调无意识心理活动具有两个方面的功能：一是对客体的一种不知不觉的认知作用。例如，我们在边走路边谈话时，对路边的景物以及路上的其他东西并未产生有意识的映象，但我们却不会被路上的一堆石头绊倒。原因就是“石头”事实上引起了我们的反应，并产生了“避让”这种不自觉的、未注意的、不由自主的和模糊不清的躯体反应。二是对客体的一种不知不觉的内部体验作用。常言的“情绪传染”就是无意识心理这一功能的表现。例如，我们会感到无缘无故的快活、不知不觉的忧郁，这往往是心境作用的结果。心境本身就是一种情绪状态，它能使人的其他一切体验和活动都染上较长时间的情绪色彩。研究表明，无意识心理的上述两个功能直接作用于人的认知过程：首先它是人们认识客观现实的必要形式；其次它是促使人们有效地进行学习或创造性工作的一种能力。可见，无意识心理活动的潜能是人的认知过程中不可缺少的能量源泉。情境教学的目的就在于尽可能地利用无意识的这些功能，也就是强调在不知不觉中获得智力因素与非智力因素的统一。

5. 人的认知过程是智力因素与非智力因素统一的过程

教学作为一种认知过程，智力因素与非智力因素统一在其中。否则，人们常言的“晓之以理，动之以情”就失去了理论依据。在教学这种特定情境中的人际交往，由教师与学生的双边活动构成，其中师生间存在着两条交织在一起的信息交流回路：知识信息交流回路和情感信息交流回路。两者相互影响，彼此依存，从不同的侧面共同作用于教学过程。知识回路中的信息是教学内容，信息载体是教学形式；情感回路中的信息是师生情绪情感的变化，其载体是师生的表情(包括言语表情、面部表情、动作表情等)。无论哪一条回路发生故障，都必然影响到教学活动的质量，只有当两条回路都畅通无阻时，教学才能取得理想的效果。

(三)运用情境教学法的基本要求

1. 情境教学设计与实施中的基本原则

一是主动性原则。运用情境教学法的第一原则就是主动性，以充分调动学生主动地投入学习活动。二是美感性原则，显现美的教学内容。教学活动除了教给学生知识、完成认知的任务之外，还应包含关于智力的、意志的、审美的、道德的内容。三是创造性原则。对于提高学生的悟性、培养创造性人才的教育终极目标来说，情境教学已显示其重要价值。四是教育性原则。教育性的渗透在很大程度上就是为了教会学生学会做人，使学生富有同情心、主动关心他人，乐于帮助他人。五是实践性原则。情境教学要竭力让学生在动中学、趣中学、做中学，进而达到在乐中学。①

2. 情境教学法运用的具体要求

(1)根据教材内容展开想象，创设情境，激发学生兴趣

情境教学以“情”为纽带，以教师之“情”去拨动学生心灵的琴弦。因此运用情境教学引导学生学好教材内容，离不开教师自己真切的感受。情源于境，因此要学生进入情境，教师需要自己先进入情境。

教材选材范围甚广，从时间来说，有现代的、近代的、也有远古年代的；从空间来说，有现实生活的，也有异国他乡的，从大海、高山到浩渺的宇宙，无不涉及。教材内容与学生的生活空间有较大距离。要把学生带入教材描写的情境中，教师在备课过程中就要对教材描写的客观世界形成自己的主观感受，缩短学生与教材之间的时空距离。这就需要教师展开心灵的翅膀，利用想象，创设情境，吸引学生，有效地激起他们的学习动机。例如，在教学“草地夜行”时可以创设这样的情境：“我”这个小战士，在茫茫草海中艰难地赶路的画面。于是备课时，就写下了“茫茫草海，一眼望不到边，看不到人家，听不见鸟叫，到处是没膝的草。一个十三四岁的小红军，他又饿又累，但他仍旧一步一步艰难地行走在那条红军大队人马远去的路上。”用这样一段情境创设，把学生带入课文描写的情境，从而吸引学生，激起学生的学习动机。②

(2)根据教材内容和学生学情，优化情境，注重效果

第一，根据教材内容和学生学情，优化情境。情境优化有两个标准：一是耗费低

① 李吉林：《情境教学五原则》，北京，载《中国教师报》，2013-09-11。

② 李吉林：《情境教学怎样设计情境》，载《人民教育》，1992(2)。

(包括时间的耗费和物质材料的耗费);二是效率高。那种创设情境不顾耗费,搞“花架子”的情况是不符合情境教学“最优化”标准的。优化情境,首先要关注教材的内容,尤其是教材内容的情感基调,是高昂的,还是低沉的;是欢快的,还是悲哀的;是平静的,还是喧闹的。其次要选择合适的手段。例如,欢快的、喧闹的情感基调就可以运用表演来创设情境。当然,也可以运用音乐,运用剪贴画、简易画来创设情境。而那种高昂的、激奋的,或者低沉的、悲伤的,都不宜让学生表演或扮演角色去创设情境,因为这些情感的基调都比较严肃、庄重,而且也比较强烈,是学生生活中没有经历过的,也是情感体验所缺乏的。最后要关注新知识的学习。情境创设一定要以教学内容为依据。为了教学活动的顺利开展,情境创设要指向新知识的学习,新知识的学习是教学情境创设的最大目的和任务。

第二,情境创设要注重实施效果。任何教学情境创设都是为了教学目标的达成,教学情境本身并不是目的,它只是实现教学目标的一个途径。因此,教学情境创设一定要紧扣教学目标,其创设实效性要以教学目标是否达成为判断标准。①

(3)设计角色,充分活动

为了强化学生的主体意识,情境教学常常利用角色效应,设计角色让学生充分活动,并且根据学科特点,从教材语言出发,落实教材语言。“语言”“情境”不断沟通结合,情境才不至于虚设。这样一个个连续的情境,能够激起学生的情绪,一步步加深情感的体验,加深对情境本质的认识,使学生在认知活动中由于情感活动的参与而达到很高的水平,保证全面地完成教学的任务。

五、尝试教学法

【情境创设】

下面案例来自“同分母分数加减法”课堂教学实录。②

一是准备练习。教师先明确学习内容和任务:同分母分数加减法。引导学生学习同分母分数加减法,已学过的内容“分数的意义和性质”“约分”“通分”等。

二是尝试自学。教师明确学生的自学任务,即通过自己看书,看看自己能够学会什么。教师通过给各组学生分配劳动任务的生活情境来编写题目:把全班同学平均分成8个小组,第一组的同学扫地,第二、第三、第四组的同学擦窗户。参加这两种劳动的人数是全班人数的几分之几呢?学生回答说:“$\frac{4}{8}$”……

三是尝试练习。教师巡视,各组代表纷纷上台板演。教师说:“你们看看,各组写

① 李吉林:《情境教学怎样设计情境》,载《人民教育》,1992(2)。
② 邱学华、舒孝翠:《同分母分数加减法”课堂纪实与赏析》,载《小学教学(数学版)》,2014(11)。

的对不对？学生说："第六组的$\frac{1}{8}+\frac{3}{8}=\frac{4}{8}$应该写成$\frac{1}{8}+\frac{3}{8}=\frac{1+3}{8}=\frac{4}{8}$，中间少了一步……"

四是尝试质疑讨论。学生提出质疑："同分母分数相加，如果结果是假分数，要不要化成带分数？"教师回答："这是一个很好的问题！如果题目中没有提要求，你的任何一种选择都是对的。"学生又质疑："为什么在做同分母分数加减法的时候，分母不用相加减，只要分子相加减？"

五是教师讲解。用钱数来说，我有 5 元，还有 3 元，一共是几元？（板书：5 元＋3 元＝ ）学生说："8 元。"教师问："这个'元'要不要加？"学生说："要加，是单位。"教师追问："分数有没有单位？"学生回答有。教师继续问："$\frac{3}{8}$的单位是多少？"学生回答："$\frac{1}{8}$"……教师又问："那么$\frac{5}{6}$的分数单位是多少？"学生回答说："$\frac{1}{6}$"……教师总结：$\frac{1}{8}$是单位，我们只要把分子相加减就行。分数单位这个概念我们要弄清楚，将来学分数的乘法和除法时都要用到。在数学上，整数、小数、分数都有单位。

六是第二次尝试练习。教师让学生做课本上第 105 页第 2 题中 6 道题……教师说："进行当堂检测，我要检测一下你们到底学得怎么样。（布置课本第 106 页、第 108 页的题目，给予分值，总分 100 分）"……

（一）尝试教学法的含义

尝试教学法是 1980 年常州师范学校的邱学华根据"先练后讲"的思想，在常州市劳动中路小学的数学教学中开始实验，逐步形成的一种教学方法。尝试是指在教师的指导下，学生依靠自己的努力去初步解决问题。它是有指导的尝试，同 20 世纪初美国心理学家桑代克提出的"尝试错误学说"是不同的。

尝试教学法的基本精神是先让学生"试一试"再展开教学。与传统教学的"先教后学""先讲后练"相比，尝试教学法的基本特点可以归结为"先学后教""先练后讲"，让学生在尝试中学习，在尝试中成功。从强调"教师为主宰"转变为强调"学生为主体"，在整个教学活动中，教师只是提出问题，让学生在旧知识的基础上，自学课本和互相讨论，依靠自己的力量初步解决问题，找到问题所在，最后教师再做有针对性的讲解。

目前，尝试教学法的应用范围已从小学发展到中学，从数学学科发展到语文、物理、化学等学科。尝试教学法在中小学各学科教学中呈现的普遍的积极效果说明，在教学过程中尝试教学法是具有普遍意义的。在十多年尝试教学法的实验研究和推广应用的基础上，通过系统、严格的实证研究，构建了一种新的教学理论——尝试成功教学理论。

(二)尝试教学法的理论依据

第一，情意原理。这条原理也被概括为“让学生在迫切要求下学习”。研究者认为：“主体的中枢活动包含着互为前提、互为促进的认知结构和情意状态两个方面，激发学习者动机、兴趣和追求的意向，加强教育者与学习者的感情交流，是促进认知发展的支柱和动力。”①

第二，序进原理。这条原理关注的是“组织好课堂教学的层次和结构”。尝试教学法研究者认为：“来自环境的知识和经验可以相应地转化为学习者的认知结构、情意状态和行为结构，教育者根据不同对象的发展水平，有步骤地提高所呈现的知识和经验的结构化的程度，组织好从简单到复杂的有序累积过程，是提高转化效率的基础。”②序进原理实际上是对知识结构(包括教材结构与教学结构)的关注。

第三，活动原理。这条原理最初的形态为“开发自主学习活动，促进学习过程积极化”，也可以理解为“在采用讲授法的同时，辅之以‘尝试指导’的方法”。实验研究者建议教师采用“尝试指导”的教学方法，引导学生边听、边想、边尝试，促使他们发现问题、提出问题、分析问题和解决问题。

第四，反馈原理。顾泠沅认为：“学习者的心理和行为向预期目标的发展，都需要依赖反馈调节，教育者及时地、有针对性地调节教学，学习者自我评价的参与，可以大大改善学习的进程，有效的反馈机制是目标达成的必要保障。”③

在以上四个教学原理中，情意原理指出了中枢心理活动中认知与情意两大领域之间的横向作用；序进原理概括了活动结构从简单到复杂的纵向累积关系；活动原理从中枢与外周间的内化、外化关系及其对于环境的同化与顺应中揭示了学习的内部本质；反馈原理则强调了学习过程外部调控的重要作用。

(三)运用尝试教学法的基本要求

1. 正确处理学生的尝试和教师的指导之间的关系

尝试教学法包含两个要素：学生的尝试和教师的指导。

(1)学生的尝试

中小学各科知识一般可用习题的形式呈现，学生在教师的指导下自学课本，在已有旧知识的基础上自己去尝试解决问题，尝试解答习题，回答问题，或完成某项活动。尝试练习还可采用尝试操作的形式，让学生动手操作学具、实验仪器、测量工具等，根据尝试操作的结果，自己尝试得出结论来解决问题。学生的尝试过程，就是学生自己探索

① 高慎英、刘良华：《有效教学论》，170页，广州，广东教育出版社，2004。
② 高慎英、刘良华：《有效教学论》，171页，广州，广东教育出版社，2004。
③ 高慎英、刘良华：《有效教学论》，172页，广州，广东教育出版社，2004。

解决问题的过程。它的表现形式有尝试阅读、尝试操作、尝试练习、尝试讲解等。

(2)教师的指导

学生的尝试不是盲目的，而是在教师的指导下有目的、有步骤地尝试。教师不但要在学生的尝试中进行指导，而且在学生的尝试前和尝试后，都必须认真指导。在学生尝试前，教师要认真制订课时计划，确定学生尝试的步骤，编拟准备题和尝试题，指导学生自学课本，要设计指导语或提出自学思考提纲。在学生尝试中，教师必须巡回指导，了解学生的尝试情况，特别对差生要进行个别辅导，帮助他们完成尝试任务。在学生尝试后，教师可以组织学生讨论，启发学生尝试讲解道理，判断尝试的正误，对正确的答案进行强化，对错误的答案进行矫正。根据学生尝试练习的情况，教师针对学生感到困难的地方、教材关键的地方进行重点讲解，以确保学生系统地掌握知识。

学生的尝试与教师的指导两个方面是互相依存、紧密联系的，学生的尝试以教师的指导为前提，教师的指导以学生的尝试为目标。教师的指导是根据学生的年龄特点和认识规律以及教材特点和教学要求来为学生的尝试创设条件的。

2. 充分发挥六个方面的作用

在现代教学的条件下，把教师的主导作用和学生的主体作用有机地结合起来，创设一定的条件，能够使学生的尝试活动取得成功。达到尝试成功的条件必须充分发挥六个方面的作用：学生的主体作用、教师的主导作用、教材的示范作用、旧知识的迁移作用、学生之间的互补作用、师生之间的情意作用。

3. 按照尝试教学法的基本教学程序要求进行教学

随着尝试教学法在教学实践中的不断应用与发展，尝试教学法的基本教学程序也在不断得到完善。邱学华从 1980 年开始探讨尝试教学法，先后在《福建教育》《人民教育》《中国教育学刊》上公开发表《尝试教学法的实践与研究》《尝试教学法的理论与实践》《尝试教学理论的实质与教学模式》等文章。尝试教学法的基本精神是“先练后讲”，它的基本教学程序分为七步：准备练习—出示尝试题—自学课本—尝试练习—学生讨论—教师讲解—第二次尝试练习。下面是邱学华对尝试教学法教学程序的具体阐释。①

第一步，准备练习。这一步是学生尝试活动的准备阶段。对解决尝试问题所需的基础知识先进行准备练习，然后采用“以旧引新”的办法，从准备题过渡到尝试题，发挥旧知识的迁移作用，为学生解决尝试题铺路架桥。

第二步，出示尝试题。这一步是提出问题，也就是给学生的尝试活动提出任务，让学生进入问题的情境之中。尝试题出示后，必须激发学生尝试的兴趣，激活学生的思维。“老师还没有教，谁会做这道题目?”“看谁能动脑筋自己来解决这个问题?”先让学生思考，同桌的学生可以互相讨论如何解决尝试问题。

---

① 邱学华：《尝试教学理论的实质与教学模式》，载《中国教育学刊》，1997(6)。

第三步，自学课本。这一步是为学生在尝试活动中自己解决问题提供信息。出示尝试题后，学生产生了好奇心，同时产生解决问题的愿望。这时引导学生自学课本就成为学生切身的需要。教师应提醒学生："这道题你们是不是还不会做，请翻开课本看看例题是怎样做的，再想想这道题应该怎样做。"

在自学课本前，教师有时可以提出一些思考问题作为指导。在自学课本时，学生遇到困难可以提问，同桌的学生也可以互相商量。通过自学，大部分学生能够解答尝试题，跃跃欲试。时机成熟就转入下一步。

第四步，尝试练习。这一步是学生尝试活动的主要环节。根据不同学科的特点，尝试练习可以分为多种形式。教师要巡视，以便及时了解学生的困难，为后面讲解提供信息。学生在尝试中遇到困难，可以继续阅读课本，同桌之间也可以互相帮助。尝试练习结束后，就转入下一步。

第五步，学生讨论。学生在尝试练习中会出现不同答案，对此会产生疑问，这时要引导学生讨论。在对尝试题评议讨论的过程中，学生已经在尝试讲解道理了。学生互相讨论后迫切需要知道自己尝试的结果是否正确，听教师讲解已成为他们的迫切要求。为此，转入下一步。

第六步，教师讲解。这一步是帮助学生系统地掌握知识。有些学生会做尝试题，可能是按照例题来做，并没有真正理解道理。因此，在学生尝试练习以后，教师还要进行讲解。

这里的讲解同过去的方法有所不同。教师只要针对学生感到困难的地方、教材关键的地方重点进行讲解，也就是在学生感到困难的地方进行教学。

第七步，第二次尝试练习。这一步是给学生再次尝试的机会。在第一次尝试练习中，有的学生可能会做错，有的虽然做对了但没有理解道理。经过学生讨论和教师讲解后，得到了反馈矫正，其中大部分人会有所领悟。为了进一步了解学生掌握新知识的情况以及把学生的认识水平再提高一步，应该进行第二次尝试练习，再一次进行信息反馈。这一步对"中差生"特别有利。

第二次的尝试题不能同第一次相似，否则就失去了意义。它一般同例题稍有不同或采用题组形式。第二次尝试练习后，教师可以进行补充讲解。

以上七步是一个有机整体，反映了学生完整的尝试过程；它也是一个有序的可控的教学系统。在这七步中，第一步是准备阶段，第七步是引申阶段，中间的五步是主要环节。

尝试教学法的基本教学程序为教师合理组织教学过程提供了可以遵循的科学程序，但是在教学情况各不相同时，生搬硬套一个模式是不科学的。因此，以上的七步教学程序并不是固定不变的，应该根据不同教学内容、不同的学生情况以及教学条件的变化而灵活应用。但"先试后导""先练后讲"的基本特征不能变。因此，从基本式可派生出许多变式。这里略举几种主要变式。

变式 1：调换式

把基本式中某几步调换一下。例如，第三步“自学课本”与第四步“尝试练习”可以调换一下。让学生先做尝试题，尝试解题之后，再让学生自学课本例题加以对照，检验尝试结果。

这样调换的条件是学生解答尝试题要有一定的基础，估计独立做尝试题困难不大。这样调换的优点是学生不受课本束缚，能更主动地去探索，有利于其创造性思维的发展，同时也符合学生急于尝试的心理特点。

变式 2：增添式

根据教学需要，可以在基本式上增添一步或几步。例如，可以增添一步学生讨论。出示尝试题后，由于学生的知识水平不同，有的胸有成竹，有的模模糊糊，有的一知半解。这时如果先让学生议论一番，则可以互相启发，有利于尝试练习。这种议论可以采用两人或三人的自由式议论。

有些教学内容实践性较强，如小学的科学、中学的理化、数学中的几何或计量，可以在尝试练习前后增加一步尝试操作。

变式 3：结合式

当学生比较熟悉和适应尝试教学以后，基本式的七步可以有机地结合进行。例如，出示尝试题以后，学生可以一边自学课本，一边动手做尝试题，即把第三、第四两步结合起来；第五、第六两步也不要截然分开，即学生讨论和教师讲解可以结合进行，教师参加学生的讨论，在讨论中把需要讲解的内容穿插进来。这样做比较自然，既节约时间，又灵活机动。

大量的教学实践证明，这种结合式应用比较普遍。七步基本教学程序多在开始时使用，一旦学生已经熟悉，就应该灵活应用。如果还是照套七步基本式，学生反而会觉得厌烦。

“自学课本”与“尝试练习”这两步结合进行，是先看课本再练习，还是先练习再看课本，让学生自己决定。一部分学生觉得做尝试题有把握，就先做练习再看书；一部分学生做尝试题有困难，就先自学课本再练习。这种做法体现了因材施教，即按各类学生的内在需要决定教学程序，不强求一致，也就是让学生自己决定学习策略。

变式 4：课外预习补充式

小学高年级和中学的每节课的教学内容较多，这就产生了一个突出矛盾，即七步全放在课堂中进行的时间不够。为了解决这个矛盾，就出现了课外预习补充式。

课外预习补充式的具体操作方法是把基本式的前几步提前到课前作为预习。上一堂课结束前，教师出示下一堂课的尝试题，可做简单的指导。学生在课外自学课本，解决尝试问题。下一堂课开始，教师立即检查尝试结果，接着进行“学生讨论”“教师讲解”以及“第二次尝试练习”等环节。

把尝试过程延伸到课外的做法使课内课外协调一致。课外预习是尝试的开始，学生自己探索，初步解决尝试题；课内是尝试的延续，检验尝试的结果，巩固尝试过程中获得的新知识；本课结束时，布置预习，又是下一次尝试的开始。整个教学过程以尝试为核心，学生始终处于尝试的状态。

课外预习能够有效地培养学生的自学能力，增强学生的学习意识。过去学生在课外只是被动完成上节课的作业，往往感到厌倦。现在学生在课外是提前自学下一节课的内容，会感到新鲜好奇，愿意去尝试。长此下去，会增强超前学习的意识，逐步学会自己安排学习计划。这种超前学习意识，对学生今后的学习和工作是极为重要的。

以上介绍操作的基本程序以及四种变式，教师应按教学的不同情况，灵活安排教学程序。关键在于要体现“先试后导”“先练后讲”的基本精神。

第二节 国外当代教学方法的改革

社会发展，科学技术的进步，不仅要求更新教学内容，而且要求更新教学方法和教学手段。20 世纪 50 年代以后，“随着教育思想向注重学生能力的培养转变”①，“越来越多的国家不满意传统的教学方法，认为传统的教学方法过于死气沉沉，其弊端在于压抑了学生学习的积极性、主动性和创造性，教学效率低，教学质量差。为此，世界各国都在积极地改革传统的教学方法，做了不少的尝试和创新，意在建立现代教学方法的体系。”②在这场教学方法的变革中，新的教学方法既要体现教师教的有效，更要体现学生学的积极。传统教学方法只注重教师“怎么教”的方法，不注重学生“怎么学”的方法；当代教学方法更为重视开发学生的智力，培养学生的创造力，体现学生学习的主体性。即使运用传统教学方法，也强调要贯穿启发和探索精神，达到教学方法对学生智能发展的促进作用。20 世纪 50 年代以后，国外教学方法种类繁多，在此介绍国外五种有代表性的教学方法。

一、程序教学法

【情境创设】

下面案例来自初中数学“平行四边形的判定”运用程序教学法的课堂实录。③

---

① 吴文侃：《国外中小学教学方法改革现状》，载《外国中小学教育》，1986(6)。
② 白彦茹：《国外中小学教学方法改革述评》，载《黑龙江教育学院学报》，1996(1)。
③ 曾周仁：《“程序教学法”在初中数学教学中的应用》，载《新课程(中学)》，2016(3)。

第一步，学生看材料。教师出示自编资料。首先，明确学习目标。即①初步理解平行四边形的判定方法，并能正确判定。②通过探索平行四边形的判定方法，经历画图、观察、分析、猜想、归纳、概括、证明等活动过程。其次，提出相关的思考问题。即①平行四边形对边相等、对角相等、对角线互相平分，反过来，成立吗？②结合教材例子自主推导平行四边形的判定定理。例如，两组对边分别相等或对角线互相平分的四边形是平行四边形。最后，自主证明相关的命题。例如，两组对角分别相等的四边形是平行四边形。

第二步，做出反应。教师引导学生运用所学的知识解答下面几个问题：①用多种证明方式证明"一组对边平行且相等的四边形是平行四边形"这一定理。②如图 6-2，在平行四边形 $ABCD$ 中，点 E、F 分别在 BC、AD 上，且 $AF=CE$，求证四边形 $AECF$ 是平行四边形。③如图 6-3，四边形 $AEFD$ 和 $EBCF$ 都是平行四边形，求证四边形 $ABCD$ 是平行四边形。

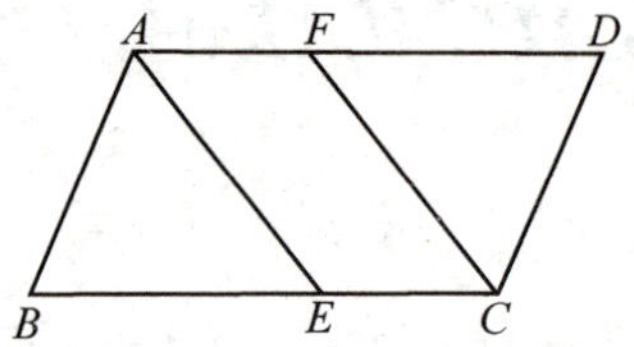

图 6-2

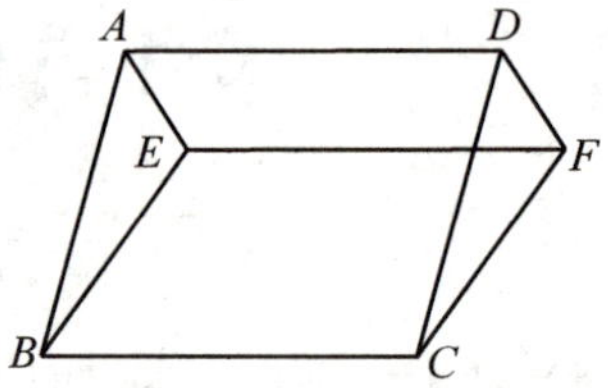

图 6-3

第三步，碰到困难，学习中断，互相讨论。解决学生在上述的两个环节中遇到的各种问题。组织学生对存在的问题以小组为单位进行互相讨论，引导学生自主突破。比如，优等生带动学困生对相关定理进行推导，以帮助学生理解其本质。

第四步，经过讨论，思路畅通，再按程序学习。这样循环进行下去……

(一)程序教学法的含义

程序教学法是美国著名的教学心理学家斯金纳倡导的。他通过动物实验来推断人的学习，建立了操作行为主义的学习理论，并据此提出了程序教学法，曾给 20 世纪 50 年代的美国和世界的中小学教育带来了广泛影响。20 世纪 70 年代以后，程序教学法的思想和方法又被广泛应用于计算机辅助教学。

程序教学法是一种强调个别化的教学方法，让学生以自己的速度和水平自学用特定顺序和小步子安排的材料。程序教学法以精心设计的顺序呈现主题，要求学生通过填空、选择答案或解决问题，对问题或表述做出反应，在每一个反应之后及时反馈，学生能以自己的速度进行学习。这种程序能够融入印刷教材、教学机器(即一种融入程序学习形式的机器设备或计算机软件)。这种教学方法，不仅促进了学习理论的科学化，加速了心理学和教育学的有机结合，而且也推动了教学手段的科学化和现代化。同时，也重新激起了人们对个别化教学研究的兴趣，使个别化教学在中断多年后又重新活跃起来。此种教学方法主要用于基本事实性知识的获得以及基本技能的训练，但不适合高级思维和深层知识的培养。

程序教学法的基本做法是把教材内容细分成很多的小单元，并按照这些单元的逻辑关系顺序排列起来，构成由易到难的很多小步子，让学生循序渐进，依次进行学习。在学习过程中，学生要尽量做出正确反应，教师(或教学机器)要在学生每回答一个问题、做出一个反应之后立即反馈，出示正确答案。大致流程如图 6-4 所示。

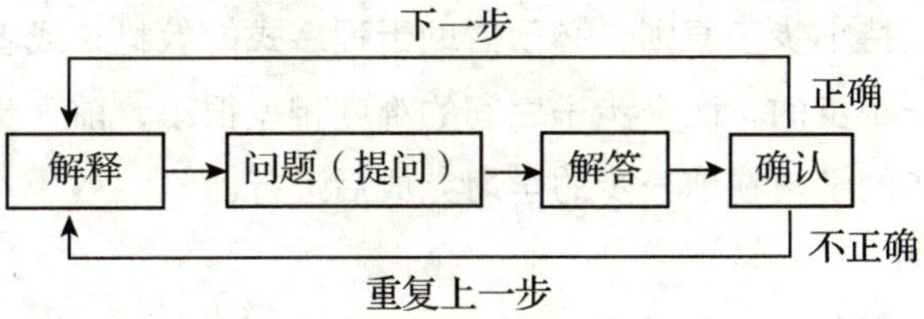

图 6-4　程序教学法的操作程序

这样，在每个小步子上，教师或教学机器首先解释学习内容，之后向学生出示有关的问题，让学生进行解答，而后立即对学生的解答进行判断，如果回答正确，进入下一步的学习，如果回答不正确，就让学生重新返回对知识的解释。如此循环，直至完成整个学习目标。

(二)程序教学法的理论依据

程序教学法的理论依据是行为主义的操作性条件反射原理以及积极强化原理。斯金纳认为，人类的学习也是一种操作反应的强化过程(“强化”在他的教学理论中占有核心的地位)，通过操作性强化，一个比较完整的新的行为单位可以被学会，或者一个现存的行为单位可以被精练。学习的实质是学习者做出某种反应的概率的改变。在斯金纳的理论体系中，强化只是一个用来描述反应概率增加的术语，如何安排强化才是核心所在。个体在某种环境中做出某种反应，如果之后伴随着一定的强化，那么这个反应在类似环境中发生的概率就会增加。而使教学或者训练获得成功的关键，就是要很精确地分析强化效果，并设计操纵这个过程的技术，建立一个特定的强化系列。也就是说，在教学中，根据学习的目标，在促进学习者学习时，要不断地给予强化，促使学习者向着学习目标迈进。

(三)运用程序教学法的基本要求

1. 学生的独立学习

作为一种个别化教学方法，程序教学法要求学生具有较强的独立学习能力，否则就难以达到较好的教学效果。程序教学法坚持自定步调原则，允许学习者按照个人的情况来确定掌握材料的速度。这与传统教学在课堂传授中一般以“中等”水平的学习者为参照点的教学方法不同，传统教学方法使掌握快的学生被拖住，而学习慢的学生又跟不上，致使班级学生之间学习水平的差距越来越大。程序教学法相对显得比较“合理”，每个学生可以按自己最适宜的速度进行学习。

2. 教材的分解

程序教学法的设计要按照教材内部的逻辑程序，既要保证学习者在学习中把错误率减少到最低限度，又要合理地设计教材，使每一个问题(每一小步)都能体现教材的逻辑价值。程序教学法坚持小步子原则，必须借助于程序式的教材，或者进行机器教学，把教材分解成一小步一小步的，两个步子之间的难度相差很小，前一步的学习为后一步的学习做铺垫，后一步的学习在前一步的学习完成后进行。

3. 强化物的利用

这种强化物包括两种：一种是学习者在学习过程中对所操纵的材料具有强烈的兴趣。程序教学法往往坚持积极反应原则。一个程序教学过程，必须使学生始终处于一种积极学习的状态。另一种是在学习过程中给予学生奖励，譬如教师的一个善意的微笑、一句肯定的赞语等。在使用程序教学法的过程中，程序教学过程使学生产生一个反应，然后给予强化或奖励，以巩固这个反应，并促使学习者做进一步反应。然而，程序教学法要求在教学过程中尽量避免学生出现错误的反应，错误的反应会得到令人反感的刺激，过多的错误会影响学习者的情绪和学习的速度。

4. 强化的安排

强化的最有效的安排，即教师要把非常复杂的行为模式逐渐精致地做成小步骤，也就是把教学目标进行具体分解，确定每个步骤所保持行为的强度，以使强化的效果能提高到最大限度。程序教学法特别强调即时反馈，即让学生立即知道自己的答案是否正确，这是树立信心、保持行为的有效措施。一个学生对第一步(学习的前一个问题)能做出正确的反应(回答)，便可立即呈示第二步(第二个问题)，这种呈示本身便是一种反馈。

二、发现教学法

【情境创设】

下面案例来自发现教学法应用于高中数学课的课堂教学实录。①

第一步，提出问题，明确目标。屏幕出示问题：求 390°的正弦值、余弦值、正切值。学生通过思考，得出这样的理解：由于 390°＝360°＋30°，30°是锐角，在单位圆中

① 崔绪春：《“诱导公式”教学实录与反思——发现教学法应用案例》，载《上海中学数学》，2015(3)。

作 30°对应的三角函数线，就能求出 $\sin 30°=\frac{1}{2}$，$\cos 30°=\frac{\sqrt{3}}{2}$，$\tan 30°=\frac{\sqrt{3}}{3}$。又由于它们在单位圆中位置相同。所以 390°的三角函数值与 30°的三角函数值对应相等，即 $\sin 390°=\sin 30°=\frac{1}{2}$，$\cos 390°=\cos 30°=\frac{\sqrt{3}}{2}$，$\tan 390°=\tan 30°=\frac{\sqrt{3}}{3}$。学生将其用符号表示为：$\sin(k\cdot 360°+\alpha)=\sin\alpha$，$\cos(k\cdot 360°+\alpha)=\cos\alpha$，$\tan(k\cdot 360°+\alpha)=\tan\alpha$，$k\in\mathbf{Z}$。教师归纳出：这就是诱导公式一。用诱导公式一可把任意角 α 转化为[0°，360°)内的角，这样求出任意角的三角函数值就很方便了。学生提出质疑：用诱导公式一可把任意角 α 转化为[0°，360°)内的角，若是刚好转化到[0°，90°)，这个问题好解决，但是若转化到(90°，360°)，应如何解决？

第二步，组织探究，解决问题。教师提示学生从以下几个问题思考：①我们刚才得到"终边相同的角对应的三角函数值都相等"，反之亦然吗？②我们拥有什么工具研究任意角的三角函数值？③我们转化的目标是什么？可以按既定小组进行分类讨论。经过探究，把其放到单位圆中考虑，先观察 30°与 180°−30°在单位圆中的位置，发现它们的终边关于 y 轴对称，画出它们的三角函数线，得到这样的结论：$\sin(180°-30°)=\sin 30°$，$\cos(180°-30°)=-\cos 30°$，$\tan(180°-30°)=-\tan 30°$，然后几个人讨论还得到一般结论：$\sin(\pi-\alpha)=\sin\alpha$，$\cos(\pi-\alpha)=-\cos\alpha$，$\tan(\pi-\alpha)=-\tan\alpha$。教师归纳总结：这就是诱导公式二，并提出这一思维过程蕴含着什么样的思想方法？学生指出是从特殊到一般的思想方法……教师引导学生运用这样的探究方式，推导出了诱导公式三，即 $\sin(180°+\alpha)=-\sin\alpha$，$\cos(180°+\alpha)=-\cos\alpha$，$\tan(\pi+\alpha)=-\tan\alpha$，也推导出了诱导公式四，即 $\sin(-\alpha)=-\sin\alpha$，$\cos(-\alpha)=-\cos\alpha$，$\tan(-\alpha)=-\tan\alpha$。

第三步，问题应用，小试牛刀。

例 1　求下列三角函数值：$\sin 600°$，$\cos\left(\frac{43\pi}{6}\right)$。

例 2　化简 $\frac{\cos(-\alpha)\cdot\cos(\pi+\alpha)\cdot\sin 2(\pi-\alpha)}{\sin(-\alpha)\cdot\tan(k\pi+\alpha)\cdot\cos 3(-\pi-\alpha)}$

第四步，总结反思，形成共识……

(一)发现教学法的含义

发现教学法，又称为问题教学法，就是让学生通过独立工作，自己主动发现问题、解决问题及掌握原理的一种教学方法。

发现法是美国著名的认知心理学家和教学改革家布鲁纳在 20 世纪 50 年代末创立的，他认为发现是教育儿童的主要手段，学生掌握学科基本结构的最好方法是发现法。什么是发现法呢？发现不只限于寻求人类尚未知晓的事物的行为，确切地说，它包括用自己的头脑亲自获得知识的一切形式。学生所获得的知识，尽管都是人类已知晓的事物，但如果这些知识是依靠学生自己的力量引发出来的，那么对于学生来说仍然是一种“发现”。为此，教学不应当使学生处于被动地接受知识的状态，而应当让学生自己把事物整理就绪，使自己成为发现者。在教学中运用发现法，其灵活性和自发性都较大。研究表明，发现教学法有利于激发学生的好奇心及探索未知事物的兴趣，有利于调动学生的内部动机和学习的积极性，有利于培养学生的发现能力和学习兴趣，最大限度地为学生提供自由回旋的余地，并有利于学生批判性思维和创造性思维的发展。但是，这种学习往往需要用更多的时间，效率较低。另外，它对学生的要求较高，且主要适用于理科的教学。

(二)发现教学法的理论依据

发现教学法的理论依据是布鲁纳的认知结构学习理论。布鲁纳认为，学习的本质不是被动地形成刺激—反应的联结，反对以强化为主的程序教学，他认为引导学生一步一步地学习，只能导致学生的呆读死记，而不能保证学生在另一种情境中运用这些知识。布鲁纳认为，学习任何一门学科的最终目的在于以发现学习的方式，使学科的基本结构转变为学生头脑中的认知结构，即构建良好的认知结构。所谓学科基本结构，是指学科的基本概念、基本原理和基本方法。所谓认知结构，即编码系统，其主要成分是“一套感知的类目”。他认为，学习的实质是主动地形成认知结构。那么，怎样通过学科的基本结构形成学生的认知结构呢？即学习怎样发生呢？布鲁纳在研究学生学习活动的具体过程后认为，学习一门学科包含着三个几乎同时发生的过程，即知识的获得、知识的转化和评价。也就是说，构建良好的认知结构常常需要经过知识的获得、转化和评价三个过程。为此，教师首先应明确所要构建的学生的认知结构包含哪些组成要素，并能给出各组成要素的编码系统的图解。在此基础上，教师应采取有效措施来帮助学生获得、转化和评价知识，使学科的知识结构转化为学生的认知结构，使书本的死的知识变为学生自己的活的知识。

(三)运用发现教学法的基本要求

发现教学法是以学为主的教学方法，它没有固定的模式，运用时应根据教材的性质和学生的特点来灵活安排，扬长避短，才可达到良好的教学效果。

1. 正确理解发现教学法的含义

布鲁纳认为，发现法就是学生依靠自身的力量去学习的方法，通常称为发现学习。他认为，教学就是引导学习者有条不紊地陈述一个问题或大量知识的结构，以提高他们对所学知识的获得、转化和迁移的能力。通常每门学科都存在着各种不同的程序，它们对学习者来说，有难有易，不存在对所有学习者都适用的唯一的程序；而且在特定的条件下，任何具体的程序总是取决于许多不同的因素，包括过去所学知识、智力发展阶段、材料性质及个别差异等。

2. 应遵循运用发现教学法的一般步骤

发现教学法的一般步骤包括：①设置问题情境。教师设置问题情境，提出和明确使学生感兴趣的问题，使学生体验到问题的某种程度的不确定性，以激发探究的欲望。②提出解决问题的各种假设。通过分析、比较，学生对各种信息进行转换和组合，以形成假说。③检验假说，得出结论。教师协助学生收集和组织可用于得出结论的资料，组织学生通过思考讨论，审查有关资料，以事实为依据对假说进行检验和修正，直至得到正确的结论，最终使问题得到解决。④整合与应用。将新发现的知识与原有知识联系起来，纳入认知结构的适当位置；运用新知识解决有关的问题，促进知识的巩固和灵活迁移。总之，在整个问题的解决过程中，要求教师向学生提供材料，让学生亲自发现应得的结论或规律，使学生成为发现者。

3. 正确发挥教师为学生的发现活动创造条件、提供支持的作用

布鲁纳认为，学生是教学过程中的一个积极的探究者，教师的作用就在于帮助学生形成一种能够独立探究的情境，而不是提供现成的知识；教师要促进学生自己去思考并参与知识获得的过程，而不是建造一个“小型藏书室”。而且，教师要为学生提供适当的强化时间和步调，有助于学生矫正，让学生知道结果过早或过晚都不利于学习效率的提高。

三、范例教学法

【情境创设】

下面案例来自李景丽采用范例教学法所设计的七年级信息技术课程“信息的检索”，包括教学设计思路和教学基本过程。①

本案例的基本教学设计思路是以Google搜索引擎为典型案例讲解信息的检索。现在众多的网站都提供了信息检索功能，利用较少的时间查询到自己期望得到的信息是学习使用搜索引擎的根本目的，而Google作为一种常用的信息检索工具，其功能全面，具有代表性，因而可作为范例采用范例教学法进行教学，引导学生通过学习“Google搜索引擎”这个“特殊”用法，获得搜索引擎的一般用法，实现知识的迁移，从而能够举一反三、触类旁通。

“信息的检索”一课的教学基本过程见表6-1。

① 李景丽：《范例教学法在中小学信息技术教学中的应用》，载《中小学电教》，2008(11)。

表 6-1 “信息的检索”教学基本过程

教学过程	教学目标	教师活动	学生活动
掌握“个”的阶段	会使用 Google 搜索引擎检索信息，掌握“分类检索”和“关键词检索”的方法	设置情境，引出主题：寒假快要到了，小明一家打算春节的时候到昆明去玩，想了解一下昆明的概况，如地图、特色小吃等，从而引出搜索引擎，信息检索的好帮手——Google；使用分类检索获取信息：Google——地图——昆明；使用关键词检索：输入“昆明＋特色小吃”，查询相关网页并保存有用信息	观察教师操作并积极思考，在教师的指导下完成信息检索的操作
探索“类”的阶段	自主探索学会其他网站提供的搜索引擎，如百度、雅虎搜索等的使用方法	启发学生搜索引擎还有许多，如百度、新浪搜索、雅虎搜索等，要求学生尝试利用其他搜索引擎查询自己感兴趣的内容	利用对 Google 的认识和使用，尝试借助其他搜索引擎查询信息，实现知识的迁移
理解规律的阶段	能够归纳出搜索引擎的一般用法、功能等，并能发现不同搜索引擎的异同点	组织学生交流讨论，归纳总结出利用搜索引擎检索信息的一般方法以及不同搜索引擎的异同点，引导学生发现规律	发现、掌握搜索引擎的共性、个性和规律
获得关于世界和生活经验的阶段	理解搜索引擎对人们日常生活学习所带来的影响，会正确使用搜索引擎检索信息	引导学生联系日常生活和学习中的事件，共同讨论搜索引擎对人们学习、生活的作用和影响，并对学生的发言给予评价	思考讨论搜索引擎的作用，对生活学习的影响，辩证地看待它在学习生活中的价值

(一)范例教学法的含义

20 世纪 50 年代初，为了解决知识量的急剧膨胀与人有限的学习时间、能力之间的矛盾，为了减轻学生的学习负担，世界各国的教育都采取了“加法”，不断增加教学内容，实施“百科全书式”的课程。于是，世界各国开始探索新的课程教学理论，以应对知识爆炸对教育的挑战，德国更是如此。“在 1951 年的蒂宾根会议上，历史学家海姆佩尔(Heimpel)提出的范例教学设想成了讨论的中心议题。之后瓦·根舍因、克拉夫基(Klafki)等教育专家发表了大量的论文和专著，逐步使范例教学法的主张成了一个比较完整的理论体系。”①

范例教学法是指教师在教学中选择真正基础的、本质的知识作为教学内容，通过“范例”内容的讲授，使学生达到举一反三和掌握同一类知识的规律的教学方法。所谓范

---

① 邹利敏：《“范例教学法”理论述评》，载《现代语文(教学研究版)》，2008(3)。

例是个别知识的提醒，但同时包含了学科内部知识结构的规律、层次，是教学内容直观化的表现。[①] 作为重点的知识内容，它们就是范例。每一个范例都具有一定的代表性，它们是反映整体的一面镜子；每一个范例都是个别，但它们不是孤立的，而是相互关联的。范例教学法的教学内容具有基本性、基础性、范例性。基本性是指就学科内容本身而言，强调要选择一些基本知识，包括基本概念、基本原理、基本规则、基本规律等，使学生掌握学科的知识结构。基础性就受教育者接受的角度来说，应是一些基本的东西，强调教学内容要考虑学生的智力发展水平、已有知识水平和学生的实际生活经验。范例性就教育者传授的角度来说，是教给学生经过精选的基本性和基础性的知识，务必起到示范作用，有助于学生举一反三、触类旁通，达到知识的迁移和实际应用。运用范例教学法的目的在于促使学生独立学习，而不是要学生复述式地掌握知识，要使学生所学的知识迁移到其他方面，进一步发展所学知识，以改变学生的思维方法和行动能力。

(二)范例教学法的理论依据

范例教学法的心理学基础是认知学习理论、学习迁移理论。认知学习理论认为，学生获得教师传授的范例性知识的过程，是学生主动形成认知结构的过程。学习迁移理论认为，先前的知识经验确实能够对后续的推理、问题解决、记忆和知识习得产生影响，表现出明显的迁移。[②] 按照认知学习理论和学习迁移理论，范例教学法包括范例性认知地图、范例性产生式、范例性策略式、范例性系统化四个阶段。[③] 与之相对应，范例教学法在运用时有四个步骤：首先，范例地学习“个”的阶段。即通过范例的、典型的、具体的、单个实例来说明事物的特征。其次，范例地学习“类”的阶段。在第一步学习的基础上进行归纳、推断，认识这一类事物的特征。再次，范例地掌握规律和范畴的阶段。要求在前面学习的基础上，进一步归纳事物发展的规律性。最后，范例地获得关于世界关系和切身经验的知识的阶段。使学生不仅了解客观世界，也认识自己，提高行为的自觉性。范例教学法旨在弄清“个”“类”及二者概念之间的联系，在教师的精心指导下，学生主动地在开放性的学习中习得规律性知识，进一步将之升华为生活和社会经验技能，达到认识自我、认识世界、认识社会的目的。

(三)运用范例教学法的基本要求

在实际的学科教学要求上，范例教学法有四个统一的要求。

1. 教学与教育相统一

瓦·根舍因指出，教学的着眼点应当是正视学生在学校中的有限的学习时间，组织

---

① 王璐、马爱莲：《范例教学理论的科学性及其时代观照》，载《教育与教学研究》，2010(2)。

② 姚梅林、刘涵慧：《迁移观的演进及测评范式的变革》，载《北京师范大学学报(社会科学版)》，2008(6)。

③ 杜莎莎：《论范例教学法的心理学基础及优化策略》，载《开封教育学院学报》，2014(12)。

他们进行“教养性的学习”。所谓“教养性的学习”就是让学生通过这种学习，可以使自己始终处在一种不断受教育与培养的状态之中。运用范例教学法时，应当勇于改造教材，以使学生获得系统的认识来代替记住所谓系统性的知识材料。此外，范例教学追求深而不是广。它要求将某些重点的知识内容进行加深和强化，使学生学习后能在头脑中扎根。这就意味着教学将会突出重点，抓住难点。

2. 解决问题的学习与系统知识的学习相统一

范例教学法把学生看作教学过程的主体，主张在教学过程中必须调动学生学习的积极性。范例教学法不仅把发挥学生学习的主动性作为教学的一种手段，而且也把培养学生的主动性与独立性作为范例教学的目标。主动性学习要求培养学生的独立能力和问题意识或问题态度。培养学生的独立能力就是要使学生具有批判认识的能力、判断能力和行动能力，乃至自发的继续学习的能力。培养学生的问题意识就是范例教学应当引起学生产生问题，成功地使学生产生问题的教学才能调动学生的学习积极性，帮助学生自己去发现，自己去追求。同时，范例教学法要求学生从“个”到“类”，到规律、范畴，再到认识世界等，需要学生学习系统知识。由此可见，范例教学法是解决问题的学习与系统知识的学习的统一。

3. 掌握知识与发展能力相统一

瓦·根舍因认为，在运用范例教学法的教学过程中可以培养学生观察、分析、综合、归纳、推断、迁移等能力。目的是集中学生在学校的有限时间，完成有限的内容。首先对教材内容进行必要的精减，加强、深化某些部分，突出重点的知识内容，这就是范例，它们是隐含着本质因素、基础因素的典型事例。通过范例，既能使教学做到少而精，激发学生在课外自发学习的积极性，从而达到“教是为了不教”的效果。

4. 学生与教材相统一

瓦·根舍因认为，既强调范例教学应教给学生基本的知识结构与规律，包括基本概念、基本原理、基本规则、基本规律等，使学生掌握学科的知识结构；又强调范例教学应以学生的实际经验为基础，使学生在教学过程中获得更深化的新经验，或者使他们建立一种新的思维结构。范例教学要求从学科要求转向学习者，要求教师更多地关注学习者的精神世界方面，使他们掌握各种基本概念、基本结构和基本规律之间的关系，以及个体同经济、社会、政治、美学、自然科学与技术之间的实际关系。

四、纲要信号教学法

【情境创设】

下面案例来自纲要信号图示教学法运用于历史教学的课堂实录。①

① 张玉良：《纲要信号图示教学法在历史教学中的运用》，载《中学历史教学研究》，2007(4)。

运用纲要信号图示教学法的一个最显著特点是可以使学生由听觉所得材料及时转化为视觉材料，具有明显的直观性，有利于形成最佳的思维状态。因此，教师在历史教学过程中，必须在以讲授法为主的基础上，辅以纲要信号图示法。根据教学的实际情况，讲授和列图法的先后顺序可以调整，如一些教学内容复杂的头绪繁多、难度较大的章节，学生自学有一定的困难，教师可以通过出示图表等形式，指导学生进行自学，待学生对所讲内容有一个大概轮廓后，再针对图示，进行讲课，这种图示可预先在课件中或黑板上绘制好。例如，在讲授“基督教的世界”这一课时，绘制出了这一内容的纲要信号图(见图 6-5)。

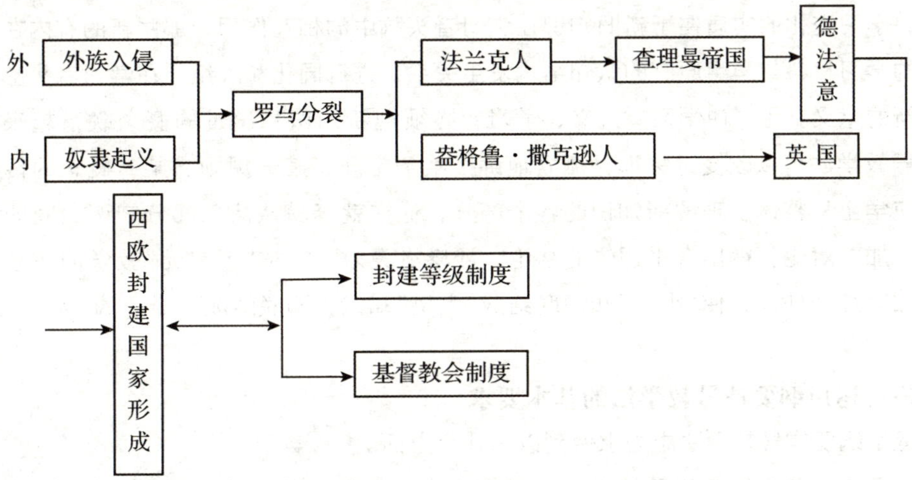

图 6-5　“基督教的世界”纲要信号图

教师出示这一图表后，就能较好地帮助学生理解这一节课的中心内容，教师可以在学生初步掌握的感知基础上，围绕下面的问题进行精讲，这三个问题是：①罗马帝国为什么会分裂？②西欧封建国家是怎样慢慢形成的？③西欧封建社会具体体现在什么方面？教师在讲课时，要注意对学生进行启发诱导，发展他们的思维，以培养学生思考问题、发现问题、解决问题的能力。

(一)纲要信号教学法的含义

纲要信号教学法，又称为纲要信号图表教学法或纲要信号图示教学法，是一种由字母、单词、数字或其他“信号”组成的直观性很强的教学图表，把讲述的内容提纲挈领、突出重点、简明扼要地表现出来，以图表作为信息传递给学生的教学方法。它是苏联乌克兰顿涅茨克市中学物理和数学教师沙塔洛夫在自己 30 年的教学实践基础上创立的。他认为既然人们能借助于各种新的生产工具减轻体力劳动的负担，教师就应创制一种科学的教学方法，以减轻学生负担，提高教学质量。纲要信号教学法的核心是纲要信号图表(或依靠性信号)。通过各种“信号”，简明扼要、直观形象地把所需掌握的知识表示出来。纲要信号教学法包括课堂讲授、复习巩固、家庭作业、直接提问、记分以及如何活跃学生思维在内的一整套教学法体系。

(二)纲要信号教学法的理论依据

纲要信号教学法提出的理论依据是认知结构心理学。纲要信号图表有些类似于概念图。概念图(concept map)是一种用节点代表概念，连线表示概念间关系的图示法。知识的构建是通过已有概念对事物的观察和认识开始的。学习就是建立一个概念网络，不断地向网络增添新内容。但它又不是概念图。奥苏伯尔(Ausubel)在有意义学习理论中指出，学习变化的实质在于新旧知识在学习者头脑中的相互作用，那些新的有内在逻辑关系的学习材料与学生原有的认知结构发生关系，进行同化和改组，在学习者头脑中产生了新的意义。为了使学习有意义，学习者必须把新知识和学过的概念联系起来。纲要信号教学法可以改变过去那种孤立地讲授某条定理、某一规则、某一概念的传统方法，使学生从整体上理解新知识的各个部分，这样就容易认清各部分知识之间的内在联系，加以对比，得出合乎逻辑的结论。沙塔洛夫为了实施“大单元”教学的思想，把教材加以综合处理，使“小块”知识联结成“大块”知识，即联结成一个个的“大单元”。

(三)运用纲要信号教学法的基本要求

运用纲要信号教学法应力求做到以下几个方面。

一是正确理解纲要信号教学法的真正含义。纲要信号图表，通过各种示范符号、多种色彩，提纲挈领、简明扼要地把需要重点掌握的知识形象地表现出来，以帮助学生理解知识的整体及其内在联系。最重要的是，纲要信号包含的不是单纯的信息，而是运动着的信息——迂回曲折的思路的发展。在课堂上，学生听教师讲解，实际上是教师把纲要信号变成“有声”的东西，而学生的努力并不是单纯记住这种纲要，而是要理解它。

二是编制图表时，教师认真研究教材，对内容进行高度概括，把握知识的主干；图表醒目，用不同颜色区分主要知识和次要知识。从教材的整体结构出发，以理论知识为指导，以知识体系为框架来编制图表。采用“大块”集中讲授理论知识的方法，抓主要、本质的内容，以重点为纲进行编排。利用事物之间的有机联系，将分散的知识纳入整体知识体系中，使知识系统化和条理化。编制图表时体现科学性和逻辑性，以合理的布局制成直观、有吸引力的图表。

三是熟练掌握纲要信号教学法在课堂讲授和复习巩固中的六个操作阶段。这六个阶段是，教师按教材内容进行详细讲解；出示图表进行第二次讲解；把小型“信号图表”分发给学生，大型图表在教室中展示，便于学生对比学习；课后学生按图表复习；下节课学生根据记忆画出上节课的纲要信号图表；下节课让学生按图表回答问题。

四是注意运用纲要信号教学法的辅助措施。其一，建立练习完成情况的登记表。沙塔洛夫让学生完成作业后，在相应的表格上做记号。题目不宜太难，要使认真完成作业的学生，都能相对地得到好成绩，使登记表成为学生自觉学习的动力。其二，制订相互检查记录表。教师在讲完五、六节课以后，提出二三十个问题，先由教师逐题解答，然后让学生做好准备，在指定的时间内互相问答，互相检查，并把检查结果记录下来。其三，公开学生的成绩表。教师将课内外的全部成绩，都登记在一张表上。使每个学生都有机会重新答题，改变成绩表上的分数。事实证明，应用沙塔洛夫的纲要信号教学法，可以提前教完课程标准所规定的教学内容。剩余时间可用于练习或复习，使学生巩固所掌握的知识。

五、非指导性教学法

【情境创设】

下面案例来自利用“非指导性教学法”设计心理辅导活动的课堂教学实录。①

在青春期性教育课中，“话题讨论”这种形式运用得比较多。教师设计的青春期异性交往主题的活动课——“同桌的你”属于“故事接龙式”活动类型。①青春的故事。陈鹏和玲玲是高一的新生，在一次偶然的交流中，陈鹏发现玲玲和他一样迷上了一个不红的歌星A。陈鹏有些惊讶，有一种遇到知音的幸福感。于是，陈鹏……故事的具体内容由学生根据自己的想象完成。学生分享了各种想象画面，并表达出来。②青春的错觉。两人的交流让陈鹏和玲玲觉得愉快，陈鹏也常常向玲玲倾诉自己的烦恼。这让敏感的玲玲觉得两人关系似乎有些微妙的变化。有时她抬起头，发现陈鹏在注视着自己……讨论问题：你认为玲玲会怎么想？为什么？学生通过讨论，总结得出：当男女同学在一起学习、交流、交往时，双方会产生一种愉悦的心理感受。男女生之间交往过密很容易让双方产生朦胧的误会，产生“被爱错觉”。③青春的选择。陈鹏一如既往地对她好，玲玲感觉害怕极了，做什么事情都尽量避开陈鹏。每当她看到陈鹏，总是迅速地把目光移向别处。玲玲隐约感觉自己喜欢上了陈鹏，她总想陈鹏是不是也喜欢我呢？由于总是为此分心，玲玲的学习成绩有些下降。问题讨论：此时，玲玲该怎么做？请说明理由。通过讨论学生得出：当局者迷，旁观者清，可以通过换位置来引导玲玲做出正确的选择。④青春的冲动。玲玲与陈鹏进行了一番交流，于是两人开始了交往，经常单独在一起。起初两个人都觉得很幸福，很快乐。不久之后……再后来……续写故事，让学生再次变换位置，做出选择，并谈谈玲玲不同的处理方式可能导致的结果是什么。

在整节课中，教师用了非指导性教学方法。不告诉学生应该怎么做，而是让学生通

---

① 林甲针：《心理辅导活动课“非指导性教学”模式及应用》，载《中小学心理健康教育》，2012(9)。

过讨论来自己感悟，辅导者只是团体中的首席，辅导者的话只作为一种建议。

(一)非指导性教学法的含义

非指导性教学法是美国人本主义心理学家、教育改革家罗杰斯于20世纪中叶创立的，它形成于40年代，完善于60年代。此种方法是在他的人本主义心理学思想和心理治疗的理论与实践基础上形成的。罗杰斯长期从事对病人的心理治疗工作，在工作实践中罗杰斯发现传统的指导性治疗法，即以医生为中心的治疗法行之无效，或收效甚微，因而提出了与之相反的非指导性治疗理论，即以病人为中心的治疗理论，收效颇大。之后，他将这种非指导性方法应用于教学，从而正式创立了非指导性教学法。

非指导性教学法是指创造一种有利于学生学习的气氛，教师(促进者)充分地信任学生，了解、尊重学生，从而使学生在整个学习过程中都感到安全与自信，充分显露自己的潜能，朝向自我实现。这种教学方法旨在形成学生的学习风格和促进学生的个性发展。非指导性教学法强调人人都有学习动力，都能确定自己的学习需要；教学必须以学生为中心；教师是帮助学生探索生活、学业的促进者；教学的最终目标是促进学生的个性发展。非指导性教学法要在课堂中创造一种接受的气氛，围绕着发展学生个人和小组的目标而进行，并不完全放弃教师的作用，而是强调师生的平等地位。罗杰斯指出，在非指导性教学法中，人际关系是非指导性教学法的核心与关键。另外，“罗杰斯提出的‘非指导’并不是不要指导，而是另一种指导或是指导的另一种特殊形式，即不同于传统指导的‘指导’——非指导。”①教师扮演着一个促进者的角色，教师的作用是帮助学生探索生活、学业以及与他人的关系。

(二)非指导性教学法的理论依据

非指导性教学法的思想源于人本主义心理学。作为人本主义心理学的代表人物之一，罗杰斯提出了三个基本的人性假设，即情感和认知相统一的整体观，以自我为核心的个性观，强调人类直觉与创造性的超验观。罗杰斯认为：“人类精神世界中情感和认知是融为一体的，是构成完美个性的有机组成部分；而人的个性又以‘自我’为核心，且这个‘自我’源于先天潜能，并对人的思想、言语、行为有制约性；人的‘直觉’和‘创造性’等超验意识，同样源于先天潜能。”②

在教学上，罗杰斯认为，每个人都有与生俱来的优良素质和潜能，教学应当充分发挥人的这种潜能；教学应当在一个自由而安全愉快的环境中进行，充分尊重学习者的需要和尊严，使之达到自我实现，成为一个完整的人；教学应当是一个不断的情感交流的过程，也是认知和创造力不断发展的过程。我们可以把它归纳为四条心理学上

---

① 张晓英：《浅谈罗杰斯的“非指导性教学”模式》，载《和田师范专科学校学报》，2006(2)。

② 周忠生、田宗友：《罗杰斯的“非指导性教学”模式评述》，载《外国中小学教育》，2002(6)。

的依据，即人的情感和认知、人的直觉和创造性、人的个性与发展、人的潜能。情感是人对客观事物是否满足其需要而产生的态度和体验，它包括喜、怒、哀、乐、爱、恶、惧等。非指导性教学法正是在高度重视“爱”这一人的本性的基础上产生的。直觉是凭直观感觉获得认识的心理活动。罗杰斯历来坚信直觉心理的客观存在，它是人类普遍具有的个性。正是在这种基础上，人才有了创造性。人的个性是指人的基本的精神面貌。这里所说的个性是指以自我为核心的个性。潜能是隐藏在个体身上的巨大的智力资源。只要提供一定的客观条件，潜能就能充分地、自然地释放出来。这一资源的挖掘也要在心理的自由与安全、情感情绪的愉悦与舒畅、环境的优良与气氛的和谐之中才能实现。①

(三)运用非指导性教学法的基本要求

运用非指导性教学法时，应做到以下几个方面。

1. 要建立无条件关怀的真诚人际关系

罗杰斯认为，促进学习的关键乃是教师和学生个人之间关系的某些态度和品质，而良好的师生关系应该具备三种品质：真实、接受、理解。“真实”是指教师对学生要以诚相待，要将自己内心的思想感情真实地向学生敞开，这样才会促进师生之间的有益交流。“接受”是指教师把学生视为具有其自身价值的独立个体而给予充分的、无条件的尊重，消除师生关系间的不安全感。“理解”主要是指带有浓厚感情色彩的移情理解。罗杰斯认为，移情理解则是“非判断性的”，指的是教师不对学生的观点、行为做出判断，不做定性评价，而只是表示同情、理解和尊重。罗杰斯之所以如此重视人际关系，就在于他认为只有建立起亲密无间的关系，人才能面对真实的自己。非指导性教学法强调的是通过情感领域而不是智力领域来促进学生的发展。

2. 教师是促进者，只做非指导性应答

罗杰斯认为，教师在学习中应承担促进者、帮助者、辅助者、合作者和朋友等角色。非指导性教学的精髓是“给学生安全感”。在非指导性教学法中，教师的主要职责是创造一种真诚、接受、理解的气氛，这种气氛是真诚的关心和理解的倾听；提供一些学生随意支配的资源。由此可见，教师是学生的向导，是解决问题的样板，是发动学生学习过程的催化剂，是学生学习过程的助力，是学生能带着他们的问题来拜访的朋友。它不是完全否定教师的作用，它否定的是传统教学中忽视学生的要求，代替学生思考的指导，否定的是教师所扮演的“教授”的角色。

---

① 李咏天：《暗示教学法与非指导性教学法的心理学理论探讨》，载《南京理工大学学报(社会科学版)》，2001(2)。

第三节　当代教学方法的发展趋势

当代教学观念正在从重视教师转向重视学生，这也渗透到教学方法的发展之中。当代教学方法改革与发展的基本趋势主要表现为以下几个方面。

一、凸显学生学习的主体性

学生是学习的主体，学生学习的主体性是“学生作为学习活动的主体所具有的独立性、自觉能动性和创造的内在特性，它是学生主体得以确立的内在依据和根本标志”①，其核心是学生学习的能动性和自由个性。传统的教学方法强调死记硬背和注入式教学，置学生于被动接受的地位，学生的能动性难以发挥，教师、书本、课堂是教学的三个中心，学生没有自由，个性被严重压抑。针对传统的教学方法呆板、划一，学生的个性发展受到限制的情况，现代教学方法提出“个体性”，并对适应学生差异性的教学方法进行了大量成功的探讨，从而极大地推动了教学方法科学化的历史进程。现代教学理论强调要确立学生在教学活动中的主体地位，明确主张把“教”建立在“学”的基础上。现代教学方法追求与学生学习规律的一致性，倡导启发式教学，激发和保持学生的学习动机及学习兴趣，还学生以主动学习的地位，使教学过程成为学生积极学习、能动发展的过程。在学习上，重视学生的体验和自由个性的实现。从心理学的发展历史来看，行为主义心理学把学习看作被动而机械的“刺激—反应”过程，虽然斯金纳提出操作性条件反射，揭示了学习是积极的、能动的“反应—强化”过程。罗杰斯从解放学生的立场出发，提倡和实施自由学习，教学的目的在于学会自由，这一自由的实质就是学生的主体性和自由个性。我国学者提出了教育主体性和学生主体性的问题，建立了教学认识论，在理论上确立了学生主体的合理性和合法性，在教学实践中引发了全国性的主体教学实验和实践探索，尤其是我国第八次课程改革以来，提出自主、合作、探究的学习方式，对学生学习的主体性的关注在教育教学实践中逐步走向深入。

二、重视学生认知与情感的整合统一

在传统教学中，明显的倾向是把学生的认知和情感割裂开来并将其对立起来，一味

① 王子和：《浅谈学生学习的主体性》，载《中国成人教育》，2007(4)。

地突出知识和智力，教学方法表现为过分突出和重视知识传授和智力发展。科技的飞速发展迫切要求学校把发展学生的智力和能力放在教学的重要位置。要完成这个任务，教学方法发挥着直接的重要作用。教育心理学家不再停留在对教学实践进行心理学分析，而是把心理学研究成果直接应用于教学方法的研究上，如发现法。现代教学方法力求超越理性主义，把学生的智力和情感统一起来。马斯洛指出，健康者的认识、意动和情感主要是相互合作的，而不是对抗的或相互排斥的，意动在本质上是认识的。既然认识和意动是统一的，那么智力和情感也应该是统一的，于是"知情互动"的理论便诞生了。高曼(Goleman)在他 1995 年出版的《情绪智力》一书中大胆地提出了"情感智力"，整合了智力和情感的概念。他指出，人类的自我意识、自我约束、毅力和全情投入等能力对一个人一生的影响在大多数时间内都要比智商更为重要。在教学中，情感、意志品质等非智力因素作为认识过程中的动力系统，不仅对学习过程起着发动、维持、调节作用，决定着学习者的积极性水平，促进知识的掌握和智能的发展，同时还对学生形成良好的品德和积极的态度，树立远大的理想和坚定的信念有着巨大的推动作用。当代教学已把情感等非认知因素作为全面发展的教育目标的重要方面，如何把智力和情感等因素统一到传授和学习知识的过程中，又如何在这个过程中更好地培养学生的情感等非认知因素，成为当代教学方法面临的一大课题。目前，我国也给予了高度关注，并展开了初步的探索和实践，如情境教学法等，其特点是强调教学方法的情趣性，重视学生积极的情感体验，通过基础知识、基本技能的掌握，促进智力、情感、性格等内部心理特征的全面和谐的发展。新中国成立以来的第八次课程改革在课程目标层面提出了知识与技能、过程与方法、情感态度与价值观三维目标，说明我国在教育教学实践上逐步深化认知与情感的整合统一。

三、加强学习方法的研究

传统的教学方法实质上仅仅指教法，突出了教学法中教师教的一面，忽视了学生学的一面，讲授法成为占支配地位的方法。现代人们倾向于认为教法的本质是学法，特别重视对学习方法的研究和应用，明确地主张把教师的教建立在学生学的基础上，在改进教法的同时，通过多种途径对学生的学习方法进行有效的指导和交流。基于此，现代教学方法不仅强调教与学活动的辩证统一，而且从学生是学习主体这一原理出发，非常重视研究学生的学习方法，注重培养学生的自学能力，并把它作为创立现代教学方法完整体系的前提条件。教会学生学习成为当今世界教育的重要口号。人们大力开展实验和研究，研制出了一系列卓有成效的新的教学方法，如发现学习、问题解决学习、掌握学习、合作学习、活动学习、自学辅导等，都体现了在教师的指导下学生独立获取知识的特点。值得注意的是，"现代教学方法注重学生的学法，并非要贬低教师在教学中的作用，而是强调了教师角色的变化，更加注重教师的引导和促进作用。”①

四、重视现代教育技术的应用

现代教育技术是指以计算机为核心把现代教育理论应用于教育教学实践的集多媒体和网络于一体化的现代教育手段和方法的体系。包括以下三个方面：教育教学中应用的现代技术手段，即现代教育媒体；运用现代教育媒体进行教育、教学活动的方法，即媒体教学法；优化教育、教学过程的系统方法，即教学设计。它在20世纪取得了飞速发展，现在正向信息网络技术发展。技术看上去似乎是中性的，其实在被发明的过程中，已经融入了发明者的特点、目的和价值取向。教育技术在被研制的时候也获得了特有的学生发展目标和价值取向。现代化的教学方法主要是教学物质设备的现代化，如视听教学技术的应用，教学机器，特别是计算机辅助教学的发展是教学方法现代化最为明显的标志。教育技术被列为师范生的必修课程，教师把教育技术当成了自己备课、上课和课后辅导不可或缺的工具。在信息技术飞速发展和越来越广泛应用的背景下，教学方法的技术化、多媒体化、网络化，成为世界范围内的一种基本趋势。多媒体教学、网络教学，既作为一种教学方法的新理念，又作为教学方法的新形态，在教学理论研究和实践发展两个领域都得到了前所未有的新发展。

五、教学方法的模式化

教学方法从根本上来讲，是人们对教学活动的一种特定的态度、意向和操作。在多元文化的背景下，教学方法走向模式化，教学方法的内容构成走向模式化，出现了多种多样的教学方法性质的模式。教学方法已“不仅仅包含传统上所指的各种具体教学方法，而且还反映了人们对教学活动的特定观念、意向和态度，涵盖了一定基本原理、教学目标、教学原则、过程结构、教学组织形式、教学手段等内容。这就表明，教学方法有走向模式化的趋势。”②模式化了的教学方法涵盖了具有一致性的新的心理学理论、新的教学价值观、新的教学内容观及新的教学方法观，通过影响教学主体的思想、观念，渗透到各具体学科教学的设计和实施中，对操作性教学方法或技术性教学方法具有一定的指导功能，并为其创新发展奠定了坚实的基础，大大提高了现代教学方法的科学水平和理论水平，保证了教学方法的精确性和有效性。另外，应将模式化了的教学方法与教学模式区别开来，从根本上来讲，模式化的教学方法具有教学方法的性质，而教学模式作为一定教学理论指导下建立起了的具有可操作性的、较为稳定的活动程序，主要体现了教

① 陈时见、朱利霞：《现代教学方法发展的背景与趋势》，载《基础教育研究》，2001(6)。
② 陈时见、朱利霞：《现代教学方法发展的背景与趋势》，载《基础教育研究》，2001(6)。

学活动各要素间的关系和功能，不具备教学方法的性质。

此外，当代教学方法的发展，还非常注意保留和吸取传统教学方法的精华，并对传统教学方法的缺陷和运用中存在的问题加以改造和发展，赋予它浓厚的时代特色，使之担负新的使命。这就充分表明，传统教学方法并非无一可取，当代教学方法也并非完美无缺，当代教学方法的发展也是在保留、改造和更新传统教学方法的基础上，使自身得以丰富和发展的。

[反思与探究]

1. 简述国内五种代表性教学方法的含义及其理论依据。
2. 试述运用国内五种代表性教学方法的基本要求。
3. 简述国外五种代表性教学方法的含义及其理论依据。
4. 试述运用国外五种代表性教学方法的基本要求。

第七章　课程改革倡导的教学方法

学习目标	1. 理解课程改革倡导的教学方法的概念与特点。 2. 了解课程改革倡导的教学方法的类型。 3. 熟悉课程改革倡导的教学方法在各自实践中的实施途径。 4. 掌握课程改革倡导的教学方法运用中的基本要求。

［本章提要］

自 20 世纪 80 年代以来，尤其是 21 世纪以后，国际国内社会开始关注人才培养质量，注重人的个性发展，注重人的创新精神和实践能力，注重人的学习能力和持续发展潜能。为此，世界各国掀起了课程改革的浪潮，我国也不例外。

为适应社会发展对人才素质的要求，21 世纪初新中国成立以来的第八次课程改革如火如荼地全面开展，它要求教师转变角色，改革传统的教学方式，倡导自主、合作、探究的学习方式，倡导采用自主学习、合作学习、探究学习的教学方法进行教学，以充分发挥学生学习的主体作用，彰显学生学习的主体地位，培养学生具有学习的自主意识、合作精神、探究能力以及终身学习能力。

自新中国成立以来，我国经历了多次课程改革，取得了显著的成就。进入 21 世纪以来，世界各国掀起了课程改革的潮流，国际国内社会对人才需求发生了新的变化，2001 年 2 月，国务院批准《基础教育课程改革纲要(试行)》，新中国成立以来基础教育第八次课程改革全面启动。这次课程改革无论在教学理念、教学目标、教学内容上都发生了重大的变化，为适应课程改革的需要，教学方法也发生了重大变化。《基础教育课程改革纲要(试行)》在论述课程改革的目的时提出，要使学生具有初步的创新精神、实践能力、科学和人文素养以及环境意识，具有适应终身学习的基础知识、基本技能和方法；在具体课程目标论述中指出，改变课程实施过于强调接受学习、死记硬背、机械训练的现状，倡导学生主动参与、乐于探究、勤于动手，培养学生搜集和处理信息的能力、获取新知识的能力、分析和解决问题的能力以及交流与合作的能力。而本次课程改革的重点就是改变教师、课本、课堂中心的状态，提出自主、合作、探究的学习方式。钟启泉提出：“不同于以往七次课程改革之处，就在于它从保障每一个人的‘学习权’的高度，明确提出了改革的基本理念——‘为了中华民族复兴，为了每位学生的发展’。”①他进一步指出要落实“学习权”就要进行课堂教学转型，并借用日本教育家佐藤学的话语，从“阶梯型”课程转为“登山型”课程，在课堂教学中要体现学生作为学习与对话的主体地位。而要体现学生学习的主体地位，就必须转变教与学的方式方法。

《国家中长期教育改革和发展规划纲要(2010—2020年)》指出，创新人才培养模式。适应国家和社会发展需要，遵循教育规律和人才成长规律，深化教育教学改革，创新教育教学方法，探索多种培养方式，形成各类人才辈出、拔尖创新人才不断涌现的局面。注重学思结合。倡导启发式、探究式、讨论式、参与式教学，帮助学生学会学习。激发学生的好奇心，培养学生的兴趣爱好，营造独立思考、自由探索、勇于创新的良好环境。因此，在教育教学中，中小学教师需要与时俱进，运用适应时代要求的新型教学方法。目前，新课程改革倡导的教学方法有很多，在此介绍自主学习教学法、合作学习教学法和探究教学法。

第一节 自主学习教学法

【情境创设】

下面案例来自《思想政治课自主学习“四环节”教学法实验报告》的教学过程片段。②

一是引导自学。根据教材内容的难易程度，引导自学分为间接引导自学和直接引导自学。教材内容较难的一般采用间接引导自学，通过自学提纲的形式来完成；教材内容较易的采用直接引导自学，主要是在课堂前的几分钟要求学生边看边思考本节课讲了哪几个主要问题。这样“引导”和“自学”相互紧密联系，突出了教师的主导作用和学生的主体地位。

二是组织讨论。任何班级的课堂教学均面临着学生水平差异的现实。教学专家认为，这种客观存在恰恰是亟待开发与利用的一种教学资源。实践证明，利用这种资源的最佳方式是小组合作学习。按照学生“好、中、差”的水平分成若干组。小组相互交流课

① 钟启泉：《课程改革与学校文化——我国基础教育课程改革的回顾与前瞻》，转引自丁刚：《聆听前沿全国首届教育学研究生暑期学校讲演录》，160页，上海，华东师范大学出版社，2007。

② 蔡国寨：《思想政治课自主学习“四环节”教学法实验报告》，载《福建教育学院学报》，2002(8)。

前自主学习的情况，回答自学提纲中的问题。在小组讨论中解决不了的问题则请教教师或带着问题听课。

三是精讲解惑。教材中的基本概念、基本观点、结论，并不是通过学生自学、讨论就能全部理解和掌握的。教材中的难点问题，理论联系实际时所出现的一些问题以及自学中普遍存在的问题还是需要教师点拨和讲解的。但教师的讲解，不再是面面俱到地从头讲起。教师的精讲解惑，视班级讨论的进展情况，寻找适当的机会集中时间完成。

四是实践提高。依托学校、家庭、社会的背景，我们于2000年10月至2001年3月在高一年级开展了一些开放性的活动，诸如参观、访问、调查、实验等。从提出问题、设计方案，到资料的收集、调查研究、动手实验，再到做出报告、得到结果，学生全过程参与。学生必须到实验室、图书馆、工厂和商店等地开展调查、访问专家学者等。我们要求学生在占有丰富又翔实的材料的基础上进行认真的整理分析，去伪存真，去粗取精，并在此基础上形成自己的观点，撰写研究报告。学生共写出145篇调查研究报告，内容十分广泛，涉及“经济建设”“文化教育”“民俗风情”等领域，评出了《名牌在生活的调查报告》《保护家园迫在眉睫》《深沪消费者消费观调查报告》等39篇优秀论文。让他们直接亲身感受到知识的生产过程和问题的解决过程，尝试问题与实际的结合，突出学生的主体性、自主性，调动他们的积极性，培养他们的学习兴趣，激发他们的学习热情。

美国教育家杜威说过：“如果学生不能筹划他自己解决问题的方法(自然不是和教师、同学隔绝，而是和他们合作进行)，自己寻找出路，他就学不到什么；即使他能背出一些正确的答案，百分之百正确，他还是学不到什么。”①英国教育家洛克也说：“孩子学习知识的最好时机是他们心情好且愿意主动学习的时候。此时他们的兴趣高涨且注意力集中，所以不会有腻烦心理。”②两位教育家分别从不同的角度说明了同一个道理：教育不是单纯地传授知识，而是应引导学生自己主动学习。在知识呈指数倍增长的今天，应转变以知识积累为主的传统教学方式，构建注重培养学生的自主学习能力的教学方式，让学生通过不断自主学习而及时有效地掌握新的知识和技能。因此，中小学教师要学会引导学生主动参与教学，学会相应的教学策略，让学生在掌握终身学习必备知识技能的基础上，帮助学生获得社会发展所必备的创新精神和独立的实践能力。

一、自主学习教学法的概念与特点

(一)自主学习教学法的概念

自主学习教学法是由 Brundage 和 MacKeracher 在1980年提出的③，是与传统接受

① [美]约翰·杜威：《民主主义与教育》，王承绪译，175页，北京，人民教育出版社，2001。

② [英]洛克：《教育漫话》，毕慧慧译，45页，北京，北京出版社，2012。

③ 靳玉乐：《自主学习》，3页，成都，四川教育出版社，2005。

学习相对应的一种现代教学法。学者 Dickinson 认为自主学习“既是一种学习态度，又是一种独立学习能力”①。从教育学的视角来看，自主既是一种教育目标，又是一种教育方法。② 在此我们认为，自主学习教学法是指为完成学习任务，实现学习目标，作为学习主体的学生，通过独立地分析、探索、实践、质疑、创造等方法参与教学活动的教学方法。但应注意“自学”不是“自主学习”的简称，自学本身的含义比较模糊，是对学习形式的描述，侧重于自己思考(如预习、复习)等。自主学习教学法能充分发挥学生的能动性和创造性，培养学生学习的自立、自为、自律等自主性人格，对人才培养具有重要价值。有研究者指出：“教学方法实质上就是教师的工具或者能力，是错误的！方法的概念首先表明的是学生采取一定方法的行为！如果为教学做出的努力不能在某些时候以某种方式促进学生的自主行为的话，那么再怎么强化都没有很大的价值。”③因此，课程改革后，在课堂教学设计和实际课堂教学中，教师要加强学生自主学习方式的指导。

目前自主学习教学法已被广泛应用于学科教学中，具体包括晋江季延中学蔡国寨提出的自主学习“四环节”教学法、文山市第一初级中学创立的“五步自主学习教学法”、甘肃省渭源县清源中学金群提出的“导学案六环节自主学习教学法”④等。自主学习教学法是以学生自主学习为主展开课堂教学活动的。目前，研究者和一线教师讨论了自主学习教学法的操作步骤，上面这三种方法因其提出者和应用的学科不同，所提出的基本操作程序也稍有差异。概括起来，大体有如下几个步骤。

一是呈现目标，明确任务。有研究者指出，教学目标呈现能为教学提供“向导”，能促进学生形成学习预期，能激励教学动机。⑤ 在自主学习教学法中，在清晰表述教学目标的基础上，应以直观的、学生易于理解的方式向学生明确呈现教学目标，所表述的教学目标应该分层，易于学生根据学习情况制定自己的学习目标。之后，应该明确为达成教学目标而设置的教学任务，这些任务通常采用问题的形式，在设计教学问题时不能随意而为，而应该设计突出教学重难点的教学问题，问题之间应有密切的联系，反映教学内容的主要线索，并能与生活相联系，易于学生理解和进一步的学习。

二是问题导向，学生自学。在自主学习教学法中，学生自学是核心环节。学生以问题为主线，自主阅读和学习教学内容，逐个寻找问题的解决方法。在学生自主寻求问题解决的过程中，不同的学生会出现不同程度的困境，需要教师提供较为适当的工具书或学习策略，引导学生掌握自主学习的具体方式，学会独立学习与独立思考，独立监控自己的学习方式和学习过程，提高学生的自主学习能力。

---

① Dickinson L.，“Autonomy and motivation：a literature review，”*System*，1995(23)，pp. 165-174.

② 张传明：《浅议自主学习法》，载《中国成人教育》，2007(12)。

③ [德]希尔伯特. 迈尔：《课堂教学方法(理论篇)》，尤岚岚、余茜译，28 页，上海，华东师范大学出版社，2011。

④ 金群：《“导学案六环节自主学习教学法”在初中历史教学中的尝试》，载《学周刊》，2013(9)。

⑤ 刘海生、李清臣：《教学目标呈现：价值、问题与对策》，载《中小学教师培训》，2016(3)。

三是小组讨论，同伴合作。对于学生自己解决不了的问题，通过小组讨论向同伴寻求解决和帮助，对于小组成员共同遇到的问题，可以通过同伴合作学习加以解决。在这个过程中，学生也会遇到多个方面的问题，需要教师在讨论合作中给予适当的帮助与支持。

四是学生质疑，定向释疑。由于学生的学习水平有限，即使是同伴合作也未必能解决课堂学习中的所有问题。这就需要借助教师的帮助来完成，学生提出疑问或需要解决的教学问题，教师根据学生的学习情况进行相应的解决。

五是强化训练，检测评价。通过一定形式的练习，对呈现的教学问题进行逐一检测，强化学习效果，检测学生对教学内容的掌握情况。

六是概括知识，反思总结。在学生阅读讨论、质疑问难、师生民主讨论的基础上，根据教学内容，教师应不失时机地引导学生总结归纳，概括成完整的知识结构，并巧妙地转化为板书提纲，使学生对所学内容有一个系统整体的认识，形成知识结构。

(二)自主学习教学法的特点

自主学习教学法需要突出教学中学生学习的主体地位，自主学习教学法的特征较为明显，具体体现在以下几个方面。

1. 学生自主学习为主与教师讲授为辅相结合

在自主学习教学法中，学生的自主学习是核心，但考虑到学生的年龄特点及心理发展的不完整性，强调在适当时候需要教师的精心讲授。这里的学生自主学习不是完全脱离教师讲授的自主学习，而是需要教师运用已有的教学方法来促使学生自主地学习。由于缺乏背景知识或认知策略，学生在认知活动中会陷于困境，教师就必须在学生自主学习的基础上给以讲解点拨，引领学生探索知识，启发学生理解知识，指导学生运用知识。但需要明确的是，教师的讲授是为了帮助学生能自主地开展独立的学习活动，课堂教学必须以学生的自主学习为中心，教师的讲授对于学生学习知识、获得技能和创造思维的启迪来说，只是起铺垫导向的辅助作用。

2. 个人思考与同伴合作学习相结合

个人思考和同伴合作学习是自主学习教学法的两种重要表现形式。个人思考是学生独立开展自主学习活动的重要体现，是开展同伴合作、小组讨论的基础。同伴合作学习是在学生个体开展自主学习活动的基础上得以展开的，是自主学习教学法开展的重要环节，可以培养学生的合作意识和合作精神。

3. 学习信息及时反馈

在自主学习教学活动中，学习信息的及时反馈是学生开展自主学习活动和同伴合作学习的重要保障。在学习活动中，教师应及时观察和询问学生自主学习活动和小组讨论的情况，这样便于学生得到及时、必要的辅导点拨，便于学生学习活动的顺利开展。

4. 教案的导学性与开放性

传统教案是教师自编自用的，传统教学以教师和课本为中心，忽视学生学习的自主性和独立性。运用自主学习教学法进行教学设计时，其教案设计是导学案，需要考虑教案对学生自主学习的导学作用。此种教案在课前提供给学生，学生根据导学案自主学习，初步掌握基础知识、概念，厘清知识线索，并尝试用掌握的知识解决导学案中的问题，进行自我能力训练、材料收集或讨论交流，课上教师精讲甚至不讲，个人自主学习无法完成的任务通过课堂讨论加以完成。这样既鼓励学生独立探索知识、发现知识间的联系，又促进教师精心设计导学案，在精讲中促进学生创新思维的发展。

二、自主学习教学法的类型与实施途径

(一)自主学习教学法的类型

1. 任务型教学法

任务型教学法是指教师通过语言引导学习者在课堂上完成任务来进行的教学。这是20世纪80年代兴起的一种强调“在做中学”的语言教学方法，是交际教学法的发展，在世界语言教育界引起了人们的广泛注意。近年来，这种“用语言做事”的教学理论逐渐引入我国的基础教育英语课堂教学，是我国外语课程教学改革的一个走向。该理论认为，掌握语言大多是在活动中使用语言的结果，而不是单纯训练语言技能和学习语言知识的结果。在教学活动中，教师应当围绕特定的交际和语言项目，设计出具体的、可操作的任务，学生通过表达、沟通、交流、解释、询问等各种语言活动形式来完成任务，以达到学习和掌握语言的目的。任务型教学法是吸收了以往多种教学法的优点而形成的，它和其他的教学法并不排斥。

2. 项目教学法

学生在教师的指导下亲自处理一个项目的全过程，在这一过程中学习掌握教学计划内的教学内容。全部或部分学生独立组织、安排学习行为，解决在处理项目中遇到的问题，这一过程提高了学生的兴趣，自然能调动学习的积极性。因此，“项目教学法”是一种典型的以学生为中心的教学方法。

项目教学是通过“项目”的形式进行的教学。为了使学生在解决问题中习惯于一个完整的方式，所设置的“项目”包含多门课程的知识。项目教学法就是在教师的指导下，将一个相对独立的项目交由学生自己处理，信息的收集、方案的设计、项目实施及最终评价，都由学生自己负责，学生通过该项目的进行，了解并把握整个过程及每个环节中的基本要求。

3. 尝试教学法

尝试教学理论的基本观点是“学生能尝试，尝试能成功，成功能创新”，其特征是

“先试后导、先练后讲”。尝试教学法充分发挥学生在课堂教学活动中的主体作用，一开始就要求学生进行尝试练习，让学生处于主动的地位；尝试练习中遇到困难，学生便会主动地自学课本或寻求教师的帮助，学习成为学生自身的需要。

4. 问题教学法

问题教学法，就是以提出问题、分析问题、解决问题为线索，并把这一线索始终贯穿于整个教学过程。即教师首先提出问题，学生带着问题自学教材，理解问题、讨论问题，最后教师根据讨论的情况，有针对性地讲解，准确地引导学生解决问题。问题教学法充分体现了学生的主体地位，能有效地激发学生自主学习的主动性和积极性。

(二)实施自主学习教学法的途径

1. 加强自学，鼓励探索

学生是学习的主体，应当成为课堂教学中的真正“主角”。因此，在教学活动中，教师应多鼓励学生独立探索新知，最大限度地为学生创造读书思考、动手操作、独立探求新知的时间和空间，不轻易铺垫、讲解和暗示，让学生自己去领悟、发现新知，以培养学生的主体意识和独立探索知识的能力，从而达到教与学的有机结合。

2. 创设情境，感悟体验

情境教学是一种能促进学生情感体验，让学生在轻松愉快的气氛中学习，激励学生在知识领域不断探索的新型教学形式。例如，在政治课堂教学中，教师可以先让学生产生一种身临其境的亲切感受和情绪体验，进而激发他们对复杂的政治现象及其内在规律的认知兴趣，从而拓展学生的认知能力、空间想象能力及实践创新能力。

3. 知识升华，自主创新

学生带着问题自学教材内容，在全面掌握基础知识的同时，教师可以适当点拨，以便让学生认真思考现象背后的本质规律，从不同的角度、不同的侧面分析问题，把正向命题和培养求异思维能力的逆向命题结合起来，不仅知道“是什么”，还应知道“为什么”，并提倡不同观点的争鸣。

三、运用自主学习教学法的基本要求

“教学方法并不是教师从学校的道具室里拿出来，然后放到课堂这个舞台上的道具玩意儿，而是教师与学生组织课堂教学的某种形式与程序。只有当教师使学生——自觉或不自觉地——融入学习过程中，这种组织才能成功。而这种学习尽管有明确的‘让学生独立、成熟’的目标，但总是从学生的未独立自主、尚未完善的前提出发。”[①]因此，

① [德]希尔伯特·迈尔：《课堂教学方法(理论篇)》，尤岚岚、余茜译，30页，上海，华东师范大学出版社，2011。

每种教学方法要发挥其应有的作用，在运用时应遵循其运用的基本要求，自主学习教学法也不例外。运用自主学习教学法的基本要求有以下几个方面。

(一)让学生参与教学目标的制定

破除教师中心论，教师由主演变成主导，克服角色错位，调动学生的求知积极性，使其动脑思考，大胆探索，把课堂还给学生，这是实施自主学习教学法的前提。学生自主学习并不意味着放任学生，让他们盲目地学习，教师要让他们参与学习目标的制定。在设计教学目标时，教师应将教学目标划分为不同的层次，使学生能够根据自己的特点进行选择，制定出适合自己的学习目标。在教学过程中，教师应给予适当的帮助，根据教学进程和学生的反馈适当调整学习目标。

(二)帮助学生优化学习策略

教师要让学生掌握正确的、科学的自学方法。例如，阅读教材时该详则详，深入挖掘，该略则略，大体了解，对重点内容进行分析概括，最后找出问题的本质和规律，总结时要简明扼要，突出中心等，这样可以使学生在自学过程中少走弯路，有充足的时间加强创新能力的训练，这也是实施自主学习教学法的保障。学习策略是指在学习情境中，学习者对学习任务的认识、对学习方法的调节和对学习过程的控制。在学校中，对于学生来说，最重要的学习就是学会学习。要学会学习，就要掌握一定的学习策略。对于教师来说，设法提高学生的学习策略，让学生用良好的学习策略来控制他们的学习过程，成为一个真正能够独立学习的人，这是教学工作的一项重要任务。教师要让学生学会分析他们所使用的认知策略，让他们在不同的学习背景、不同情况下选择合适的复述策略、精细加工策略和组织策略，指导学生进行元认知训练，经常反思自己的学习过程，不断调节和修正自己的学习方法。

(三)把生命发展的主动权还给学生

自主学习是学生自我建构的活动，是学生的一种主体活动。因此，在教育活动中，教师一定要把学生视为发展的主体，把生命发展的主动权还给他们。20 世纪初期，陶行知就呼吁，要解放学生的手脚、大脑、空间和时间。学生的自主学习不可能在教师的控制之下进行，教师必须给予学生更多的自主性，为学生的自主学习提供充裕的实践，让学生有时间进行自主学习。教师要把学生放到一个自由的天地中去，让他们有机会放飞想象、抒发创意、释放潜能。教师在学生自主学习活动中的责任是引导、激励和唤醒。“引导”不同于“放任自流”，“引导”能使个体生命的发展不被生物性所奴役，而赋予生命以社会的价值。“引导”就其内容而言，不是对个体的发展规定什么，而在于提供价值导航，在于唤醒学生潜能发展的意识，激励学生个体不断地超越自身，彰显和弘扬学习的主体性。

(四)提供适当的练习机会

鼓励学生敢于质疑。教师引导学生各抒己见，畅所欲言，不断开拓学生的思路，使其学会正确的思维方法，一个问题能从多个角度去分析，正面问题能从逆向去挖掘，培养学生善于发现问题、解决问题的能力，这是实施自主学习教学法的关键。在自主学习中，适当的练习是必不可少的。通过练习，帮助学生掌握新知识和新技能。但是，这种练习计划应当是真实的、情境化的，应当具有多样化和个性化的特征。在学生的练习过程中，教师要严格控制练习的数量和质量，切不可使学生产生厌烦的情绪。同时，教师还要具体地指导，对学生怎样做提出明确的要求，引导他们有效地进行知识迁移。

(五)采取多种指导方式

在教学过程中，为调动学生自主学习的积极性，教师在操作上可采用多种方法和多种手段调动学生的感官，使学生始终保持旺盛的精力和积极向上的求知欲，启迪学生的智慧，引发学生的共鸣，使学生的思维处于高度活跃的状态，这是开拓学生思维、实施自主学习教学法的不竭动力。在不同的学习情境中，教师要采取不同的指导方式。首先，要对不同年龄阶段的学生采取不同的指导方式。例如，在小学阶段，教师要注重创设情境，设疑激趣，让学生在适当的情境中进行自主学习；在中学阶段，教师更多地采取引导的方式，即“导学”；在学生的自主学习能力发展到一定水平后，教师就可以放手让学生“自学”，而自己则作为引导者适时指导。其次，教师在课堂中要针对学生的不同能力进行个别指导，使每一位学生的自主学习能力都能有所提高。

第二节　合作学习教学法

【情境创设】

下面案例来自“伽利略对自由落体运动的研究”教学设计案例。①

在某版本新课标教材《物理Ⅰ》的第二章“匀变速直线运动研究”中，在第五节介绍了“自由落体运动”之后，又专门安排了第六章“伽利略对自由落体运动的研究”的相关内

① 朱建廉：《基于合作学习的教学案例及评析》，载《基础教育课程》，2013(C2)。

容。对照课标要求，揣摩教材专家的编写意图，查阅相应的物理学史料，教师设计了如下具体流程。

一是引发对“自由落体”与“落体”区别的关注。教师先回顾“自由落体运动”的研究方法与结论，思考“自由”的确切含义。期望学生回答以下三个方面的内容。①研究方法：利用打点计时器来研究自由落体运动。②所得结论：自由落体运动是初速度为零的匀加速直线运动，且加速度均为自由落体加速度，或被称为重力加速度。“自由”二字的确切含义是初速度为零，运动过程中受重力作用。③实施指要：在师生间的交流中应注意到，启发学生自主地从“自由落体运动”的定义中领悟出“自由”的两个要点，并以此自觉区分“落体”和“自由落体”。

二是直接提出课题并布置针对文本的理性探究活动。课题是“探究‘落体’的研究过程”。问题1：关于“落体”的运动，亚里士多德持怎样的观点？他的观点究竟错在何处？他的错误观点为什么能在两千年内被人们奉为经典？问题2：伽利略运用了怎样的逻辑推理使亚里士多德理论陷入困境？伽利略的这一推理对于“落体”的运动问题研究起到了怎样的作用——它向人们证实的是什么？它仍然没能解决的是什么？问题3：对伽利略的进一步研究工作，你有怎样的感悟？从中能获得怎样的启迪？问题4：对伽利略的研究工作所经历的过程、所具备的条件、所处的环境等做细致考察与分析，在此基础上你能够想到什么？要求学生以自愿的原则分别组成若干小组，每组分别对上述问题中的某一问题做重点准备，然后依次走上讲台以规定的形式做相应的交流。

三是各小组依次将探究结果采用不同形式进行交流。第一组(针对问题1)：舞台剧。第二组(针对问题2)：辩论会。第三组(针对问题3)：答辩会。第四组(针对问题4)：研讨会。对每个小组都提出了具体的教学要求与建议。

合作学习教学法于20世纪70年代初在美国兴起，并在20世纪70年代中期至80年代中期取得实质性进展，成为一种成熟的教学理论与策略，但其思想却源远流长。古罗马教育家昆体良最早提出集体教学思想。捷克教育家夸美纽斯在其代表作《大教学论》中也详细论述了班级授课制。首先是由兰卡斯特和贝尔两人于1700年在英国创立的，并进行团体施教。18世纪，英国的“贝尔—兰卡斯特制”引起了各国的关注，其思想受到美国教育家帕克和杜威的推崇，被人们誉为“近十几年来最重要和最成功的教学改革”。自20世纪80年代末、90年代初开始，随着改革开放的进一步深入，我国教育界引入了一些新颖的教学理论与学习方法，其中就有合作学习，并且在我国出现了合作学习的研究与实验，取得了较好的效果。21世纪初我国新课程改革提出合作学习，已经为广大教师所接受，教师在实施过程中需要准确把握合作学习教学法的基本概念和精神实质。

一、合作学习教学法的概念与特点

(一)合作学习教学法的概念

根据国内外学者已有的研究，合作学习教学法，又称为“合作教学法”，是以合作教学理论和素质教育思想为指导，以师生、生生合作为实践前提，在教师的引导下，学生以小组合作活动为教学形式，以对所学内容进行自主探究和合作讨论为主要学习手段，以大面积提高学生学业成绩、改善班级学习氛围、促使学生形成完善的心理品质并获得社会技能为最终目的的体系和方法。合作动机和个人责任是进行合作学习的教学关键。合作学习教学法能培养学生的合作意识、集体观念、多种途径获得信息的能力，有利于形成新型的师生关系，提升学生的竞争意识。其操作步骤如下。

一是精心设计教学过程。合作学习教学法的运用，需要教师在备课中考虑到每节课的设计和教学单元内部的协调，考虑到合作学习分组活动的目的、形式、内容、时间安排、场地、设备、材料和工具。因此，要精心设计。

二是合理划分合作学习小组。合作小组的划分坚持“组间同质，组内异质”的原则，兼顾到学生的学习能力、学生的知识水平和技能、合作小组开展学习的可行性以及教学目标的达成等多个方面。这样可以最大限度地调动各小组、各成员积极参与。

三是明确每个成员的任务。为完成教学任务，各小组内部成员应有明确的分工。在组织上，要确定好组长、记录员、监督员、汇报员。小组之间应相互鼓励和帮助。

四是实施小组合作学习。在合作学习教学法中，各个成员间的不同分工应在整个学习过程中表现出来，组长可以轮流担当，各成员应目标一致，共同完成合作学习任务。并让小组成员汇报其合作学习结果，以达成教学目标为要旨。

五是归纳点评。教师要针对教学内容，依据学生实际的学习水平和认知能力，对合作学习所取得的成果进行简要总结概括和补充说明，用简洁明晰的语言引导学生认识到知识结构的组成，培养学生正确的学习方法。在点评时，可让学生小组内自评或互评，然后在小组间进行互评，找到需要改进的地方，相互鼓励和进步，取长补短，培养学生之间的合作竞争能力。

(二)合作学习教学法的特点

1. 互动性

在合作学习教学法的课堂教学中，学生之间的影响力大于任何其他因素对学生学习成绩、社会化发展的影响。但课堂上同伴间相互作用的重要性常常被忽视。同伴之间在平等、民主的关系中相互促进、相互学习、相互监督、相互理解、相互支持，这也是学生身心发展和学生社会化得以实现的基本表现。

2. 交往性

交往是共同存在的主体之间的相互作用、交流、沟通、理解，是人得以存在的基本方式。在交往中，人才能获得生存所必需的知识、技能和经验，形成积极的人生观和生存方式，获得社会化发展。学习是学生个体在课堂群体活动中获得知识和发展能力的认识过程，在合作学习过程中，每个小组都具有不同智慧水平、不同知识结构、不同思维方式的成员，他们可以在交往中互相启发，产生新认识，用集体的力量共同完成学习任务。

3. 生成性

合作学习教学法为学生提供了一个开放的、自由表达和展现自我的空间，创设了有利于学生合作学习的情境，学生是课堂学习的主体，可以自由发言，通过讨论交流共同参与教学活动。每个小组成员之间存在着差异，都要为目标的实现自主建构出更好的学习策略，展示出自己的观点和让本组成员接受自己的观点，最终生成本小组的学习结果。学生通过合作探究获得知识，这实质上是一种生成性学习。

二、合作学习教学法的类型与实施途径

(一)合作学习教学法的类型

目前，在国内外普遍采用了以下几种合作学习教学法的方式。

1. 问题式合作学习教学

问题式合作学习教学是教师和学生互相提问、互相解答、互为教师，既能答疑又能激发学生学习兴趣的一种合作教学形式。这种合作学习教学的形式多样，可以是生问生答、生问师答，也可以是师问生答、抢答式知识竞赛。在实施教学时，应根据学生的年龄和学生学习的心理特征设置问题。

2. 表演式合作学习教学

表演式合作学习教学是通过学生参与多种形式的表演，激发学生的学习兴趣，培养学生自主探究的学习品质，或作为课堂的小结形式，检验学生对所学知识的理解。

3. 讨论式合作学习教学

讨论式合作学习教学是让学生以给定问题或不给定问题的形式对某一内容进行深入讨论而激发学生学习兴趣的一种合作教学形式。在讨论的过程中，教师对学生实施自我教育，以达到完成教学任务的目的。

4. 论文式合作学习教学

论文式合作学习教学是教师以一定的问题为依托带领学生开展社会调查实践，并指导学生以论文的形式汇报社会实践结果的一种合作教学形式。一般每学期举行 2～3 次，重点放在寒暑假。

5. 学科式合作学习教学

学科式合作学习教学是将几门学科联合起来开展合作学习。目前，中小学开设的综合实践活动课程，可以采用此种方式展开合作学习，最终生成综合实践活动报告。

(二)实施合作学习教学法的途径

1. 创设情境，明确目标

学生的思维过程往往从问题开始。通过问题情境的创设，激发学生的兴趣，活跃学生的思维，诱发学生产生疑问并提出问题，产生合作的需要，明确学习目标。学习目标既有知识技能目标，又有合作目标。学习目标具有定向、激励和评价的功能，直接影响合作学习的效果。

2. 独立学习，自主尝试

合作学习不能排斥独立思考。个体独立学习是合作学习教学的基础，没有个体独立学习做基础的合作学习是形式化的。在教学实践中，教师应在提出合作任务后，给予学生充分的自主学习时间，然后再进行小组合作。这样学生会充分思考，不会过分依赖他人，其交流和讨论会比较深入，从而真正达成合作的实质。教师要根据学生的能力水平和个性特点，给学生足够的独立学习和独立思考的时间，让学生自主尝试解决问题，突出个性化学习，真正确立学生合作学习中的主体地位。例如，有位教师提出了这样一个问题："两个长方形，当它们的周长相等时，面积有什么关系？是否一定相等？"这不是一个轻而易举就能回答出来的问题，教材中也没有明确的结论。但学生用已掌握的长方形的周长及面积的知识，经过一定加工，是可以获得一个结果的。这个加工过程就是思考过程。"此时此刻的孩子们就正是在思考的过程之中，不少孩子还动笔画着、算着。逐渐地，孩子们的脸上有了自信，有了笑容，有了豁然开朗的神态，有了跃跃欲试的表情。"①该案例充分展示了学生独立学习、自主尝试的过程。

3. 小组研讨，集体交流

在独立学习过程中，每个学生以自己的方式建构对事物的理解，在小组讨论中，学生各抒己见，相互补充和启发，加深了每个学生对当前问题的理解。每个成员不仅自己要主动学习，还有责任帮助其他同学学习，互帮互学，共同提高。进行全班交流时，各组代表汇报本组合作讨论的初步成果，通过观点碰撞、修正，达成共识。在上例中，教师看时机差不多时，"轻声说一句：'现在可以和周围的同学交换交换意见。'瞬间，教室里的寂静被打破了，同学们兴奋地、争先恐后地议论起来，无声变成了有声。很快问题得到了解决，结论是明确的。"②

---

① 刘金平：《此时无声胜有声——小组合作学习案例分析》，载《读与写杂志》，2010(8)。
② 刘金平：《此时无声胜有声——小组合作学习案例分析》，载《读与写杂志》，2010(8)。

4. 教师总结，反馈评价

合作学习结束时，教师要对教学内容、学生在合作学习中的表现，进行总结和归纳。评价时以小组为单位进行，评价内容涉及合作小组的学习态度、方法、过程、能力和效果；对学生的见解进行分析、反馈，促进学生改善学习。

三、运用合作学习教学法的基本要求

(一)合理组建合作学习小组

合作小组是合作学习的基本单位，其建立是否合理直接影响着合作效率的高低和合作目标能否完成，直接关系着合作学习的成败。合作学习是学生在小组中完成的互助性学习，小组成员的优化组合是有效合作学习的关键。因此，应合理组建合作学习小组。

1. 编组的基本原则

“组间同质，组内异质”是组建合作学习小组的基本原则。组建合作学习小组时应依据学生的学习成绩、能力、性别及社会背景等，优化小组组合，形成互补性合作团队，便于发挥小组各成员的个性特长。组内异质保证了组内各成员间各方面的差异和互补，为学生互助合作奠定基础，也便于培养合作能力和团队精神。组间同质为全班各学习小组在同一起点和同一水平上展开公平、合理的竞争创造了条件。

2. 合理确定小组规模

小组内人数是影响小组成员参与程度的重要因素。研究表明，基本的规则是少胜于多，每小组人数以 4～6 人为佳。确定小组规模除考虑学生的参与度外，还要考虑学生的年龄、合作时间长短、合作任务难易程度和合作技能等因素。合作时间应不少于 5 分钟，合作任务难度应适中，并培养学生的合作技能。

3. 合理编排座位

学生座位的排列方式直接影响到学生参与和相互合作的程度和方式。在小组合作学习教学中，应改变“秧田式”排列，在空间结构上应让小组成员面对面相视而坐，组与组之间应保持适当的距离。

4. 合理分配角色

合作学习小组内应当有一定的分工，应根据学生不同的个性特点，安排他们扮演适当的角色，承担不同的任务，而且应轮流担当。一般来说，小组内角色包括组织者、记录者、监督者、发言者。

(二)加强对合作学习过程的指导与监控

在合作学习教学中，教师应发挥其主导作用，对合作学习过程进行指导与监控。学生进行小组合作活动时，教师要及时观察了解学生的讨论情况，尤其是小组内讨论过程中遇到了困难，讨论中断，教师应及时、适时地给予指导。若小组合作任务不清楚，要及时给予说明；若小组内部分成员未参与讨论，教师应加以引导，让学生全员参与进来。这样才能避免合作学习流于形式。但若在合作学习中，教师所谓的“指导”成了一种干扰，这种指导却不是真正意义上的指导。有研究者认为：“在分组教学中，小组的学习进程常常会被没有耐心的教师打断，他会询问进展状况，催促他们，或者帮助他们修改。”①因此，在合作学习教学中，教师对合作学习过程的指导应该是适度的。

(三)注意培养学生的合作意识与合作技能

在合作学习过程中，教师要培养学生的合作意识和合作技能，引导学生学会合作。教师要让学生认识到，有些学习可以依靠一个人的力量完成，有些学习需要依靠集体的智慧才能创造性地解决，从而在合作学习中培养学生的主人翁精神，通过个体竞争向小组竞争的转换，把个人学习目标融入集体目标，把个人努力与同伴努力结合起来，才能真正培养其合作交流的意识。教师还应让学生认识到合作学习不只是形式上坐在一起，而是要学会倾听组员的交流，学会归纳组员的观点，培养学生的合作技能。

第三节　探究教学法

【情境创设】

下面案例来自《鹬蚌相争》的课堂教学实录。②

《鹬蚌相争》是九年义务教育六年制小学教科书《语文》(苏教版)第七册的一篇课文。在学习这篇课文时，学生对本文内容产生了疑问。教师很是出乎意料，但认为这是生成性资源的重要体现，教师便决定让学生围绕疑问展开讨论与探究。

有位学生带着兴奋的语气说：“老师，我觉得课文有问题！你看，书上写鹬威胁蚌说，‘你不松开壳儿，就等着瞧吧。今天不下雨，明天不下雨，没有了水，你就会干死在这河滩上！’你想，鹬的嘴正被蚌夹着呢，怎么可能说话？”又有学生接着说：“是啊，这样想来下面也有问题。下面课文又写蚌得意洋洋地对鹬说，‘我就夹住你的嘴不放，今天拔不出来，明天拔不出来，吃不到东西，你也会饿死在这河滩上！’蚌正夹着鹬的嘴

① [德]希尔伯特·迈尔：《课堂教学方法(理论篇)》，尤岚岚、余茜译，10页，上海，华东师范大学出版社，2011。

② 周益民：《无法预约的精彩》，载《人民教育》，2004(1)。

呢，怎么说话，一开口不就让鹬拔出嘴了吗?”

学生受此启发，在教师的鼓励下纷纷发表自己的看法：有的学生认为课文这样写的确不妥；有的学生认为课文是根据古文改编的，没什么问题；有的学生反对说，改编也要古为今用，不正确的要修正；有的学生认为课文是寓言，是在借这个故事说明道理，这么写没什么问题；有的学生坚持认为，尽管是寓言，也要符合实际，总不能说鹬夹住蚌的嘴巴。

最后，教师鼓励学生把教材改一改，并给编辑写一封信。“敬爱的编辑爷爷，您好！您组织编写的语文课本真是太棒了！这一本本语文书就像一艘艘小船，带着我们在知识的海洋里遨游。每次新学期开学发新书，我们总是抢先翻看语文书。今天学习《鹬蚌相争》时，我们觉得有个地方有点欠妥。我们读到‘鹬威胁地说’和‘蚌得意洋洋地说’这部分内容时，脑子里闪出了疑问：蚌用外壳把鹬的嘴夹住，鹬怎么能说话呢？而蚌一旦说话，鹬不就可以趁机拔出嘴巴逃走了吗？我们想是不是可以这么改，‘鹬用尽力气，还是拔不出来，便狠狠地瞪了蚌一眼，心想：哼，等着瞧吧，今天不下雨，明天不下雨，你就干死在这河滩上吧。蚌好像看透了鹬的心思，得意洋洋地想：哼，我就夹住你的嘴不放，今天拔不出来，明天拔不出来，吃不到东西，你就会饿死在这河滩上！’编辑爷爷，您觉得我们的想法有道理吗?”其中一个小组将“说话”改成了“心想”。

正当教师要结束讨论时，又有一个学生说刚才的讨论有问题，因为鹬的嘴巴被夹住了确实不能说话，但蚌就不一定了。蚌的嘴巴在壳里，也许不用开壳就能说话。对于这个问题，学生提出可通过上网或去图书馆查资料、请教科学教师、观察蚌等方法来解决。

在我国古代，孔子提倡以启发式教学思想指导学生主动学习；在西方古代，苏格拉底的产婆术也反映了早期探究式学习的萌芽。探究教学法发端于 20 世纪初美国的进步主义教育运动，他们所强调的“做中学”，“做”就是探究，“做中学”是在探究基础上自主建构知识，扩展学生本身已有经验。之后，美国受到苏联第一颗人造地球卫星发射成功的冲击，美国著名的教育心理学家布鲁纳率先提出“发现法”，并受到人们的广泛关注。与此同时，美国芝加哥大学教授施瓦布在 1961 年哈佛大学举行的纪念演讲会上做了题为“作为探究的科学教学”的报告，提出了与发现法相似，但更具操作性的教学方法——“探究式学习”方法。美国教育心理学家加涅对其从理论上进行了论证，使其成为美国教育改革中最重要、最有影响的教学方法，并广泛地传播到世界其他国家。21 世纪初我国新课程改革提倡改革学习方式，将探究学习作为学习方式改变的重要体现。

一、探究教学法的概念与特点

(一)探究教学法的概念

探究教学法就是以学生发展为本，教师通过设置与生活紧密联系的教学情境，引导学生运用探究方法主动地收集信息、分析问题、解决问题以获取知识，培养学生创新与实践能力的新型教学方法。目前人们对探究教学法进行了深入研究。比如，彭嘉全于1987年提出的“1335”探究教学法(又称为“悬念迁移式”单元探究教学法)①，蔡定田于1993年提出的“引疑—探究”教学法②，张熊飞等人十余年潜心研究的“诱思探究教学法”，陈璇提出的问题探究教学法。再比如，“导学—探究”式教学法、自主探究教学法、合作探究教学法、“实验—探究”教学法、互动探究教学法等多种形式，被广泛应用于中小学各学科教学中。总体归纳来讲，其操作步骤如下。

一是设置情境，提出问题。一切有成效的工作都以某种兴趣为先决条件，要使学生产生探究学习的欲望，就必须提供某种有意义的问题情境，激活学生原有的知识经验，引发学生探究未知世界的好奇心，产生提出问题的兴趣。

二是提出假设或猜想。当确定探究的目标以后，教师应该引导学生针对所提出的问题，根据已有的知识经验以及收集的相关信息，将已有的知识与问题相联系，对问题的答案进行猜测和假设。要让学生广泛地开展讨论、合理猜想，引导学生做出合理的预测和假设。

三是讨论解决问题的方案。当确定探究的问题，并提出一定的假设以后，教师就要引导学生从各个不同的角度进行分析和比较，围绕问题进行学习和调查，利用各种手段，发挥各自的特长，团结协作，从而形成一个解决问题的行动方案。在这个过程中，给予学生适当的指导和方法，能提供适当的问题引导学生思考和讨论，在讨论中设法把问题引向深入，以加深学生对所学知识的理解。

四是实施方案。在这一环节中，要充分发挥学生的主动性，让学生运用多种方法进行探索，主动建构自己的知识体系，指导学生用科学的学习方法进行探究。整个过程以学生为主体，学生主动参与，独立或以小组为单位相互研讨，充分展现自由思维的空间。

五是小结与整理知识。通过讨论与交流，教师与学生对所要解决的问题在思想上达成共识。

---

① 彭嘉全:《“1335”探究教学法的探索》，载《江西教育科研》，1988(6)。

② 蔡定田:《论“引疑—探究”教学法的意义与研究》，载《课程·教材·教法》，1993(3)。

(二)探究教学法的特点

1. 强调通过探究活动获得知识

在探究教学中，以学生为主体，教师作为组织者、协助者，创设激发学生探究的问题情境，为学生提供必要的探究条件，让学生自己发现问题，主动收集与问题相关的信息，进而分析问题、解决问题和论证结论，整个学习过程是学生主动地、自觉地探究的过程。

2. 重视知识探究过程和学生体验

让学生在探究中学会交流和合作，在探究中获得发展，是探究教学法的主要目的。在探究教学中，学生从已有知识经验出发，通过对探究材料的学习，获得对事物或现象意义的理解，这是一种积极的建构过程。因此，探究教学既重视学习结果，更重视学习过程。让学生在探究中经历完整的发现问题、解决问题的过程，让学生体验到发现知识、发展知识的过程。在探究教学中，学生可根据自己的知识基础和能力强弱，建构起自己的新认识。

3. 注重学生间的合作

探究是一项复杂的学习活动，探究的问题往往是开放的，仅靠个人力量难以完成，需要集体的智慧来实现知识的整合，要求学生在教师的组织和引导下一起讨论和交流，共同批判地考察各种理论、观点、信仰和假说。但由于每位学生的知识背景、思考问题的方式等各方面是不同的，需要对彼此的见解进行点评、质疑、改进和汇总，并延伸出新的问题，促进不同个体潜能的最大限度发挥。

4. 尊重学生的个体差异

探究教学让学生从生活中选择研究问题，或者通过创设情境让学生自己提出问题，每个学生根据自己的经验提出问题，运用自己掌握或者想到的方法解决自己的问题。即使不能解决，也可以提问的方式或者合作交流的方式与教师、学生共同解决自己的疑惑。这样就照顾到了学生不同的兴趣点和基础，照顾到了学生的个体差异。

二、探究教学法的类型与实施途径

(一)探究教学法的类型

探究教学法的分类有很多，有研究者将探究教学法进行简单归类，包括操作性、总结性、类比型、联系型、提问式五种探究教学法。① 按照分类标准的不同，探究教学法有以下几种分类。

---

① 李天荣：《探究教学法的分类及应用》，载《临沧师范高等专科学校学报》，2012(2)。

1. 传统环境下的探究教学法和网络环境下的探究教学法

根据学生进行探究学习的环境，可将探究教学法分为传统环境下的探究教学法和网络环境下的探究教学法。传统环境下的探究教学法是指借助传统媒体和传统教学资源进行探究活动所采用的教学方法；网络环境下的探究教学法是指借助网络媒体和网络资源进行探究活动所采用的教学方法。

2. 实验探究教学法与理论探究教学法

根据探究的内容，可将探究教学法分为实验探究教学法与理论探究教学法。实验探究教学法是在教师的引导下，学生通过亲自实验观测，在丰富的感性材料基础上，归纳出新的要领或规律的教学方法。理论探究教学法是从低级的概念发展到高级的概念，从已知的理论发展到未知的理论，是通过观察"观念性客体"的特征，再经过思维加工而获得新的认识的教学方法。一般由理论探究和演绎研究(或归纳研究、类比研究)两大教学层次构成。精心设计特例是成功的关键。所谓特例，就是体现"观念性客体"的典型事例，或者说是隐含着客观事物新的本质特征的典型事例。要求教师认真研究新旧知识的内在联系，帮助学生在自己的认知结构上，为新知识找准适当的固定点。

3. 接受式探究教学法和发现式探究教学法

根据探究的方式，可将探究教学法分为接受式探究教学法和发现式探究教学法。接受式探究教学法是学生通过向他人询问和搜集资料，得到现成的信息，以获得知识的方法。发现式探究教学法是学生通过观察、调查、研讨等活动，得到非现成的信息，再通过整理、分析等活动得出问题结论，以获得知识的方法。因此，探究学习可以是发现式的，也可以是接受式的，都是一种主动的学习行为。

4. 开放型探究教学法、指导型探究教学法和循环型探究教学法

根据教学方法的内涵和表现形式，可将探究教学法分为开放型探究教学法、指导型探究教学法和循环型探究教学法。

开放型探究教学法围绕着让学生仔细考察真实现象的探究，由教师和学生得出有意义的问题来设计课堂教学，能促进学生情感的投入、记忆的保持以及对知识的理解和能力的养成。以学生自主探究为核心的开放型探究教学法，有如下特点：围绕科学性问题展开探究；获取帮助其解释和评价科学性问题的证据；从证据中提炼出解释，对科学性问题做出解释；通过比较其他可能的解释，特别是体现出科学性理解的解释，评价他们自己的解释；交流和修正其所提出的解释。

指导型探究教学法强调教师的监控行为，让教师参与学生的每一个探究活动，其实质是传统教学方法与探究教学方法的优势整合。

循环型探究教学法强调教师传授核心知识，学生通过应用该知识或理论，从而实现对问题的解释。循环型探究教学的一般顺序为：探索阶段、发明阶段、发现阶段。在探索阶段，教师尽可能地少指导，让学生从容地进行探索，开放地搜集信息；在发明阶

段，学生在教师的帮助下理解知识本身和知识主群之间的相关性，从而获得新的信息；在发现阶段，学生在不同情境下应用新的知识，让学生自己发现知识的本质特征。

5. 全部探究教学法与部分探究教学法

根据探究教学所包含的要素，可将探究教学法分为全部探究教学法与部分探究教学法。如果探究过程中包含了科学探究的全部要素，就是全部探究教学法；如果只包含了科学探究的部分要素，就是部分探究教学法。

(二)实施探究教学法的途径

1. 创设情境，激发自主探究欲望

探究教学法的载体和核心是问题，学习活动是围绕问题展开的。探究教学法的出发点是设定需要解决的问题，这是进一步探究的起点。从教学的角度来讲，教师需要根据教学目的和内容，精心考量，提出难度适度、逻辑合理的问题。

2. 开放课堂，发掘自主探究潜能

探究教学所创设的问题情境是开放的，教师要帮助学生拟定合理的研究计划，选择恰当的方法。同时，教师要提供一定的实验条件或必要的资料，由学生自己动手去实验或查阅，来寻求问题的答案，提出某些假设，教师指导、规范学生的探索过程。这个过程可以由学生自己完成，也可以由教师将学生分组完成，但特别注重学生合作精神的培养。经过探究过程，学生要把自己的实验过程或查阅的资料进行总结整理，得出自己的结论和解释。不同的学生或团队可以就同一问题提出不同的解释或看法，将自己或团队的结论清楚地表达，大家共同探讨。

3. 适时点拨，诱导探究的方向

为了达到学生探究学习的目的，教师应引导学生自己去发现问题，在学生不明白时可适当点拨，引导学生时刻围绕着分析和解决问题的方向进行探究。

4. 课堂上合作探究，训练自主学习的能力

在探究教学中，教师是引导者，其基本任务是启发引导，学生是探究者，其主要任务是通过自己的探究，发现新事物。教师与学生是合作者，是伙伴关系，共同协助达成学习目标。教师应处理好自己的引导与学生的探究之间的关系，既不放任学生自流，也不让学生受过多牵制。

三、运用探究教学法的基本要求

中小学生求知欲强，在学习中会遇到许多认知问题，但因其认知能力有限，探究性问题促使他们去追求知识、探索真理，这成为学生探究的心理动力和探究课堂教学的契机。教师通过了解学情，深挖教材，可以创设一定的问题情境，组织和指导学生开展学

习活动，引导学生的自主探究、发现、操作、经历、体验、互动、交流等活动，从而达成学生全面而有个性的发展。教师在运用探究教学法时，应做到以下几个方面。

（一）选择并设计合适的探究内容

探究内容的选择应该从学情和教学内容出发，结合知识的性质而定。一是探究问题符合学生的年龄特征，能激发学生的学习兴趣。二是探究活动与学生生活紧密相连，让学生经历探究过程，能激发学生的探究热情。三是程序性知识和个人化的内隐知识适合于探究，选择那些对学生的理解能力和创造能力具有重要价值的程序性知识进行探究。

（二）为探究学习提供支架

在探究教学中，教师是学生探究的促进者、指导者和支持者，是平等中的首席，能对学生探究的目的、步骤、方法、组织及关键问题的解决提供必要的支架。另外，教师还能对学生的探究学习给予鼓励，提供各种支持。

（三）提高学生的探究素养

在信息化时代，探究是学生的基本素养之一。探究可以表现为学生的求知欲，也可以表现为能力和技巧，探究最终会成为个体人格特质的组成部分。学生的探究学习是在强烈的探究倾向下主动习得的一种行为方式。教师应培养学生探究学习的动机和探究技能，培养学生科学严谨的探究态度和求实的做法，引导学生掌握研究学习的方法，提高学生的探究水平，形成探究的内在素养。

（四）重视总结交流

在探究教学中，教师要组织讨论，进行有效的启发，引导学生思考，引导并鼓励学生创造性地提出自己的见解，在探究过程和结果之间架起沟通的桥梁。通过反思探究过程，梳理思维线索，使学生的认知更深刻、理性和系统。总结探究过程也是学生下一次探究的动力源泉，教师应鼓励学生尽量把探究结果展示出来，并迁移应用到其他情境中，进而转化为自己的能力。

[反思与探究]

1. 简述课程改革倡导的教学方法的概念与特点。
2. 简述课程改革倡导的教学方法的类型。
3. 简述课程改革倡导的教学方法的实施途径。
4. 试述课程改革倡导的教学方法运用的基本要求。

下篇　教育评价篇

第八章 教育评价的基本原理

学习目标	1. 了解教育评价的概念。 2. 了解教育评价的结构与功能。 3. 了解教育评价的基本原则与类型。

［本章提要］

教育评价是对教育现象进行的价值判断。教育评价的功能是教育评价所具有的效能。教育评价的功能是多方面的，主要包括导向功能、激励功能、改进功能和鉴定功能。教育评价的原则是教育评价过程中必须遵守的基本要求，包括方向性原则、科学性原则、可行性原则和互补性原则。教育评价的范围较广，按评价的对象和范围分为宏观、中观、微观评价；按评价的时间和作用分为诊断性、形成性、总结性评价；按评价的基准分为相对评价和绝对评价；按评价的性质分为需要性、可行性和配置性评价；按评价的主客体分为自我评价和他人评价。

第一节 教育评价的概念

什么是教育评价？怎样确切地理解教育评价的含义？这是研究教育评价首先要解决的理论问题。因为教育评价是一门新兴学科，它的理论体系、指导思想、评价模式和方法技术都处于发展和完善过程中。因此，国内外关于教育评价的界定和解释，迄今尚未统一。为了厘清教育评价的内涵和外延，主要从以下两个方面对教育评价概念进行介绍和阐释。

一、什么是教育评价

20 世纪 40 年代，泰勒(Tyler)把教育评价解释为确定教育目标在实际上被理解到何种程度的过程。1963年，克龙巴赫(Crombach)在《通过评价改革教程》一文中提出，评价的中心不应仅是目标，而更应当是决策的思想。他认为评价者不仅应当关心规定的目标，检验这些目标到达的程度，而且更应当关心谁是决策人，他们做了什么决策，根据什么准则做决策的等。所以他倡导评价是为决策提供信息的过程。斯克里文(Scriven)和豪斯(House)则认为教育评价的着眼点在于教育现象的价值。因此，教育评价就是对教育现象进行价值判断。

1981年，美国教育评价标准联合委员会对教育评价进行了综合性界定。他们认为："教育评价是对教育目标和它的优缺点与价值判断的系统调查，为教育决策提供依据的过程。"①这是综合各家之长的一种较全面的界定，也是结合教育评价的形成和发展，反映教育评价的实质和功能的界定，它侧重于评价的信息作用，同时兼顾了教育目标与价值的判断。

二、教育评价的理解和界定

20世纪80年代以来，教育评价在我国得到了迅速发展，许多评价研究者、实验评价的实际工作者，结合我国的国情和对现代教育评价的初步理解，对教育评价的定义也进行了专门研讨。例如，教育评价是对教育的社会价值做出判断的过程；教育评价是指按照一定的价值标准对受教育者的发展变化及构成其变化的诸种因素所进行的价值判断。

基于国内外有关教育评价概念的相关分析，我们发现尽管各国评价专家和学者的哲学观方法论不同，但他们对教育评价的认识具有某些共同特点：①教育评价是一个过程；②价值判断是教育评价的基本特征；③教育评价以一定的教育价值观为依据；④教育评价以科学的评价方法、技术为手段。

根据上述特点，可以把教育评价定义为：根据一定的教育价值观或教育目标，运用可行的科学手段，通过系统地搜集信息、资料和分析整理，对教育活动、教育过程和教育结果进行价值判断，从而为不断自我完善和教育决策提供依据的过程。

要深入理解这一概念，必须明确以下几个基本问题。

(一)教育评价的对象

教育现象是一个十分复杂的系统活动过程，从微观到宏观，各种教育现象都可以作为评价的对象，教育评价不仅关注教育结果，某种教育现象的活动和过程也可以作为评价的对象。就普通教育领域来说，就包含着多层次、多变量的各种因素，每种因素都可

① 辛涛、李雪燕：《教育评价理论与实践的新进展》，载《清华大学教育研究》，2005(6)。

以作为评价的对象，如地区教育评价、学校评价、校长评价、教师评价和学生评价等。从微观上来看，学生质量评价，包括学力评价、品德评价、体质评价和个性发展水平评价等。从宏观上来看，有教育体制、教育规划、教育发展战略等评价。因此，只有确定评价对象，才能进行考虑评价标准、制定评价指标、选择评价方法等一系列实施评价的准备工作。

(二)教育评价的目的和功能

教育评价的目的和功能问题涉及评价的指导思想和教育观等基本理论问题。教育评价是为了鉴定、考核，还是为了推动、改进；是为了选拔、淘汰，还是为了教育、发展，这是两种不同的教育观和评价观的根本区别。长期以来，教育评价偏重于评价的鉴定和筛选功能，其目的是选拔适合教育的儿童，是为升学教育服务的。而现代教育评价则强调评价的反馈和矫正功能，评价的目的是创造适合儿童的教育，即诊断评价对象的状况，以便发现问题，使教育、教学工作不断完善，不断适合教育对象的需要，从而充分挖掘潜力，创造教育环境，为促进儿童的个性全面发展服务，为大面积提高教育质量服务。

(三)教育评价的依据和标准

这是教育评价的核心问题。可见，教育评价必须有一个衡量和判断的科学依据和标准，也是教育的价值目标和标准问题。这就涉及什么是价值、教育价值和教育价值观的问题。应当从马克思主义价值观出发，根据社会主义现代化建设的需要，根据人才成长发展规律的要求，确立教育价值观，确定教育评价的客观标准和尺度。从这个意义上来说，教育方针、政策和教育目标就是教育价值观的集中体现。因此，教育方针和教育目标就是确定教育评价指标和标准的主要依据。

(四)教育评价的手段

现代教育评价是运用科学的评价技术和方法，对教育对象及其效果进行测定的价值判断活动。开展教育评价必须运用教育测量、教育统计和数学等方法作为评价手段，进行综合分析判断。离开科学的评价方法和手段，就不能称为现代教育评价。

第二节　教育评价的结构与功能

什么是教育评价的功能？功能和结构有什么关系？教育评价究竟有哪些功能？这是

教育评价实践中不可忽视的理论问题。

系统论原理告诉我们，系统是由若干相互联系、相互作用的要素所构成的具有特定功能的有机整体。任何一个系统都是较高一级系统的一个要素，任何一个要素，通常又是较低一级的系统。系统都有一定的结构和功能。构成系统的各要素在系统内组成的方式就是系统的结构，这种结构在运动状态下所发挥的效能就是功能。因此，系统的结构和功能是相互制约、相互影响的。教育评价作为教育系统中的一个子系统，和其他任何系统一样，也有其自身的结构与功能。

一、教育评价的结构

从系统结构上分析，教育评价一般有以下几个要素组成。

(一)价值目标和标准

价值目标和标准由价值、目标、指标三个基本要素组成。它是根据一定社会的政治经济需要和人的发展规律要求设计或制定的教育目标、培养目标和课程目标，以及根据这些目标设计的评价指标、标准等。具体来说，“价值”和“目标”是教育评价的导向，是一种理想的目标系统；“指标”是具体化、行为化、操作化的价值目标。

(二)组织机构和人员

组织机构和人员(组织管理系统)是指根据一定的评价目标，通过设置必要的评价管理机构，挑选素质较高的评价管理人员，充分发挥现代管理的计划、实施、检查、处理职能，以保证教育活动的高效益。一定的评价任务要求设置与之相适应的组织机构和人员，这样才能做到目标统一、权责得当、渠道畅通、效率高的基本要求。目前，我国普通教育评价的实施，还缺乏专门组织机构和专业评价人员，评价标准也多停留在理论研究层面。因此，从现实需要出发，建立评价标准和设置专门机构十分必要。

(三)评价方法和技术

评价方法和技术是指完成教育评价任务所必须具备的知识、技能、能力、技术和方法，包括评价主客体所必须具备的现代教育评价的基本理论以及开展教育评价的基本技能和方法。具体包括评价方案设计的技术和方法、评价信息的测量技术和方法、评价信息的统计分析及综合评判的技术和方法等。

(四)评价对象与评价人员的心理调控

评价对象与评价人员的心理调控是指参与教育评价的主体和客体双方在评价过程中

所表现的动机、需要和人际关系等心理状态，它直接影响评价过程、评价程序的顺利进行，影响评价任务的完成，因此对评价主体与客体的心理调控具有重大的意义和作用。只有通过各种调控取得及时有针对性的有效控制，才能保证评价的效果，达到评价的目的。

教育评价系统由价值目标和标准、组织机构和人员、评价方法和技术、评价对象与评价人员的心理调控四个要素组成，这些要素相互联系、相互制约，构成了教育评价系统的结构。

二、教育评价的功能

教育评价的功能是指具有一定结构的教育评价系统与外部环境相互作用的效果。它是教育评价系统所具有的特定用途和使用价值的统称。教育评价的功能大致可概括为以下几个方面。

(一)导向功能

导向功能是指教育评价系统在与外部环境的相互作用中，以价值目标子系统为核心所体现出来的导向机制和以组织管理子系统为核心所表现出来的调控反馈机制，其具体表现为：一方面，以科学的价值观和操作性的教育目标为中心的价值目标系统，可以为教育活动指明方向。另一方面，通过教育评价过程中教育目标达成度的信息及其反馈，完善和优化教育过程。调节、控制教育活动向价值目标系统规定的教育目标靠近。导向目标的根本作用在于使教育活动以教育目标为起点，以教育目标实施过程为关键，以教育目标实现为归宿。导向功能的发挥可以在教育评价对象的思想上产生一个明确感，使教育评价人员通过对现状与目标之间距离的判断，自觉地按目标的实现要求和步骤开展教育行动。

(二)激励功能

激励功能主要是指教育评价具有激发行为动机、调动教育行为者积极性的作用。根据一般行为模式理论，人的行为总是受起因、激励、目标三个要素的影响，起因包括外在条件(外部刺激)和内在条件(内在需要)两个方面。当人的行为受社会环境中某种条件的刺激时，内心会处于紧张状态，引起某种欲望和动机的出现，个体发展需要的目标和行为由此形成。当某种目标达到之后，个人的欲望又会在新的需要和外在条件的刺激下，激起指向新目标的行为。这样循环往复，以致无穷，使教育活动以螺旋式递进方式向教育目标逼近。教育评价必须遵循这一目标导向的行为模式，才能激励教育行为者的积极性，以达到评价目标。

(三)改进功能

改进功能主要是指教育评价的反馈信息具有及时强化正确的教育行为，调节、控制不良的教育行为，控制教育过程不断完善和优化、改进与提高，从而达到整体优化、大面积提高教育质量的目的。例如，通过对教育管理或教育活动的每个环节、每一步骤、每一要素的正确性、适应性进行分析和研究，我们就能判断出学校管理、教师教学或学生学习的薄弱环节及存在的问题，为有效指导和改进教育工作提供可靠的依据，从而达到直接促进教学质量提高的目的。这对教育工作者来说具有实际的意义。

(四)鉴定功能

鉴定功能主要是指根据教育评价的结论来区别评价对象的优劣程度，判断评价对象是否达到、在多大程度上达到以及在什么意义上达到所规定的基本标准，为鉴定、筛选和管理服务。在教育实际工作中，经常要对教育对象进行筛选与鉴定，这就需要对众多的对象运用一定的标准进行衡量与判断，这就是科学的教育评价。过去我们往往凭经验或少数人的意见办事，结果是不准确的，甚至产生很多误会，这对评价对象是不公平的。用科学的标准进行评价鉴定，能够增强评价对象的信任感、公平感和成就感，促进教育质量的提高。

第三节　教育评价的基本原则与类型

一、教育评价的基本原则

教育评价的基本原则是教育评价的基本理论问题之一。它是教育评价过程中必须遵循的基本要求，教育评价的原则是客观的，具有自身的客观性。不同性质的教育评价有着不同的要求。教育评价的内容和范围很广，对于如何确定教育评价的原则，人们有着不同的理解。有人把教育评价的原则分为教育评价工作的原则、制定评价标准的原则、选用教育评价方法的原则等。也有人不分类别，对教育评价进行整体概括。结合我国教育评价的实际，我们把教育评价的基本原则归纳为方向性原则、科学性原则、可行性原则和互补性原则。

(一)方向性原则

方向性原则是指在教育评价中必须坚持社会主义的办学方向，坚持党的教育方针，坚持教育为社会主义现代化建设服务，培养德、智、体、美全面发展的社会主义建设者和接班人。

教育评价要坚持社会主义的办学方向，这是办学的总的指导方针，在这一方针的指导下，各级各类学校才能根据实际需要制定具体的教育发展目标和评价指标体系，把总的办学方向落到实处。例如，片面追求升学率的学校，很大程度上是脱离了教育方向的。为了真正保证教育方向性原则的贯彻，要结合本地实际制定好评价的指标和具体标准，把方向性原则融入教育评价的指标和标准，以评价指标和标准引导学校的发展。贯彻这一原则应做到如下几个方面。

第一，制定教育评价指标时，要认真学习教育理论，深刻领会党的各项路线、方针、政策，力求使评价指标和标准的制定符合国家的有关要求，反映时代精神，具有先进性。

第二，确保教育评价活动有利于学生的全面发展，符合教育目的的要求。

(二)科学性原则

科学性原则就是在教育评价过程中必须实事求是，遵循教育评价活动的客观规律，确保评价过程的各个环节都要尊重客观事实，符合科学要求。

教育评价如何才能真正落实科学性原则呢？具体来说，就是要做到有正确的评价指导思想，有客观的评价指标体系和具体的评价标准，以及正确的评价方法和技术。此外，教育评价的科学性本身也是有层次的，它与人们的认识水平紧密联系，如果人们的认识水平不高，科学的教育评价就无法达成。在现实中，由于各种原因，人们的评价行为未必符合科学要求，必须经过多次的反复，才能符合客观实际。可见，教育评价达到科学水平还需要一个过程。贯彻这一原则应做到如下几个方面。

第一，遵循教育评价活动的客观规律，认真学习和研究教育评价理论，总结教育评价经验，探索教育评价规律。

第二，构建科学合理的教育评价指标体系，设计符合客观实际的教育评价方案，掌握科学的教育评价方法、手段和技术。

第三，坚持评价的整体性，以科学求真的态度对待评价的每一个环节。

(三)可行性原则

可行性原则就是教育评价要从实际出发，量力而行，制定的评价指标体系和评价标准符合实际，具有可操作性、可测性，便于理解，便于运用。

教育评价的可行性原则的内涵包括：一是教育评价的要求是可行的，不能过高；二是教育评价的标准、要求必须是经过努力才能达到的。在教育评价中贯彻可行性原则应做到如下几个方面。

第一，调查了解当地开展教育评价活动的实际水平和能力，包括人力、物力、财力、时间、空间、技术等各种因素对方案实施的可行性分析，做到心中有数。

第二，在制定教育评价指标体系和具体的评价标准时要符合实际，不同的地区与学校要区别对待，便于操作，便于应用。

第三，对于评价方法和技术的要求也要区别对待，单一的描述性评价是不够的，而量化的要求也要从实际出发。

(四)互补性原则

互补性原则也称为整合性原则。互补是自然界、人类社会和人类思维过程中的一种普遍现象，互补性原则可以指导人们为了满足自身存在发展的需要而产生出创造性行为。没有互补，就没有创新，就没有发展。

教育评价过程中的互补性活动是普遍存在的，具体表现为：宏观与微观的结合、相对评价与绝对评价的结合、终结性评价与形成性评价的结合、定性评价与定量评价的结合等，都是以整体最优化的目的出发而采取的一种功能互补性策略。

二、教育评价的基本类型

教育评价也因其评价目的、对象、方法的不同而形成多种类型，根据不同的分类标准，可以将教育评价划分为以下不同种类。

(一)根据评价的对象和范围来划分

1. 宏观教育评价

宏观教育评价是以整个教育领域及宏观决策方面的教育现象、措施为对象的教育评价，或对于一个具有相对规模的地区开展的教育评价，这类评价属于总体的、全局性的、较高层次的评价。

2. 中观教育评价

中观教育评价是以学校为对象，对学校内部各方面的教育教学和管理工作进行的评价，包括学校办学质量、办学条件、教学工作、学校德育工作等的评价。

3. 微观教育评价

微观教育评价是以学生为对象的教育评价，如对学生的德育、智育、体育等全面发展的评价。

(二)根据评价的时间和作用来划分

1. 诊断性评价

诊断性评价是指在教育教学活动开始之前，为使计划更有效地实施而进行的预测性、摸底性评价，目的是摸清评价对象的基本情况，分析存在的问题，为解决问题收集必要的资料，从而找到解决问题的方法。

2. 形成性评价

形成性评价是指在教育教学活动计划实施的过程中，对计划、方案的执行情况进行的评价，目的是了解活动实施过程的效果，及时反馈信息，并进行调控，使计划方案不断完善，进而顺利达到预期目的。

3. 总结性评价

总结性评价是指某一教育教学活动完成以后进行的评价，目的是了解这项活动达到预期目标的情况以及它的最终效果。

(三)根据评价的基准来划分

1. 相对评价

相对评价是指在评价对象团体中确定一个基准，或以某一团体的评价状况为基准，对团体中的个体成员在这个团体中所处的相对位置进行评价。相对评价的特点为：其一，评价基准是在评价对象团体内部确定的；其二，参照标准是对团体进行测量以后确定的；其三，它关心的是评价对象在该团体中所处的相对位置。

2. 绝对评价

绝对评价是指以预先制定的目标为评价基准，评价每个对象达到目标或基准的程度，也称为目标参照评价。绝对评价的特点为：其一，评价基准是在评价对象团体以外确定的；其二，参照标准是在对团体进行测量以前确定的；其三，它关心的是评价对象达标的程度。

(四)根据评价的性质来划分

1. 需要性评价

需要性评价是指根据某种需要，对新提出的教育目标、计划方案的必要性做出的价值判断，目的是判断新提出的教育目标、计划方案或活动是否有必要进行。需要性评价一般是在某一教育改革项目开始前或对教育活动的整个过程进行总体反思时做出的评价。

2. 可行性评价

可行性评价是指对教育目标、计划、方案的实现条件的可行性评价。目的是了解教育目标、计划、方案的物质条件、技术条件和经济效益。

3. 配置性评价

配置性评价是指对教育目标、计划、方案所需要的资源条件、人员与业务技术条件的配置进行的价值判断，目的在于合理安排与利用人力、物力和财力。

(五)根据评价的主客体来划分

1. 自我评价

自我评价是指评价客体进行的自我评价的活动，这一客体可以是某一组织、学校或个人。评价客体按照一定的目的和要求，对自身工作、学习、品德等方面的综合表现进行价值判断。自我评价能充分发挥评价客体在评价中的积极性，激发其自主性和自信心，进而自觉开展自我评价。

2. 他人评价

他人评价是指评价客体以外的评价主体，对评价客体进行的评价活动，也称为外部评价。他人评价一般比较严格、慎重，也比较客观，可信度较高，具有一定的权威性。一般情况下，自评和他评是统一的。

[反思与探究]

1. 教育评价的概念是什么？
2. 教育评价的功能有哪些？
3. 教育评价的类型有哪些？

第九章　学校评价

学习目标	1. 了解学校评价的目的、内容和标准。 2. 了解学校评价的构成要素。 3. 了解发展性学校评价的基本特点和内容。 4. 理解并应用发展性学校评价的结果。

[**本章提要**]

学校评价是教育评价的重要组成部分，学校评价的目的有两个方面：一是改进学校管理，提高效能；二是判断学校工作的好坏，评定优劣。学校评价的内容比较广泛，主要包括学校发展的目标体系、能力体系、自我保障机制以及学校发展的成效。学校评价标准一般包括三个层面，即最高标准、基本标准和具体标准。学校评价的构成要素主要包括：学校管理评价、师资水平评价、学校文化评价和学校特色评价等。

发展性学校评价的特点主要包括：发展性与主体性，过程性与反馈性，差异性与理解性。在此特点与理念的指导下，学校评价的内容指标也大大拓展。既要确立基础性评价指标，也要重视发展性评价指标；既要注意单项评价，更要重视综合评价；同时，必须改变长期以来以升学率为唯一评价标准的评价。学校评价的目的是把评价结果应用于学校实践，提升学校发展水平。

不同的教育评价理论具有不同的教育评价目的观，学校评价也是如此。有学者认为，学校评价是指评价者根据一定的标准，采用一定的评价方法，对学校的一项或多项工作的显性和潜在价值进行判断，以便调整和控制学校工作的活动；也有学者认为，学校评价就是运用现代教育评价的理论和方法，对学校管理工作进行全面的、科学的、客观的评价。① 学校是实施教育活动的基本场所，学校评价也是整个教育评价工作的重要组成部分。本章结合当前我国教育事业发展的要求，主要就学校评价的目的、内容和标准等几个问题进行探讨。

① 转引自沈玉顺：《现代教育评价》，478 页，上海，华东师范大学出版社，2006。

第一节　学校评价概述

一、学校评价的目的

目的通常是指行为主体根据自身的需要，借助意识、观念的中介作用，预先设想的行为目标和结果。简言之，目的即人们对活动结果的预期。从历史出发，教育评价理论先后经过了测量时代、描述时代、判断时代和发展性评价时代，而教育评价目的作为教育评价的一部分，也经历了鉴定、诊断、改进和发展四个阶段。从评价结果来看，学校评价包括鉴定和改进学校工作两大目的。

(一)鉴定是否合格，判断学校工作的好坏

鉴定就是对评价对象划分不同的等级，进行排名或比较、分层或分等、筛选或选拔等。本来“这种评价目的是通过区分学校的优劣来树立榜样，表彰先进，促进学校与学校之间开展竞赛活动，互相学习，互相促进，共同提高。”①这种目标取向下的学校评价，因为目标清晰，结构紧凑，一直在学校评价中占有重要地位。但目标取向下的学校评价通过预先确定的目标、标准或常模，将评价对象的特质强行纳入一定的框架，容易把不符合预定框架的内容排除在评价范围之外，容易把复杂的教育问题简单化。

(二)发挥评价效能，改进学校管理

改进就是及时反馈信息，调控行为，促使评价对象不断完善与优化。改进评价目的就是把教育过程全部情况纳入教育评价范围，通过形成性评价提供有用信息，推动评价对象发展。② 它关注整个评价过程，当发现变化就及时为评价对象提出改进建议，因而评价对象在评价过程中得到关注与重视。学校评价目的是从不同角度考察学校情况，从而明确管理中有效的方面和需要改善的方面，并力求进行适时的调整和有效的管理，以发挥学校管理的效能，促进学校的发展。

从学校评价的根本出发，学校评价应当以改进学校管理、充分发挥学校效能为主。但在现实教育实践中，一提到学校评价，人们就往往把它与学校发展水平相联系，把评

---

① 胡中锋：《教育评价学》，310页，北京，中国人民大学出版社，2016。

② 龚孝华：《重新理解教育评价目的：基于生存论视阈》，载《教育理论与实践》，2008(11)。

价作为区分和判断学校工作好坏、学校教育质量高低的基本尺度，显然这是片面的。如果学校评价只是为了区分学校工作的好坏，而不是用于改进学校工作，不能使学校管理者及时发现工作中出现的问题，那么学校评价的实施也失去了实际意义。

二、学校评价的内容

随着我国经济发展由计划经济转向市场经济，经济增长方式也逐步由粗放型方式转向集约型方式，教育结构和方式也发生了较大变化，人民群众对教育的需求也逐渐由“有书读”转向“读好书”。在这种情况下，学校评价也由鉴定学校是否达标，转向促进学校发展上来。因此，相对于传统学校评价来说，现代学校评价的内容要相对丰富一些、系统一些，综合国内教育评价专家的研究成果，学校评价的主要内容可概括为如下方面。

(一)学校发展目标体系

“目标”是所追求的结果状态。一个目标的主要变量有两个：一是目标的大小；二是目标的远近。学校发展目标体系主要由学校的办学目标和培养目标两个方面构成。办学目标是指学校预期在将来多久的时间内发展成为一所什么样的学校，其中最重要的内容就是学校的办学特色。培养目标则是在党和国家的教育方针和法律规定的前提下，学校希望将本校学生培养成什么样的人，取得什么样的成果。因此，评价一所学校的办学目标和培养目标是否适当、合理，要依据社会的客观需要、学校发展的客观水平、学校办学的客观条件和教育活动的客观规律四个方面的客观因素。

(二)学校发展能力体系

发展目标的实现，既取决于目标本身的大小和时间设置，也取决于学校实际的发展能力。学校发展的能力体系包括师资队伍的建设、校本培训的能力、争取社会支持的能力、教科研的氛围与能力、校本课程开发和建设的能力、人才培养的模式和校园文化的建设等。

师资是学校发展的主要“生产资料”，学校师资队伍软件建设状况，是学校可持续发展的根本保障。学校争取社会支持的能力大小，表现为学校可以获得的物力、人力和财力等资源支持的多少。营造浓厚的教科研氛围，提升自身的教学科研能力，是学校以最小投入谋取最大收益的最好方式，是学校可持续发展的智力支持。校本课程开发和建设的能力是学校教育改革的核心，学校的课程建设情况，综合反映了学校的师资力量、教学科研水平和教改深入程度。学校的人才培养模式是对学校丰富多彩的具体培养活动的抽象概括。校园文化建设反映了学校师生员工对于学校发展目标、培养目标的理解与认同程度。这些都属于显在的和潜在的能推动学校发展的因素，构成学校发展的能力体系，成为学校评价的重要内容。

(三)学校发展自我保障机制

随着我国教育改革的深入和学校自主权的扩大，学校内部必须建立相应的自我约束机制，以保证学校各种自主权不会被滥用，学校的各种资源真正得到充分有效的使用，各种教育教学活动保质保量地完成，最终确保学校的培养目标、办学目标的实现和学校的持续进步与发展。学校发展的自我保障机制，以学校内部持续的自我质量管理活动为核心，以学校自我评价为基础，是学校评价活动深化、结构化和体系化的产物。学校发展自我保障机制的建立和实行，是学校真正走向成熟和自主的重要标准，也是保障学校长远发展的重要内容之一。

(四)学校发展成效

学校发展成效是与学校的发展目标相对应的。换言之，学校发展目标体系的实现程度，就是学校发展的成效。因此，学校发展成效集中表现为学生群体的发展水平和学校办学目标的达成度。简单地说，一所学校办得好坏最终考查的是其办学效果。这种评价内容主要表现为学校的综合实力，集中反映为学校的社会形象，可以通过学校社会声誉调查等方法来评价。①

三、学校评价的标准

学校评价是评价者遵照一定的教育价值观、一定的质量标准、依据教育评价的理论，对学校的某项工作或全面工作的效果和科学价值，进行考核、评定，用以指导和改进工作，达到办好学校、提高质量的目的。学校评价的关键是要有一个科学的评价标准。评价标准正确、全面、科学，才能达到评价的目的，发挥评价的作用。科学的评价标准能使学校有明确的奋斗目标，激励领导和师生努力工作和学习，促进学校各项工作规范化、制度化、管理科学化。否则，评价标准不科学不仅达不到评价目的，而且会制约学校发展。例如，以“升学率”作为评价学校办学质量的唯一标准，必然把学校引向片面追求“升学率”的死胡同；提倡领导“印象标准”，必然挫伤大多数学校师生的办学积极性。

从学校评价本身来看，中小学属于基础教育，其评价目的在于完善和改进学校管理，提高办学质量，促进学生的全面发展和健康成长。然而，从我国中小学实际情况来

① 胡中锋：《教育评价学》，313页，北京，中国人民大学出版社，2016。

看，受政治、经济、文化、历史条件等因素制约，城乡之间、地域之间、地域内之间的中小学办学水平存在很大差异，在全国范围内按照一个标准对中小学进行评价显然是不科学的，也是极为荒谬的。因此，学校评价标准的制定，必须因地制宜，根据各地中小学的不同特点和实际情况，从具体学校教育发展的需要出发，形成不同层次、不同规格、动态发展的评价标准。一般来说，学校评价标准主要包括以下三个层面。

(一)最高标准

教育研究活动能够帮助决策者制定政策与法规，政策与法规的公布又能够激励研究活动的进行，并为之提供导向，学校评价标准的制定更是如此。所以，学校评价标准的制定，无论是宪法中关于中小学教育的各项规定，还是中央颁布的各种中小学教育政策法规，都是开展学校评价的根本准则，也是最高标准。例如，《中华人民共和国宪法》第四十六条对义务教育学校教育目标的规定："国家培养青年、少年、儿童在品德、智力、体质等方面全面发展。"《中华人民共和国教育法》第五条对教育方针的表述为："教育必须为社会主义现代化建设服务、为人民服务，必须与生产劳动和社会实践相结合，培养德、智、体、美等方面全面发展的社会主义建设者和接班人。"《中华人民共和国义务教育法》第三条对义务教育目标和质量的表述为："义务教育必须贯彻国家的教育方针，实施素质教育，提高教育质量，使适龄儿童、少年在品德、智力、体质等方面全面发展，为培养有理想、有道德、有文化、有纪律的社会主义建设者和接班人奠定基础。"《中共中央关于教育体制改革的决定》指出："所有这些人才，都应该有理想、有道德、有文化、有纪律，热爱社会主义祖国和社会主义事业，具有为国家富强和人民富裕而艰苦奋斗的献身精神，都应该不断追求新知，具有实事求是、独立思考、勇于创造的科学精神。"《国家中长期教育改革和发展规划纲要(2010—2020年)》在总体战略第一章指导思想中明确指出："全面贯彻党的教育方针，坚持教育为社会主义现代化建设服务，为人民服务，与生产劳动和社会实践相结合，培养德智体美全面发展的社会主义建设者和接班人。"这就是各级各类学校培养合格人才的标准，也是评价中小学生质量的最高标准。

(二)基本标准

为做好学校的评价工作，国家最高教育行政机关，还应当以宪法和各种教育立法，以及党的教育方针为依据，从现时的教育状况出发，针对各级各类学校的特点，提出评价各级各类学校的基本标准。例如，1991年4月26日，国家教委正式颁布《教育督导暂行规定》，这是新中国第一个关于中小学及幼儿教育督导工作的行政法规性文件。1991年5月，国家教委印发了《普通中小学校督导评估工作指导纲要》和《关于实施〈普通中小学校督导评估工作指导纲要〉试点的意见》，使我国中小学校教育督导评估工作进入规范化、制度化的轨道。1997 年，国家教委对 1991 年颁布的《普通中小学校督导评估工作指导纲要》进行修订，目的就是建立符合基础教育改革的学校评价标准。

(三)具体标准

我国幅员辽阔，各地自然条件和社会经济发展水平千差万别，建立在一定经济基础之上的教育发展水平也差异显著。在全国范围内，东西部地区之间、各省市地域之间、一定地域内的学校之间，教育发展很不平衡。所以，开展学校办学水平评估，是引导学校落实科学发展观，贯彻党的教育方针，遵循教育规律，规范办学行为，实施素质教育，促进学校健康发展的有效手段。但是，要进行学校评价，只有国家制定的最高标准和基本标准是不够的，各地教育行政管理部门必须依照当地学校的实际情况，把学校评价的最高标准和基本标准转化为学校评价的具体内容，形成学校评价的具体标准。近年来，一些地方教育行政管理部门和教育科学研究单位，经过认真的研究和探索，在这方面取得了可喜成果，制定出了一些学校评价的具体标准，并在学校评价实践中发挥很大作用。

第二节　学校评价构成要素分析

学校是实施教育活动的基本场所，学校评价是整个教育评价工作的重要组成部分。随着我国教育事业的快速发展和教育体制改革的不断深化，学校评价在教育管理中的地位不断提高，并在推动学校的改进和发展、保障学校教育质量方面发挥着日益重要的作用。特别是在基础教育课程改革不断深化的背景下，教育观念的多元化影响学校评价的多元化，在学校管理评价方面，有学校管理外部评价和校本管理评价；在师资水平评价方面，有教师队伍建设评价和教师专业发展评价；在学校文化评价方面，有学校物质文化评价、制度文化评价和精神文化评价；在学校特色评价方面，有学校办学基础、办学理念、特色内容、管理机制、形成过程、创建结果等评价。本节将着重对学校评价的几个构成因素进行分析。

一、学校管理评价

(一)学校管理外部评价

学校评价对于学校教育质量的提升具有不可估量的作用。重视开展学校管理评价，是当前学校教育改革的一个突出特点。日本文部省1951年颁布了《初中与高中学校评价的标准和指导》的试行方案，其中指出："为了充分发挥学校的机能，学校的组织、教育计划及教育活动应该符合哪些标准呢？首先学校必须就其所涉及的各个领域制定详细的标准。根据这个标准，从不同角度调查自己学校的实态，这是从综合的立场出发研究有效性与否，明确其卓有成效的地方和需要改善的地方，力求进行有效的管理。"①

所谓学校管理评价，是用于判断学校管理活动在何种程度上是否发挥其机能、达到其目的，并通过它来研究应该改善的领域和方面，起到改善管理的作用。学校管理外部评价就是通常所说的学校管理评价，是将学校作为管理评价的客体，由外部对其进行评价。

这里所说的管理活动，有着提高组织机能、完成目标的作用，所以缺少关于组织机能和完成目标的信息，就不可能决定今后的计划和方针。可见，评价的过程对于管理活动是不可缺少的。评价的过程，尤其在学校管理中，往往被看作计划、实施之后管理的最终阶段，如PDS方式，即计划(Plan)—实施(Do)—评价(See)。但是，由于管理活动是作为连续的循环过程而展开的，因此评价并不是管理活动的结束，而是应担负助成下一阶段计划的任务。

(二)校本管理评价

由于我国传统上采用一种外部控制学校评价模式，评价的依据是上级教育行政部门的指令性要求，评什么和怎么评都是上级教育行政部门所决定的，在评价过程中学校完全处于被动地位。随着20世纪80年代校本管理和校本评价的提出，学校管理评价也注入了校本管理评价的新内容。

校本管理是以学校为主体的管理，其内涵包括：其一，学校是办学主体，学校办学的决策权力应下放给学校；其二，学校管理目标和任务是根据学校自身的特点和需要来确定的，而不是上级或外部强加的；其三，学校成员参与决策和管理是有效实现学校目标的基本途径，建立由校长、教师、家长、学生和社区成员组成的参与管理和决策组织；其四，学校决策者对自己的决策及其执行负有责任。作为一种民主管理方式，校本管理能够有效激发学校内部改革和发展的动力。

校本管理评价是以学校为主体的评价，在学校层面充分发挥学校作为管理评价主体的作用，通过对学校各方面工作的管理评价，以促进学校发展的一种评价活动。校本管理评价的目的在于改进与提高学校的管理与教学，达到促进学生、教师、学校和课程更好发展的目的。

---

① 刘本固：《日本学校管理的评价》，载《外国教育研究》，1985(3)。

二、师资水平评价

要办好教育，必须依靠教师，教师的素质决定教育的质量。建立一支数量充足、质量稳定的师资队伍，是提高义务教育学校质量的根本。在一定程度上，师资队伍建设往往成为评价一所学校办学水平的主要指标，因而成为学校管理理论与实践的主要问题之一。师资水平评价从评价对象来划分，有教师群体评价和教师个体评价；从教师群体评价划分，有师资队伍建设评价和教师专业发展评价。这里仅从教师群体评价方面进行分析。

(一)师资队伍建设评价

师资队伍建设的重要性已经为人们所认识，许多学校在着力做好师资队伍建设的基础上，积极探索对师资队伍建设的考核和评价，通过师资队伍建设评价提高教学水平，成为学校管理中的一项重要工作。学校师资队伍建设评价一般包括以下几个方面。

1. 教师队伍素质方面

教师队伍素质包括达到国家规定学历标准的人数和实际胜任教学工作的人数在教师总人数中所占比例的大小；受过专门教育训练或系统学习过教育理论的人数在教师总人数中所占比例的大小。这两个比例越大，说明这个学校教师队伍的基本素质越好。

2. 教师队伍的梯级结构方面

是否形成了合理的教师梯级结构，反映了一所学校师资队伍建设的合理性。正常情况下，在办学水平好的学校中，教师的职称结构、专业结构、学历结构不仅相对完整，而且年龄结构上梯度合理，既能实现“以老带新，共同发展”，又能实现新老教师之间的有效交替。

3. 学科教师队伍方面

教师发展和学科发展是否一致，反映了学校学科教师队伍建设的科学性。正常情况下，在办学水平好的学校中，教师所学专业和所教学科是一致的，每个教师都能够在自己的专业领域内发挥专业特长。

4. 教师队伍培训方面

教师队伍培训包括是否有一定的教师培训，即有无具体可行的培训方案、实施步骤并取得培训效果；对全体教师能否根据不同情况进行有计划的培养和提高。

5. 教师队伍流动方面

教师队伍稳定度是学校办学质量的主要条件之一。一般情况下，教师流动性大，学生流动性也大。一所好的学校，教师队伍必须处于相对稳定状态，即一定时期内的教师流动较为合理。

(二)教师专业发展评价

推进教师专业化进程，提高教师专业化水平，是教育事业发展的需要。从广义上来讲，“教师专业化”与“教师专业发展”是相通的。从本质上来讲，“教师专业发展是教师个体专业不断发展的历程，是教师不断接受新知识，增长专业能力的过程。”①由于教师专业素质构成内容包括专业理念、专业知识和专业能力三个方面，所以，教师专业发展评价主要从以下三个方面进行。

1. 专业理念评价

教师专业理念包括教师的专业态度、教育理念和专业道德三方面内容。其中，专业态度是教师对所从事职业持有的基本态度；教育理念是教师对教育事业所持有的理想和信念；专业道德是教师在教育教学活动中处理人际关系所要遵循的基本准则和行为规范。因此，专业理念是教师专业发展之魂，是支持教师专业发展的基石和可持续发展的动力。开展教师专业理念评价，必须结合课程改革的根本指导思想，从课程观、知识观、教学观、学生观等方面，并结合教师课程改革实践，帮助教师构建自己的专业理念体系，形成新的教师专业理念评价内容，使之成为教师专业行为的基本理性支撑。

2. 专业知识评价

教师专业知识应包括四种类型：本体性知识、条件性知识、实践性知识及文化知识。② 本体性知识是指教师所具有的特定学科知识，本体性知识是教师取得良好教学效果的基本保证；条件性知识是指教师所具有的教育学与心理学知识，条件性知识是一个教师成功教学的重要保障；实践性知识是指教师在面临现实有目的的行为中所具有的课堂情境知识以及与之相关的知识，实践性知识可以是教师处理教学问题的主要方式方法；文化知识是教师应具有的一般的、较宽广的科学和人文素养，这是教师开展教育教学工作，实现文化育人的根本所在。教师知识结构评价，必须从教师专业“复合型”知识的视角，结合教师群体和个体的具体情况，考虑老中青教师职业发展的层次性，实现评价既能展现教师个性化知识，又能全面育人的目的。

3. 专业能力评价

专业能力是教师在育人活动中表现出来的教育教学能力的总和，即教育能力(对教育对象的人格影响力)和教学能力(对教育对象理智发展的影响力)。随着现代科技进步和社会发展，教育科研一体化的形成，对教师专业能力提出了新的要求。教师专业能力评价的开展，不仅要注重传统教师的教育教学能力，如教学能力、实验指导能力、书面与口头表达能力等，还要注重信息时代下教师的交往沟通能力、信息收集与整理分析能力以及教育研究能力等。

---

① 教育部师范教育司：《教师专业化的理论与实践》，50页，北京，人民教育出版社，2003。

② 辛涛等：《从教师的知识结构看师范教育的改革》，载《高等师范教育研究》，1999(6)。

三、学校文化评价

学校文化是指学校全体成员在教育教学及其管理实践中共同创造，并经过长期积累沉淀而形成的思想观念、行为方式及活动结果，是物质文化、制度文化和精神文化的总和。随着义务教育普及任务的基本完成，实现学生全面个性发展使命的日益强化和基础教育改革的逐渐深入，基础教育学校从外延扩张、局部改变、同质化发展，走向内涵建设、整体提升和特色化发展的要求也不断明确。在此背景下，学校文化建设被视为改进学校管理和促进学校发展的重要方式。

(一)学校文化评价及内容

学校文化评价是指在一定的学校文化价值观的指导下，运用科学的手段，系统、全面地收集、整理、处理和分析学校文化相关信息的基础上，对学校文化的价值做出判断的过程，其目的在于改善学校文化氛围，促进学校内涵发展。①

学校文化评价的内容主要包括以下几个方面。

1. 物质性文化评价

它主要包括学校进行正常活动的物质条件及学校活动的产物和成果所蕴含的文化因素，又称为载体文化的评价。

2. 制度规范性文化评价

它主要是对学校依据国家有关政策及教育发展规律所建立起来的学校纪律规范和规章文化的评价。

3. 精神性文化评价

它主要是指学校的校园精神，是赋予学校以生命活力并反映学校历史传统、校园意志和精神面貌的一种精神文化形态，是学校文化的最高境界。校园文化评价主要是看一所学校是否具有促进学校发展的文化凝聚力。

学校文化三个层面是相互制约、相互渗透、相辅相成的。学校文化评价不能忽略任何一个层面，否则就是不完全的，起不到引导学校发展的作用。

(二)学校文化评价的构建

1. 构建明确的学校文化评价目标

在进行学校文化评价的初期，首先确定评价标准，并在此基础上构建明确的评价目标体系。在确定评价标准之后，要构建明确的评价目标，明白评价想要达到什么目的。

---

① 陈耀玲：《学校文化评价——一个新的研究视角》，载《教育理论与实践》，2008(3)。

同时，明确学校文化评价目标是促进学校文化的发展，最终使学校具有自己的特色和竞争力。

2. 构建体现学校特色的评价体系

在构建评价体系中，最主要的是评价指标体系的构建，为了使评价目标和任务更加明确和细化，并能为全体成员所认可和接受，评价者确定指标体系前期，需要广泛征求意见和建议，积极组织全校师生以及外界相关人士，进行集体讨论，集思广益，尽可能全面地列出与目标相关的所有指标，以便在指标体系确定后期更好地选择和甄别。

3. 构建评价与发展相结合的学校文化评价实施机制

学校文化评价是一个致力于发展的复杂系统，因而评价的实施机制包括诊断性评价、形成性评价和终结性评价三个部分。诊断性评价是正式评价进行之前，为使其计划更有效地实施而进行的预测性评价，或对评价对象的现状和存在的问题做出鉴定。形成性评价重在检验其文化发展规划的可行性，看学校是否根据形势的变化适时进行调整。终结性评价是学校文化建设完成之后对所取得的成就或成绩进行评价，即以预先设定的评价目标为基准，对学校文化建设达成目标的程度进行评价。

4. 构建以发展为目的的学校文化评价反馈机制

构建以发展为目的的学校文化评价反馈机制就是对评价结果的处理和反馈，这直接关系到学校文化评价的效果和评价功能的发挥。

四、学校特色评价

《中国教育改革和发展规划纲要(2010—2020 年)》明确指出，中小学要由“应试教育”转向全面提高国民素质的轨道，面向全体学生，全面提高学生的思想道德、文化科学、劳动技能和身体心理素质，促进学生生动活泼地发展，办出各自的特色。然而，如何客观看待学校特色，如何给学校特色定位，如何巩固和发展学校特色，迫切需要对学校特色进行科学的评价。

学校特色评价是根据当时社会对学校教育的要求，对学校创建特色活动及其相关因素进行描述并做出价值判断的教育管理过程。学校特色评价的范围可设定为办学基础、办学理念、特色内容、管理机制、形成过程、创建结果等方面。它们之间密切关联，又各有侧重，从不同的角度全方位地反映学校特色的创建成效。

(一)学校特色的基础评价

学校的原有基础是建设学校特色的平台。任何学校特色的形成都是有条件的，条件不具备，人为硬凑的“特色”，只是空中楼阁而已，不可能持久。所以，一所学校特色的评价，必须分析与论证它的基础背景。评价的内容主要有：学校所处的社区环境及当地人们的需求，学校的一般状况、学校的历史、现有的规模、学校传统文化、师资结构、管理水平，一定区域内横向比较的位置、级别，学校现有的优势与不足等。

(二)学校特色的理念评价

学校形成某种特色，实际上是实践一定办学理念的产物，任何学校特色的形成，都需要有一个适应时代潮流和符合教育发展方向的先进理念做支撑。作为精神层面的理念，存在于学校成员的头脑之中，尤其是学校的校长，因其特殊的地位关系，其办学理念和特色意识状态起着关键性作用。在对学校特色进行评价时，要考察学校校长和其他领导核心成员有没有先进的、可行的办学特色理念，能不能把这种理念用概念的形式诉诸全体教职员工，使之成为集体的信念并为之努力奋斗。

(三)学校特色的内容评价

学校特色的内容是指学校在某一方面或几方面体现出来的与众不同之处。学校特色可以是办学模式、学校管理、教学、课程开发、育人手段，也可以是教育内容中德、智、体、美某一方面的特色。开展学校特色内容评价，就要对学校某特色的相关要素进行分解，才能评价该内容的深度、广度，品质的先进性、新颖性、价值性以及可行性等方面。

(四)学校特色管理机制评价

学校管理机制是规范、引导、激励学校组织发展的一种运行模式，它反映了管理系统中各要素之间的联系、作用及其相互制约关系。学校管理机制主要由运行机制、动力机制和制约机制三方面构成。其中，运行机制就是通过管理系统将人、财、物、时间、信息等资源进行组合，有序地投入特色建设。动力机制就是能启动各方面的活力机制，用多种激励手段推动特色活动持续地进行。制约机制则是对整个特色建设过程进行有效监控，对各相关因素进行调节、约束，根据反馈信息，保持正向推进，不断纠正偏差，有效地实现特色目标。开展特色管理机制评价，必须注重三种管理机制相互作用、相互依存的关系，通过三种机制的职能机构和一系列规章制度的形式来实现管理目的。

(五)学校特色形成过程评价

学校特色形成不可能一蹴而就，需要长期的日积月累，既有量的增长，又有质的提升。凡事有其过程，不一定有其结果，但有其结果，必有其过程。所以，对特色形成过程的评价，可以发现形成该特色的原因和发展轨迹，探索其一般规律，预测其发展趋势。

(六)学校特色成果评价

建设学校特色不能“只问耕耘不问收获”，获得特色成果是主体活动的出发点，也是追求的终极目的。成果评价的内容主要有：有没有培育出一支具有相应特色的教师队伍，有没有形成独特的校风、教风，有多少合格加特色的学生培养出来，取得哪些展示成果，发表多少关于特色的文章报道，得到哪些部门的肯定，取得哪些奖项，有多少范围内的知名度和美誉度，家长和学生的认可度与支持度，取得了哪些经验，在什么范围内得到传播与推广，等等。

第三节　发展性学校评价

发展性学校评价是 20 世纪 80 年代在欧美首先发展起来的一种教育评价新理念。从 20 世纪 90 年代末期开始，这一理念引起了国内关注，成为我国部分地区开展学校评价改革的指导思想。所谓发展性学校评价是指以帮助、指导学校自主发展为宗旨，依据学校自身发展水平及发展目标，对被评价学校发展现状、潜能和未来发展前景进行价值判断的活动或过程。发展性学校评价是以发展为导向的学校评价，是力求用“多把尺子衡量不同的学校”，学校评价的目的由鉴定学校是否达到标准，转向了如何促成学校进一步个性化、特色化发展。本节主要对发展性学校评价的特点、内容，以及结果的应用进行阐述。

一、发展性学校评价的基本特点

发展性学校评价区别于传统的以甄别选拔和鉴定水平为取向的学校评价，发展性学校评价具有以下几个突出特点。①

(一)发展性与主体性

突出评价的发展性是发展性学校评价的核心。发展性学校评价的根本目的不是甄别选优，而是通过评价增强学校自我发展的意识，促使学校逐渐形成一个自我监督、自我完善的发展机制，实现学校的可持续发展。学校之间在发展水平上确实存在着现实差

① 周卫勇：《发展性学校评价的基本理念与运行机制》，《教育导刊》，2010(7)。

距，但评价的目的是要从这些差距的分析中判断学校发展存在的问题与不足，发掘适合每一所学校发展的策略与方法，让每一所学校在现有基础上谋求实实在在的发展。

实现评价的主体性是发展性学校评价的未来走向。发展性学校评价主张改变单一评价主体的现状，以学校自评为主，引入社会评价力量，实施多主体评价。首先，它主张学校评价重心由国家政府层面下移至学校层面，大力加强学校自评，由学校自主设定发展规划和评价标准，自定评估程序和方法，自主实施过程性评价和终结性评价，以激发学校自主发展的内驱力，引导学校在达到国家规范性评估标准的基础上，把主要精力集中在优势领域和薄弱环节，关注自身的纵向发展和特色发展。其次，发展性学校评价还强调倾听家长和社会的评价和呼声，畅通多方面信息渠道，使学校评价真正成为管理者、学校、教师、家长、专业人士共同积极参与的交互活动。

（二）过程性与反馈性

评价是一个过程，不仅仅发生在学校教育教学活动之后，同时也是伴随和贯穿于学校教育教学活动的每一个环节。只看结果不看过程的学校评价往往会挫伤学校的办学积极性。从发展性学校评价的角度来看，只关注结果的终结性评价，其实质是只关注“过去”，并不利于促进学校的未来发展。促进发展的学校评价应是通过关注“过程”而促进“结果”的提高，评价的重心在“过程”。

与传统学校评价不同，发展性学校评价更强调评价结果的反馈、认同以及对学校原有状态的改进。虽然仍然强调评价结果的准确、公正，但这已不再是评价的最终目的，而只是发现问题、实施改进、促进发展的基础和手段。为达到更好的认同效果，发展性学校评价注重被评学校在评价中的作用，鼓励被评学校对评价的主动参与；强调评价结论既要有对学校办学水平的鉴定性结论，更要包括对学校现存问题及改进措施的策略性意见和建议；强调评价结论的即时反馈以及评价者与被评学校之间的双向沟通和协商。

（三）差异性与理解性

发展性学校评价必然是尊重学校历史、特色、个性和差异的评价。发展性学校评价从可持续发展理念出发，以促进学校在一般发展基础上实现特色化、个性化发展为价值追求，强调“一校一标”，用“多把尺子衡量不同的学校”，以实现评价标准从“给定性”向“可选择性”的转变。它强调在关注学校共性的基础上，更多地关注学校的个性和差异性，以引导学校在原有基础上避开短处，发展优势，逐步形成自己的办学风格和办学特色。从本质上来看，“发展性学校评价是建立在规范之上的对划一标准的超越。在这种评价活动中，标准应内化到学校的发展之中。合乎标准是对所有学校的基本要求，而在保证学校达到基本标准的前提下促进学校有特色的可持续发展才是发展性学校评价的更高层次追求。”①

发展性学校评价强调平等、理解和互动，强调以人为本。认为评价者与被评学校都拥有主体性，两者之间是平等、互惠的友好关系，需要沟通、理解和协作。在本质上，评价过程就是评价者与被评价者共同建构意义的过程。这就要求评价者改变以前重在“评判”“训斥”的态度与做法，更多地给被评学校以关注和关怀，关注它们的处境和需要，尊重和体现学校之间的差异，注重对学校发展独特性的认可和积极评价，以帮助每所学校认识自我，悦纳自己，拥有自信，挖掘潜能，发展特色，最大限度地实现促进学校发展的终极价值。

二、发展性学校评价的具体内容

在发展性学校评价特点与理念的指导下，学校评价的内容指标也大大拓展。既要确立基础性评价指标，也要重视发展性评价指标；既要注意单项评价，更要重视综合评价；同时，必须改变长期以来以升学率为唯一评价标准的评价。②

（一）确立基础性评价指标和发展性评价指标

区域内开展学校评价活动，要根据区域内学校的整体情况和个体状况，提出两种评价指标：一是基础性评价指标。它是一个辖区内所有学校都需要达到的基本指标。这一评价指标强调学校教育资源和学校管理的规范性和制度性，强调学生发展的基本水平和对教师队伍的基本要求，强调国家课程在学校的实施等。二是发展性评价指标。它更强调学校的个别差异，注重学校形成自己的特色。这一指标更多地强调教育管理的自主性和创造性、学生发展的特色、教师队伍的优势以及符合学校实际的学校课程的开发与实施。

（二）单项评价与综合评价

以促进学校发展为目的的学校评价，在评价内容方面的另一个重要变化就是单项评价与综合评价相结合。在一定区域内开展的学校评价活动，评价什么，怎么评价，并不是完全由教育行政管理部门所决定的，而是学校与教育主管部门根据不同时期学校的不同要求共同协商确定的。这里的评价可以是单项评价，也可以是综合评价。比如，学校在实现发展性目标阶段，有时为了全面审视自己各方面的工作，需要进行综合性的评价；有时则需要对学校发展的某一方面与外部评价者共同诊断，以发现自己在这方面存在的问题，并寻找产生问题的原因。各个学校综合评价的内容可能会有所不同，单项评

---

① 刘志军：《新课程背景下的学校评价改革》，载《中小学管理》，2003(10)。
② 刘志军：《新课程背景下的学校评价改革》，载《中小学管理》，2003(10)。

价的内容则更会大相径庭。

(三)改变以升学率为唯一评价标准的评价

为改变在学校评价中以升学率为唯一评价标准的做法，很多地方把升学率这一长期以来学校、教师追求的唯一目标还原为学校教育教学质量提高的自然结果。有些地方在学校评价中，尝试用学生全方位的发展状况和发展过程来体现学校工作的效果；有些地方已明确提出，不能直接将升学率作为学校评价的标准。

三、发展性学校评价结果的应用

学校评价，不是为评价而评价，而是要把评价结果应用于学校实践，促进学校发展。现以评价结果的应用为重点，详细分析评价结果在学校内部延伸应用、促进学校发展等方面的具体体现和作用。①

(一)完善学校发展规划

发展性学校评价结果为学校发展提供了定量和定性的重要依据，对于调整学校的规划、明确学校的发展方向起到了至关重要的作用。学校管理者可以依据对评价内容的深入理解和对评价结果的科学分析，明确学校发展的理念和目标，完善学校的发展规划。例如，某中学根据评价结果，梳理出需要正确处理的国家课程与学校课程、课程建设与课程实施、课程目标与教学目标、观念更新与实际操作、全程评价与在线修正、师生之间互为主体与主导“六种关系”；根据干部、教师、学生、家长等不同主体对教学工作的意见，提出课堂教学应解决的高中三级课程目标落实、调动学生主动乐学策略、正确处理课堂教与学的关系、学科资源库的有效建设等多个微观问题。在此基础上，学校制定了十年发展规划，将学校的发展目标定位在：建设在全国范围内具有一定影响力的具有国际视野的“首都名校”，实现四方百姓认可，八方学子来归；员工享受专业幸福，学生体验成才快乐；学校整体发展，师生个体成功的“三个期待”，确定“谋求学校整体发展与师生个体成功和谐统一”的办学理念、“坚守朴实的人性与培育挺拔的人格”的德育理念以及“让知识生成能力并涵养品格”的教学理念。可见，评价结果对学校办学理念的确立、发展规划的制定起到了奠基作用。

(二)促进学校办学特色的形成

发展性学校评价结果能够使隐藏在学校各项工作中未被发现的学校特色显露出来，

① 王薇：《发展性中小学学校评价的实施策略与结果应用》，《教育测量与评价》，2011(9)。

促进学校特色的形成。比如，有的学校通过评价结果发现，学校干部和教师对教育科研的热情很高，于是根据这一特点拟定了学校特色发展目标，确立了“科研强校，名师树校，培训兴校，人才立校”的特色发展之路，即以科研为先导，以课题研究为契机，通过人人有课题，人人要科研，促进教师自觉学习，塑造一支师德过硬、知识储备丰厚、业务精湛的教师队伍，提升学校的整体实力。有的学校通过评价结果发现，学校的校园文化建设近几年得分一直较高，具有良好的校风学风，特别是学校的教师和学生都爱读书、乐读书。因此，学校根据这一发现形成了“书香校园”的学校特色，完善各种制度，充分整合、利用各种资源，创造氛围浓郁的校园环境，努力打造书香校园，塑造内涵丰富、特色鲜明的校园文化。

（三）促进问题诊断与原因探究

发展性学校评价结果能够通过定量数据和定性分析结论发现学校实际工作中的问题，引发学校对问题产生的原因进行探究与思考。例如，有的学校通过评价结果发现，学校的心理健康教育工作存在的问题比较多。主要表现在：心理健康教育教师队伍不健全，且均为兼职教师；心理健康教育覆盖面较小，影响力不够；工作方式以咨询为主，以专家讲座为辅，缺乏系统性和全面性。有的学校通过评价结果发现，学校干部、教师对学生素质发展现状的满意度不高。根据此结果发现原来该校刚刚进行改制，由三所学校合并而成，生源状况不如以前，这直接导致了教师心理的落差，因此对学生的综合素质发展状况不满意。可见，运用评价结果能够诊断学校的问题，并进一步发现其中隐含的原因。

（四）帮助寻找解决问题的对策

发展性学校评价结果不仅能够帮助学校发现存在的问题，而且还能够促使学校深入研究解决问题的对策。例如，某学校教师主体的评价结果表明，教师认为没有充分得到学校领导的信任，现任工作不能发挥他们的才能，工作时心情也不舒畅。学校通过这一线索追本溯源，发现这三个问题均来源于一个原因，即教师沉重的心理负担。因此，学校采取了一系列措施对教师进行减压：建立校长与教师的多条联系通路，如校长信箱、电子邮箱、校长接待日等；开展说课、教学设计、高效课堂的培训，从业务上提高教师的工作能力，提高教师的自信心；开展系列的亲和活动，让教师感受到学校的温暖与关爱。可见，运用评价结果为学校研究解决工作中的实际问题提供了线索和思路。

（五）促进学校成功经验的总结与提升

发展性学校评价的成功之处还在于对评价结果好的典型学校进行再总结、再提升，以便在更大范围与层面进行宣传和推广。例如，某学校近几年心理健康教育工作的评价一直较高，通过进一步总结分析发现，成绩的取得源自学校心理健康教育工作的制度建设和长期有效的工作模式。该校建立了心理辅导的相关制度，打造了心理咨询室，心理健康教育工作面向全体学生及家长，开展了丰富多样的活动。比如，根据学生不同的发展需求开展不同专题的心理讲座，发展学生心理社团，定期举办心理健康文化周，不定期对家长进行心理教育指导，等等，这些制度和活动都为学生心理健康的发展创造了良好的氛围。通过对该校心理健康教育工作典型经验的总结与提升，可以让更多的学校进行学习与借鉴，这样既扩大了该校的办学影响力，又能使好的经验和做法得到推广应用。

［反思与探究］

1. 学校评价的目的是什么？
2. 学校评价的内容有哪些变化？
3. 教师专业发展评价的主要内容有哪些？
4. 发展性学校评价有哪些突出的特点？如何运用这些特点或理念指导学校评价？
5. 发展性学校评价结果的应用主要体现在哪些方面？

第十章　教师评价

学习目标	1. 理解并掌握教师评价的内涵和标准，了解教师评价的历史发展阶段。 2. 理解并掌握奖惩性教师评价和发展性教师评价的内涵和要求，了解自我评价与他人评价的基本内容。 3. 理解并掌握教师评价方法中的课堂观察评价法、绩效考评法和教师档案袋评价法的含义、操作程序及要求。

[本章提要]

教师评价是学校评价中的一个重要内容，其历史发展源远流长，大致可分为萌芽时期、传统时期和转型时期三个阶段。教师评价需要制定教师评价标准，教师评价标准是学校管理者对教师的期望，是教师工作的方向和准绳，也是教师争取达到的预期标准。

根据不同的标准，教师评价可以分为不同的类型。根据评价目的的不同，教师评价可以分为奖惩性教师评价和发展性教师评价；根据评价主体的不同，教师评价可以分为自我评价与他人评价。

教师评价的方法有很多，其中课堂观察评价法、绩效考评法和教师档案袋评价法是最重要的评价方法。

第一节　教师评价概述

教师评价是教育评价中的一个重要内容。如何理解教师评价？从历史上看，教师评价的发展进程如何？教师评价标准的内容有哪些？这些都是本节所要回答的问题。

一、教师评价的内涵理解

(一)教师评价的内涵

教师评价是教育评价的一个重要组成部分。不同研究者对教育评价理解的多样性也造成了教师评价含义的不一致。有的学者认为，教师评价是指根据教育方针、政策、法规和学校培养目标、要求，运用教育评价的理论、方法和技术，对教师的素质、工作过程及工作绩效进行全面、客观、公正的价值判断的活动。① 有的学者认为，教师评价是依据学校的培养目标和教师的根本任务，运用现代教育评价理论和方法对教师个体的工作质量进行价值判断。②

总体而言，关于教师评价比较一致的看法是，教师评价是一个价值判断的过程，并为实现一定的目的而进行。但在评价内容即评价客体上，不同研究者的看法是不一致的。我国学者蔡永红等人从信息收集方式的角度，将教师评价分为教师胜任力评价、教师绩效评价和教师有效性评价三类，其中教师胜任力评价回答的是教师“知道什么”的问题，教师绩效评价回答的是教师“做了什么”的问题，而教师有效性评价回答的是教师“表现如何”的问题。③ 上述分类基本上涵盖了教师评价的具体内容。在此基础上，我们认为教师评价是教育主管部门或学校及教师自行组织的，以教育评价理论为指导，以教师评价制度为依据，确定相应的评价标准，运用某种具体的方法收集处理评价信息，对教师的综合素质、工作过程、工作效果进行价值判断的过程。

(二)教师评价的两种概念

英国学者怀斯(Wise)等人针对教师评价提出了“行政性评价”与“专业性评价”两种概念。④

作为行政性概念(bureaucratic conception)的教师评价体现在以下几个方面。

①学区以管理人员为基础去设计和操作一套教师评价的过程。

②这种评价假定存在一组与学科内容无关的教学技能，因此，它把评价建立在这种普遍化的与学科内容无关的教学行为准则基础上。

③它承认一组确定的学习成果，即任何学科的教学，在认知方面，其结果无非是增加学生知识的积累、技能与能力的提高。

---

① 王景英：《教育评价理论与实践》，280页，长春，东北师范大学出版社，2002。

② 王汉澜：《教育评价学》，354页，开封，河南大学出版社，1995。

③ 蔡永红、黄天元：《教师评价研究的缘起、问题及发展趋势》，载《北京师范大学学报(社会科学版)》，2003(1)。

④ Wise A. E., et al., “Teacher Evaluation and Teacher Professionalism,” *Educational Leadership*, 1985(4), pp. 28-33.

④与上述假定相联系，它不做区分地对待各科教师。

行政性的评价是高度标准化的，它是程序导向并通过检查表加以组织的。它以监控与日常活动相一致这一观念进行设计。

作为专业性概念(professional conception)的教师评价体现为以下几个方面。

①学区让教师参与教师评价方案(包括程序与过程)的开发与运行。

②这种评价是在委托人导向的专业实践标准基础上进行的。

③它承认多重教学策略与学习成果。

④它依据不同的教学任务、教师发展的阶段与课程目标区别地对待教师。

专业性评价是诊断实践导向的、分析性的。它以评定教学策略与决策的适当性这一观念来加以设计。

事实上，怀斯提出的教师评价的两种概念与传统的总结性评价和形成性评价的概念是相一致的。第一，总结性评价。这一评价通常是用于做出有关教师聘任、提升及增薪这类人事决策的。在这一意义上，它用于教学效能的核定，其特点是以管理人员为主导。第二，形成性评价。这一评价的主要目的是促进教师的专业发展。在这一意义上，评价提供教师优缺点等信息，使学校能采取适当的措施帮助他们发展，其特点是以教师的专业发展为导向。

有时这两类教师评价也称为“控制性评价”与“教育性评价”。控制性评价通常由管理人员到课堂中听课，它忽视教师心理与生理反应，孤立地研究教师的行为。在此基础上，他们做出教学效能的判断，由此做出教师解雇、聘任与提升的决策。与控制性评价不同的是，教育性评价研究教师的行为和他们对问题理解的关系。评价者在教师对自己的行为有充分自我意识的基础上，给予教师自我决策的机会。

应当说，教师评价的这两个方面都是很重要的，它们对于一个学校的发展都能做出有意义的贡献。然而，根据研究者的看法，这两类评价基本上是不同的。它们在决策方面、评价机制方面以及它们对教师和学校的影响方面都不同。

目前，不少国家的评价实践使管理人员感到困惑。他们认为，评价的方法是不适当的；评价的准则过于一般化；听课活动既少又肤浅；评价的因素与教学活动没有紧密的关系；主观性成分太多，更多的是基于评价对象的个性因素而不是教学能力；评价结果对他们改进教学活动并没有太大的帮助。

二、教师评价的历史发展①

自学校产生之日起就开始有教师评价的活动。教师评价的历史源远流长，大致可以

① 转引自王斌华：《教师评价：绩效管理与专业发展》，1～8页，上海，上海教育出版社，2005。

分为萌芽时期、传统时期和转型时期三个发展时期。严格地说，这三个时期的划分并不十分精确，因为教师评价的发展轨迹本身不是直线型的，而是曲折的，甚至是重叠、交叉、反复的。另外，各国教师评价的发展进程也有先后快慢之分。比如，在英国、美国、日本等国家，教师评价的转型时期始于 20 世纪 80 年代中期，而我国教师评价的转型时期始于 20 世纪 90 年代中期以后。

(一)萌芽时期

20 世纪以前，世界各国的教师评价基本上属于自发性的。那时候还没有“教师评价”这一说法，没有任何学校开展教师评价，也不可能有任何学者研究教师评价。但是，我们可以从当时的著作、教材中找到关于教师评价的个别话语，这应是教师评价的思想萌芽阶段。

早在 2500 多年前，我国教育家孔子通过日常生活中的一些生动事例，用形象思维的方式诱导和培养弟子的学习兴趣和自觉主动的学习态度。比如，用“岁寒然后知松柏之后凋”比喻节操，教导弟子应该养成吃苦耐劳、不屈不服的精神；用“逝者如斯夫”比喻时间一去不复返，勉励弟子珍惜光阴、发愤图强。这种教学方法受到弟子们的称赞。他的学生颜回曾评价说：“夫子循循然善诱人。”①

公元前 5 世纪，古希腊哲学家苏格拉底在讲学中形成了由讥讽、助产、归纳和定义四个步骤组成的教学方法，即著名的“苏格拉底法”。克雷诺封(苏格拉底的学生)曾评价道：苏格拉底重视讨论、辩论和揭示对方认识上的矛盾，这与他对“辩证”一词的研究有关。在苏格拉底看来，“辩证”本来就是指讨论问题、相互对话和辨析问题。这是一种艺术。每个人都应当下决心掌握这种艺术，凭借这种艺术，可以成为最有才干、见解最深刻的人。② 亚里士多德在评价“苏格拉底法”时提道：“有两样东西完全可以归功于苏格拉底，这就是归纳论证和一般定义。这两样东西都是科学的出发点。”③

在日常生活中，很多学生和学生家长也会有感而发，有意或无意、客观或主观地评价教师或教师的工作，这也是教师评价思想萌芽的具体体现。

(二)传统时期

20 世纪初至 20 世纪 80 年代中期是教师评价的传统时期，即奖惩性教师评价制度的形成、发展和盛行时期。也就是说，作为一种日常提高教师与学校教育管理的评价活动，是从 20 世纪才开始的。

---

① 转引自匡亚明：《孔子评传》，312 页，南京，南京大学出版社，1990。

② 王天一等：《外国教育史》上册，41 页，北京，北京师范大学出版社，1984。

③ 北京大学哲学系外国哲学史教研室：《西方哲学原著选读》上卷，58 页，北京，商务印书馆，1981。

19 世纪末 20 世纪初首次出现了“教师评价”这个概念。① 它改变了长期以来教师评价的自发萌发状态，标志着正规的教师评价制度的形成。

20 世纪初期，英国尝试采用一种由校长和学生家长负责的教师评价。当时的英国公众提出了优秀教师的基本标准：说话优雅、衣着得体、热情、自信、正直等。他们认为，面对这样优秀的教师，学生肯定能够取得令人可喜的成长与发展。

20 世纪 20 年代中期以后，美国、英国等国家开始正式实施教师评价。1925 年，美国国家教育协会(National Education Association，NEA)报告表明，大城市中 75%的学校开展了教师评价，教师评价标准涵盖教学技能、个性、专业态度、合作、课堂管理等方面。20 世纪 70 年代，英国皇家督学团被赋予一项专门的职能，即负责教师晋升的评价(the assessment of teachers for promotion)，要求教师达到皇家督学团制定的标准，并执行相关政策。②

在这一时期，中小学普遍采用的是教师督导制度，即督导员代表上级教育主管部门，定期对教师进行评价，并提出书面报告，以此作为奖惩教师的依据。这是典型的自上而下进行的奖惩性教师评价制度，其根本目的不是促进教师的专业发展，而是管理和控制教师。

为此，在第二次世界大战后至 20 世纪 70 年代中期这段时间，世界各国开始反思奖惩性教师评价制度的优劣，认为奖惩性教师评价制度局限性较多，很难维持或充分调动教师的工作积极性，甚至有可能导致教师的抵制和反感。

当时不少中小学教师和部分教育界人士对教师督导制度提出了尖锐的批评，甚至把督导员当作警察来看待。

1972 年，博尔顿(Bolton)指出：“他们(即教师)接受学生、家长、其他教师、行政领导、督导和公众的评价。教师评价是不可避免的。问题不是教师是否应该接受评价，而是如何使教师评价成为一种最有效的制度。”③他还认为，教师具有改善工作和促进专业发展的内在需求。从那时起，教育界开始关注并试图寻求一种富有建设意义的、能够促进教师专业发展的教师评价制度。

(三)转型时期

20 世纪 80 年代中期以后，教师评价开始进入一个新的发展时期，即转型时期。在这一时期，整个教育评价的理论与方法都发生了深刻的变化，当然也包括教师评价的理

---

① Anthony J. Shinkfield & Daniel Stufflebeam, *Teacher Evaluation: Guide to Effective Practice*, US, Kluwer Academic Publisher, 1995, p. 9.

② Anthony J. Shinkfield & Daniel Stufflebeam, *Teacher Evaluation: Guide to Effective Practice*, US, Kluwer Academic Publisher, 1995, p. 12.

③ Anthony J. Shinkfield & Daniel Stufflebeam, *Teacher Evaluation: Guide to Effective Practice*, US, Kluwer Academic Publishers, 1995, p. 13.

论与方法。为此，许多国家开始尝试、倡导和推行发展性教师评价制度，这就形成了奖惩性教师评价制度与发展性教师评价制度并存的局面。

英国、美国、日本等国家顺应历史发展需要，接受新的管理理论和管理思想比较早，它们较早探索新的教师评价制度，分别在本国尝试、倡导和推行发展性教师评价制度，以此促进教师的专业发展。

发展性教师评价制度充分吸收了人本管理思想及参与管理思想等理论的精髓，在教师评价目的、评价功能、评价主体、评价结果等方面进行了重大的调整和转变。在教师评价目的上，从加强教师绩效管理，转变为促进教师专业发展；在教师评价功能上，从甄别选拔优秀教师、一般教师和不合格教师，转变为促进全体教师共同进步；在教师评价主体上，从学校领导、校外专家的单一评价主体转变为包括学校领导、校外专家、同事、学生、学生家长、教师本人在内的多元评价主体，尤其强调教师本人的自我评价；在教师评价结果上，从长官意志甚至“暗箱”操作，强迫教师接受评价结果，转变为共同认可评价结果。

在我国，教师评价在2001年的新课程改革以后发生了重要的变化，发展性教师评价正在逐步深入人心并被广泛应用。2001年，我国教育部颁布的《基础教育课程改革纲要(试行)》要求全国中小学实行发展性教师评价制度。其中第六部分“课程评价”指出：“建立促进教师不断提高的评价体系。强调教师对自己教学行为的分析与反思，建立以教师自评为主，校长、教师、学生、家长共同参与的评价制度，使教师从多种渠道获得信息，不断提高教学水平。”①

2002年，《教育部关于积极推进中小学评价与考试制度改革的通知》的第一部分明确指出，对教师的评价要多元，既要重视教师业务水平的提高，也要重视教师的职业道德修养；评价标准既应注意统一要求，也要关注个体差异以及对发展的不同需求，为教师有个性、有特色的发展提供一定的空间；评价方法要多样，制定便于评价者普遍使用的科学、简便易行的评价办法，探索有利于引导教师进行积极的自评与他评的评价方法；不仅要注重结果，更要注重发展和变化过程；要把形成性评价与终结性评价结合起来，使发展变化的过程成为评价的组成部分。该通知的第三部分第11条再次重申：建立以教师自评为主，学校领导、同事、家长、学生共同参与的教师评价制度。建立以校为本、以教研为基础的教师教学个案分析、研讨制度，引导教师对自己或同事的教学行为进行分析、反思与评价，提高全体教师的专业水平。不得以学生考试成绩作为评价教师的唯一标准。未经教育行政部门批准，任何社会团体、民间学术机构组织的教学评比结果不得作为教师晋升、提级、评优等的依据。

---

① 钟启泉等：《为了中华民族的复兴，为了每位学生的发展——基础教育课程改革纲要(试行)解读》，纲要9～10页，上海，华东师范大学出版社，2001。

三、教师评价标准

教师评价标准是学校管理者对教师的期望，是教师工作的方向和准绳，也是教师争取达到的预期标准。它不仅是教师评价的出发点，也是教师评价的依据和标尺。教师评价标准涵盖教师工作的方方面面，它既包括教学工作，也包括师德修养、社会服务等方面的内容。当然，不同国家、不同学者提出的教师评价标准不尽相同。

斯克林(Screen)认为，教师评价标准应该基于教师的核心职责(core duties)，即教师在法律上必须承担的职责或必须具备的“应知应会”。1994 年，斯克里温提出了下列有关评价教师能力和工作的基本框架。①

①掌握学科内容。包括专门领域的知识、广泛的课程学科知识。

②教学能力。包括交流技能、课堂管理、课程开发、课程评价。

③学生评价。包括测试、评分、报告。

④专业素养。包括伦理道德、态度、服务、了解职责、了解学校以及与学校相关的事宜。

⑤个人为学校和社区服务。

(一)新教师评价标准

美国州际新教师评估和支持联合会(The Interstate New Teacher Assessment and Support Consortium，INTASC)研发的新教师评价标准在美国有较大的影响，该评价标准从学生发展、教师表现、专业责任三个方面提出了新教师应该达到的 10 项标准。②③这 10 项标准分别为：学科知识、学生发展、学习方法、教学策略、学习环境、交流技巧、教学计划、评价策略、教学反思和专业责任，主要包括教师对学生的了解、教师的能力表现和教学反思等方面的评价。INTASC 评价标准虽然只是新教师入职和专业发展的标准，随后的几年针对这一标准也做了修改，但整体的评价理念和框架一直影响至今，并取得了较好的效果。该评价标准关注学生的学习效能，强调教师的教学效能，凸显教师的专业责任，这反映了教师评价的新趋势。即通过此标准的评价，提高教师的教学实践能力，促使教师不断反思教学，进而促进学生的成长与发展。

---

① Anthony J. Shinkfield & Daniel Stufflebeam, Teacher Evaluation: Guide to Effective Practice, US, Kluwer Academic Publishers, 1995, pp. 87-88.

② 车伟艳：《基于教师专业能力发展的 INTASC 评价标准研究》，载《当代教育与文化》，2017(3)。

③ 贾翠雅：《美国新教师评价的标准、特点及启示》，载《教育测量与评价》，2017(2)。

(二)卓越教师评价标准

关于卓越教师的评价标准在国内外也有不同的研究。[①] “卓越教师”又称为“专家教师”“教学名师”“优秀教师”等，被誉为教师的最高荣誉，也是世界各国教育界树立的教学典范。

关于卓越教师的评价标准，从20世纪80年代起，美国就率先开始了对优秀教师专业标准的研发，旨在界定与评价优秀教师或优秀教学表现。美国国家教师专业标准委员会(National Board for Professional Teaching Standards，NBPTS)从成立以来积极研发与实施美国优秀教师专业标准，建构了世界上第一个优秀教师的标准与认证体系。[②] 1989年，美国NBPTS发表了题为《教师应该知道什么与能够做到什么》(What Teachers Should Know and Be Able to Do)的政策文件，提出了卓越教师或卓越教学表现(Proficient Teaching)专业标准的“五项核心主张”(Five Core Propositions)，构成了美国卓越教师评价标准的重要原则。具体内容包括：关注学生与学生的学习；了解学科知识与学科教学法知识；管理与监控学生的学习；对教学实践进行系统的思考，从经验中学习；成为学习共同体中的成员。

我国于20世纪90年代正式建立了特级教师的评选标准。1993年，教育部公布了《特级教师评选规定》的政策文件，正式确立了我国特级教师的评价标准。文件指出，特级教师是国家为了表彰特别优秀的中小学教师而特设的一种既具先进性、又有专业性的称号。特级教师应是“师德的表率、育人的模范、教学的专家”。文件从职业道德、专业能力、教学效果、培养青年教师等方面，界定了特级教师的评价标准。具体而言，要求教师“一贯模范履行教师职责，教书育人，为人师表”；“具有坚实的理论知识和丰富的教学经验”；“教育教学效果特别显著”；“在教育教学改革、教学法研究、教材建设方面成绩卓著”；“在培训提高其他教师方面做出显著贡献”。2014年，我国正式出台了《教育部关于实施卓越教师培养计划的意见》，以大力发展教师的培养质量，目标是培养一大批师德高尚、专业基础扎实、教育教学能力和自我发展能力突出的高素质专业化中小学教师。

2003年起，我国香港特别行政区也开始举办行政长官卓越教学奖的评选，以表彰卓越教师。卓越教学奖评选目的有两个：一是提升教师的专业形象与社会地位；二是通过卓越教学奖教师协会，凝聚优秀教师，借以推广与分享有效的教学实践，培养教师追求卓越的文化。卓越教学奖分为两个类别：第一类为卓越教学奖，要求候选人在专业能

---

① 左岚：《中美卓越教师评价标准比较研究》，载《外国中小学教育》，2015(9)。

② 陈德云、周南照：《教师专业标准及其认证体系的开发——以美国优秀教师专业标准及认证为例》，载《教育研究》，2013(7)。

力、培育学生、专业精神与对社区的承担，以及学校发展四个领域表现卓越；第二类为嘉许奖，要求已相当接近上述四个领域的卓越水平。前两个领域旨在肯定教师的卓越教学表现，后两个领域则旨在促进教师专业发展和培养卓越教学文化。

(三)教学评价标准与课堂教学技能评价标准

在阐述教师评价标准的基础上，现就教学评价标准和课堂教学技能评价标准做简单介绍。

教师评价标准、教学评价标准和课堂教学技能评价标准是三个不同的概念，三者间呈主从关系。其中，课堂教学技能评价标准隶属于教学评价标准，而教学评价标准又隶属于教师评价标准。

1. 教学评价标准①

教学工作是教师工作的核心。教学工作具体包括课前备课、课堂教学、课后辅导、命题考试、教研活动、教学资源开发和利用等。不同国家规定了不同的教学评价标准。美国的教学评价标准包括计划与准备、课堂环境、教学、专业相关活动等。英国的教学评价标准包括学习气氛、课堂环境、教学资源、教师角色(规划者、传授者、领导者、促进者、引导者等)、学生角色等。我国的教学评价标准包括工作量、备课、上课、辅导、作业、考试、教研、教学改革等。

2. 课堂教学技能评价标准②

课堂教学是教师教学工作的重要组成部分。课堂教学技能包括语言技能、导入技能、讲解技能、提问技能、结束技能、板书技能、变化技能、强化技能等。各国课堂教学技能的分类和范畴有所差异。③

美国斯坦福大学爱伦教授提出了 14 项课堂教学技能：刺激的变化、导入、概括、沉默与非语言性暗示、强化学生参与教学、提问的频度、探索性提问、高层次提问、发散性提问、注意学生的发言和行为的态度、例证和实例的作用、讲解、修正预先计划、完成沟通。

英国的特罗特提出了 6 项课堂教学技能：变化技能、导入技能、强化技能、提问技能、例证技能、说明技能。

我国学者魏宏聚、杨润勇提出了 6 项课堂教学技能：教学目标设定技能、导入创设技能、小组合作学习组织技能、有效提问技能、教学事件的价值与应用技能，以及基于教学技能训练的课堂观察技能。④

---

① 王斌华：《教师评价：绩效管理与专业发展》，68～69 页，上海，上海教育出版社，2005。

② 王斌华：《教师评价：绩效管理与专业发展》，69 页，上海，上海教育出版社，2005。

③ 荣静娴、钱舍：《微格教学与微格教研》，33～34 页，上海，华东师范大学出版社，2000。

④ 魏宏聚、杨润勇：《中小学教师教学技能研训》，18 页，北京，教育科学出版社，2013。

第二节　教师评价的基本类型

教师评价属于教育评价的范畴，教育评价的多样化决定了教师评价是一项内容多、层次多、涉及广泛的评价活动。根据不同的标准，教师评价可以分为不同的类型。本节主要介绍按照评价目的和评价主体划分的评价类型。

一、按照评价目的划分的评价类型

根据评价目的，教师评价可以分为奖惩性教师评价和发展性教师评价，这是最常见的教师评价分类。

(一)奖惩性教师评价

奖惩性教师评价也称为“绩效管理型教师评价”“行政管理型教师评价”或“责任模式”(accountability model)。它形成、发展和盛行于20世纪初至20世纪80年代中期。奖惩性教师评价以加强教师绩效管理为目的，依据评价结果对教师解聘、晋级、增加奖金等。① 奖惩性教师评价主要面向教师过去的工作进行，重视结果，是终结性评价。该评价具有可操作性、可行性的特点，其功能在于教师的甄别和选拔。然而，这种评价与奖惩、晋升等挂钩，在一定程度上加大了教师心理的恐慌，容易引起教师的焦虑甚至恐惧。也可能由于缺乏沟通，导致评价对象对评价结果的不满、反感或抵触。

1. 主要原则

奖惩性教师评价在实施过程中一般应坚持竞争原则、激励原则、奖惩原则和公平原则，现介绍如下。②

(1)竞争原则

奖惩性教师评价制度崇尚竞争，在学校内部建立竞争机制，营造竞争的氛围，强化教师的竞争意识、危机意识和风险意识，鼓励教师公平竞争，做好优胜劣汰的准备。作为一名教师，一方面要具备共同参与和善于共事的个人品质，另一方面也要具备竞争意识。一所成功的学校离不开教师间的竞争。从个体角度来说，竞争是教师个人生存的需

---

① Alan Evans & John Tomlinson, *Teacher Appraisal: A Nationwide Approach*, UK, Jessica Kingsley Publishers, 1989, p. 15.

② 王斌华:《教师评价:绩效管理与专业发展》, 20～24页，上海，上海教育出版社，2005。

要；而从整体来说，竞争也是学校生存的需要。

(2)激励原则

德国作家席勒(Schiller)曾说："还有比生命更重要的，那就是荣誉。"奖惩性教师评价为教师制定了预期目标，以此激励教师的积极性、主动性、能动性和创造性，充分发挥教师的智慧，变消极为积极，变被动为主动。

激励原则强调，教师能否被激励取决于教师对目标的期望概率。如果教师认为通过自身的努力，达到目标的期望概率很高，就会树立信心，获得强大的动力。教师评价可以让教师看到自己的成绩和特点、优点和缺陷，进一步认识到自己工作的意义和价值，从而产生荣誉感、自豪感，激发出巨大的工作热情。

(3)奖惩原则

它充分利用了教师普遍希望得到肯定、表扬和奖励，害怕受到否定、批评和惩罚的心理。一方面，通过奖励优秀教师，有效地激发他们的内在动力和活力，调动他们的积极性，并且表明学校对他们的期望，发挥他们的引领作用；另一方面，通过惩处极少数教师，及时阻止他们的失职行为，以免给学生和学校造成更大的消极影响，同时达到教育全体教师和强化学校领导权威的目的。如果长期无视教师工作的优劣，没有行之有效的奖惩措施予以强化，久而久之，会挫伤教师的工作积极性，教师已经被激发的内在潜力和动力也会逐渐消退。

奖惩原则要求奖惩分明，给予教师及时且公正的奖励和惩处。只有这样，才能使奖惩真正成为有效的管理手段，也才能使每一位教师朝着符合学校期望的方向变化和发展。一旦奖惩机制发挥作用，教师将释放能量，迸发出巨大的工作热情。

(4)公平原则

公平性对教师工作具有重大影响。它包括两个方面，一是指学校内教师之间能否享受到公平公正的待遇，即学校管理层能否提供给教职工一个宽松的、和谐的、公平的育人环境和政策待遇；二是指教师实际所得的报酬与他自己工作的付出，或依此与他人相比较，当发现公平合理时，则心情舒畅，会更加努力地工作；而当发现不公平不合理时，就会怨声载道，消极怠工。

奖惩性教师评价坚持公平原则，倡导"多劳多得，少劳少得，不劳不得"的分配机制，消除教师的不公平感，激发教师工作的积极性。

2. 基本要求①

从理论上来说，奖惩性教师评价是可行的、可操作的。但是，现实状况并不乐观，不少学校在实施过程中遇到了这样或那样的困难和问题，甚至陷入"泥潭"，处于进退两难的境地。为更好地实施奖惩性教师评价，提出以下要求。

---

① 王斌华：《教师评价：绩效管理与专业发展》，24～29页，上海，上海教育出版社，2005。

(1)外在奖励与内在奖励相结合

外在奖励主要包括给予教师晋升、加薪、增加奖金等方面，这很重要但不能过度依赖，应与内在奖励相结合，以最大限度地激发教师的内在潜力和工作积极性。内在奖励主要包括以下形式。

①赞赏和认可。包括授予荣誉称号、颁发奖状和奖品、宣传报道等。行为科学家詹姆斯(James)认为："人性的第一原则就是得到赞赏。"①其实，每一位教师都渴望得到赏识和认可，也就是渴望被关注、被重视、被尊重。赞赏和认可是一种比金钱报酬更具有激励作用的奖励方式，它可以使教师感到辛勤工作受到尊重，成绩得到认可，由此树立自信，产生成就感、自豪感、荣誉感和满足感。

②改善工作环境和工作条件。创造一个适宜的工作环境和工作条件，使教师充分发挥自己的潜力和才能，成为"自我实现的人"。正如美国行为科学家、工业心理学家麦格雷戈(McGregor)所说："管理的任务只是在于创造一个适当的环境——一个可以允许和鼓励每一位职工都能从工作中得到'内在奖励'的环境。"②

③提供专业发展机会。对于业绩突出、有发展前途的教师，学校应该提供进修、培训和考察的机会，促进教师的专业发展，让他们在工作中继续获得知识，增长才干，让教师体会到参加培训是最大的福利。

每一位教师都希望获得奖励，但是由于教师的年龄、性别、资历、社会地位、经济条件不同，他们对奖励形式的要求存在明显的个体差异。面对同样的奖励，不同的教师具有不同的感受和体验，奖励所产生的吸引力也有所不同。为了提高奖励的效力，使之对教师产生最大的吸引力，学校必须进行深入的调查分析，根据教师的现实需求，采取形式多样的奖励，尤其应该采用绝大多数教师认为有重要价值的奖励形式，以激发教师的内在动力和工作积极性。

(2)依法治校与民主管理相结合

实施奖惩性教师评价，要克服长官意志，杜绝"暗箱"操作；要依法依规治理，切忌"人治"；要按评价标准进行，走科学、民主程序，切忌图形式、"走过场"。

①依法依规管理学校。国有国法，家有家规，学校有自己的管理制度。管理制度一旦制定，就是学校管理的"大法"。在学校管理制度面前，人人平等。一旦出现违反者，就应依制度办事。奖惩性教师评价制度是学校管理制度的重要组成部分，也是学校领导规范教师行为的准则和奖惩教师的依据。奖惩必须规范化、制度化，杜绝"人治"，这是实施奖惩性教师评价制度的可靠保证。一切奖励和惩罚都应以评价标准为准绳，在评价制度的控制范围和全体教师的监督之下进行，而不是以学校领导的意志为准。

②民主治理学校。治理具有四个特征：治理不是一整套规则，也不是一种活动，而

① [美]迈克尔·哈默等：《管理创新》，112页，北京，中国国际广播出版社，2003。

② 卢盛忠：《管理心理学》，83页，杭州，浙江教育出版社，1998。

是一个过程；治理过程的基础不是控制，而是协调；治理既涉及公共部门，也包括私营部门；治理不是一种正式的制度，而是持续的互动。① 因此，把治理的精神和理念运用到学校各种活动中，就要充分发扬民主，听从民意，善理善治，民主决策。学校领导应自觉按照科学、民主的程序实施奖惩性教师评价制度，切实把教师评价制度落到实处。

(二)发展性教师评价

发展性教师评价也称为“专业发展性教师评价”或“专业发展模式”(professional development model)。它始于20世纪80年代中期，于20世纪90年代中期介绍到我国。发展性教师评价以促进教师专业的可持续发展为核心目的，它在对教师过去的工作业绩进行考核、评定、鉴定的同时，要为教师提供关于教育教学的信息反馈，帮助教师反思和总结自身的不足，帮助教师确定未来的专业发展需求，制定未来的发展目标。这种评价方式在关注结果的同时，更重视教师教学工作的过程，是形成性评价。发展性教师评价将教师看作学校的主体和第一要素，没有教师的专业发展，学校的发展就难以保证。发展性教师评价不仅注重教师个人的工作表现，更加重视教师和学生的未来发展。因此，它是着眼现在、面向未来的一种评价方式。发展性教师评价有助于教师专业的发展和提升，是促进研究型教师成长与发展的重要途径。它的缺点在于比较温和与宽容，削弱了教师的危机意识和竞争意识，缺乏激励和监督功能。

1. 主要原则

发展性教师评价在实施过程中一般应坚持发展性原则、诊断性原则、反馈性原则、民主性原则和科学性原则，现介绍如下。②

(1)发展性原则

发展性教师评价制度坚持发展的原则。它的基本假设是，教师的知识、能力和态度是可以发展的；教师具有专业发展的外在压力和内在需求；应该把教师的发展需求与学校的发展需求结合起来。

发展性原则包括两层含义：一是旨在促进教师与学校、个人与组织的共同发展，进一步提升学校办学质量；二是旨在促进全体教师的专业发展，而不是促进少数教师的专业发展。它面向全体教师，而不是面向少数优秀教师或少数不称职教师。它希望改善全体教师的工作表现，而不是改善少数教师的工作表现。它不把教师的工作表现划分成若干等级，不希望教师之间进行攀比，而是希望通过全体教师的积极参与，共同进步，促进每一位教师的专业发展。

(2)诊断性原则

发展性教师评价努力发挥鉴定和诊断的功能。在评价过程中，发现教师工作的优点

---

① 俞可平：《治理与善治》，4～5页，北京，社会科学文献出版社，2000。

② 王斌华：《教师评价：绩效管理与专业发展》，46～48页，上海，上海教育出版社，2005。

和缺点，然后通过成因分析，找出症结所在，并有的放矢地制定相应的改进措施。

(3)反馈性原则

发展性教师评价务必及时向评价对象提供反馈信息。如果没有反馈信息，教师评价就失去了价值和意义。反馈信息至少有两个指向：第一，向评价对象提供反馈信息，使评价对象总结经验和教训，明确日后的努力方向，并从中了解学校组织对他们的期望；第二，向学校领导提供反馈信息，帮助领导提高管理水平、服务水平和决策水平。

(4)民主性原则

民主性原则要求破除教师评价过程中的神秘性，加强评价过程的透明度，让教师共同讨论与制定评价标准、评价程序、评价方法和评价要求，调动教师的参与意识，激发教师的积极性。

民主性原则反对把教师视为学校管理的客体，也反对把学校变成等级森严的组织。发展性教师评价倡导民主管理的思想，把教师视为学校管理的主体，强调他们的主体地位和主人翁意识，树立依靠教师办学的思想。因为在教育和教学过程中，存在人力、物力、财力、学生、时间、信息等各种因素，而教师是最基本和最重要的因素。没有教师的主导作用，其他因素都难以有效地发挥作用。

民主性原则要求通过发展性教师评价，了解和关注教师的工作状态和工作条件，营造民主、合作、和谐的学校文化。

(5)科学性原则

科学性原则主要表现在两个方面：一是发展性教师评价以现代教育理论为指导，其评价标准、评价程序、评价方法、评价结果不仅要符合教育规律、教学原理、教师的职业特点和心理特点，而且要符合本地区和本学校的实际情况，能为全体评价者与评价对象所接受；二是实施发展性教师评价，要坚持实事求是的态度，确保评价结果的可靠、客观和准确。

2. 基本理念

(1)发展性教师评价旨在促进发展

评价提供的是强有力的信息、洞察力和指导，其基本目标是促进教师的专业成长与发展；评价是为学习与成长服务的，其目的在于提高学习效率，是学习的动力和源泉；评价是为人的终身发展服务的。

(2)发展性教师评价体现的是以人为本的思想，建构个体的发展

评价要关注个体的处境和需要，尊重和体现个体的差异，激发个体的主体精神，以促使每个个体最大限度地实现其自身价值。

(3)发展性教师评价是与教学过程并行的同等重要的过程

评价不是完成某种任务，而是一种持续的过程；评价被用来辅助教育，它是教与学主要的、本质的、综合的一个组成部分，贯穿于教学活动的每一个环节。

二、按照评价主体划分的评价类型

根据评价主体，教师评价分为自我评价与他人评价。

(一)自我评价

1. 自我评价的内涵

自我评价是教师作为评价主体，根据一定的评价标准，运用教育评价的理论、方法和技术，对自身的素质、工作过程及效果等工作表现进行的价值判断。这种评价方式鼓励教师以主人翁的意识积极参与整个评价过程，有助于提高教师的教学能力和教学反思能力，促进教师的自我反思、自我激励和自我发展。然而，这种评价方式需要对教师进行自我评价技能的培训，评价时要求教师做到开诚布公、胸襟坦白。它的缺点在于主观性强，不利于教师之间的横向比较。

2. 自我评价的方式

人总是在不断地判断自己，那么主体(群体与个体)是如何了解自己，实现自我评价呢？主要有以下三种方式。

(1)根据别人对自己的评价来评价自己

自我评价往往是以别人对自己的评价作为参照的。例如，一个教师经常受到他人或上级的表扬，由此他就会获得自信心，在自我判断中多持肯定的态度；相反，如果他在工作中经常受到批评，长此以往，他就会缺乏信心，从而也看不到自己的长处。他人评价是自我评价的一面镜子。处在一定的社会关系中的群体和个体，总是从他人对自己的评价中，看到自己的形象，这种形象便构成了自我评价的基础。正因为如此，现代心理学家和管理学家都强调及时提供肯定性的反馈信息，即“强化”在形成人的预期行为中的作用。

根据这一原理，在青年教师的培养中，为了增加他们对教学工作的信心，每个教育管理工作者在帮助他们成长的时候，应当多肯定他们的长处和优点。一个经常受到批评的教师容易形成挫折感，缺乏自信心，甚至形成一种“情景性焦虑”。所谓“情景性焦虑”，是指某人在特定场合下才出现的焦虑。在某些时候，教师讲课失败了，校长对他进行了过度的批评，从而使他形成一种错误的认识，认为自己缺乏讲课技能，以致今后他一上讲台，心理上就有紧张感，这种紧张感又使他更容易失败。这种恶性循环，最终导致他在课堂上的失败定势。

(2)通过与他人的对比来评价自己

主体的自我评价还通过与自己地位、条件相类似的个体与群体进行比较而获得。自我评价并不是孤立进行的，人们常常把自己与相似的个人或群体加以比较，然后做出自我评价。例如，假设我们把教师的数理水平分为四个等级，即精通、熟练、一般和较差。一个教师的实际数理水平比较高，但在其学校中，大多数人在这方面的水平比他更高的话，那么他就有可能把自己的数理水平评价为一般；而如果在另一所学校，一个教师的数理水平一般，但他周围人的数理水平都比他差，那么他就很可能将自己的水平定为熟练甚至精通。同时，一个教师的教学水平和教学效果在不同水平的学校中的表现也是这样。因此，在与他人的对比中评价自己时，要对自己有一个正确的判断，既要在小范围内进行比较，又要在较大范围内进行类比分析，这样对自己的评价可能会更加客观和真实。

(3)通过自我分析来实现自我评价

主体的自我评价，常常是根据他人对自己的评价或以别人为参照来评价自己的。但与此同时，主体也对自己的行为表现进行着自我分析。因此，自我评价不仅是对他人评价的反映，而且是在了解别人对自己的评价以及在与他人类比的基础上，结合自我观察、自我分析来完成的。

通过自我分析来实现自我评价是一个复杂的过程。评价作为一种价值判断的活动，总是以一定的价值尺度为基础的。自我分析就是把自身的行动及其结果，与一定的价值尺度进行比较的过程。这种价值尺度对于每一个社会成员来说，有“外在的价值尺度”与“内在的价值尺度”之分。

所谓外在的价值尺度，主要是为社会各界大多数人所认可的价值标准。人们生活在社会中，社会公认的成功标准和道德标准，无时不在制约和影响着我们的判断。在现代社会中，这种社会公认的成功标准，往往是个体的经济地位和社会地位(如学位、职称、职位及社会知名度等)。社会公认的道德标准，往往是对个体的人格要求。所谓内在的价值尺度，主要是自身的发展目标和愿望等。内在的价值尺度是在一定的社会历史文化背景中形成的。一个民族在其历史发展的过程中形成了文化传统，这种文化传统把不同的社会心理注入其成员的心理结构，并积淀为深层的心理基础和内在信念。在这种信念基础上形成的成败感和得失观，是他们自我评定的准则。

3. 自我评价误差的控制①

教师自评过程会产生一些特定的心理现象，导致一定的误差。这就产生了一个新的问题：如何对这些给评价活动带来消极影响的特定心理进行调控，以保证评价结果的客观准确性？

对于教师来说，在根据他人的意见进行自我评价时，需要注意三个方面：一是分析他人评价信息的准确性和全面性。在得到肯定性评价时，要注意判断他人是出于礼貌，出于尊重，还是恰如其分的评价。二是正确对待他人对自己的评价。既不要盲目接受，

---

① 陈玉琨：《教育评价学》，146～147页，北京，人民教育出版社，1999。

也不要拒不理睬，要实事求是地吸收他人对自己评价中的合理成分。三是判断他人评价的价值尺度。比如，他人根据平均分的高低来评价自己的水平，而自己从事的是能力培养与人格完善的试验，在这种情况下，不必为他人的意见所左右。

在同他人进行对比时，要注意正确地选取评价标准。同时要注意自己与他人类比的可比性，注意自己与类比对象的相同点，真正把类比当作启发自我评价的手段。

此外，无论是根据他人的意见进行自我评价，还是在同他人进行对比的基础上进行自我评价，都要注意采用全面、发展、联系的观点，力求客观。要学会把他人的评价、他人的类比和自我分析统一起来，进行综合比较分析。这里既有技术方法的问题，又有思想方法的问题。同时，评价组织者要做好工作，既要及时地为教师提供各种信息，又要帮助他们掌握必要的方法。

在自我分析的过程中，教师要学会把握评价的价值尺度，以排除各种相互矛盾的观点，善于抓住主要问题与主要因素。同时，为了避免学校的目标与教师所追求目标的冲突，要通过各种宣传和教育的手段，把学校的评价尺度转化为他们内在的追求，成为他们评价的内在尺度。

(二)他人评价

他人评价是教师本人以外的他人作为评价主体，依据一定的评价标准，运用教育评价的理论、方法和技术，对教师的素质、工作过程及效果等方面进行的价值判断。他人评价可以分为自上而下的评价、自下而上的评价及同行或同事的评价。

由校长等学校领导者担任评价主体的评价称为自上而下的评价。学校领导者能够顾全大局，协调关系，具有一定的权威性。但是这种评价方式的评价对象与评价主体之间缺少双向交流，一般都是单向的，并且由于学校领导者不能充分了解教师的工作，从而导致评价不够细致和具体。

由学生担任评价主体的评价称为自下而上的评价。学生是整个教育过程的主体，因此，学生对教师评价最有发言权。当然，这种评价需要和谐的师生关系作为基础，同时要设计科学的学生评价用表，防止“晕轮效应”等心理现象导致对教师评价的偏差。

由同行或者同事担任评价主体的评价称为同行评价或同事评价。使用这一方法的基本依据是在评价教师能力方面同行具有较大的发言权。同样，同行对课堂教学、教材以及对教师的要求都比较熟悉，他们对教师工作的提高及改进都能提出有价值的建议。同行评价是一种民主的评价制度，有利于促进彼此的相互学习，共同进步。它不仅在形成性评价中有很大的潜在价值，而且对创造一种教师专业发展的气氛也有重要意义。

为提高同行评价的质量，在学校中建立经常性的听课与观摩制度也是必要的。它有助于教师之间的取长补短、共同提高。同时，它也有助于大大降低同行评价中的主观臆测成分。这种评价方式要防止情感关系引起的偏差。

此外，由家长担任评价主体的家长评价也是一种逐渐被采纳的评价方式。

第三节　教师评价的主要方法

教师评价的方法有很多，本节主要介绍课堂观察评价法、绩效考评法和教师档案袋评价法。

一、课堂观察评价法

课堂观察既是一种教育研究方法，也是一种促进教师专业发展的专业活动。课堂观察评价法是一种常用的教师评价方法。

(一)课堂观察评价法的含义

有的学者把课堂观察界定为“研究者或观察者带着明确的目的，凭借自身感官及相关辅助工具，直接或间接从课堂情境中收集资料，并依据资料做相应研究的一种教育科学研究方法”①。有的学者将课堂观察表述为“通过观察对课堂的运行状况进行记录、分析和研究，并在此基础上谋求学生课堂学习的改善、促进教师发展的专业活动”②。这两种概念在对课堂观察基本性质的描述上基本一致，只是前者更多地指向教育研究，视课堂观察为教育研究的方法和工具，而后者则侧重教育实践取向，将课堂观察作为一种教育研究活动。

课堂观察评价法又称为“课堂听课评价法”，是指评价者直接进入课堂，现场观察评价对象的教学实践，从中发现优点和缺点、经验和教训，并做出相应评价的方法。课堂观察评价法不仅可以作为教师档案袋评价法、绩效考评法等的一个操作环节，也可以独立成为一种专门的教师评价法。

(二)课堂观察评价法的操作程序

课堂观察评价法的操作程序一般包括课前准备、课堂观察和课后评价三个阶段。

---

① 陈瑶：《课堂观察指导》，1～2页，北京，教育科学出版社，2002。

② 沈毅等：《课堂观察：走向专业的听评课》，74页，上海，华东师范大学出版社，2008。

1. 课前准备

课前准备阶段涉及的环节和任务较多。课堂观察 LICC 模式在这一阶段安排了培训人员，说课，确立观察点、观察工具、记录方式等任务。① 一般情况下，在课堂听课前，评价双方必须进行一次预备会议。预备会议最迟安排在课堂听课前一天举行，时间在 15～30 分钟，目的是使评价双方预先确定该堂课的教学进度、教学目标、授课计划、困难和问题、听课方式、听课重点以及课后评价的时间和地点等。

2. 课堂观察

评价者应该在上课开始前进入教室，坐在教室后面的位置。这样既能观察教学活动，又能最大限度地减少课堂听课产生的干扰或负面影响。

评价者提前进入教室后，可以先观察课堂环境。比如，环视教室四周，了解教室的布局、设计和摆设，了解师生的课前准备工作。

课堂观察阶段的任务比较明确，主要是看、听、记、思。上课开始后，评价者进入记录状态。听课记录要尽可能完整，不要间断，在事实、评语和建议旁边做好明显的标记。评价者必须思想集中，书写熟练。当然，要求评价者面面俱到地记录评价对象的一言一行是不可能的，也是不必要的。听课记录可以有所侧重或有所选择。经验表明，无论是以教师为中心的讲授课，还是以学生为中心的活动课，评价者不仅应该关注教学效果，而且应该关注教学过程，如教师讲解、教师提问、学生回答、学生提问、学生小组活动、学生相互帮助等。

评价者必须自始至终地听完一节课，不应中途进入教室或中途退出。

3. 课后评价

课后评价通常在课后及时进行，由教师的自我反思评价和听课者的评价构成。课后评价的时间一般不少于 20 分钟。评价双方应该确保有足够的时间完成课后评价。

课后评价主要包括宣读听课记录、开展自我评价、核查教学目标、发现优缺点和制定改善措施五项内容。

(1)宣读听课记录

宣读听课记录是评价双方重新回顾上课情景的过程。在宣读听课记录时，评价者应该将听课记录的事实、评语、建议毫无保留地呈现给评价对象。宣读时可以穿插一些例子。

由于评价者按照双方事先认可的原则进行听课记录，因此，听课记录比较容易得到评价对象的认可。尽管如此，评价双方还是可以进一步斟酌和协商课堂记录中的某些内容，回忆补充一些教学情节，探讨某些教学行为的合理性，从而做出更加准确的剖析和评价。通常，评价对象可以从评价者的听课记录中得到许多意想不到的收获。

---

① 崔允漷：《论指向教学改进的课堂观察 LICC 模式》，载《教育测量与评价》，2010(3)。

(2)开展自我评价

课后评价的过程应该保证有足够的时间让评价对象对自己的上课表现进行自我评价，这是非常重要的一个环节。

有人担心，评价对象可能一味强调自己的优点，不愿意袒露自己的缺点。事实表明，这种评价对象是少数的，绝大多数评价对象都乐意开展自我评价，能够正确地对待自己，甚至一味地、过多地进行自我批评。在这种情况下，评价者应该不失时机地予以阻止。有人做过一项性别试验，发现男性不太愿意在女性同事面前袒露自己的专业缺点，这应该引起我们的注意。开展自我评价时可参考表 10-1。[①]

表 10-1　自我评价表

课堂听课自我评价表
①你如何确保学生完成教学进度？
你是否准备了教材，并把教材分发给学生？
教室布置是否适当？
你的讲解清楚吗？学生是否能够充分理解？
②你如何鼓励学生取得进步？
你是否正确地对待所有的学生？
你是否关心每一位学生或每一个学生小组？
作业是否适合不同能力水平的学生？
学生的嗓门太大吗？这有利于教学吗？
③你如何鼓励学生了解自己的水平？
下课前，你是否做了小结或者讲评？
你对这节课的结尾工作满意吗？
学生对这节课感兴趣吗？
你对这节课感兴趣吗？
④你对下一节课是否有了进一步的考虑？

(3)核查教学目标

课后评价要核查教学目标的达成度，这是课后评价的重要环节。有时，从表面上看，课堂气氛活跃，教学手段新颖，授课质量似乎不错，可是对照预期的教学目标，就会发现某些教学活动偏离了教学目标。课堂教学是一种目的性很强的活动，能否达到预期的教学目标是衡量课堂教学质量的重要标准。

在不偏离教学目标的情况下，评价者应该允许评价对象灵活地穿插教学活动，转换教学节奏，调整教学内容。灵活性也是教师的基本素质。

---

① Cyril & Doreen Poster, *Teacher Appraisal: Training and Implementation*, London, Routledge, 1993, pp. 78-79.

(4)发现优缺点

通过自我评价，评价对象指出了自己的优点和缺点。作为课堂听课者，评价者也可以从自己的角度，进一步指出评价对象的长处和不足。无论采取何种表达方式，评价者都应该积极地肯定评价对象的优点。在指出缺点时，不应采取嘲讽、挖苦的态度，而应该诚恳地分析原因，提出合理的纠正措施；语气应该委婉，措辞应该合理。

(5)制定改善措施

评价的目的就是改进工作，促进发展。为了达到此目的，在教师自我反思和评价者提出改进意见的基础上，由教师本人或其所在教研室集体来制定改善措施，提高课堂教学质量。有时，评价对象认真准备课堂教学，但由于教学方法不当、课堂纪律混乱等原因，教学效果不够理想。评价双方不仅要分析低效教学的症结，而且要制定相应的改善措施。一般而言，低效教学的原因包括学校内部因素、学校外部因素、教师个人因素等。

(三)运用课堂观察评价法的基本要求

在运用课堂观察评价法时，应注意以下几个方面。

1. *课堂观察的取向应走向研究，而不是评定等次*

教师发展、教学改进、促进学生学习等一系列目的和取向都必须通过“研究”来实现，即使是指向评价的课堂观察，其分析和推论的所来之处和所往之地都是“研究”。①观察课堂、分析现象，对教师教学活动和学生学习成果做出评价，其根本意图不在于评定等次，而在于对教师教学做出诊断性评价。一旦把评定等次作为评价取向的终点，表演课、恶性竞争、话语霸权等一系列问题必将纷至沓来，把课堂观察带入迷途，与促进学生学习与教师发展之旨归完全背离。

2. *课堂观察需要理论视野，即不是教育观察，而是“教育学观察”*

实际运用中的课堂观察常常停留在对课堂事实的罗列上，分析与评论也多“就事论事，就课说课”。对内容安排、活动设计、教学技巧的过度关注，不免使人忽视了课堂现象中蕴含的教育学意义。这种忽视是因为教师对课堂缺乏一种自觉意识，而这种意识的培养原本正是课堂观察所要追求的目标。究其根由，在于教师进行的课堂观察只是一种“教育观察”而远未达到“教育学观察”②的层面。没有一定的教育理论提供概念框架，教师很难对自己的行为有所意识，进而将其分类归纳，解释反思，更谈不上有意识地设计教学，监控自己的课堂教学行为。没有教育理论的支持，所观察到的事实零散繁芜，无法结构化，所得到的结论自然只是经验总结，而非基于证据的合理推论。

---

① 崔允漷等：《课堂观察Ⅱ：走向专业的听评课》，19页，上海，华东师范大学出版社，2013。

② 陈瑶：《课堂观察：限度及其问题》，载《上海教育科研》，2011(1)。

3. 课堂观察需要研究规范和可靠的证据支撑

专业性的体现之一就是具备一套完善系统的规范，包括严格的操作程序、科学的研究方法、严谨的评估标准和权威的道德伦理，特别是评估标准和道德伦理方面的研究是当前比较空白的，但它的意义毋庸置疑。如同法律和医学，坚持“程序正义”才能够最大限度地保证“结果正义”，使结论更具可信度，更贴近真实，也更具有说服力和指导力。另外，结果的真实可靠必须依赖证据的支撑。课堂观察作为一种专业的研究方法，必须基于强有力的证据做出合理推论。

二、绩效考评法

绩效考评法是教师评价方法中最常见、最常用的方法，如果运用不当会产生负面影响。因此，不仅要理解其内涵、把握其正确的操作程序，还要注意运用时的基本要求。

(一)绩效考评法的含义

绩效考评法是指学校在一定时期内，根据绩效管理的需要，针对教师承担的工作，运用各种科学的定性与定量的方法，对教师的工作结果和工作表现进行考核和评价的一种方法。从这一表述可以看出，教师的绩效考评包括两个方面：一是对教师工作结果的考评；二是对教师工作表现的考评。

工作结果又称为“任务绩效”，是对应于教师承担的工作而言的，即教师完成工作的结果或履行职责的结果，如出勤率、教学时数、班级数、学生数、学生成绩、发表论文的篇数等。工作结果是绩效考评最基本的组成部分，其考评通常采用可以量化的评价标准。

工作表现又称为“周边绩效”，是指教师完成工作或履行职责过程中的行为、态度和素质，如“工作敬业”“态度认真”“有责任心”“关心集体”“助人为乐”“人际关系”等。它们是内隐的、不易量化的，其考评通常采用非量化的评价标准，主要依靠评价者的主观判断。

教师的工作并不是重复性的简单劳动，而是一种复杂的脑力劳动，有其自身的特点。教师工作的复杂性决定了教师评价过程也应该是一个定性评价与定量评价相结合的过程。因此，教师的绩效考评，不仅要考评教师的工作结果，而且要考评教师的工作表现。如果只看工作结果，就会引导教师过于追求“任务绩效”，或急功近利，追求短期目标，而不愿接受新理念、新知识和新经验，放弃教师专业发展的长期目标。而如果只看工作表现，则会引导教师单纯追求“周边绩效”，如工作态度、人际关系等，从而忽视甚至放弃教师必须履行的职责。只有工作结果考评和工作表现考评相结合，才能使教师的绩效考评更加全面、客观和公正。

需要强调的是，绩效考评是对教师工作的考评，而不是对教师的个性、性格、爱好、兴趣等的考评，也不是对教师的个人生活、习惯、隐私等的考评，更不是全方位地对教师这个“人”的考评。

(二)绩效考评法的操作程序

绩效考评法是一个循环往复、周而复始的过程，每一轮绩效考评的结束，就意味着下一轮绩效考评的开始。

绩效考评法的操作流程通常包括制定考评方案、确定考评周期、确定评价者、制定评价标准、选择考评方法、收集信息数据、开展考核评价、解析评价结果八个阶段，如图 10-1 所示。

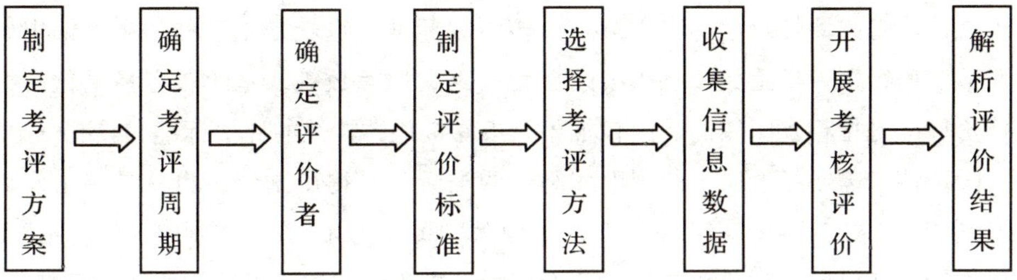

图 10-1 绩效考评流程图

1. 制定考评方案

为保证绩效考评的顺利进行，考评前必须制定考评方案，明确绩效考评的目的、周期、评价者、评价对象、评价标准、评价时间、评价方法等。在制定考评方案的过程中，要营造民主氛围，增加透明度，广泛征询教师的意见，对考评方案不断加以修正和完善，力争为全体教师创造机会均等、公平竞争的机会。长此以往，就会形成学校独特的考评氛围，并成为学校文化的组成部分。

2. 确定考评周期

考评周期是指相隔多长时间进行一次考评，这取决于考评目的。如果考评目的是检查某项教学任务的完成情况，那么考评周期应该与该项教学任务的周期保持一致；如果考评目的是奖惩，那么考评周期应该与奖惩周期保持一致；如果考评目的是续签聘用合同，那么考评周期应该与聘用合同周期保持一致。目前，学校的考评周期一般是以自然年的年度考核或者以一个学年度考核的周期保持一致，这样做的好处是，一方面，每年或每学年结束时，都应该对教师的教学工作结果和工作表现做一个总结；另一方面，每年或每学年结束时进行考评，学校管理者会对教师的工作结果和工作表现有比较清晰的印象或记录。

3. 确定评价者

绩效考评主要由校长等学校管理者担任评价者。在规模较大的学校，教师人数多，学校管理者的精力和时间有限，难以了解每一位教师，无法对全体教师逐个进行比较深入的绩效考评。这时，学校领导可以发挥教研组、年级组等基层部门管理人员的作用，聘请教研组长、年级组长担任评价者，他们与教师直接接触多，最了解教师。

4. 制定评价标准

实施绩效考评必须制定评价标准。评价标准不仅是考评教师的依据，而且是教师的工作目标和努力方向。通常是由学校管理者与全体教师在充分沟通的基础上，共同制定评价标准，在双方认可的前提下最终形成文本。由学校管理者与教师共同制定评价标准，会提高教师对评价标准以及评价结论的认可程度。通过亲自参与制定评价标准，教师会为达到评价标准而更加努力。

评价标准分为绝对评价标准和相对评价标准。绝对评价标准是指以客观事实为依据，不以评价者或评价对象的个人意志为转移的标准，也就是指工作结果，如出勤率、教学时数、班级数、学生数、学生成绩、发表论文的篇数等，是比较容易量化的标准。相对评价标准是指相互比较的、比较抽象、不易量化、软性的评价标准，具有一定的模糊性、隐蔽性，需要经过认真的观察和必要的推断才能得出结论，也就是指工作表现，如“工作敬业”“态度认真”“有责任心”“关心集体”“助人为乐”等。在制定评价标准时，应尽可能把相对评价标准转化为具有行为特征的、描述性的或可以量化的评价标准，这有助于提高绩效考评的公正性、针对性、可靠性和可操作性。

5. 选择考评方法

常用的考评方法有结果导向性的绩效评估方法，如业绩评定表法、目标管理法、关键绩效指标法等；行为导向性的绩效评估方法，如关键事件法、行为观察比较法、行为锚定评价法等；特质性的绩效评估方法，如图解式评估量表等。这些考评方法各有其利弊和适用情境。任何一种考评方法的选择和使用，都应慎重。

6. 收集信息数据

收集信息数据是一项长期的工作，而且应该成为一项经常性的工作，随时随地收集有关教师工作结果和工作表现的信息数据。信息数据的收集范围包括教学计划、活动记录、专著论文、奖励证书、学生作业、学生成绩等；收集方法包括问卷调查、征求意见、观察、记录等；收集渠道包括学生、学生家长、同事、年级组长、教研组长、学校领导、社区等。所收集的信息数据必须客观、准确、可靠。

7. 开展考核评价

开展考核评价是绩效考评法的关键环节，由学校管理者依据评价标准，对教师工作进行客观、公开的评价。评价过程要突出民主性，增加透明度，让教师有机会发表自己的看法。评价结果的语言表述必须实事求是，简洁明了，避免琐碎冗长、不得要领，也不要避重就轻，使用模棱两可、含糊不清的语句。评价结果最终应形成文本，并获得评价双方的认可。

8. 解析评价结果

得到评价结果并不意味着绩效考评工作的结束，学校管理者还应继续完成如下工作。

第一，解析评价结果。学校管理者应该对评价结果以及相关信息数据进行认真分析和研究。通过对评价结果的解析，帮助教师发现不足，找到问题的症结，制定策略，明确未来的努力方向。同时，通过解析评价结果，总结学校管理工作的经验和教训，发现学校管理中的漏洞或缺失，提高学校绩效管理水平。

第二，做出奖惩决定。评价结果是学校人事决策的依据。学校管理者应该依据评价结果，对评价对象做出加薪、晋升、换岗等奖惩决定。公平的奖惩是得到教师理解、争取教师支持、取得教师信任的基础。学校管理者应该做出公平的奖惩决定。奖惩要有明确统一的原则、规范和依据，经得起追究与推敲。奖惩是对教师工作成绩的肯定和鞭策，对失职和错误的批评和处罚。

第三，信息反馈。学校管理者应采用书面形式或面谈形式，及时把评价结果以及奖惩决定反馈给评价对象，促进其发扬优势，改正不足。对于那些评价结果不甚理想的教师，应肯定其工作成绩和自身价值，鼓励他们认识自我，树立信心，进一步明确校方在今后的工作中将给予时间、资源、设施、培训等方面的支持和帮助。信息反馈必须采用清晰、简洁的语言，避免使用模棱两可或冗长琐碎的语句。信息反馈是学校管理者向教师表达期望的最好机会。

(三)运用绩效考评法的基本要求

绩效考评法是我国中小学常用的教师评价方法，要开展教师的绩效考评，必须注意以下几个方面。

1. 进行岗位分析

在我国的许多学校中，岗位分析至今没有受到足够的重视，以至于岗位职责模糊不清。这样，一是难以制定科学合理的评价标准，无法确保客观、公正的考评结果；二是导致岗位忙闲不均，不同岗位的工作量和难易程度差别较大。在工作表现相差无几、工作任务都完成的情况下，工作量较大、工作难度较高的岗位上的教师没有得到应有的奖励。为提高绩效考评的客观性和公正性，必须进行必要的岗位分析。

2. 增加考评透明度

目前一些学校的考评工作存在“暗箱”操作。比如，有的学校管理者闭门造车地制定绩效考评方案、评价标准、评价程序、评价方法等；有的学校管理者努力主导考评方向，其个人的态度、想法、言行、好恶等非客观因素成了绩效考评的风向标；有的学校考评结果完全由管理者，甚至个别最高领导者所掌握，他们甚至有权随意更改考评结果。

在这种情形下，不少教师对绩效考评抱有疑义或敌意，并对其科学性、实用性、有效性和公平性表现出强烈的质疑。为确保绩效考评的公开、公平和公正，应最大限度地提高绩效考评的透明度，让广大教师享有知情权、参与权和决策权。考评结果重事实、讲证据，切忌主观武断、道听途说、捕风捉影、无中生有。对于同一岗位的教师，要使用相同的考评标准。

3. 及时反馈信息

在绩效考评结束后，学校管理者应该及时向评价对象反馈信息。事实证明，尽快向教师反馈信息，将产生最佳效果。然而，我国有不少学校忽视了这个环节。在绩效考评的过程中，学校兴师动众，不惜投入大量人力、财力和物力，但绩效考评结束后，没有给予评价对象任何反馈。

需要强调的是，绩效考评本身不是目的，而是一种手段，它可以帮助评价对象发现、分析自身的优点和缺点、强项和弱项，从而明确日后的努力方向，更加出色地完成工作任务。

三、教师档案袋评价法

教师档案袋评价法于 20 世纪 80 年代在美国兴起，至今已在国内外得到了广泛的推广和应用。它不仅是教师自我评价工具的规则，也是教师评价与监督的机制。教师档案袋评价的实施是促进教师专业发展的需要。

(一)教师档案袋评价法概述

1. 教师档案袋的内涵

档案袋(portfolio)又称为卷宗，从语义上分析有“代表作选辑”的意义。档案袋在教育领域具有两个方面的含义：一是指学生的“代表作品集”。档案袋是一种内含学生最好作品或对作品优劣进行评价的文件夹，用来描述学生成长的作品集，包含学生的成就、学习的坚毅性、值得注意的功课等，是一种捕捉学生成长和进步轨迹的记录(因而人们有时又将学生档案袋译成“学生成长记录”)，成为描述和捕捉学生成长的重要工具。二是指教师档案袋。教师档案袋最初来源于行动研究的传统，行动研究要求将教师研究教育教学问题的过程以档案的形式保留下来，为诊断问题、发现问题和解决问题提供依据。它一般包括四个方面的内容：专业教学标准与个人目标和学校目标的融合；筛选出的教师工作的范例；对教师反思的记录；与同事或管理者对话过程中所积累的经验。因而，教师档案袋成了描述教师生涯中专业发展的有效工具。

2. 教师档案袋的内容设置①

教师档案袋的内容是由教师自主选择的能证明自己的成绩、价值和思考的信息，以及支持自己工作、表现自己成功的资料等组成的，是教师对自己人生观、教育观的个性肖像，能够从多元的角度反映教师在师德修养、师生关系、业务学习、课堂教学、课程开发、教学资源整合、团队合作、校本教研、学生个案研究、考试评价等多方面所取得的成绩。

教师档案袋记录栏目的设计应体现规范性和灵活性相结合的特点，发挥教师的主体性、积极性，更好地体现教师成长过程的个体差异性、成长方式的丰富性等特点。教师档案袋的内容设置应将常规性内容与当前学校教师队伍建设的重点工作结合起来，清晰地反映教师在一段时期内某一领域成长的轨迹和发生的变化，实现教师发展和学校发展的和谐统一。教师档案袋收集的内容具体包括以下几个部分。

个人基本信息；个人成长系列(与专业发展有关的奖励证书，发表的教科研文章，参与课题研究、开设研究课、讲座等活动的记录、报告、证明、评价表等，反映个人教育教学水平的代表性作品、成果，教师专业学习、培训作业及考试考核记录、继续教育证书等，教育教学反思的相关材料，所教学生的学习和活动情况，教师个性化发展记录)；评价系列(自我评价、学生评价、家长评价、同行评价、教育教学情况考核评价记录)。

教师档案袋是教师记录自己的教育活动过程及其有关成果而最终形成的系列化的收集物，是教师学习、教学、生活的亮点集锦。教师档案袋予教师反思以素材，予教师丰润工作以生动实例，让教师们既能自己纵向比较，又能与别人横向比较，时刻激励自己，促进自身的持续发展。

3. 教师档案袋评价法的含义

教师档案袋评价法(evaluating teachers by teacher's portfolio)又称为“教学档案袋评价法”(evaluating teachers by teaching portfolio)或“教师成长记录册评价法”。它要求教师像艺术家、建筑师、作家、记者一样，建立自己的过程性教学档案袋、结果性教学档案袋或展示教学档案袋，通过开放的多层面的评价，充分感受自己进步的过程、特点、经验与教训，提高教师的反思能力，促进教师的专业发展。

教师档案袋既不是人事档案袋，也不是流水账式的大事记，而是教师评价的载体。教师档案袋评价法的意义在于：为教师评价提供了新的模式；承认教学工作的复杂性；教师获得主动参与评价过程的机会和权利；促进评价者(管理者)与评价对象(教师)之间的合作；教师拥有发言权；促进教师的自我评价；促进教师的专业发展与自我反思；提高学生的学习质量；保存相关资料，为教师申请奖项或晋升职称提供依据。

---

① 叶东：《实施教师档案袋评价，促进教师个性发展》，载《龙岩学院学报》，2005(C1)。

(二)教师档案袋评价法的特点

教师档案袋以 2～3 年为一个周期。一个周期的结束意味着另一个新周期的开始，周而复始，与时俱进。在第一个周期开始时，由教师为该周期确立 2～3 项总目标以及各阶段的目标。在每个阶段结束时，对阶段目标的达成情况进行评估；在整个周期结束时，对该周期总目标的达成情况进行评估。

教师档案袋评价法具有如下主要特点。

一是具有特殊的目的。教师档案袋反映了教师的知识、技能和能力。

二是面向专门的阅读者。教师档案袋的阅读者是教师本人或外部评价者。

三是包含典型的资料(或称“证据”)。教师档案袋包含一系列有针对性的有组织、有系统的资料，如备课计划、作业、家长联系册、作品等。它们记录了教师的专业发展过程。

四是提出书面反思意见。教师针对档案袋内的资料提出书面反思意见。

(三)教师档案袋评价法的操作步骤与要求

撰写书面反思意见是开展教师档案袋评价的关键。反思是教师专业发展的重要组成部分。通过系统地反思自己的教学实践，教师可以从中获得经验和教训，提高教学的技能、知识和能力。所以，可以将反思的步骤与要求作为教师档案袋评价法的操作步骤与要求。

1. 反思的步骤

一般来说，书面反思主要包括描述、分析和规划三个步骤。

步骤一：描述。教师档案袋建立者围绕“谁”“什么”“何时”“何地”“如何”等展开描述。描述是分析和规划的基础，清晰地描述便于下一步的分析和规划。

步骤二：分析。教师档案袋建立者对相关资料进行分析。资料分析包括整体分析和局部分析。整体分析就是对全部资料进行系统的、全方位的、多层面的分析；局部分析就是对全部资料进行有所侧重、有所选择的分析。通过分析，确定相关的优点和有待完善之处。

步骤三：规划。教师档案建立者在描述和分析的基础上，对教学工作提出未来的规划。

2. 反思的要求

主要从最成功的一堂课、最成功的一次教师培训和最成功的一位学生三个方面对反思提出要求。

(1)总体要求

①采用书面反思。

②采用第一人称，因为书面反思意见是撰写者的个人想法。

③回答如下问题：做了什么？为什么这样做？结果是什么？如何进一步完善？

④做到描述准确，分析深刻，规划应该留有余地。

⑤文字清晰、准确且流畅。

⑥内容实事求是，如实反映优点和不足之处。

(2)描述要求

①选择最成功的一堂课，介绍其地点、时间、学生情况、学科名称、教学目标、教学步骤等。

②选择最成功的一次教师培训，介绍其举办者、规模、人数、地点、时间、参加的原因、使用的教材、培训过程等。

③选择最成功的一位学生，介绍其姓名、年龄、个性、背景、进步过程等。

(3)分析要求

①分析本人工作的优点和缺点。

②分析最成功的一堂课，指出其成功之处，教学计划是否完善，为什么采用这种教学方法，达到了什么目标，学生学到了什么，学生学习方法是否正确，自己的教学方法是否正确等。

③分析最成功的一次教师培训，指出其成功之处，自己学到了什么，哪些教材最适合，还有哪些地方值得改进等。

④分析最成功的一位学生，指出其成功之处，自己采取了哪些措施，哪些措施非常有效，哪些措施没有效果等。

(4)规划要求

①通过分析最成功的一堂课，吸取了哪些经验和教训，打算继续保留或放弃哪些策略，打算采取哪些新的策略，等等。

②通过分析最成功的一次教师培训，有哪些收获，自己将如何把它运用到教学实践中去，会不会调整教学的目标，等等。

③通过分析最成功的一位学生，会不会改变自己的教学理念、教学风格或教学方法，是否打算对其他学生采取同样的干预措施，等等。

[反思与探究]

1. 如何理解教师评价和教师评价标准？
2. 联系实际对奖惩性教师评价和发展性教师评价进行比较分析。
3. 如何看待教师评价中的自我评价？如何实现教师评价中的自我评价？
4. 如何理解课堂观察评价法？如何将课堂观察作为一项专业研究传递给教师？
5. 如何理解教师档案袋评价法？在中小学教育见习中，尝试建立教师档案袋。

第十一章　学生评价

学习目标	1. 了解学生评价的现状及发展性学生评价的特点。 2. 掌握学生评价的基本内容与结构。 3. 掌握学生评价的基本操作方法。 4. 掌握学业成就测验、表现性评价、成长记录袋设计与实施的基本要求。

[本章提要]

学生评价是教育评价活动中最基本的领域，是促进学生成长与发展的重要手段，也是学生自我完善的重要参照。发展性学生评价作为一种新的评价理念和方法，其特点是评价目的的发展性、评价目标与学生发展目标的一致性、评价内容和方式的多样性、评价结果的协同性、评价过程关注个体差异。学生评价的内容包括学生的品德发展水平、学业发展水平、身心发展水平、兴趣特长养成、学业负担状况等方面。学生评价的基本操作方法包括学业成就测验、表现性评价和成长记录袋。

第一节　学生评价的现状与特点

学生评价历史悠久，源远流长，其发展轨迹大致可以划分成三个时期，即考试制度时期、教育测验时期和学生评价时期。① 与考试制度和教育测验相比，学生评价的方法更加多样，学生评价的范围也更加宽泛。

一、学生评价的现状

现代意义上的学生评价发轫于美国，引入我国已经约有 30 年。目前我国学生评价

① 王斌华：《学生评价的发展轨迹》，载《华东师范大学学报（教育科学版）》，2012(1)。

的现状实质上还是对学生进行筛选，而不是使学生在社会所需要的各个方面得到充分发展。于是，现在一提到学生评价，许多教师和学生就会联想到书面的、量化的、死记硬背的考试，甚至简单地把学生评价等同于少数应试科目和应试技巧。其实，这是一种非常狭隘的、片面的学生评价观。这种学生评价观导致了一些不正常现象。

(一)目标注重书本知识

几十年前，布卢姆(Bloom)和斯威夫特(Swift)曾感叹：即使在售出100多万本《教育目标分类》之后，即使该书在教师职前和在职培训中已经使用了四分之一个世纪，但是仍有超过95%的教师期望美国学生回答的测验问题是教育目标分类中最低层次的有关知识问题。如今，布卢姆的教育目标分类法已译成包括中文在内的几十种文字，为人们所熟知，但是我国注重书本知识评价的倾向并无真正改观，忽视技能、能力、情感等其他目标的评价现象仍然比较明显，能否正确无误地记忆或再现书本知识，往往成为获得测试高分的主要依据。

(二)内容注重认知领域

由于长期受应试教育的影响，学生评价只注重对智育的评价，评价内容过多倚重学科知识，特别是课本上的知识，并且局限于对记忆力、语言能力、思维能力的考核，忽视了学生的身心发展状况和实践能力、学习能力、学习态度、创新能力、心理素质、自我意识等综合素质的考察，形成了只要分数高、考试成绩好就是优秀学生的错误观念，由此导致学生在对分数的一味追求中逐渐丧失了个性和生存能力，严重影响了学生的全面发展。

(三)形式注重书面评价

在学生评价中，许多教师和学生习惯于书面形式的评价——考试，甚至误认为只有书面形式的评价才是唯一有效的评价手段。不可否认，书面形式的评价是一种常用的评价手段，也是一种非常有效的评价手段，但它并非唯一有效的评价手段。教育本身是一项复杂的社会活动，教育的质量应该是多元的、多角度的、多层次的，当然评价教育质量也不能仅是单一的、量化的。书面形式的评价毕竟是一种“纸笔”的评价手段，具有经济、实用、高效的特点，但无法真实全面地反映学生的发展状况和潜在能力。但在评价学生的基本技能、创新能力、实践能力、情感倾向等方面具有相当的局限性，频繁的、竞争激烈的考试压抑了学生情感和个性的发展，并造成抄袭、作弊等不良现象。

(四)结果注重容易量化

容易量化的评价目标主要是指能测量出的名次和分数。每次测试尤其是重大考试以后，教师都会自觉或不自觉地按学生的分数给学生排名次，把学生分成“三六九等”，校方也会按照学生的分数，把教师分为“甲乙丙”，教育行政部门同样会按学生的分数，把学校分成“上中下”。学生成绩不仅成为评价学生的唯一标准，而且成为评价一位教师、一所学校，甚至一个地区教育质量优劣的唯一标准。更有甚者，某些学校和教师按学生成绩的高低编排学生的座位，甚至在家长会上按学生成绩的高低编排家长座位。

选座“特权”：前两排留给成绩最优秀的学生①

记者随机调查了十几所中小学，发现一些学校排座形式的决定因素，除了班主任之外，学生的成绩起着至关重要的作用。据东城一所重点中学分校一名九年级学生小王透露，他们班里前两排座位向来是预留给成绩最好的学生，剩余学生从后面几排按照身高排座。在前两排的“最优行列”中，8个位置留给每次大考成绩最好的学生，两个位置给班里每次成绩进步最快的学生。小王自己一年多来，大部分时间坐在前两排，但也有三次被“踢”出班里“最优行列”。想起第一次往后坐的经历，小王说当时觉得很丢人，“每次伴随着成绩跌落，还要受到调座的双重打击。班主任常常和我们说，只要学习有进步，每个人都有机会坐到前两排。”

据学生们反映，这所学校按成绩排座位的班级并不在少数，还有班级让学生按照排名来选座位，学习成绩最优的学生“有权”最先选座，成绩的高低决定学生选座的先后权利。两位学生介绍，他们班通常让班里前10名或前15名的学生先挑座，剩余学生再按身高排座位。

然而，不易量化的评价目标同样很重要，如团队精神、合作态度、社交技能、自学能力等。从某种意义上来说，这些不易量化的评价目标是学生未来发展过程中更需要具备的重要素质。比如，团队精神被当今世界公认为各项事业成功的第一要素。美国曾经对1000名成功人士进行调查，结果表明在其成功因素中，团队精神占85%。英国著名学者雷文(Raven)指出：“教师、家长、学生和毕业生一致认为，教育应该首先关注创新、与他人有效共事的能力、有效交流的能力、自信、自我观察的能力、自学等的培养。”②

(五)教师主体作用凸显

学生评价过分强调了教师的主体作用，评价者与评价对象形成了主体与客体、控制与被控制的关系。首先，评价者成为绝对权威，评价对象的主体性、能动性无法正常表现，容易造成评价对象对评价产生消极抵触或刻意迎合的心理。其次，评价者为了在评价过程中保持所谓客观性而极少投入情感，评价者与评价对象之间缺少情感交流和相互理解，评价成为冷漠而令人恐惧或讨厌的事情，非但不能促进评价对象的发展，反而对评价对象，特别是儿童的心理造成伤害。最后，采用统一、固定的评价标准而不顾人的

---

① 《中学校园“按成绩排座次”引争议》，载《北京青年报》，2014-02-23。

② 邢红军：《中国基础教育课程改革：方向迷失的危险之旅》，载《教育科学研究》，2011(4)。

智能、个性、情感等丰富性和变化性，实际上是对人的尊严的漠视，客观上压制了学生个性化成长和教师自主发展。往往以教师的评价作为评定学生学业成就的唯一标准，在评价主体上忽视了评价主体多元、多向的价值，尤其忽略了自我评价的价值，基本上没有形成学生、教师、管理者、教育专家、家长等多元主体共同积极参与、交互作用的评价模式。从新的理论视野来对学生评价进行深刻的分析和反思。

教育质量呼唤绿色多维的评价①

……

综合评价教育质量，要关注教育中的四个问题：培养怎样的人，用什么培养人，怎样培养人，培养得怎么样。

培养怎样的人，是我们教育的目标。其实，这次评价改革的目标就是针对学生构建绿色多维综合评价指标体系，综合考查学生发展状况。教育部正在推行"绿色评价体系"，其评价内容和评价指标包括学生的品德发展水平、学业发展水平、身心发展水平、兴趣特长养成、学业负担状况5个维度20个关键性指标，既关注学生的学业水平，又关注品德发展和身心健康；既关注共同基础，又关注兴趣特长；既关注学习结果，又关注学习过程和学习效益。其中，品德发展水平包括4个关键性指标：行为习惯、公民素养、人格品质、理想信念。学业发展水平包括4个关键性指标：知识技能、学科思想方法、实践能力、创新意识。身心发展水平包括5个关键性指标：身体形态机能、健康生活方式、审美修养、人际沟通、情绪行为调控。兴趣特长养成包括3个关键性指标：好奇心求知欲、爱好特长、潜能发展。学业负担状况包括4个关键性指标：学习时间、课业质量、课业难度、学习压力。通过对学生进行综合评价，为学校及教育行政部门矫正依据，最终落实培养全面发展的人的教育终极目标。

用什么培养人，是实施教育的条件与保障，是教育质量的过程，包括教育硬件与软件。教育硬件即教育投入、教育教学设施设备；教育软件即教师队伍。

怎样培养人，是实施教育的载体。实施教育的载体是课程、课堂、教育教学方式与方法。为此，教育部在2014年3月发布了《教育部关于全面深化课程改革落实立德树人根本任务的意见》。

培养得怎么样，是教育目标的达成与否，通过教育评价完成，是教育的目标。

……

由此看出，当前我国学生评价领域存在许多问题：评价对象的窄化，学生学业成绩作为评价的主要甚至是唯一的对象；评价目标唯量化，各学科都在努力使本学科的评价目标数量化，从而忽视那些课程知识中大量的人文方面资源；评价手段单一化，以考试或测验代替其他形式的评价；评价主体局限化，参与评价的人员主要来自教育行政部门

① 解慧明：《教育质量呼唤绿色多维的评价》，载《中国教育报》，2016-03-10。

或教师。① 人们普遍意识到，教师不可能在短短的几年时间内，将全部知识传授给学生。在当今世界，教师如果把“传授知识”作为唯一的教学目标，已经无法让人接受。即使学生在校期间学到和记住很多知识，毕业以后也不可能只依靠学校学到的知识，仍然面临一个不断更新和补充知识的问题。

二、发展性学生评价的特点

学生评价是对学生的学习进展与行为变化的评价，包括对学生在知识与技能、过程与方法以及情感、态度与价值观等方面发展状况的评价。而发展性学生评价则是以促进学生的发展为根本目的的新的评价理念和方法，这一评价的突出特点如下。

(一)评价目的的发展性

发展性学生评价的理念与原有的强调甄别和选拔功能的教育评价不同，它考虑学生的过去，重视学生的现在，更着眼于学生的未来，把评价看作促进学生发展的有效教育手段。“为了学生更好的发展”是发展性学生评价的根本出发点，也是发展性学生评价的根本特征。发展性学生评价的其他特征都是在此基础上发展而来的。

(二)评价目标与学生发展目标的一致性

实施学生评价首先需要有一个评价目标，只有有了评价目标，才能确定评价的内容和方法。学生的发展也需要目标，这个目标是学生发展的方向和依据。在传统教育评价中，评价目标与学生发展目标常常出现背离的情况。而发展性学生评价强调这两个目标的一致性，强调评价目标应基于一定的培养目标(即学生的发展目标)，并在实施中制定明确的、具体的阶段性发展目标。

(三)评价内容和方式的多样性

发展性学生评价的内容具有多样性。新的课程标准强调培养目标和评价内容的多样性，提出知识与技能、过程与方法、情感态度与价值观等各个方面都是评价的内容，并应受到同等的重视。学生的发展是一个过程，促进学生的发展同样需要经历一个过程。因此，在评价方式上，发展性学生评价强调多种评价方式的结合，即质化评价与量化评价、形成性评价与总结性评价的结合。这意味着评价学生将不再只有一把“尺子”而是多把“尺子”，教育评价“一卷走高低”的局面将被打破。只有实现评价方式的多元化，才能使每个学生都有机会成为优秀者，才能促进学生综合素质的全面发展。

---

① 吴永军：《当前我国课程评价误区的社会学分析》，载《课程·教材·教法》，1995(8)。

（四）评价结果的协同性

发展性学生评价仍然强调评价结果的准确、公正，但这不再是评价的最终目的，而只是通过评价发现问题，并将其作为实施改进和促进发展的基础和手段。为了达到更好的协同效果，发展性学生评价注重评价对象在评价中的作用，鼓励其参与评价，强调评价过程中评价者与评价对象之间建立良好关系和相互沟通协商的重要性。通过学生对评价过程的全面参与，使评价过程成为促进学生反思、加强评价与教学相结合的过程，成为学生自我认识、自我评价、自我激励、自我调整等自我教育能力不断提高的过程，成为学生与他人合作的意识和技能不断增强的过程。

（五）评价过程关注个体差异

每个学生都具有不同于他人的先天素质和生活环境，都有自己的爱好、长处和不足。学生的差异不仅表现在学业成绩上，还表现在生理特点、心理特征、动机兴趣、爱好特长等各个方面。这使每一个学生的发展目标以及发展速度和轨迹都呈现出一定的独特性。发展性学生评价正是强调要关注学生的个别差异，建立“因材施评”的评价体系。具体来说，就是要关注和理解学生个体发展的需要，尊重和认可学生个性化的价值取向，依据学生的不同背景和特点，运用不同的评价方法，正确判断每个学生的不同发展潜能，为每个学生制定个性化的发展目标和评价标准，提出适合其发展的具体建议。

第二节　学生评价的基本内容与结构

学生评价是以学生为评价对象的教育评价，是评价者依据一定的价值标准，对学生的学业成就、个性发展、品德状况、体质体能等方面进行价值判断，并把判断结果反馈于教育实践以改进教学的过程，是对学生的学习进展与行为变化进行评价的过程。①

一、学生评价内容概述

世界各国都根据自己的国情和学生不同的年龄特点提出了评价的内容。② 苏联在《中等普通教育学校章程》及中小学生标准守则和学校评价标准中对学生的要求及评价内

① 胡中锋：《教育评价学》，197 页，北京，中国人民大学出版社，2013。
② 王汉澜：《教育评价学》，363～364 页，开封，河南大学出版社，1995。

容都有详细的规定。法国学校的指导手册包括七项内容：①学籍记载；②健康的身体发育状况；③家庭情况；④心理测验；⑤学习态度；⑥学习成绩；⑦毕业时的记录。每项内容都规定了详细条目。例如，学习态度的评定内容主要包括：注意力、理解力、记忆力、努力程度、学习节奏、纪律、对课题的态度、手工美术的才能等，每项都分为A，B，C三个等次。德国柏林学校的累积记录本包括五个项目：①学籍记载；②个人全面特征；③兴趣爱好、成绩；④在学校的主要考试成绩；⑤身体特征。每项都有具体条目。例如，个人全面特征中的身体敏捷度包括身体的能力、手的灵巧度；团体的行动包括对同学的态度、在同学中的适应性、自信心、自我意识、在同学中的位置、情感表现、上课时的表现；智力发展情况包括创造能力、注意能力、思考能力、记忆能力、语言表达能力等。英国伦敦学校的累积记录内容包括五个项目：①个人的全面特征；②特殊的能力爱好；③需要特别指导的事项；④国语；⑤算术。美国联邦教育部制定的累积记录基本项目包括：①学生的性别、姓名、出生年月；②家庭情况和住址；③身体状况；④标准检查的结果；⑤入学；⑥学习成绩；⑦转退学、毕业；⑧保护和特殊援助。日本儿童指导纪要包括三项内容：各学科学习记录，特别活动的记录，学习状况、行动及性格记录。

我国学生评价的内容应从我国的国情出发，对于国外先进的学生评价的做法和经验，应该去正视、研究、借鉴，结合国情，为我所用。我国的学生评价应该以教育目的和培养目标为依据，体现党和国家的教育方针。同时，由于各级各类学校的性质和任务不同，在实现教育目的时还必须有各自具体的培养目标。2002年教育部颁布的《教育部关于积极推进中小学评价与考试制度改革的通知》明确提出，既要重视学生的学习成绩，也要重视学生的思想品德以及多方面潜能的发展，注重学生的创新能力和实践能力。《国家中长期教育改革和发展规划纲要(2010—2020年)》也明确指出，树立科学的教育质量观，把促进人的全面发展、适应社会需要作为衡量教育质量的根本标准。2013年，教育部颁布的《教育部关于推进中小学教育质量综合评价改革的意见》(以下简称《意见》)指出，要依据党的教育方针、相关教育法律法规、国家课程标准等有关规定，突出重点，注重导向，把学生的品德发展水平、学业发展水平、身心发展水平、兴趣特长养成、学业负担状况等方面作为评价学校教育质量的主要内容，着力构建中小学教育质量综合评价指标体系。

除了以上中央文件提出的对学生宏观的总体要求之外，中小学生守则也规定了具体要求，有些学校根据党和国家的有关教育政策和法令又制定了具体的学校规章制度，这些都是评价学生的标准和应有内容。学生评价就是要善于将这些标准和内容具体化，形成科学的评价指标体系。

事实上，在学校教育实践中，学校对学生评价的形式是多种多样的，不仅仅只有综合评价，如评三好学生、优秀干部、优秀少先队员、团员等。这些活动虽然是评比性的，但它和学生评价是紧密联系的，它离不开对学生综合或单项的评价。此外，有些学校根据自身发展的需要评选出一些特殊的学生，使学生评价更具新颖性和活泼性。例如，北京市第八中学提出的特优生标准为：①目标专一，有建国之志，有比较强的进取精神、探索精神和献身精神；②有相当强的自学、自理、自教、自强的能力和吃苦耐劳的意志品质；③敢于并善于提出问题，遇事有自己的见解；④学风严谨，态度刻苦，“双基”牢靠；⑤在某些学科表现出特殊才能和潜力；⑥能比较熟练地掌握电子计算机和英文打字技术；⑦热爱体育，身体健康，具有一定的艺术修养；⑧有高尚的道德品行，尊师敬友，遵守纪律，关心集体，热心服务，诚挚待人，谦虚谨慎。① 它主张学校应以多种形式来评价学生。

二、学生评价的基本内容与结构

《意见》将品德、心理健康、兴趣特长以及学业负担等指标充分纳入教育质量的评价体系，充分发挥学生评价的导向作用，落实素质教育和促进学生全面发展的教育目标。

《意见》的指导思想是全面贯彻党的教育方针，落实立德树人根本任务，遵循学生身心发展规律和教育教学规律，坚持科学的教育质量观，充分发挥评价的正确导向作用，推动形成良好的育人环境，促进素质教育深入实施。其中，《中小学教育质量综合评价指标框架(试行)》通过 5 个方面、20 个关键性指标，基本建立了体现素质教育要求、以学生发展为核心、科学多元的中小学教育质量评价制度，切实扭转了单纯以学生学业考试成绩和学校升学率来评价中小学教育质量的倾向，促进了学生的全面发展和健康成长，建立了一套全新的中小学教育质量“绿色评价”体系。学生评价的基本内容与结构如表 11-1 所示。

表 11-1　学生评价的基本内容与结构

评价内容	关键指标	指标考查要点	评价主要依据
品德发展水平	行为习惯	学生在文明礼貌、勤俭节约、热爱劳动、爱护环境等方面的认知和表现情况	社会主义核心价值观、义务教育课程方案和相关学科课程标准、普通高中课程方案和相关学科课程标准、《中小学德育工作规程》《中共中央国务院关于进一步加强和改进未成年人思想道德建设的若干意见》《中小学生守则》《小学生日常行为规范(修订)》《中学生日常行为规范(修订)》《中小学文明礼仪教育指导纲要》等
	公民素养	学生在珍爱生命、遵纪守法、诚实守信、团结友善、乐于助人等方面的认知和表现情况	
	人格品质	学生在自尊自信、自律自强、尊重他人、乐观向上等方面的认知和表现情况	
	理想信念	学生的爱国情感、民族认同、社会责任、集体意识、人生理想等方面的情况	

① 王汉澜：《教育评价学》，370 页，开封，河南大学出版社，1995。

续表

评价内容	关键指标	指标考查要点	评价主要依据
学业发展水平	知识技能	学生对各学科课程标准要求的基础知识、基本技能的理解和掌握情况	义务教育课程方案和各学科课程标准、普通高中课程方案和各学科课程标准以及其他相关规范性文件等
	学科思想方法	学生对各学科思想和方法的理解和掌握情况	
	实践能力	学生关注现实生活、参加社会实践和志愿服务活动、解决实际问题、进行职业准备等方面的情况	
	创新意识	学生独立思考、批判质疑、钻研探究，解决问题的思路、方式方法等方面的情况	
身心发展水平	身体形态机能	学生身高、体重、肺活量和身体运动能力等达到《国家学生体质健康标准》要求的情况以及视力状况等	义务教育课程方案和相关学科课程标准、普通高中课程方案和相关学科课程标准、《国家学生体质健康标准》《国务院办公厅转发教育部等部门关于进一步加强学校体育工作若干意见的通知》《中小学学生近视眼防控工作方案》《中小学健康教育指导纲要》《中小学心理健康教育指导纲要(2012年修订)》《学校艺术教育工作规程》《教育部办公厅关于在义务教育阶段中小学实施“体育、艺术2+1项目”的通知》以及其他相关规范性文件等
	健康生活方式	学生对健康知识与技能的了解和掌握情况，生活与卫生习惯、参加课外文娱体育活动等方面的情况	
	审美修养	学生在审美情趣和艺术修养等方面的发展情况	
	情绪行为调控	学生对自己情绪的觉察与排解、对行为的自我约束情况，应对和克服学习、生活中遇到的困难的态度和表现情况	
	人际沟通	师生关系、同伴关系、亲子关系等方面的情况	
兴趣特长养成	好奇心求知欲	学生对某些知识、事物和现象的专注、思考和探究情况	
	爱好特长	学生课余生活的丰富性，在文学、科学、体育、艺术等领域表现出的喜好、付出的努力和表现的结果	
	潜能发展	学生在某些方面表现出的突出素质和进一步发展的能力	

续表

评价内容	关键指标	指标考查要点	评价主要依据
学业负担状况	学习时间	学生上课时间、作业时间、补课时间、睡眠时间等	义务教育课程方案和各学科课程标准、普通高中课程方案和各学科课程标准、《中共中央国务院关于加强青少年体育增强青少年体质的意见》《中小学学生近视眼防控工作方案》《教育部关于当前加强中小学管理规范办学行为的指导意见》以及其他相关规范性文件等
	课业质量	课程教学、作业和考试(测验)的有效程度以及学生的感受和看法	
	课业难度	课程教学、作业和考试(测验)的难易程度以及学生的感受和看法	
	学习压力	学生在学习过程中表现出的快乐、疲倦、焦虑、厌学等状态	

资料来源:《教育部关于推进中小学教育质量综合评价改革的意见》(教基二[2013]2 号)中的《中小学教育质量综合评价指标框架(试行)》

三、学生评价应注意的问题

(一)重视对学生的综合评价

在评价学生时，不能以学业成绩的优劣作为评价学生的唯一标准，用学习成绩来代替综合评价。实际上这种片面的评价标准在社会和学校教育中还是会存在的。这种现象的存在有一定的社会原因。例如，在学生的升学、就业的录取选拔上主要就是以分数为导向的。在学校管理中，某些学校甚至教育行政部门也屈服于社会压力，以升学率为奖励标准，把升学率与教师的评奖、晋级、评先相挂钩，鼓励重视升学率。虽然理论上都在强调片面追求升学率是不可接受的，后果是严重的。但是实际工作者又是讲求“实际”的，对“短期行为”是无能为力的。所以在理论和实际上存在着很大的矛盾，二者统一起来有很大的困难。然而，对待单纯追求升学率的问题，也并不是毫无作为的，关键还在于领导者的办学指导思想和教育价值取向。

重视对学生的综合评价，并不排斥对学生的单项评价，应该把综合评价与单项评价结合起来。综合评价是评价学生的基本出发点，单项评价是在综合评价基础上的评价。一个人成长的规律是在综合提高的基础上发展个性特长，以全面推动特长，以特长带动全面。综合发展指的是全面打好基础，而不是平均发展，均衡发展。因此，必须把综合评价与单项评价结合起来。

(二)加强对学生的心理评价

强调对学生心理的评价是因为过去在学生评价中只注意表面的、显性的方面，忽略了那些深层次的、隐性的方面，不能充分发挥评价的功能。学生的心理是一种深层次的意识，是学生生活、学习、理想、行为的动力，抓住了它就抓住了根本。中小学生的心理范围，一般是指感觉、知觉、注意、记忆、思维、情感、意志、性格、自我意识等。必须时刻注意学生心理发展的动向。

(三)采用教师集体评价法

为了增强对学生综合评价的意识，克服对学生评价的盲目性，提高学生评价的水平，应提倡教师集体评价法。教师集体评价法是为实施学生综合评价而使用的方法。因为教育教学是由多位教师共同完成的。每个教师只是在一两个学科内完成教学任务，他只能了解学生在该学科学习中的表现。任何一个学科教师都不可能了解学生全面学习的情况，这就需要教师集体进行研究和评价。教师的集体评价可由班主任负责，把有关任课教师召集在一起共同评价学生。这样，班主任才能收集到更全面的材料，才能正确评价学生。这样的活动每年进行一次为宜，太频繁会增加负担，时间太长则影响对学生的教育。在教育评价实践中，不少教师也常评价学生，但多是个体的、分散的、随意性的。要实施学生评价，应加强教师集体的研究与评价。

(四)重视学生的自我评价

国际教育评价研究成果表明，现代教育评价有三个方面的特点：一是现代教育评价必须是诊断性、分析性的；二是现代教育评价要使评价成为学生自己的事情；三是现代教育评价要求睿智地解释结果。这里特别重视学生的自我评价。因为，学生的自我评价，可以培养学生的主动参与意识，使学生在实践中学会运用教育目标来分析自己，认识自己，并为自己设计自我成长的道路，促进学生自强、自立、自主、自制能力的提高。上海市从 1994 年 9 月开始在全市更新学生评价体系，其最为明显的特点就是注重学生的自我评价。例如，上海敬业中学就是通过学生的自我定位、自我记录、自我调整和自我评价，把思想品德的自我完善和发展的主动权交给了学生。2013 年上海市构建了“绿色指标”评价体系，引导学生的全面发展。该评价体系将学业质量界定为学生学业成绩、身心健康和品德行为三个领域，并分别构建了相应的指数。这是一个很好的经验和研究成果，值得学习和推广。

第三节　学生评价的基本操作方法

随着教育评价理论与实践的不断深化，人们认识到量化取向的学生评价无法兼顾到学生的整体性与发展性，而质性评价恰好弥补了这种缺陷。为此，学生评价的基本操作方法应该包括学业成就测验、表现性评价和成长记录袋。

一、学业成就测验

(一)学业成就测验的含义、特点及适用领域

学业成就测验就是通常所说的考试，主要是针对特定学科领域为检测应试者对有关知识和技能的掌握程度而设计的。学业成就测验与传统的测验存在一定的差异，具有以下特点：第一，其内容包括了知识技能、学科思想方法、实践能力和创新意识。它体现的是学生对“基础知识”“基本技能”的掌握程度，以及学生在学科学习中形成的“基本素养”和“基本活动经验”。第二，工具的研制。基于指标框架命题，内容覆盖面广泛，坚持能力导向，强调综合运用和问题解决能力的培养。第三，组织方式。通过科学的抽样方法选取部分学生参加多题本测试(与之相关的教师、校长也同时参加)，也就是一个学科(如四年级数学)的一次测试可以有多个题本，不同的学生作答不同的题本，以全面考查学生对课程标准的达成度。第四，结果的运用。不以单一的分数形式呈现，也不根据分数进行排名，而是着眼于总体情况，为教育决策服务。

学业成就测验主要用于测查学生各学科(如语文、数学、科学等)的学业表现；也可以用于身心发展水平领域的知识测查，如健康知识、基本的艺术知识、体育锻炼的知识等。

(二)学业成就测验工具的编制程序

在理论上，课程标准与测试目的最终要落实到试卷上，而试卷是由一定数量、具有特定测试指向、承载特定测试内容的试题通过一定的潜在关系编排而成的。试卷的形成需要经过对试题的反复审核、预试及预试后的修订这三个环节，其具体的程序如图 11-1 所示。

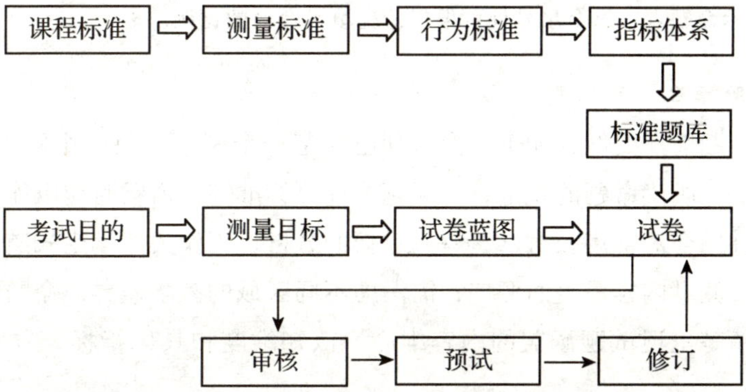

图 11-1　学业成就测验工具的编制程序

在这个流程图的基础上，需要重点关注以下几个方面。

1. 构建测验工具的测试框架

命题前需明确本次命题需要涵盖的内容和认知领域，以内容和认知两个维度制定命题双向细目表，同时明确各个内容和认知维度题量的分布。内容维度的确定主要依据学科课程标准、教材与教学现状，同时考虑该内容是否可通过测试卷进行评价。无法用测试卷考查的内容，可采用其他方法进行评价。

认知维度主要考查学生对知识的掌握程度，考查学生运用知识解决实际问题的能力。一般来说，认知维度可以包括了解、理解、应用三个维度，其中了解为最低认知水平，应用为最高认知水平，每个维度又包括若干具体的子维度。

评价学生的学科素质，不仅要关注学生对知识的记忆和运用的熟练程度，还要注重对学生的学科思想方法、实践能力、创新能力的考查，其中实践能力、创新能力等均属于较高层次的认知水平。这些能力，部分可以通过较高认知维度的测试题(如综合性开放题、探究题等)进行大规模测查，部分可以通过小范围的实验进行考查，部分可以通过课题、项目等方式进行评价。双向细目表示例如表 11-2 所示。

表 11-2　数学学习质量监测双向细目表

内容维度＼认知维度		了解	理解	应用
数与代数	1. 自然数	*	*	*
	2. 分数	*	*	
	3. 小数	*	*	
	4. 估计与数感	*	*	*
	5. 探索规律(模式与关系)	*	*	*
	6. 常见的量	*	*	

注：星号表示命题点，每个星号处可根据情况填写命题的比例。

2. 编写测验题目

命题者在命题前需要做好如下工作：列出对每一个试题和每一个题本的具体要求；编制命题规范表，明确命题的规范，主观题的评分标准等。命题时应以能力为导向，基于课程标准，并结合对常用教材(或多种教材)的分析，不仅关注学生知道什么，更关注学生能做什么；测试内容覆盖面要广；需考虑不同区域的教学差异。命题结束后，绘制试题属性表，清楚呈现试题涵盖的内容维度、认知维度和具体指标，方便后续修改等工作。

3. 组织测验题目

学科测试卷采用矩阵抽样设计，确保覆盖所有指标。测试内容覆盖面广、题量大，而学生作答时间有限。因此，设计学科测试卷时，要把所有符合要求的测试题目，按照一定的测量技术和方法，组合成若干个题本。每个学生完成其中一个题本。

4. 专家审核

为保证试题的科学性、准确性和规范性，在试题编制过程中需要有不同的专家对试题进行审核。审核的内容主要包括：确保在内容和能力维度上尽量覆盖既定双向细目表；对题目的难度做出合理的范围设定；对题目情境材料做出适当的引导，确保题目情境要适合学生年龄、适合我国国情；尽量创新，避免出现常用教材、教辅中出现的题目或情境；在规范性上，尽量确保语言通顺准确、简洁易懂。

5. 预试分析

在试题编制过程中至少需要两次预试，第一次预试是对所有试题进行小范围预试，并针对每个试题抽取几位学生进行访谈，了解其答题的思路等，依据预试结果进行修改。第二次预试是在对修改后的试题进行无锚题组卷之后进行的。预试之后对数据进行分析，对试题的质量进行排序，对学生的典型作答进行记录和归类。

经过专家审核和预试检验，才能确保测评工具的参数符合特定的测量学指标。例如，试题要难度恰当，区分度高；测试结果要稳定，即信度通常要求达到 0.8 以上；试题能够测量出相应的学生特质，相关系数要达到显著水平；题目的拟合度要达到相应的要求。

二、表现性评价

(一)表现性评价的含义、类型及适用领域

1. 表现性评价的含义与类型

表现性评价是通过观察学生在完成实际任务时的表现来评价学生已经取得的发展成就。它关注的是学生知道什么和能做什么，通过客观测验以外的行动、作品、表演、展示、操作、写作等更真实的表现来评价学生在创新能力、与人合作的能力以及健康的情感、积极的态度、科学的价值观等方面的发展情况。

常见的表现性评价的任务类型包括以下几种：①纸笔任务：结构化的反应题和论述题等。在这些任务形式中，学生不仅要写出答案，还要给出解释，阐述原因，并说明解决问题的方式。②示范与展示：需要学生使用知识和技能来展示一个良好界定的复杂任务。学生示范时所采取的风格和方法都会被考虑在评价之内。例如，示范在绳子上爬行，示范使用显微镜来观察污点的滑动等。③实验与调查：由学生制订计划，执行计划，并且解释实验研究(调查)结果的过程。计划可以由学生个体执行，也可以由小组合作执行。④口头表达与戏剧表演：口头表达要求学生以访谈、演讲、辩论等口头表述的方式来展现他们所掌握的相关知识，运用他们的口头表达技能。戏剧表演将口头表达、展示与表演等综合在一起，学生把他们对小说或历史人物的理解通过角色扮演来展示人

物立场和性格。⑤项目和课题：通过项目和课题，可以评价学生综合运用知识的能力。这种任务既可以由学生独立完成，也可以由学生合作完成。项目的结果可以展示为一个模型、一件科技作品、一个真实的报告或一项收集。⑥档案袋评价。鉴于档案袋评价是表现性评价中最受瞩目的评价类型之一，将在下文以专门的一部分来介绍。

2. 表现性评价的适用领域

不同的学习结果应当运用不同的评价方式，表现性评价强调真实情境中知识和技能的运用，要求学生必须自己创造出问题解决的方法或通过自己的行为表现来证明自己的学习过程和结果。因此，表现性评价适合考查的必然是那些具有情境性、复杂性的高级学习目标。

根据多年来教育测量与评价实践中关于表现性评价的具体应用，结合《中小学教育质量综合评价指标框架(试行)》，表现性评价方法适合评价的内容领域包括：知识技能中的高级学习结果、实践能力、创新意识、身体形态与机能、审美修养、人际沟通、潜能发展等。

(二)表现性评价的设计

能有效测量复杂学习结果的表现性评价才可称为高质量的评价。在实际教育评价活动中，选择哪一种或哪几种表现性任务，需要根据具体情境的特征来决定。除了需要考虑所要评价的内容特质外，还要考虑学生的发展水平，以及时间、空间与设备条件的限制。

在设计表现性任务时，应从以下几个方面考虑：关注那些需要复杂认知技能和学生表现的学习结果，选择和开发在内容和技能上能代表重要学习结果的任务，设计完成表现性任务的适当情境，确保评价任务与评价目的高度相关，并为学生提供必要的指导，让学生能够理解任务的要求，要设计使学生能够更好地理解任务的指导语，运用评分规则使学生清楚地了解完成任务的预期目标。表现性任务设计示例如表 11-3 所示。

表 11-3　教学目标、学生水平与表现性任务

教学目标	学生发展水平	合适的形式	表现性任务
与人合作的能力	初中生	课堂教学中的小组合作学习	通过小组合作，制作出一个长方体形状的包装盒
	高中生	小组项目或个人一小组项目	三人一组，就“城市白色污染的成因与对策分析”展开调查研究
英语口语技能	小学生	模拟表现、情景对话或角色扮演	两人一组，通过角色扮演来模拟商店中售货员与顾客的对话
	高中生	课堂演讲、小组讨论或公开辩论	围绕“中国加入 WTO 的利与弊”发表演讲
想象能力	小学一年级	口头表述、模拟表现或操作表演	用两个相同的三角形拼组出各种不同的图形，越多越好

续表

教学目标	学生发展水平	合适的形式	表现性任务
归因分析能力	初中生	试验或调查	通过试验测试吸纸的吸水性
	高中生	计算机模拟	通过计算机模拟实验，确定细菌更适合什么环境，有光还是无光，潮湿还是干燥

(三)表现性评价的方法

编制判断行为表现的标准，是设计有效的表现性评价的最重要方面，并且在选择和设计任务时就应该对标准进行详细的表述。一项表述通俗科学的评价标准，可以有效地影响学生的学习预期，具体地指导学生的学习行为和学习表现，促进学生的发展。

在对完成表现性任务和行为表现的结果进行评价时，主要有三种方法：评分细则、等级量表和核查表。

1．**评分细则**

评分细则是一套用来评价学生的反应和表现的标准。表现性评分细则的制定，一般是通过对学生在特定的学习活动中的行为表现进行等级描述来完成的，通常有分项评分细则和整体评分细则。评分细则示例如表 11-4、表 11-5 所示。分项评分细则要求对学生表现的不同维度分别进行评分，整体评分细则是对整体行为表现的不同水平的描述。一个评分细则可以包括一个等级量表，但它提供对不同等级分数的相应特征和表现的描述。

一般而言，对表现性行为的描述应把握以下几个方面。

①对要评价的行为表现，教师自己先实际表现一下，记录和研究自己的表现或任何可能的表现结果。

②列出这些表现或成果的重要方面，作为指导观察和评价的表现标准。

③为方便观察和判断，表现标准的数量不宜太多，一般限制在 10～15 个。

④尽可能用可观察、可测量和可量化的学生行为或成果特质来界定表现标准，避免用含糊不清的词语来描述表现标准。

⑤按行为表现出现的顺序排列表现标准，以方便观察和判断。

⑥检查是否已有相关的表现评价工具，若有，则可直接使用，若无，再自行编制。

表 11-4　学生议论文分项评分细则

等级	观点	语言	结构
优秀	观点明确，陈述清楚	语气连贯，推理严谨，说理充分，表述清楚	结构合理，据实论证，条理清晰
良好	陈述或呈现了主要观点	语言通顺，表述合理，论述符合逻辑	结构完整，层次清楚，论述讲究条理

续表

等级	观点	语言	结构
满意	陈述了主要观点，但是坚持性不好，有时离题	语言通顺，但说理不够充分，观点阐述不够清楚	文章层次清楚，但结构不够完整，论述条理不清
一般	主题观点陈述不清，问题不符	语言清楚，但往往空泛，不具体，逻辑性不强	文章层次不够清楚，结构不够合理，表述缺乏条理
较差	文章观点散乱，没有明显的主题	语言不够通顺，表述不够清楚，缺乏逻辑性	结构散乱，层次不清楚，论述没有条理

表 11-5 学生议论文整体评价细则

等级	细则描述
优秀	学生对主题内容和知识能很好地掌握 学生表现出了对有关重要观点的深刻理解 学生阐述了与主题相关的重要观点，并且表现出了对重要关系的深刻理解 答案充分并且包括了具体事实或例子 答案围绕该领域中的重要观点、主要概念和原理来组织 文章详尽且清楚，可以作为范例
良好	学生了解有关主题内容的知识 学生对主题有较好的了解 学生阐述了与主题相关的一些重要观点 学生很好地理解了与主题相关的重要关系 答案说明差点，展开得很好，并且包括了足够的支持性的事实和例子 答案只是说明了该领域内的大的观点、主要概念和原理 文章比较详细、清楚
满意	学生表现出对主题有所了解 整体回答比较好，但在对知识和内容的理解上出现了明显的不足 学生阐述了与主题相关的一些重要观点 学生表现出对重要关系的一些有限理解 答案说明了观点，展开令人满意，并且包括了一些支持性的例子 文章是令人满意的，包括了一些细节的描述，但是答案可能很模糊或没有完好发展，其中有些错误的概念或者不准确的信息
一般	学生对于主题内容了解很少，几乎不知 学生也许阐述了重要的观点或者几个事实，但是并没有展开论点或者阐述各论点之间的关系 文章在说理上出现了错误的概念、不准确或者无关的信息
较差	学生对于主题不知也不理解，他们有可能： 使用无关或者不准确的信息来回答问题 使用了并非新颖或者相关的信息，并且对该信息与主题的关系并不了解 写的是另一个不同的主题

2. 等级量表

等级量表通常包含不同的水平等级(如优秀、好、一般、差)或频率等级(如总是、经常、有时、从不)。实际上，通过在评价等级中加入一些描述，可使等级量表和评分细则之间的区别并不是很明显。

等级量表可用于评价学生多方面的学习和发展状况，为方便起见，可以将其分为两个领域：过程或程序和作品，前者如演讲、操作实验仪器、有效地进行小组合作、唱歌、弹奏一种乐器和表演等；后者如书法、绘画、学期报告、读书报告等。等级量表示例如表 11-6 所示。

表 11-6 学生评价等级量表

等级 项目	优秀	良好	满意	一般	较差
演讲					
实验					
合作					
书法					
学期报告					

3. 核查表

核查表在形式和用途上与等级量表相似，它们的区别在于评价结果的类型不同。等级量表有若干等级，可以表明学生表现的程度或频率，用核查表进行评价得到的是简单的是一否判断。

核查表只是一种记录工具，特别适合于对简单的表现或结果以及由一系列成分组成的行为技能进行评价。如果是对一系列有序的步骤组成的程序进行评价，可以按照以下四个步骤来建构一个核查表：确定要评价的每一个行为；在表中加入常见错误行为；把预期的动作按照发生的顺序进行排列(错误行为也一样)；提供一个简单的检查每一个行为的程序说明(如表示顺序的数字)。核查表示例如表 11-7 所示。

表 11-7 评价学生掌握基本数学技能的核查表

数学技能核查表 初始水平 指导语：在“是”或“否”上做标记，以表示学生是否掌握以下技能 是　否　1. 认识从 0 到 10 的数目 是　否　2. 数到 10 是　否　3. 把物体聚合成从 1 个到 10 个的集合 是　否　4. 认识基本的几何图形(圆、正方形、长方形、三角形) 是　否　5. 区分硬币(一分、二分、五分、一角) ……

虽然上面介绍了评分细则、等级量表和核查表三种表现性评价的工具，但是在实际评价学生行为时，针对不同的评价内容维度，它们通常是结合在一起使用的。

(四)表现性评价的实施

表现性评价提供了一种评价学生多种表现的手段，它的实施是一个复杂的、持续的过程，没有固定的实施模式。教师作为主要的评价者，在实施过程中有着充分的自主权，但需要考虑以下几个因素：一是选择哪种类型的工具进行评价。表现性评价有多种类型和多种评价工具可供选择，教师要根据具体的评价目的和评价内容等因素做出决定。二是哪些人参与评价。表现性评价是一个合作协商的过程，在表现性评价中评价主体是多元的，包括学生、教师和家长以及其他教育工作者和专家等有关人员，评价主体的选择要根据评价的目的以及评价者的能力来决定。三是如何获得、记录和收集评价信息和证据。四是如何呈现、向谁呈现评价结果并进行交流。

表现性评价既可以对学生的学习过程进行评价，也可以对学生的学习结果进行评价。一般而言，考查学生学习过程的表现，主要采用核查表的形式，成绩评定主要以语言描述和等级评定为主；考查学生的学习结果，主要以等级评定为主。

表现性评价作为一种基于日常信息积累的评价方法之一，将其应用于学生综合素质评价，对操作方法、资料积累的要求都非常高，最好能够使用现代化的信息技术，使这项评价工作更加简便、科学、适用，以提高工作效率。具体示例如表 11-8 所示。

表 11-8　分年级的表现性任务与活动形式设计

年级	教育目标	表现性任务	任务形式
三年级	学生观察和分析事物的能力	观察和描述自然事物的形态特征	用放大镜或显微镜对花的结构、细胞进行观察，用图片和文字给予说明和描述
四年级	经历观察、体验、调查、推理等实践活动，让学生获得一些初步的教学经验，提高学生运用所学知识和方法解决问题的能力	本班级要到动物园、科技馆、海洋馆三个景点游览，时间是 7：00～17：00；设计一个游览计划，包括时间安排、费用、路线等	要了解有关信息，包括景点之间的路线图、乘车所用时间、租车费用与所需车型、同学喜爱的食品和游览时需要的物品等；借助数、图形、统计图表来表述有关信息；计算乘车所需要的时间、每个景点的游览时间、所需的总费用、每个同学需要缴纳的费用等
五年级	培养学生收集、分析信息的能力，提高学生归纳结论的能力	用温度计、简易风向仪、雨量器进行观测，搜集有关数据，分析数据并得出某些结论	定时观察、测量并记录一天、一周、一月的天气情况，绘制气温曲线图，整理、统计和分析数据，并归纳结论

三、成长记录袋

(一)成长记录袋的含义、类型及适用领域

成长记录袋也称为档案袋评价，是作为对20世纪70年代美国“回归基础”运动中过分使用的“标准测验”学力竞争评价的反思，以及在对学生“理想学习”和“真实学习”的追求中应运而生的，它通过学生的“有形作品”来评价学生，是目前在国内外运用最广泛的真实性评价方法之一。

1. 成长记录袋的含义与类型

成长记录袋是指学生把自己有代表性的作品汇集起来，以展示自己的学习和进步的状况。在教学中，成长记录袋是根据教育教学目标，有意识地将各学科和领域中有关学生表现的作品及其他证据收集起来，通过合理地分析与解释，反映学生在学习与发展过程中的优势与不足，反映学生在达到目标的过程中付出的努力与进步，并通过学生的反思与改进，激励学生取得更高的成就的一种评价方法。这种质性评价方式非常注重学生参与的积极性，通过这种方法，可以开发学生有待启迪的能力和神奇非凡的天资。

根据使用目的的不同，成长记录袋可以分为四类：过程性成长记录袋、目标性成长记录袋、展示性成长记录袋、评估性成长记录袋。

2. 成长记录袋的适用领域

不同类型的成长记录袋适用于不同的领域，因此可根据评价目的选择不同类型的方式。比如，过程性成长记录袋常用于展示学生日常的活动，为教师及时提供学生每日的进展，为学生提供形成性的反馈，以帮助学生改进和完善其作品。

根据多年来教育测量与评价实践中关于成长记录袋的具体应用，结合《中小学教育质量综合评价指标框架(试行)》，成长记录袋适合评价的内容领域包括：理想信念、实践能力、创新意识、审美修养、爱好特长、潜能发展等。

(二)成长记录袋的设计

总的来说，成长记录袋的设计包括以下几个关键步骤。

1. 明确使用目的

成长记录袋是有目的地收集学生的作品，清晰明确的目的是成长记录袋的基础，只有目的明确，才能确定成长记录袋的内容、收集方式以及怎样对其进行评价。使用成长记录袋的两个主要目的是教学和评价，大部分成长记录袋的目的是两者兼有，关键是在成长记录袋的创建工作开始前强调的重点会有所偏重。

2. 为成长记录袋的内容选择提供指导

对成长记录袋的内容选择的指导必须非常明确、具体，要让学生知道成长记录袋创建的时间期限、内容和数量。由于计算机的普及与广泛应用，也可以引导学生使用电子成长记录袋，或者成长记录袋中的部分内容用电子版的形式来处理和保存。

3. 确定评价标准

设计成长记录袋还需要明确评价标准和方法。当学生、教师和家长有统一的作业标准时，学生学习的焦虑会减少，学习也会变得直接和有目的性。评价成长记录袋的使用过程和结果的方法主要是评分细则。

(三)成长记录袋的实施

以成长记录袋评估中小学教育质量，根据不同的目的和设计，既可以用于形成性评价，也可以用于终结性评价。例如，收集某门课程在一个学期或一个学年中的作品而形成的成长记录袋，就可以用于表现学生进步的形成性评价。

成长记录袋可以更好地评价学生的个体差异。但在使用过程中，需要注意以下几个方面：成长记录袋的基本成分是学生的作品；作品的收集是有目标的，不是随意的；成长记录袋应留有学生发表意见与反省的空间；教师要对成长记录袋中的内容进行合理的分析与解释；明确学生在选择内容和自我评价中的作用。成长记录袋的示例如表 11-9 所示。

表 11-9　中学生艺术修养成长记录袋

一、设计 1. 明确使用目的 ①提供学生在艺术修养方面的成长和变化的证据。 ②鼓励学生反思和自我评价。 ③记录作品从一开始到最后完成的过程。 ④记录学生一段时间完成的有代表性的作品。 2. 为成长记录袋内容的选择提供指导 ①创建的时间期限：一个学期。 ②内容和数量：一个最重要的作品，以及创作这幅作品的整个过程的心理历程和反思；一件最满意的作品和一件最不满意的作品，并对这两个作品进行比较与分析；自由选择一幅作品，说明选择收录这幅作品的原因。 3. 确定评价标准 二、实施与结果使用 通过成长记录袋，学生可以清楚地看到自己的进步、优势和不足，从而自主地管理自己的学习。教师可以每学期使用一次，每次选择 2～3 个进步特别大、进步中等或者进步很小的成长记录袋来反思自己的教学，发现问题，改进教学计划和教学方法。

[反思与探究]

1. 学生评价的基本内容是什么？
2. 常见的学生评价方法有些哪些？
3. 什么是学业成就测验？学业成就测验工具的编制程序有哪些？
4. 什么是表现性评价？表现性评价的方法有哪些？
5. 什么是成长记录袋？成长记录袋设计与实施的基本要求有哪些？